ZUR PROGRAMMATIK
EINER SOZIALWISSENSCHAFTLICHEN
PSYCHOLOGIE

ZUR PROGRAMMATIK
EINER SOZIALWISSENSCHAFTLICHEN
PSYCHOLOGIE

BAND I
METATHEORETISCHE PERSPEKTIVEN
ZWEI HALBBÄNDE

BAND II
OBJEKTTHEORETISCHE PERSPEKTIVEN
ZWEI HALBBÄNDE

ZUR PROGRAMMATIK
EINER SOZIALWISSENSCHAFTLICHEN
PSYCHOLOGIE

BAND II
OBJEKTTHEORETISCHE PERSPEKTIVEN

1. HALBBAND
SOZIALITÄT, GESCHICHTLICHKEIT
ERLEBNISQUALITÄTEN,
KOGNITIVE KONSTRUKTIVITÄT

HERAUSGEGEBEN VON
NORBERT GROEBEN

ASCHENDORFF MÜNSTER

ARBEITEN ZUR SOZIALWISSENSCHAFTLICHEN PSYCHOLOGIE

Herausgegeben von Norbert Groeben, Ursula Piontkowski, Manfred Sader

Heft 35

© 2001 Aschendorffsche Verlagsbuchhandlung GmbH & Co., Münster

Das Werk ist urheberrechtlich geschützt. Die dadurch begründeten Rechte, insbesondere die der Übersetzung, des Nachdrucks, der Entnahme von Abbildungen, der Funksendung, der Wiedergabe auf fotomechanischem oder ähnlichem Wege und der Speicherung in Datenverarbeitungsanlagen bleiben, auch bei nur auszugsweiser Verwertung, vorbehalten. Die Vergütungsansprüche des § 54, Abs. 2, UrhG, werden durch die Verwertungsgesellschaft Wort wahrgenommen.
Satz: Helga Ludewig, Sabine Thrien, Lehrstuhl Allg. Psychologie, Köln

Druck: Druckhaus Aschendorff, Münster, 2001
Gedruckt auf säurefreiem, alterungsbeständigem Papier ∞

ISBN 3-402-04605-9

INHALT

KAPITEL 1

Norbert Groeben

Einleitung:
Objekttheorie(n) als Problemsystematisierung

1.	Objekttheoretische Problemstrukturen	1
2.	Sozialwissenschaftliche Problemkonstituierungen	5
3.	Literatur	12

KAPITEL 2

Ruth Rustemeyer

Das Anlage-Umwelt-Problem am Beispiel der Intelligenz- und Geschlechterforschung

1.	Die klassische Fragestellung und daraus hervorgegangene Antwortperspektiven	17
1.1.	Die Dichotomisierung: Entweder-Oder	19
1.2.	Die Frage nach Anlage-Umwelt-Anteilen	21
1.3.	Interaktion zwischen Anlage und Umwelt	24
2.	Die in der Intelligenzforschung verwendeten Methoden	26
2.1.	Adoptionsstudien	26
2.2.	Zwillingsstudien	27
2.3.	Kombinationsdesigns	28
3.	Antworten der Intelligenzforschung auf die Anlage-Umwelt-Frage	29
3.1.	Bedeutung von Umwelteinflüssen: Geteilte und nicht-geteilte Umwelt	29
3.2.	Empirische Befunde zu allgemeinen kognitiven Fähigkeiten	31
3.3.	Zwischenfazit: Anlage-Umwelt-Relation beim Merkmal der Intelligenz	34

4.	Anlage-Umwelt-Problematik in der Geschlechterforschung	38
4.1.	Replikation und Erweiterung der traditionellen Fragevarianten für die Geschlechterproblematik	38
4.2.	Klassische theoretisch-methodische Ansätze zur Beschreibung und Erklärung von Geschlechtsunterschieden	41
4.3.	Die konstruktivistische Radikalisierung der Interaktionsperspektive	44
5.	Inhaltliche Forschungsergebnisse für spezielle Bereiche der sozialen und kognitiven Fähigkeiten	46
5.1.	Soziale Verhaltensweisen	46
5.1.1.	Nonverbales Kommunikationsverhalten	47
5.1.2.	Macht- und Führungsverhalten	48
5.2.	Intellektuelle Fähigkeiten	50
5.2.1.	Mathematische Fähigkeiten	50
5.2.2.	Räumliche Fähigkeiten	52
6.	Vergleich verschiedener Erklärungsansätze für Geschlechtsunterschiede im sozialen Verhaltensbereich und bei kognitiven Fähigkeiten	53
6.1.	Biologische Erklärungsansätze	53
6.2.	Sozialpsychologische Erklärungsansätze	55
6.3.	Entwicklungspsychologische Erklärungsansätze	58
6.4.	Bewertung der verschiedenen Ansätze	60
7.	Gesamtdiskussion	64
8.	Literatur	67

KAPITEL 3

Brigitte Scheele & Jutta Rothmund

**Sprache als Sozialität:
Linguistische Relativität und das Genus-Sexus-Problem**

1.	Problemfokussierung: Sprache als Sozialität, linguistische Relativität und das Genus-Sexus-Problem als paradigmatischer Fall	77
1.1.	Methodologischer Individualismus und die Vernachlässigung der Sozialitäts-Perspektive	77
1.2.	Linguistische Relativität als (sozial-konstruktivistische) Manifestation sprachlicher Sozialität	79

2.	Das Genus-Sexus-Problem aus Sicht der Feministischen Linguistik	83
2.1.	Die linguistische Problemrekonstruktion	83
2.2.	Linguistische Nachweise qua Beispielillustrationen	86
3.	Sprach- und denkpsychologische (experimentelle) Überprüfungen	90
3.1.	Untersuchungen, die primär auf mentale Bilder ausgerichtet sind	92
3.2.	Untersuchungen, die (eher) propositionale Vorstellungen akzentuieren	95
3.3.	Moderatorvariablen/-effekte	97
4.	Kognitionspsychologische Erklärungsmodelle	101
4.1.	Modelle der Kategorisierung und des Semantischen Gedächtnisses	102
4.2.	Auflösung der unechten Theorienkonkurrenz: Ergänzung der linguistischen Relativität durch prozessorientierte Erklärungsaspekte	106
5.	Technologische Konsequenzen: „Heilungsvarianten" und deren empirische Effektivität	110
5.1.	Die Wirksamkeit der linguistischen Heilungsvarianten	110
5.2.	Rahmenbedingungen: Moderatorvariablen und die Komplettierung auf Seiten der abhängigen Variablen	113
6.	Sozialität als Determinismus, (Ko-)Konstruktion, Interaktion	117
7.	Literatur	121

KAPITEL 4

Burkhard Freitag

Die subjektiv-personale Seite der Intelligenz: Erlebnisqualitäten und Intentionalität als Stolpersteine für das Computermodell des Geistes

1.	Einführung: Der Zusammenhang zwischen Wissenschaftskonzeption, Computermodell des Geistes und Intentionalität bzw. Erlebnisqualitäten	131
2.	Was ist eigentlich Intentionalität?	138
3.	Was sind eigentlich Erlebnisqualitäten?	148

4.	(Funktionalistischer) Materialismus und Erlebnisqualitäten	151
4.1.	Geistige Zustände als abstrahierte Kausalkonfigurationen: Der Turingmaschinenfunktionalismus von Hilary Putnam	152
4.2.	Die Unvollständigkeit des Materialismus: Das Argument des unvollständigen Wissens von Frank Jackson	155
4.3.	Die Unverständlichkeit des Materialismus: Das Argument der Erklärungskluft von Joseph Levine	161
5.	Automatische Symbolumstellung und Intentionalität	169
5.1.	Geistige Leistungen als Berechnung oder der Computer als Modell für die Hintergrundmaschinerie der Intelligenz: Die „physical symbol system"-Hypothese von Allen Newell	170
5.2.	Intentionalität und die Veränderung formaler Muster: Das Argument des Chinesischen Zimmers von John Searle	175
5.3.	Intentionalität und Bedeutungen als Ursachen: Das Argument von Fred Dretske	184
6.	Fazit	191
7.	Literatur	196

KAPITEL 5

Reiner Obliers

Inividuelle und überindividuelle Historizität: Konstanz, Veränderung und Zukunft von Identitätsentwürfen

1.	Selbst-Identität' im zeitgeschichtlichen Wandel: Von der ‚Projekt'- zur ‚Patchwork'-Identität?	207
2.	‚Selbst-Identität' aus der Sicht des einzelnen Subjekts	212
2.1.	‚Selbst-Identität' im Kontext des Forschungsprogramms Subjektive Theorien (FST)	212
2.2.	Rekonstruktion auf individueller Ebene: Subjektive Selbst-Identität	214
2.3.	Mikro-, Makro- und Super-Strukturen im Medium der SLT: ‚Idiographische Struktur-Aggregierung im Medium der SLT (ISA-SLT)'	220

3.	Rekonstruktion auf überindividueller Ebene: Subgruppenspezifische Modal-SLT-Modelle für Projekt- und Patchwork-Identitäten	227
3.1.	Entwicklung eines inhaltsanalytischen Kategoriensystems zur Kodierung der individuellen Super-SLT-Konzepte	229
3.2.	Kategorien-Relations-Kombinationen (KRK) – Trennung von Projekt- und Patchwork-Identitäten	231
3.3.	Rekonstruktion der aggregierten Modal-SLT-Modelle von Projekt- und Patchwork-Identitäten: Darstellung und Vergleich	234
4.	Interpretationsperspektiven: Subjektive Selbst-Identität im Spannungsfeld von individueller und überindividueller Geschichte wie Zukunft	238
4.1.	Subjektive Selbst-Identität: Von der idiographischen Methodik zur theoretischen Modellierung überindividueller Identitätstypen und deren historischen Genese	238
4.2.	Zukunft von Selbst-Identität(en) und Identitätsforschung	241
5.	Die Verschränkung von individueller und überindividueller Historizität unter sozialwissenschaftlicher Perspektive	247
6.	Literatur	250

KAPITEL 6

Ursula Christmann & Brigitte Scheele

Kognitive Konstruktivität am Beispiel von Ironie und Metapher

1.	Vorstrukturierung: Figurative Sprache und die potenziellen Dimensionen kognitiver Konstruktivität	261
2.	Ironie	265
2.1.	Die Diagnose des Auseinanderfallens von Geäußertem und Gemeintem	267
2.2.	Formen und Inhalte der Elaboration des ironisch Gemeinten	271
2.3.	Der soziale Kontext: Bedingungen der Produktion und Wirkung ironischer Sprechakte	276

2.4.	Ästhetische Offenheit und prozessuale Flexibilität	281
3.	Metapher	283
3.1.	Die Diagnose des Auseinanderfallens von Gesagtem und Gemeintem – oder: Wie erkennt man eine Metapher?	286
3.2.	Die Rekonstruktion des metaphorisch Gemeinten	290
3.3.	Soziale Rahmenbedingungen und Wirkungen metaphorischer Sprechakte	299
3.4.	Ästhetische Offenheit und prozessuale Flexibilität	304
4.	Zentrale Dimensionen kognitiver Konstruktivität unter sozialwissenschaftlicher Perspektive	309
5.	Literatur	315

INHALT
des 2. Halbbandes

Kapitel 7
Die Dispositionismus-Situationismus-Kontroverse

Kapitel 8
Reflexionsebenen beim Lesen von Texten

Kapitel 9
Rationalität: Von ‚Kognitiven Täuschungen' zur sozialen (Meta-)Rationalität

Kapitel 10
Rationale Gefühle

Kapitel 11
Willensfreiheit als Voraussetzung von therapeutischer Praxis

Kapitel 12
(Problem-)Aufriss einer Theoretischen Psychologie

Norbert Groeben

KAPITEL 1

EINLEITUNG:
OBJEKTTHEORIE(N) ALS PROBLEMSYSTEMATISIERUNG

1. Objekttheoretische Problemstrukturen

Die sozialwissenschaftliche Psychologiekonzeption ist entworfen worden als „dritter Weg" zwischen natur- und geisteswissenschaftlicher Psychologietradition (vgl. Groeben, 1997b), wobei dieser dritte Weg nicht nur einen Mittelweg zwischen den traditionell konkurrierenden und kontrastierenden Konzeptionen darstellen soll, sondern vor allem auch eine Integration der jeweiligen Stärken, nämlich der methodischen Systematik (aus der naturwissenschaftlichen Tradition) und der Gegenstandsadäquanz (aus der geistes- bzw. kulturwissenschaftlichen Richtung; vgl. die beiden metatheoretischen Halbbände Groeben 1997a; 1999a). Dieser metatheoretische Integrationsanspruch bezieht sich auf alle Ebenen der Monismus-Dualismus-Debatte (vgl. Groeben, 1986): von der Methodologie (sog. quantitatives vs. qualitatives Paradigma) über die wissenschaftstheoretischen Zielkriterien (z.B. Erklären vs. Verstehen) bis zu den anthropologischen Subjektmodellen als zentralen Manifestationen des Gegenstandsverständnisses (vgl. Groeben, 1999b). Wegen der angestrebten mehrdimensionalen Integrationsdynamik einer sozialwissenschaftlichen Programmatik ist von vornherein nicht zu erwarten, dass auf objekttheoretischer Ebene einfach bestimmte, fest umrissene Einzeltheorien als sozialwissenschaftlich ausgerichtete im Kontrast zu typisch natur- oder geisteswissenschaftlichen Theorien in der Psychologie ausgezeichnet werden können. Gerade unter der Integrationsperspektive scheint es nicht sonderlich zielführend zu sein, nach disjunktiv abgrenzbaren natur-, geistes-, kultur- oder sozialwissenschaftlichen Theorien der Psychologie zu fahnden. Denn eine solche Festlegung würde eindeutige und gegenseitig ausschließende Theoriemerkmale mit festen Grenzen zwischen den Theorieklassen implizieren (ganz entsprechend dem Attributenmodell der Konzeptbildung, vgl. Eckes, 1991, S. 20ff.), was bei der Komplexität der psychologischen Theorienlandschaft und der Verschachteltheit der verschiedenen Theorietraditionen im Laufe der Psychologiegeschichte realistischerweise kaum erwartet werden kann. Folglich scheint es auch hier sinnvoller zu sein, von fließenden Grenzen auszugehen und entsprechend dem Prototypenansatz der Konzeptbildung (vgl. Eckes, 1991, S. 32ff.) nach charakteristischen Merkmalen zu suchen, die die Verschachtelungen und historischen Verwerfungen zwischen den Theorietraditionen der Psychologie möglichst differenziert und zugleich (abstrahierend-)systematisierend zu rekonstruieren gestatten.

Um diese Verschachteltheit der Forschungstraditionen zu veranschaulichen, sei an das Beispiel des Leib-Seele-Problems erinnert, das in seiner heute modernen Variante der Gehirn-Geist-Relation (mind-brain) einen Kernpunkt der Monismus-Dualismus-Debatte darstellt (vgl. im Überblick Hölscher, 1997). Das heißt, im Gehirn-Geist-Problem verbinden sich ontologisch-anthropologische Kernannahmen mit metatheoretisch-methodologischen Zielideen; deswegen wird die Monismus-Dualismus-Kontroverse parallel (allerdings zum größten Teil unverbunden) auf der ontologisch-theoretischen wie auf der methodologisch-metatheoretischen Ebene geführt (wobei Hölscher (1997) diese unverbundenen Diskussionsebenen zusammengeführt hat). Gerade die Mehrdimensionalität solcher und anderer psychologischer Grundfragen (wie Willensfreiheit, Erlebensqualitäten, Sozialität und Historizität des Menschen) war die Voraussetzung dafür, dass die naturwissenschaftliche Psychologietradition diese Fragen bis zur sog. kognitiven Wende in den 60er/70er Jahren des 20. Jahrhunderts nicht als legitime Probleme für die objekttheoretische Modellierung (in) der Psychologie akzeptiert hat (vgl. Gardner, 1989). Die metatheoretische Grundstruktur vor allem des methodologischen Behaviorismus hat wegen der (ausschließlichen) Konzentration auf – direkt oder indirekt – beobachtbares Verhalten diese Art von ontologisch-anthropologischen Problemen zu philosophischen Grundfragen erklärt, die als Gegenstand psychologischer Objekttheorien nicht sinnvoll, ja nicht zulässig seien. Dieses Verdikt hat dann in der Tat dazu geführt, dass solche eigentlich in höchstem Maße psychologischen Fragen jahrzehntelang aus der psychologischen Theoriebildung praktisch eliminiert wurden und nurmehr Gegenstand psychologiegeschichtlicher Analysen waren (vgl. Pongratz, 1967; Schönpflug, 2000).

Und das galt merkwürdigerweise auch für die eher sozialwissenschaftlichen Grundfragen von Willensfreiheit bis zur Historizität (psychischer Prozesse und Strukturen). Erst als mit der kognitiven Wende und der Computer-Metapher des menschlichen Geistes durch die Cognitive Science die Gehirn-Geist-Relation als zentrale psychologische Fragestellung (wieder-)entdeckt wurde, war die Leib-Seele-Relation als objekttheoretisches Problem der Psychologie wieder akzeptabel, ja geradezu unverzichtbar – diesmal allerdings für den Bereich der naturwissenschaftlichen Psychologietradition (vgl. Bunge, 1984; Carrier & Mittelstraß, 1989; Gadenne, 1996; Seiffert, 1989). Das Beispiel zeigt, dass es keine eindeutig und endgültig natur-, geistes- oder sozialwissenschaftliche Fragestellungen gibt, dass gleichwohl aber bezüglich der Bereitschaft zur Beschäftigung mit solchen Grundfragen eine Interdependenz zwischen den z.T. konkurrierenden Forschungsrichtungen existiert. Außerdem wird daran deutlich, dass die Psychologie – gerade auch von der sozialwissenschaftlichen Perspektive aus – durchaus selbstbewusst an der Bearbeitung klassischer Grundfragen festhalten kann und soll, die in der Zeit vor ihrer Etablierung als Einzelwissenschaft als philosophische Fragen galten, heute aber durchaus als objekttheoretische Grundprobleme – ggf. in interdisziplinärer Diskussion mit der Philosophie – zu bearbeiten sind. Dabei dürften die Unterschiede zwischen der natur-, geistes- und sozialwissenschaftlichen Modellierung jeweils aus einer Kombination verschiedener struktureller Aspekte bestehen: von der inhaltlichen Problemstellung über die ontologischen Kernannahmen und die angezielten anthropologischen Antwortperspektiven bis zu den methodologisch-metatheoretischen Zielideen und Verfahrensweisen bei der Bearbeitung dieser Problemstellungen.

Diese Konsequenz wird auch gestützt durch die Pragmatisierung des Erklärungskonzepts, wie sie in der wissenschaftstheoretischen Diskussion mittlerweile allgemein akzeptiert ist (vgl. Schurz, 1990; zusammenfassend Groeben, 1999b, S. 324ff.). Denn danach handelt es sich bei einer wissenschaftlichen Erklärung immer „nur" um eine ‚Verschärfung' des bisherigen Wissens, in dem eben ontologische Kernannahmen etc. als gemeinsame Weltbildbasis immer schon enthalten sind. Die Relevanz und Adäquanz einer jeweiligen Erklärung bemisst sich in diesem Zusammenhang gerade weniger nach methodologischen Zielvorstellungen, sondern nach den inhaltlich angezielten Antwortperspektiven (die im Fall der Psychologie unvermeidbar mehr oder minder explizite anthropologische Implikationen aufweisen: vgl. Erb, 1997). Das pragmatische Erklärungskonzept spricht also dafür, dass bei den genannten strukturellen Aspekten die inhaltliche Problemstellung und die ontologisch-anthropologischen Frage- wie Antwortperspektiven eine mindestens so gewichtige Rolle spielen wie die methodologisch-metatheoretischen Zielideen bzw. Verfahrensweisen.

Zu einer vergleichbaren Strukturierung kommt auch die meines Wissens bisher einzige Geschichte der Psychologie, die explizit von einer metatheoretischen Rahmenmodellierung ausgeht (Madsen, 1988). Madsen unterscheidet drei Ebenen, die es bei der Beschreibung der geschichtlichen (Theorie-)Entwicklung der Psychologie zu verbinden gilt: die metatheoretisch-philosophische Ebene, die objekttheoretische Hypothesen-Ebene und die empirische Daten-Ebene (o.c., S. 29). Dabei werden die objekttheoretischen Modelle von der metatheoretisch-philosophischen Ebene aus (deduktiv) entwickelt, von der empirischen Daten-Ebene aus ggf. (induktiv) modifiziert. Und für die metatheoretische Ebene setzt auch Madsen explizit die beiden zentralen Kategorien der ontologischen Kernannahmen (‚Weltanschauung') und der wissenschaftstheoretischen Zielideen an (o.c., S. 30ff.) – wobei sich die ontologisch-anthropologischen Kernannahmen dann auf der objekttheoretischen Ebene z.B. in den Unterkategorien bestimmter Konstruktarten widerspiegeln (organismische, mentalistische, konstruktivistische: o.c., S. 44f.). Madsen thematisiert für die historische Darstellung der berücksichtigten Objekttheorien auch noch verschiedene Erklärungsmodelle (von der deduktiv-nomologischen Erklärung bis zum hermeneutischen Verstehens‚zirkel') und entwickelt für die Datenebene eine Formel, mit der er den empirischen Überprüfungsgrad einzelner Theorien quantitativ zu berechnen versucht (o.c., S. 60ff.) – wobei dieser letzte Aspekt in unsere Systematisierung sozialwissenschaftlicher (Objekt-)Theorien lediglich narrativ eingehen wird, nämlich als Überblick über die wichtigsten empirischen Überprüfungsversuche und deren Ergebnisse.

Damit ist überdies – noch einmal – deutlich, was allgemein und so auch hier unter ‚Objekttheorien' zu verstehen ist. Im Gegensatz zu wissenschaftstheoretischen bzw. methodologischen Analysen, deren Gegenstand wissenschaftliche Theorien darstellen und die deshalb als ‚metatheoretisch' zu klassifizieren sind, beziehen sich ‚Objekttheorien' auf den psychischen Gegenstand, der allerdings entsprechend der z.T. unterschiedlichen ontologisch-anthropologischen Kernannahmen konzeptualisiert wird. Während die klassische Kurzformel dieser Gegenstandsbestimmung „Erleben und Verhalten des Menschen" lautet, führen Analysen, die die Geschichte des Faches (mit) berücksichtigen, in der Regel zu differenzierteren und komplexeren Gegenstandsbestimmungen, für die etwa das sechsstellige Logogramm von Pongratz (1967, S. 348) ein paradigmatisches Beispiel darstellt: mit der Unterscheidung von (I) Person, (II) psychisches Leben, (III) Bewusstsein als Präsenz, (IV) Unbewusstsein als Latenz, (V) Erleben, (VI) Verhalten. Die explizit sozialwissenschaftliche Konzeptualisierung fügt dem, wie die beiden metatheoretischen Halbbände dieser Programmatik gezeigt haben, mindestens noch die Problemperspektiven der Sozialität und Historizität hinzu.

Auswahl und Darstellung der hier angezielten objekttheoretischen Modellierungen gehen also vom sozialwissenschaftlichen Gegenstandsverständnis und von den ihm verpflichteten Problemstellungen aus, die unter der Perspektive bestimmter anthropologischer Frage- bzw. Antwortrichtungen aufgearbeitet werden. Dabei können und sollen die Problemstellungen durchaus relativ grundlegend sein, also in den Bereich der psychologischen Grundfragen hineinreichen, die in der bisherigen Geschichte der Psychologie bisweilen der Philosophie überantwortet worden sind. Derartige grundlegende Problemstellungen sind an sich, wie das Beispiel des Leib-Seele-Problems zeigt, noch nicht als diskriminativ spezifisch für die natur- oder sozialwissenschaftliche Tradition der Psychologie anzusehen. Diese Spezifität kommt eher durch die von den ontologisch-anthropologischen Kernannahmen her im Vordergrund stehenden (im Sinne des pragmatischen Erklärungskonzepts: relevanten) angezielten Frage- und Antwortperspektiven zu Stande. Und auf diese als sozialwissenschaftlich ausgezeichneten Frage- und Antwortperspektiven sind dann wiederum die methodologisch-metatheoretischen Zielideen und Verfahrensweisen ausgerichtet, deren Einsatz zu einem (Zwischen-)Fazit bezüglich der empirischen Erklärungskraft solcher Antwortversuche führen soll.

Der angezielte Überblick zu objekttheoretischen Modellierungen der Psychologie aus sozialwissenschaftlicher Perspektive soll also möglichst grundlegende Problemstellungen der Psychologie behandeln, für diese die vom sozialwissenschaftlichen Gegenstandsverständnis her relevanten Frage- und Antwortperspektiven herausarbeiten und deren empirische Erklärungskraft unter Rückgriff auf die bisherigen empirischen Überprüfungsversuche bei Berücksichtigung der Passung zwischen methodologischen Überprüfungsmodellen und sozialwissenschaftlichen Gegenstandskonzeptionen zusammenfassen.

2. Sozialwissenschaftliche Problemkonstituierungen

Ein klassisches Problem, in dem natur- und sozialwissenschaftliche Kernannahmen sich relativ direkt gegenüberstehen, ist die Anlage-Umwelt-Kontroverse (Kapitel 2.). Es geht dabei um die Frage, ob menschliche Eigenschaften eher – anlagebedingt – vererbt oder – umweltbedingt – erworben werden. Die These der anlagebedingten

Vererbung stellt praktisch die organismische Dimension des Menschen in den Mittelpunkt, die These des umweltbedingten Erlernens die soziale Plastizität des Menschen als kulturellem Subjekt. Gerade diese relativ direkte Gegenüberstellung von Organismushaftigkeit versus Sozialität macht die Faszination des Anlage-Umwelt-Problems aus, die es seit jeher und immer wieder für die psychologische Theorienentwicklung und Anthropologie ausgeübt hat (vgl. Amelang, 2000). Wie es häufig geschieht, wählen sich die unterschiedlichen Positionen und Traditionen allerdings auch unterschiedliche – paradigmatische – Gegenstandsbereiche aus, in diesem Fall z.B. die naturwissenschaftliche Tradition den Gegenstandsbereich der Intelligenz, die sozialwissenschaftliche Tradition den Bereich der Geschlechtersozialisation. An diesen beiden inhaltlichen Problembereichen soll die bisherige Theorienentwicklung in der Anlage-Umwelt-Frage aufgearbeitet werden, um die Grenzen der Anlage-These sowie die Möglichkeiten der Umwelt-Sozialisation zu verdeutlichen.

Wenn man den Menschen, so begründet, auch und gerade als soziales Wesen versteht und erforschen will, dann gibt es für die sozialwissenschaftliche Tradition einen paradigmatischen Gegenstandsbereich, in dem sich diese Sozialität manifestiert und durch den sie geprägt erscheint: nämlich die Sprache als zentraler kultureller Errungenschaft des Menschen. Dabei geht es nicht nur um die konkrete sprachliche Interaktion zwischen Menschen, durch die soziale Strukturen, Relationen etc. zustande kommen und ablaufen, sondern vor allem auch um den Einfluss des überindividuellen Systems ‚Sprache' auf die Dimensionen des individuellen Erlebens und Handelns (Kapitel 3.). Derjenige Problembereich, der hier eine immer wieder und in verschiedenen Formen auftretende Faszination auf sich gezogen hat, ist die Relation zwischen Sprache und Denken, und zwar in der Einflussrichtung von Sprache auf das Denken (Gipper, 1972; Whorf, 1963). Eine der neuesten Varianten dieses Interesses kommt aus der feministischen Linguistik und beschäftigt sich mit dem Einfluss des generischen Maskulinums (als Merkmal der, wie Whorf (o.c.) es genannt hat, Average European Languages) auf das Denken von Frauen und Männern in Bezug auf das Geschlecht der Personen, die mit entsprechenden generisch maskulinen Ausdrücken (mit-)gemeint sein sollen (Pusch, 1984). Die zentrale These der linguistischen Relativität soll daher im Folgenden an diesem Genus-Sexus-Problem aufgearbeitet werden, für das mittlerweile auch eine Fülle empirischer Überprüfungen vorliegt, an denen sich die Sozialität des Menschen als Eingebundensein in und Geprägtsein durch seine Sprache verdeutlichen lässt.

Während die kulturelle Errungenschaft der Sprache einen klassischen Kristallisationskern sozialwissenschaftlichen Interesses darstellt, ist die generelle Denkfähigkeit oder Intelligenz des Menschen – zumindest in der zweiten Hälfte des 20. Jahrhunderts – zu einer Interessensdomäne der naturwissenschaftlichen Tradition geworden. Das hängt mit der Materialismus-Diskussion (vgl. Hölscher, 1997) zusammen, innerhalb derer nicht zuletzt die „Naturalisierung des menschlichen Geistes" ein zentrales Problem darstellt, d.h. die Frage, ob und wie menschliche Intelligenz auf eine materiale Basis (sei sie biologisch, chemisch oder physikalisch) zurückgeführt werden kann. Die resultierende Computermetapher des menschlichen Geistes geht – in mehr oder minder starker Form – von einer strukturellen Identität oder zumindest heuristischen Parallelität zwischen menschlicher und künstlicher Intelligenz aus (Gardner, 1989). Von den anthropologischen Kernannahmen der sozialwissenschaftlichen Psychologieperspektive aus ergibt sich hier die dringende Frage, wo bei dieser Gleichsetzung oder Parallelisierung der Person- bzw. Subjektcharakter der menschlichen Intelligenz bleibt. Philosophisch ist dies die Frage nach der Intentionalität und den Erlebnisqualitäten, die mit menschlichem Denken verbunden sind – wie es auch die materialistische Grundposition konzediert. Die entsprechende philosophische Diskussion (die in Kapitel 4. aufgearbeitet wird) zeigt, dass die Computermetapher des menschlichen Geistes in der Tat dort an ihre Grenzen stößt, wo die Modelle der künstlichen Intelligenz die Geschichtlichkeit und Sozialität menschlichen Denkens nicht rekonstruieren können. Es handelt sich hier also um eine – bisher noch – primär philosophische Analyse, durch die aber unverzichtbare Gegenstandsbereiche der Psychologie wie Erlebnisqualitäten, Geschichtlichkeit und Sozialität des menschlichen Denkens zurückgewonnen werden, die sich zusammenfassend als Person- oder Subjektcharakter der menschlichen Intelligenz charakterisieren lassen.

Ein prototypisches Beispiel für den personalen Subjektcharakter des Menschen einschließlich dessen Historizität stellt sicherlich die Frage der Identität bzw. der Identitätskonzepte dar (vgl. Kapitel 5). An diesem Problembereich lässt sich nicht zuletzt auch die Verbindung individueller und überindividueller Historizitätsperspektiven verdeutlichen, wie sie für eine sozialwissenschaftliche Problemkonstituierung essenziell ist oder zumindest sein sollte (Groeben, 1999b). Individuell reichen subjektive Identitätsentwürfe von der Rückschau (vgl. „autobiographisches Gedächtnis") über das aktuelle Selbst bis hin zu zukunftsorientierten, potenziell utopischen, d.h. auf die eigenen – positiven – Entwicklungsmöglichkeiten ausgerichteten Identitätsperspektiven. Überindividuell manifestiert sich die Geschichtlichkeit solcher Identitätsentwürfe gerade in der Umbruchphase von der Moderne zur Postmoderne dadurch, dass u.U. einheitliche subjektive Identitätskonzepte sich zunehmend auflösen in eine Form von Patchwork-Identität(en) (Gergen, 1996). Die Frage, wie vor dem Hintergrund eines rasanten sozialen Wandels sich u.U. auch die subjektiven Identitätsentwürfe und deren lebensgeschichtliche Perspektive im Spannungsfeld zwischen Kohärenz- und Inkohärenz-Konzepten wandeln, führt letztlich zu der Frage, ob eine sozialwissenschaftliche Psychologie-Konzeption die individuelle wie überindividuelle Historizitätsperspektive nicht auch zu theoretischen Entwürfen über zukünftige Entwicklungen des Psychischen und damit für eine futurologische bzw. utopieorientierte Psychologie nutzen kann und müsste (vgl. Groeben, 1988).

Subjektive Identitätsentwürfe – und deren Einholung im individuellen Lebens(ab)lauf – stellen ein Maximum an kognitiver Konstruktivität dar, wobei letztere allerdings auch in der naturwissenschaftlich orientierten Forschung der Psychologie in den letzten 50 Jahren eine herausragende Rolle gespielt hat und heute als Kernannahme auch und gerade des Informationsverarbeitungsansatzes in der Psychologie gelten kann (so schon Neisser, 1974). Während die kognitive Konstruktivität jedoch für die sozialwissenschaftliche Psychologie-Perspektive seit jeher eine konstitutive Teilmenge ihrer anthropologischen Kernannahmen gebildet hat (vgl. Erb, 1997), ist die naturwissenschaftliche Tradition praktisch nur gezwungenermaßen durch empirische Anomalien zur Entwicklung dieser Kernannahme gekommen. Ausgehend von wahrnehmungspsychologischen Untersuchungen wurde im Laufe der Forschung immer deutlicher, dass die Verarbeitung von Informationen nicht eine primär passive Rezeption oder Dekodierung darstellt, sondern immer auch eine aktive Konstruktion von Informationen beinhaltet. Dieses Prinzip gilt, wie unschwer erwartbar, in besonderem Ausmaß für die Sprachverarbeitung, bei der es dann auch immer wieder und in zunehmend differenzierterer Form nachgewiesen worden ist (vgl. Christmann & Groeben, 1999; Hörmann, 1976). Die naturwissenschaftlich-experimentelle Tradition hat sich dabei von höchst molekularen Einheiten (wie sinnlosen Silben) bis zu komplexeren Einheiten (Texte, Sprechakte etc.) vorgearbeitet. Die sozialwissenschaftliche Tradition hat sich dagegen von Anfang an für die komplexeren Spracheinheiten interessiert und versucht, von deren Komplexität aus auch die Differenziertheit, Dynamik und Komplexität der kognitiven Konstruktivität aufzuklären (Groeben, 1986). Paradigmatische Beispiele höchst komplexer Sprechakte bilden hier diejenigen Spracheinheiten, bei denen Geäußertes und Gemeintes auseinanderfallen, insbesondere also die Phänomene von Ironie und Metapher (vgl. Kapitel 6.) An ihnen sollen im Folgenden dann auch nicht nur die bisher empirisch aufgeklärten Strukturen der kognitiven Konstruktivität verdeutlicht, sondern ebenso die noch ausstehenden Forschungsdesiderata aufgearbeitet werden, zu deren Erfüllung gerade die sozialwissenschaftliche Psychologietradition Substanzielles beitragen kann.

Die kognitive Konstruktivität spielt letztlich auch eine nicht zu unterschätzende Rolle bei einem anderen klassischen Problemfeld, in dem sich naturwissenschaftliche und sozialwissenschaftliche Tradition scheinbar vergleichbar direkt gegenüberstehen wie bei der Anlage-Umwelt-Kontroverse: Es handelt sich um die Dispositionismus-Situationismus-Kontroverse – d.h. die Frage, ob menschliches Verhalten/Handeln (mehr) durch überdauernde Persönlichkeitsvariablen („traits") oder durch Situationseinflüsse („states") bestimmt ist (Amelang & Bartussek, 1990). Auf den ersten Blick scheint es so, als ob die situationale Erklärung eindeutig der sozialwissenschaftlichen Perspektive zuzuordnen wäre. Die Entwicklung der theoretischen Diskussion und empirischen Forschung zu diesem Problem hat aber gezeigt, dass die Lösung, wie in anderen Theoriebereichen auch, darin besteht, dass Interaktionsmodelle entwickelt werden (z.B. Lantermann, 1980). Und hier geht es dann darum, dass die experimentelle Tradition einen unidirektionalen Interaktionsbegriff unterstellt, während die sozialwissenschaftliche Perspektive ein dynamisches, bidirektionales Interaktionskonzept einfordern muss (vgl. Kapitel 7.). Damit wird auf jeden Fall die experimentelle Methodik als Königsweg zur Klärung der Dispositionismus-Situationismus-Kontroverse überholt. Außerdem führt die Reflexivität des menschlichen Subjekts dazu, dass es selbst auch mögliche Eigenschafts-Situations-Interaktionen kognitiv abbilden kann und damit Persönlichkeitsmerkmale auf höherer (reflexiver) Ebene rekonstruiert werden können; insofern stärkt die Reflexionskompetenz des Menschen unter Umständen sogar den Dispositionismus-Ansatz (wenn auch in anderer als von der naturwissenschaftlich-experimentellen Tradition postulierten Form).

Mit der Reflexivität ist ein Merkmal angesprochen, das für die anthropologischen Kernannahmen einer sozialwissenschaftlichen Psychologie-Konzeption zentral ist (Erb, 1997; Groeben & Scheele, 1977). Es enthält aber selbstverständlich die Schwierigkeit, dass mit Reflexivität auf jeden Fall mehrere Ebenen von Kognitionen gemeint sein müssen, die zueinander in einer Metarelation stehen. – Ich reflektiere z.B. über meine Erinnerungen und deren subjektive Sicherheit, reflektiere auf Grund bisheriger Lebenserfahrung über die vermutliche Adäquatheit oder Inadäquatheit dieser Sicherheit, reflektiere darüber, dass ich auch nicht zu selbstkritisch diese Sicherheit relativieren sollte etc. – Gerade diese Komplexität der Mehrebigkeit von Kognitionen hat dazu geführt, dass dieses Phänomen der empirisch-systematischen Forschung einige Schwierigkeiten bereitet und daher auch erst relativ spät systematisch angegangen worden ist. Derjenige Bereich, in dem mittlerweile eine relativ große Menge von Forschungsergebnissen vorliegt, die im Übrigen auch eine gewisse Zusammenführung von natur- und sozialwissenschaftlichen Traditionen verdeutlichen kann, ist das Gebiet des Lernens aus Texten mit den entsprechenden „metakognitiven" Lernstrategien (Christmann & Groeben, 1996). An diesem Gegenstandsbereich lassen sich sowohl potenzielle unterschiedliche Bewusstseinsebenen als auch deren Relevanz innerhalb des Lernprozesses und die noch ausstehenden Entwicklungen zur weiteren Ausdifferenzierung von Bewusstseinsebenen und Reflexionsleistungen verdeutlichen (Kapitel 8.).

Von der Reflexivität ist es – besonders innerhalb des „epistemologischen Subjektmodells" der sozialwissenschaftlichen Richtung (Groeben & Scheele, 1977; Groeben, Wahl, Schlee & Scheele, 1988) – nur ein kleiner Schritt zur (potenziellen) Rationalität des menschlichen Subjekts. Umso erstaunlicher erscheint es auf den ersten Blick, dass das Problem der Rationalität lange Zeit eine Domäne der naturwissenschaftlichen Psychologietradition war. Das begann mit der Theorie rationaler Entscheidungen, in der der philosophische Ansatz des Utilitarismus in Simulationsmodelle übertragen wurde, mit denen menschliche Entscheidungen erklärt und vorhergesagt werden sollten (Jungermann, Pfister & Fischer, 1998). Allerdings hat sich dabei relativ rasch gezeigt, dass die zu Grunde gelegte Norm der Rationalität zumindest für das Alltagsdenken und -handeln zu anspruchsvoll war, weswegen das Konzept der „beschränkten Rationalität" (Simon) entwickelt wurde. Diesem Konzept war auch die folgende Phase der Rationalitätsforschung verpflichtet, in der sog. kognitive Täuschungen (von Fehlern im logischen Schlussfolgern über unkorrekte Wahrscheinlichkeitsschätzungen bis hin zu Erinnerungsverzerrungen etc.) experimentell erforscht wurden (Hell, Fiedler & Gigerenzer, 1993). Im weiteren Verlauf dieses Forschungsprogramms wurde allerdings auch für die kognitiven Täuschungen deutlich, dass dabei überzogene, unrealistische Rationalitätsnormen unterstellt worden waren, die im Alltagsleben zum Teil wenig Sinn machen. Im Gegensatz zu frühen Kritiken

„menschlicher Irrationalität" kann daher der situationsadäquate Umgang des Menschen mit seinen zum Teil beschränkten kognitiven Ressourcen als eine Form von Metarationalität rekonstruiert werden (vgl. Kapitel 9.). Der zentrale Aspekt aus sozialwissenschaftlicher Perspektive betrifft allerdings das Phänomen, dass Rationalität in der naturwissenschaftlich dominierten Psychologie-Tradition fast ausschließlich als Optimierung individueller Entscheidungen (und Entscheidungsfähigkeit) gesehen wurde, ohne die Möglichkeiten der Rationalitätssteigerung durch soziale Kommunikations- und Ausgleichsprozesse zu berücksichtigen. Diese Erweiterung des Rationalitätskonzepts hin zu Dimensionen einer sozialen Rationalität, die nicht nur eine theoretische Vervollständigung, sondern auch eine Ergänzung experimenteller Verfahrensweisen durch qualitative Methoden impliziert, dürfte der entscheidende Beitrag der sozialwissenschaftlichen Richtung zur Erforschung der menschlichen Rationalität sein.

Neben dieser impliziten Kontrastierung von Rationalität und Sozialität gibt es aber noch eine weitere Entgegensetzung, die klassischerweise – auch in der Psychologie – mit dem Konzept der Rationalität verbunden ist: nämlich die Dichotomisierung von Rationalität und Emotion. Emotionalität wird zumeist als Hindernis für, wenn nicht Verhinderung von rationalem Handeln angesehen, was bestimmte positive Funktionsmöglichkeiten des Emotionalen – unnötigerweise – negiert und damit der Forschung praktisch entzieht (Scheele, 1990; 1996). Eine sozialwissenschaftliche Psychologie-Perspektive hat hier – ganz im Sinne der unter der Historizitätsperspektive beschriebenen utopieorientierten Konzeption – die Aufgabe, in einer „Psychologie der rationalen Gefühle" die Möglichkeiten herauszuarbeiten, die in rationalen Aspekten des Emotionalen für das aktuelle Handeln wie für die ontogenetische Entwicklung des Individuums stecken (Kapitel 10).

Bei solchen rationalen Gefühlen ist im Prinzip schon etwas unterstellt, was auch eine Grundvoraussetzung unseres gesamten Rechtssystems und damit unserer alltäglichen Handlungstheorie darstellt: nämlich die Willensfreiheit. Das Problem der Willensfreiheit ist ein paradigmatisches Beispiel dafür, dass eine an und für sich zentral psychologische Frage lange Zeit nur als philosophisches Problem gesehen und behandelt worden ist (Humphrey, 1993). Anders als beim Problem der Intentionalität und der Erlebnisqualitäten (siehe Kapitel 4.) ist die Frage der Willensfreiheit aber in letzter Zeit auch von der objektwissenschaftlichen Psychologie selbst wieder als – zumindest theoretisch – relevante Fragestellung zurückgewonnen worden (Cranach & Foppa, 1996). Dabei geht es um das fast paradox anmutende Problem, wie eine materialistische Determiniertheit der gesamten (auch psychischen?) Welt mit der praktischen Implikation einer aktuellen Indeterminiertheit, die als Voraussetzung von Willensfreiheit erscheint, verbunden werden kann. Diese praktische Implikation von Willensfreiheit spielt innerhalb der Psychologie vor allem im therapeutischen Kontext eine konstitutive Rolle, wo es nicht selten um die Wiederherstellung von Handlungsfähigkeit in dem Sinne geht, dass Handlungen, die kognitiv durchaus als richtig eingesehen werden, auch realisiert werden können (bzw. Verhaltensweisen, deren Irrationalität kognitiv gesehen wird, unterlassen werden können: z.B. bei bestimmten Phobien). Die sozialwissenschaftliche Psychologieperspektive steht hier vor der Aufgabe, Modelle zu entwickeln, die eine objekttheoretische Konzeptualisierung von ‚Willensfreiheit' erlauben, ohne sich in philosophisch-metatheoretische Paradoxien oder Aporien zu verstricken (Kapitel 11.).

Wenn man die damit beispielhaft aufgearbeiteten Domänen sozialwissenschaftlicher Psychologieforschung mit den wissenschaftstheoretischen und methodologischen Zielideen einer sozialwissenschaftlichen Psychologie-Programmatik zu verbinden versucht, ergibt sich die Möglichkeit, als Synopse den Problemaufriss einer Theoretischen Psychologie (vgl. Koch, 1951) auszuarbeiten, indem – ganz im Sinne des eingangs skizzierten „dritten Wegs" der sozialwissenschaftlichen Konzeption als Integration von natur- und geistes-/kulturwissenschaftlicher Psychologietradition – die bisherigen Forschungslinien und Theorie-Traditionen der Psychologie-Geschichte zusammengeführt werden (Kapitel 12.).

3. Literatur

Amelang, M. (2000). Anlage- (und Umwelt-)Faktoren bei Intelligenz- und Persönlichkeitsmerkmalen. In Enzyklopädie der Psychologie. Themenbereich C, Serie VIII, M. Amelang (ed.), Differentielle Psychologie und Persönlichkeitsforschung (pp. 271-319). Göttingen: Hogrefe.

Amelang, M. & Bartussek, D. (1990). Differentielle Psychologie und Persönlichkeitsforschung (pp. 49-128). Stuttgart: Kohlhammer.

Bunge, M. (1984). Das Leib-Seele-Problem. In E. Boettcher (ed.), Die Einheit der Gesellschaftswissenschaften, Studien in den Grenzbereichen der Wirtschafts- und Sozialwissenschaften. Tübingen: Mohr.

Carrier, M. & Mittelstraß, J. (1989). Geist Gehirn Verhalten. Das Leib-Seele-Problem und die Philosophie der Psychologie. Berlin etc.: de Gruyter.

Christmann, U. & Groeben, N. (1996). Reflexivity and Learning: Problems, Perspectives, and Solutions. In J. Valsiner & H.G. Voss (eds.), The Structure of Learning Processes (pp. 45-85). Norwood: Ablex.

Christmann, U. & Groeben, N. (1999). Psychologie des Lesens. In B. Franzmann et al. (eds.), Handbuch Lesen (pp. 145-223). München: Saur.

Cranach, v., M. & Foppa, K. (1996). Freiheit des Entscheidens und Handelns. Heidelberg: Asanger.

Eckes, T. (1991). Psychologie der Begriffe. Strukturen des Wissens und Prozesse der Kategorisierung. Göttingen: Hogrefe.

Erb, E. (1997). Gegenstands- und Problemkonstituierung: Subjektmodelle (in) der Psychologie. In N. Groeben (ed.), Zur Programmatik einer sozialwissenschaftlichen Psychologie, Bd. I, 1: Metatheoretische Perspektiven. Gegenstandsverständnis, Menschenbilder, Methodologie und Ethik (pp. 139-239). Münster: Aschendorff.

Gadenne, V. (1996). Bewußtsein, Kognition und Gehirn. Einführung in die Psychologie des Bewußtseins. Bern etc.: Huber.

Gardner, H. (1989). Dem Denken auf der Spur. Stuttgart: Klett.

Gergen, K.J. (1996). Das übersättigte Selbst. Heidelberg: Auer.

Gipper, H. (1972). Gibt es ein sprachliches Relativitätsprinzip? Frankfurt/M.: Fischer.

Groeben, N. (1986). Handeln, Tun, Verhalten als Einheiten der verstehend-erklärenden Psychologie. Tübingen: Francke.

Groeben, N. (1988). Die Utopie der Sehnsucht der Utopie. In N. Groeben, W. Keil & U. Piontkowski (eds.), Zukunfts-Gestalt-Wunsch-Psychologie. Zur Gestalt psychologischer Forschung nach M. Sader. Münster: Aschendorff.

Groeben, N. (ed.). (1997a). Zur Programmatik einer sozialwissenschaftlichen Psychologie, Bd. I,1: Metatheoretische Perspektiven. Gegenstandsverständnis, Menschenbilder, Methodologie und Ethik. Münster: Aschendorff.

Groeben, N. (1997b). Einleitung: Sozialwissenschaftliche Psychologie-Konzeption zwischen Natur- und Geisteswissenschaft. In N. Groeben (ed.), Zur Programmatik einer sozialwissenschaftlichen Psychologie, Bd. I,1: Metatheoretische Perspektiven. Gegenstandsverständnis, Menschenbilder, Methodologie und Ethik (pp. 1-26). Münster: Aschendorff.

Groeben, N. (ed.). (1999a). Zur Programmatik einer sozialwissenschaftlichen Psychologie, Bd. I,2: Theoriehistorie, Praxisrelevanz, Interdisziplinarität, Methodenintegration. Münster: Aschendorff.

Groeben, N. (1999b). Fazit: Die metatheoretischen Merkmale einer sozialwissenschaftlichen Psychologie. In N. Groeben (ed.), Zur Programmatik einer sozialwissenschaftlichen Psychologie, Bd. I,2: Theoriehistorie, Praxisrelevanz, Interdisziplinarität, Methodenintegration (pp. 311-404). Münster: Aschendorff.

Groeben, N. & Scheele, B. (1977). Argumente für eine Psychologie des reflexiven Subjekts. Darmstadt: Steinkopff.

Groeben, N., Wahl, D., Schlee, J. & Scheele, B. (1988). Forschungsprogramm Subjektive Theorien: Eine Einführung in die Psychologie des reflexiven Subjekts. Tübingen: Francke.

Hell, W., Fiedler, K. & Gigerenzer, G. (1993). Kognitive Täuschungen. Heidelberg: Spektrum.

Hölscher, St. (1997). Monismus und Dualismus in der Psychologie. Zur Verschränktheit von ontologischen und methodologischen Problem(lösungs)perspektiven. In N. Groeben (ed.), Zur Programmatik einer sozialwissenschaftlichen Psychologie, Bd. I,1: Metatheoretische Perspektiven. Gegenstandsverständnis, Menschenbilder, Methodologie und Ethik (pp. 27-138). Münster: Aschendorff.

Hörmann, H. (1976). Meinen und Verstehen. Frankfurt/M.: Suhrkamp.

Humphrey, N. (1993). A History of the Mind. Mondon: Vintage.

Jungermann, H., Pfister, H.-R. & Fischer, K. (1998). Die Psychologie der Entscheidung. Heidelberg: Spektrum.

Koch, S. (1951). Theoretical Psychology, 1950: An Overview. Psychological Review, 51, 295-301.

Lantermann, E.D. (1980). Interaktionen. Person, Situation, und Handlung. München: Urban & Schwarzenberg.

Madsen, K.B. (1988). A History of Psychology in Metascientific Perspective. Amsterdam: North-Holland.

Neisser, U. (1974). Kognitive Psychologie. Stuttgart: Klett.

Pongratz, L.J. (1967). Problemgeschichte der Psychologie. Bern: Francke.

Pusch, L.F. (1982/1984). Das Deutsche als Männersprache. Aufsätze und Glossen zur feministischen Linguistik. Frankfurt/M.: Suhrkamp.

Scheele, B. (1990). Emotionen als bedürfnisrelevante Bewertungszustände: Grundriß einer epistemologischen Emotionstheorie. Tübingen: Francke.

Scheele, B. (1996). Emotion – Reflexion – Rationalität. Grundpostulate einer epistemologischen Emotionspsychologie. Ethik und Sozialwissenschaften. Streitforum für Erwägungskultur, 7(2/3), 283-297.

Schönpflug, W. (2000). Geschichte und Systematik der Psychologie. Weinheim: Psychologie Verlags Union.

Schurz, G. (ed.). (1990). Erklären und Verstehen in der Wissenschaft. München: Oldenbourg.

Seiffert, J. (1989). Das Leib-Seele-Problem und die gegenwärtige philosophische Diskussion (2., korr. u. erw. Aufl.). Darmstadt: Wissenschaftliche Buchgesellschaft.

Whorf, B. L. (1963). Sprache – Denken – Wirklichkeit. Beiträge zur Metalinguistik und Sprachphilosophie. Reinbek: Rowohlt.

Ruth Rustemeyer

KAPITEL 2

DAS ANLAGE-UMWELT-PROBLEM AM BEISPIEL DER INTELLIGENZ- UND GESCHLECHTERFORSCHUNG

1. Die klassische Fragestellung und daraus hervorgegangene Antwortperspektiven

Die Anlage-Umwelt-Kontroverse kann als ein zentrales Thema in der wissenschaftlichen Auseinandersetzung bezeichnet werden, das bereits ca. 400 Jahre vor unserer Zeitrechnung in den eugenischen Ideen Platos mit einer ersten (problematischen) Programmatik auftaucht. Danach wird die Frage allerdings mehr als 2000 Jahre nicht behandelt und findet erst im 18. Jahrhundert erneut das Interesse der Wissenschaft. Im 19. Jahrhundert sind es dann die Arbeiten von Darwin, Mendel und Galton, die einen wichtigen und bis heute wirksamen Beitrag zu der Anlage-Umwelt-Debatte darstellen. Während Darwin Gesetze der Evolution aufstellte und deren Gültigkeit nicht nur für anatomische Merkmale, sondern auch für Verhaltensweisen annahm, bewies Mendel am Beispiel der Erbsenzüchtung seine Erblichkeitsgesetze; Galton schließlich verwendete als erster Zwillings- und Adoptionsstudien zur Überprüfung der Erblichkeit von Intelligenz (vgl. Borkenau, 1993). Beginnend mit dem ausgehenden 19. Jahrhundert stellte sich die Kontroverse als ausgesprochen komplizierte Diskussion dar, die zunehmend von Forschenden aus verschiedensten Disziplinen auf unterschiedlichen Ebenen nicht zuletzt deshalb sehr engagiert geführt wurde, weil das Thema große praktische Konsequenzen zumindest für bestimmte Menschengruppen besaß und immer noch besitzt. Bevor die Aktualität dieser Kontroverse in den folgenden Teilen des Beitrages für die Intelligenz- und Geschlechterforschung inhaltlich verdeutlicht werden soll, versuche ich zunächst, die allgemeine Debatte und die aus ihr hervorgegangenen Erkenntnisse wiederzugeben.

Zunächst erscheint es sinnvoll, die verschiedenen Dimensionen der Fragestellung abzugrenzen, da manche Unvereinbarkeiten verschiedener Positionen nur scheinbare sind, weil sie sich auf eine unzureichende

Präzision in der Gegenstandsbestimmung zurückführen lassen. So stellt sich in der Phylogenese die Frage nach der Evolution des Menschen als Gattungswesen; dieser Langzeitperspektive steht mit der Betrachtung der Ontogenese ein vergleichsweise kurzer Zeitraum gegenüber. Allerdings ist in Bezug auf die Entwicklung des einzelnen Menschen zu berücksichtigen, dass er als Gattungswesen immer auch ein Produkt der Phylogenese darstellt, auf die ein Großteil der menschlichen genetischen Ausstattung zurückzuführen ist. Bereits der Problemkomplex von Phylogenese und Ontogenese enthält daher viele Fragen nach dem Zusammenspiel von Anlage und Umwelt: Ist der Mensch eigentlich noch den Gesetzen der Evolution ausgesetzt, oder hat sein Kulturstatus ihn von den Fesseln der Natur befreit? Und andererseits: In welchem Ausmaß ist der Mensch als Gattungswesen durch seine Gene determiniert? Lässt die z.T. gemeinsame gattungsgeschichtliche Vergangenheit mit Tieren einen Transfer von Erkenntnissen aus dem Tierbereich auf den menschlichen Bereich zu?

In der Binnendifferenzierung der ontogenetischen Perspektive stellt sich neben dem Problem der individuellen Entwicklung auch die Frage nach der Entstehung interindividueller Differenzen im Phänotyp, genauer: in welcher Weise das beobachtbare Erscheinungsbild (einschließlich der individuellen Unterschiede) von der genetischen Basis, dem anlagebedingten Genotyp, sowie von den Umwelteinflüssen geprägt ist. In Bezug auf den Genotyp werden in diesem Zusammenhang die so genannten segregierenden Gene herausgehoben, die allerdings nur einen geringen Teil der gesamten genetischen Ausstattung des Menschen ausmachen (vgl. Borkenau, 1993). Es handelt sich dabei um Genloci, also um Abschnitte auf den Chromosomen, an denen verschiedene Allele auftreten, die beispielsweise auch über Qualitäten wie Haar- oder Hautfarbe entscheiden. Allerdings beschränkt sich der Einfluss der Umwelt natürlich nicht auf eine Modifikation der Wirkung der segregierenden Gene, sondern entfaltet seine Wirkung gegebenenfalls auch bei dem übrigen Genmaterial.

In dieser Gemengelage von Problemebenen und -perspektiven lassen sich historisch betrachtet drei grundlegende Frageansätze hinsichtlich des Zusammenspiels von Anlage und Umwelt unterscheiden. Erstens die Frage, ob menschliches Verhalten durch Anlage *oder* Umwelt bestimmt ist; zweitens die Frage, zu welchen *Anteilen* menschliches Verhalten von der Anlage einerseits und von der Umwelt andererseits beeinflusst ist; und drittens, wie Anlage und Umwelt in der menschlichen Entwicklung *zusammenwirken*. Während der erste Frageansatz in der aktuellen Diskussion kaum noch eine Rolle spielt, ist die Berechtigung des zweiten Ansatzes zwischen unterschiedlichen Forschungsrichtungen bis heute umstritten; der dritte Frageansatz stellt dagegen eine unumstrittene Perspektive dar, auf die sich heutzutage der größte Teil der Forschungsanstrengungen konzentriert.

1.1. Die Dichotomisierung: Entweder-Oder

Der erstgenannte Frageansatz wurde im Hinblick auf die phylogenetische Entwicklung des Menschen diskutiert, aber auch in Bezug auf seine Ontogenese. Hinsichtlich der phylogenetischen Ebene waren es Anthropologen, die mit ihrer Theorie des kritischen Punktes das Ende der biologischen Evolution des Menschen propagierten. Dieser Theorie zufolge wurde der Mensch nach Erreichen des kritischen Punktes in seiner phylogenetischen Entwicklung zum kulturtragenden Tier, so dass fortan die kulturellen Errungenschaften zum Motor der menschlichen Evolution avancierten, während die Entwicklung der physikalischen Aspekte des Menschen diesbezüglich zur Bedeutungslosigkeit degenerierte. Diese Position konnte jedoch durch archäologische und paläontologische Befunde widerlegt werden, so dass seither eine Synchronizität und gegenseitige Beeinflussung der biologischen und der kulturellen Entwicklungskräfte des Menschen angenommen wird (Eckland, 1967). Schurig (1975, S. 12) präzisiert diese Vorstellungen, indem er von „zwei ineinanderverlaufende(n) Prozeßtypen mit einem jeweils langsamen (phylogenetischen) und einem schnelleren (ontogenetischen) Prozeßrhythmus" spricht; und Holzkamp-Osterkamp (1977, S. 114) weist in diesem Zusammenhang darauf hin, dass die „Lernfähigkeit selbst ein Produkt phylogenetischer Anpassungsvorgänge" darstellt.

Speziell in Bezug auf die Ontogenese des Menschen ist ein paradigmatisches Beispiel für die Frage nach der Anlage- *oder* Umweltbedingtheit menschlicher Fähigkeiten in der Nativismus-Empirismus-Kontroverse auf dem Gebiet der Wahrnehmungspsychologie zwischen Hering und Helmholtz am Ende des 19. Jahrhunderts zu sehen. Während Hering der Erfahrung nur einen korrigierenden Einfluss auf die Wahrnehmung einräumte, sah Helmholtz in den angeborenen Qualitäten der Empfindungen nur den Ausgangspunkt des Wahrnehmungsvorganges, aus denen in einem Lernprozess schließlich die Wahrnehmungen entstünden (Topel, 1994, S. 202ff.). Damit sieht er den Wahrnehmungsprozess als Teil eines umfassenden Erkenntnisvorganges an und lässt so mechanistische und elementaristische Erklärungsweisen hinter sich, die für die damaligen Naturwissenschaften typisch waren (o.c., S. 204).

Ein letztes Beispiel für die Dichotomisierung der Entweder-Oder-Fragestellung bietet die Kontroverse in der ersten Hälfte des 20. Jahrhunderts zwischen der Ethologie und dem Behaviorismus. Die Ethologie oder Verhaltensbiologie sieht sich selbst in der Tradition von Darwin und postuliert mit der Annahme fixierter Handlungsmuster, die als Resultat einer Interaktion von Mutation und Selektion angesehen werden, dass mehr oder weniger komplexe Verhaltensweisen angeboren sind. Entsprechend konzentrierte sich die Ethologie in erster Linie auf die biologische Basis menschlichen Verhaltens und erhielt dabei Unterstützung durch die Instinkttheorie des Sozialpsychologen McDougall (1923). Aber auch Verhaltensgenetiker sowie psychometrisch orientierte Psychologen wie Goddard vertraten einen Erblichkeitsstandpunkt, der nicht selten mit der Forderung nach eugenischen Maßnahmen verbunden war. Das Bemühen darum, solche z.T. elitären und rassistischen Implikationen zurückzudrängen, sieht Haller (1968, S. 218f.) als Hauptmotiv von Wissenschaftlern/innen, sich gegen die Erblichkeitsthese auszusprechen. Als herausstechende Vertreter lassen sich hier der Soziologe Lester Ward, der die Bedeutung sozialen Erbes hervorhob, und der Anthropologe Franz Boas anführen, der Begründer des kulturellen Relativismus, der kulturelle Unterschiede zwischen Völkern auf die je unterschiedlichen Sozialisationsbedingungen zurückführte. Schließlich ist in diesem Zusammenhang ebenso der Psychologe John Watson als Begründer des Behaviorismus zu nennen, dessen klare Zurückweisung der Erblichkeitsthese in folgender Aussage zum Ausdruck kommt: „Man gebe mir ein Dutzend gesunder, wohlgestalteter Kinder und meine eigene, ausgesuchte Welt, um sie dort aufzuziehen, und ich garantiere, dass es mir gelingt, irgendein zufällig ausgewähltes Kind zu einem beliebigen Spezialisten zu erziehen – sei es Arzt, Rechtsanwalt, Künstler, Kaufmann und, jawohl, auch Bettler oder Dieb" (Watson, 1930, S. 103f.).

In dieser Kontroverse zwischen Ethologie und Behaviorismus wurden größtenteils die Konzepte „angeboren" und „ererbt" miteinander identifiziert genauso wie „erworben" und „erlernt". Beides aber ist nicht sinnvoll, wie Züchtungsexperimente zeigen, in denen beispielsweise durch chemische Manipulationen Keimschäden an Embryonen verursacht wurden, die ihren Niederschlag in phänotypischen Veränderungen fanden (vgl. z.B. Stockard, 1941, zit. nach Howells, 1945). Da die Keimschäden aber nicht auf Lerneffekte, sondern auf Umwelteinflüsse im physikalischen Sinne zurückzuführen waren, machte dies zunächst eine Relativierung des Lernbegriffs notwendig, so dass in der Folge der Erfahrung im weiteren Sinne von Seiten der naturwissenschaftlichen Disziplinen ein Einfluss auf die angeborenen Anlagen zugestanden wurde (vgl. Pinel, 1997). Paralleles gilt für die Begriffe „angeboren" und „ererbt", die nach Knußmann (1996, S. 28) nicht synonym zu verwenden sind. Ererbte Merkmale sind solche, die auf das Erbgut zurückzuführen sind, die aber nicht zwangsläufig schon bei der Geburt vorhanden sein müssen, wie beispielsweise eine bestimmte Barthaarfarbe. Andererseits gibt es auch angeborene Merkmale, wie Contergan-Fehlbildungen, die nicht auf erbliche Vorgänge zurückzuführen sind.

Mitte des 20. Jahrhunderts galt dann die Entweder-Oder-Frage in Bezug auf die Anlage-Umwelt-Relation endgültig als überholt, wie die Aufarbeitung von Howells (1945) zeigt, der die veralteten Dogmen der Erblichkeit endgültig aus dem Weg zu räumen versucht, weil sie einer notwendigen fruchtbaren Forschungsarbeit entgegenstehen. Dabei verwirft er sowohl den Instinkt-Begriff, der die Entwicklung komplexer Verhaltensweisen ohne die Notwendigkeit von Lernen oder Übung propagiert, wie auch einen Reifungsbegriff im Sinne der Präformationshypothese, die ebenfalls die Bedeutung des Lernens negiert; umgekehrt ist allerdings auch das Lernen nicht losgelöst von den Anlagen denkbar. Schließlich negiert er die Erblichkeit von Intelligenz bzw. die These, dass physikalische Merkmale in höherem Maße erblich seien als Verhaltensmerkmale. Howells verdeutlicht vielmehr anhand verschiedener Beispiele, dass grundsätzlich die Faktoren Erbe und Umwelt sich gegenseitig beeinflussen und dass bei einer einzelnen Person niemals entscheidbar sei, welche Verhaltensweisen oder physikalischen Merkmale erblich oder durch die Umwelt bedingt seien. Tatsächlich schließen sich daher anlagebedingte Einflüsse und solche aus der Umwelt weder aus, noch stehen sie in Konkurrenz zueinander, sondern sie ergänzen sich, und es sollte vor allen Dingen interessieren, wie beide Faktoren interagieren. Damit nimmt er im Prinzip den (modernen) dritten Frageansatz vorweg, zu dem sich die allgemeine Diskussion allerdings erst über den Zwischenschritt der Frage nach den Anteilen von Anlage und Umwelt hin entwickelt hat.

1.2. Die Frage nach Anlage-Umwelt-Anteilen

Innerhalb dieses zweiten Frageansatzes nach den Anteilsrelationen ist ein anderes Argument von Howells (1945) wirksam geworden, nämlich dass erst ein Vergleich von zwei oder mehreren in der gleichen Umgebung aufgewachsenen Individuen Rückschlüsse auf die Erblichkeit eines Merkmals erlaubt. Damit sind zwei Grundkonzepte der Populationsgenetik bezeichnet, jener Forschungsdisziplin, die die zentrale Rolle bei der Bearbeitung des zweiten Frageansatzes spielt. Das erste Grundkonzept besteht in der Varianzzerlegung, anhand derer Merkmalsunterschiede in einer gegebenen Population anteilig auf einen Erbeinfluss und einen Umwelteinfluss zurückgeführt werden sollen; das zweite ist das Konzept der gleichen Umwelt, das in den Kontroversen im Rahmen der Anteilsfrage eine große Bedeutung besitzt.

Als Begründer des populationsgenetischen Ansatzes gilt Francis Galton (1869), der die Erblichkeit von Genialität nachweisen wollte, indem er überprüfte, ob es einen überzufälligen Zusammenhang zwischen dem Vorkommen berühmter Persönlichkeiten und deren Verwandtschaftsgrad untereinander gäbe. Später führte Galton sowohl Zwillings- als auch Adoptionsstudien durch, um die Bedeutung von Erbe und Umwelt zu ergründen, und lieferte darüber hinaus die Idee für die von Pearson verwirklichte Korrelationsberechnung (vgl. Borkenau, 1993). Die genannten Methoden wurden im Laufe der Zeit von den in der Naturwissenschaft verankerten Populationsgenetikern/innen, für die eines ihrer zentralen Interessen im Nachweis des Gewichts von Erblichkeit liegt, zunehmend verfeinert und erweitert. Dies geschah nicht zuletzt in Auseinandersetzung mit sozialwissenschaftlichen Disziplinen, deren Anliegen es war, im Gegensatz zur Erblichkeit die Bedeutung der Umwelt nachzuweisen, und die daher eine stärkere Differenzierung des Umweltfaktors bei der Verwendung populationsgenetischer Methoden einforderten (vgl. z.B. Hoffman, 1994; McCall, 1994; Wachs, 1994b).

Abgesehen von der Kritik an der mangelnden Differenzierung des Umweltfaktors wurde die Sinnhaftigkeit der Suche nach Erblichkeitsanteilen überdies auch grundsätzlich in Frage gestellt (vgl. z.B. Anastasi, 1958; Elias, 1973), ohne dass damit jedoch ein fundamentaler genetischer Einfluss auf menschliche Aktivitäten negiert werden sollte (Bronfenbrenner & Ceci, 1994c). Diese (zumindest gewichtsmäßige) Kontraposition enthält jedoch höchstwahrscheinlich ein grundsätzliches Missverständnis zwischen Vertretern/innen der Populationsgenetik und der Umweltposition. Denn wenn ein Populationsgenetiker wie Plomin (1994b, S. 71) auf der Notwendigkeit beharrt, als ersten Forschungsschritt die Basisquote des erblichen und des Umwelt-Einflusses festzustellen, so spricht er dabei von Varianzanteilen am Zustandekommen individueller Differenzen. Vertreter/innen der Umweltposition sprechen dagegen nicht von (individuellen) Unterschieden, sondern von der allgemeinen Entwicklung des Menschen, wenn sie einen genetischen Einfluss auf menschliches Verhalten einräumen (wie oben für Bronfenbrenner und Ceci (1994) berichtet). Damit liegt aber eine Ebenenvermischung vor, der allerdings von den Kontrahenten zum Teil selbst Vorschub geleistet wird (vgl. z.B. Plomin, 1994b, S. 71). In dieser Vermischung der Ebenen sieht auch Goldsmith (1994, S. 329) eine entscheidende Barriere für die Kommunikation zwischen (Populations-)Genetikern/innen und Vertretern/innen des Umweltansatzes.

Eine weitere Barriere, die eine Annäherung der beiden Positionen erschwert hat, identifiziert Goldsmith (1994) in der Behauptung, die Verhaltensgenetik würde den Einfluss der Umwelt unterschätzen, weil dieser nur als Restkategorie nach Berechnung des Erblichkeitskoeffizienten übrig bleibe und die Restkategorie darüber hinaus in einigen Fällen mit dem Meßfehler konfundiert sei. Die schwerwiegendere Kritik an der Verhaltensgenetik – als die in der zuletzt beschriebenen Kommunikationsbarriere zum Ausdruck gebrachte – besteht jedoch in dem bereits erwähnten grundsätzlichen Zweifel an der Sinnhaftigkeit der Anteilsfrage, die vor allem durch die Tatsache genährt wird, dass einmal festgestellte Erblichkeits- bzw. Umweltanteile grundsätzlich nur für die untersuchte Population gelten (z.B. Borkenau, 1993; Knußmann, 1996; Rowe & Waldmann, 1993); das ist nicht zuletzt darauf zurückzuführen, dass der Erblichkeits- und der Umweltanteil sich nicht additiv verhalten, sondern voneinander abhängig sind (vgl. z.B. Anastasi, 1958). Wird also eine andere Population untersucht, so bringen die dort herrschenden genetischen und Umwelt-Bedingungen zwangsläufig einen anderen Erblichkeitskoeffizienten hervor. Hier wurden zwar mittlerweile Instrumente entwickelt, die in der Lage sein sollen, den Kontexteinfluss auf Varianzkomponentenschätzungen zu bestimmen; entsprechende Daten liegen allerdings bislang nicht vor (Rowe & Waldman, 1993, S. 363).

Ein weiteres Problem, das einer Akzeptanz von Varianzkomponentenabschätzungen lange Zeit im Wege stand, kann allerdings mittlerweile als gelöst gelten. Es lag in dem Fehlschluss von einem hohen Erblichkeitskoeffizienten auf eine große Phänostabilität und somit auf eine geringe Veränderbarkeit eines Merkmals durch Umwelteinflüsse (Rowe & Waldman, 1993). Der Fehlschluss hängt ebenfalls mit der bereits erwähnten Abhängigkeit des Erblichkeitskoeffizienten von den je gegebenen Umweltbedingungen zusammen. Diese Abhängigkeit bedeutet nämlich zugleich, dass sich bei stärkerer Variation der Umweltbedingungen ein niedrigerer Erblichkeitskoeffizient ergeben könnte. Diesem Umstand tragen einige Populationsgenetiker/innen

Rechnung, indem sie sich nicht mehr mit der Schätzung von Erblichkeitskoeffizienten befassen, sondern sich der Frage des Ausmaßes der Phänolabilität oder Plastizität von Merkmalen zuwenden. Dabei wird Erblichkeit im Sinne einer Reaktionsnorm aufgefasst, die eine Spanne von Phänotypen beschreibt, die von einem bestimmten Genotyp hervorgebracht werden können (Eckland, 1967, S. 179; Fuller, 1982, S. 13). Trotz der Beseitigung des oben genannten Fehlschlusses bleibt aber die Schwierigkeit, um nicht zu sagen der Mangel, bestehen, dass die Populationsgenetik im menschlichen Bereich ausschließlich korrelationsstatistische Verfahren verwendet, die keinen Rückschluss auf Kausalität erlauben. Vogel (1983, S. 15) bezeichnet diese Vorgehensweise kritisch als „naiven Mendelismus", der nur den Nachweis eines vorhandenen erblichen Einflusses zu erbringen vermag, ohne jedoch etwas über die wirksamen Mechanismen selbst aussagen zu können. Das Ziel, solche kausalen Zusammenhänge aufzudecken, das unter anderem durch die Molekulargenetik zu erreichen versucht wird, stellt zugleich den Übergang zum dritten Frageansatz nach der Interaktion von Anlage und Umwelt dar.

1.3. Interaktion zwischen Anlage und Umwelt

Die Frage nach dem Wie der Interaktion wurde allerdings schon zu Beginn des 20. Jahrhunderts aufgeworfen, ohne jedoch zunächst forschungsbestimmend zu werden. So schreibt z.B. Kries (1910, S. 498; zitiert nach Topel, 1994, S. 204f.) im Anhang der dritten Auflage des Handbuchs der physiologischen Optik von Helmholtz: „Die uns gestellte Aufgabe wäre demnach ... die, die Bedeutung einerseits bildungsgesetzlich fixierter Grundlagen, andererseits der den allgemeinen Einübungsgesetzen folgenden Vorgänge darzulegen und in die Art, wie sie zusammenwirken und ineinander greifen, einen Einblick zu gewinnen". Auch die erwähnte Modellierung von Howells (1945) hatte keine prägende Kurzzeitwirkung, so dass erst Anastasi (1958) diesem Forschungsansatz durch ihren Artikel in der Psychological Review zum Durchbruch verhalf. Dabei verwies sie auf die Vielfalt der Interaktionsmechanismen zwischen Erbe und Umwelt, die am Zustandekommen psychologischer Merkmale beteiligt seien, so dass sowohl die erblichen als auch die (organismischen) Umweltfaktoren ihre Wirkung auf diese Merkmale nur in einem mehr oder weniger großen Ausmaß an Indirektheit entfalten. Diese von Anastasi postulierte Indirektheit der genetischen Wirkung liegt auch dem aktuellen Versuch von weltweit führenden Genetikern/innen zugrunde, im

Rahmen des Human Genome Project die Gene des menschlichen Genoms zu identifizieren (Pinel, 1997) und deren Bezug zu Verhaltensmerkmalen festzustellen (Rowe & Waldman, 1993). In diesem Bemühen verfolgen sie eine vergleichbare Zielsetzung wie bereits Gregor Mendel im 19. Jahrhundert, jedoch mit dem entscheidenden Unterschied, dass Mendel mit der Farbe und Hautbeschaffenheit von Erbsen diskrete Merkmale untersuchte, deren Ausprägung auf ein einziges Gen zurückzuführen war; dagegen stellen die heute untersuchten Merkmale wie z.B. Intelligenz häufig stetige Merkmale dar, deren Ausprägung polygen verursacht wird (Borkenau, 1993), was sich z.b. in der von Anastasi genannten Indirektheit manifestiert.

Einen parallelen Ansatz, der allerdings aus der anderen Richtung, nämlich von der Umweltwirkung her, das Interaktionsgeschehen betrachtet, stellt das bioökologische Modell von Bronfenbrenner und Ceci (1994a, S. 317) dar. Im Zentrum dieser Theorie steht der proximale Prozess, der eine überdauernde Art der Interaktion zwischen einem aktiven, sich entwickelnden biopsychologischen menschlichen Organismus und den Personen, Objekten und Symbolen in dessen unmittelbarer Umwelt bildet und durch den das genetische Potential des Menschen erst zur Entfaltung kommt. In diesem Zusammenhang weist Wachs (1994a) darauf hin, dass derartige Forschungsbemühungen, die sich nur einem Aspekt der Interaktion widmen, dem Verfolgen des Interaktionsgedankens nicht grundsätzlich widersprächen, sofern ihre Ergebnisse in den größeren Gesamtzusammenhang integriert würden. Dieser Integration scheinen jedoch einstweilen noch einige Hindernisse im Wege zu stehen (vgl. Goldsmith, 1994; und die Diskussion zwischen Plomin und anderen Forschern/innen 1994 in *Social Development*).

Entsprechend der oben skizzierten Entwicklung in der Anlage-Umwelt-Kontroverse stehen die Frageperspektiven zwei und drei im Zentrum der gegenwärtigen wissenschaftlichen Auseinandersetzung, wobei primär in der Geschlechterforschung die dritte Perspektive – der interaktionistische Ansatz – weiter ausdifferenziert worden ist; es muss allerdings bereits an dieser Stelle einschränkend darauf hingewiesen werden, dass dabei uneinheitliche Interaktionismus-Begriffe verwendet werden. Beide Frageperspektiven sollen im Folgenden für zwei inhaltliche Problembereiche aufgearbeitet werden: einen traditionell eher naturwissenschaftlich ausgerichteten, nämlich die Intelligenzforschung (Punkt 2 und 3), und einen akzentuierend sozialwissenschaftlich ausgerichteten Bereich, die Geschlechtersozialisation (s. Punkt 4 bis 6).

2. Die in der Intelligenzforschung verwendeten Methoden

2.1. *Adoptionsstudien*

Adoptionsstudien können als so genannte „natürliche Experimente" bezeichnet werden. Es werden Personen miteinander verglichen, die genetisch nicht miteinander verwandt sind, jedoch eine gemeinsame Familienumwelt teilen (Plomin, DeFries, McClearn & Rutter, 1999). Obwohl zu den Adoptionsstudien auch Untersuchungen an Kindern zählen können, die längere Zeit zusammen in einem Heim gelebt haben, liegt den meisten Untersuchungen die eindeutiger zu interpretierende Konstellation zu Grunde, bei der zur Adoption freigegebene Kinder in einer Familie aufwachsen (wobei in dieser gegebenenfalls auch noch weitere eigene Kinder bzw. weitere adoptierte Kinder leben können). Es werden dann die Korrelationen der Leistungs- und Persönlichkeitsmerkmale zwischen den adoptierten Kindern und ihren Adoptiveltern sowie zwischen den adoptierten Kindern und ihren leiblichen Eltern – meistens allerdings nur den Müttern, da die Väter häufig nicht bekannt sind – erfasst und miteinander verglichen.

Auf Grund des Adoptionsdesigns können somit Personenpaare untersucht werden, die nicht genetisch verwandt sind, aber eine gemeinsame Familienumwelt teilen. So liefern die Korrelationen zwischen Adoptiveltern und Adoptivkindern eine direkte Schätzung der gemeinsamen Umwelt („common" oder auch „shared environment"). Komplementär können die Personenpaare untersucht werden, die genetisch verwandt sind, aber keine gemeinsame Familienumwelt teilen (Adoptivkinder und leibliche Eltern). Die Ähnlichkeit dieser Paare liefert eine Schätzung des Anteils der Familienähnlichkeit, der auf genetische Faktoren zurückzuführen ist (Plomin et al., 1999, S. 65).

Mit den Adoptionsstudien ist jedoch eine Reihe von Problemen verbunden. So kann beispielsweise die Aussagekraft der Studien durch den Vorgang der so genannten selektiven Platzierung beeinträchtigt werden. Wenn bei der Vergabe der Adoptivkinder die sozioökonomischen Merkmale von „Herkunft und Hinkunft" eine Rolle spielen (Amelang, 2000, S. 76), kann es zu Überschätzungen der Erblichkeit kommen. Dies wird manifest in signifikanten Übereinstimmungen zwischen dem Sozialstatus von Herkunfts- und Adoptivfamilien. Die fehlerhafte Einschätzung kommt dann dadurch zustande, dass die Übereinstimmung zwischen den leiblichen Eltern und dem in eine andere Familie adoptierten Kind auf das gemeinsame Erbe zurückgeführt wird, während tatsächlich ähnliche Umwelten für die Übereinstimmung (mit-)verursachend sind. Ein weiteres Problem besteht darin, dass Kinder, bevor sie zur Adoption freigegeben werden, oftmals noch eine gewisse Zeit bei ihren leiblichen Eltern gelebt haben und somit bereits Umwelteffekte wirksam werden konnten. Und selbst wenn Kinder direkt nach der Geburt adoptiert werden, können sich pränatale Umwelteinflüsse – wie besondere Ernährungs- oder auch Stressbedingungen der Mutter – ausgewirkt haben.

2.2. Zwillingsstudien

Die wichtigste Methode zur Bestimmung genetischer und umweltbedingter Anteile sind Zwillingsstudien. Eineiige oder monozygote Zwillinge (EZ) haben sich aus einer Zygote entwickelt und besitzen 100% herkunftsgleiche Gene, während im Vergleich dazu zweieiige oder dizygote Zwillinge (ZZ), die sich aus zwei befruchteten Eizellen entwickelt haben, nur zu 50% genetisch identisch sind. Wie Geschwister, die ebenfalls eine genetische Ähnlichkeit von 50% besitzen, werden zweieiige Zwillinge als Verwandte ersten Grades bezeichnet. Werden nun Merkmale genetisch beeinflusst, dann sollten sich die genetisch identischen eineiigen Zwillinge ähnlicher sein als Verwandte ersten Grades. Unabhängig davon, wie stark ein Merkmal genetisch beeinflusst ist, wird angenommen, dass die r EZ - Korrelation etwa doppelt so hoch ist wie die r ZZ - Korrelation (vgl. Amelang, 2000, S. 78). Um möglichst optimale Vergleichsgruppen zu erhalten, werden in der Regel eineiige Zwillinge mit gleichgeschlechtlichen zweieiigen Zwillingen verglichen. Die Bestimmung, ob ein Zwillingspaar eineiig oder zweieiig ist, wird heute mit DNA-Markern vorgenommen. Wenn ein oder mehrere DNA-Marker sich unterscheiden, muss das Paar zweieiig sein (Plomin et al., 1999, S. 69).

Die Zwillingsuntersuchungen implizieren die grundlegende *Annahme gleicher Umwelteinflüsse („equal environments assumption")*. Wenn die Umweltbedingungen bei eineiigen Zwillingen ähnlicher wären als bei zweieiigen Zwillingen – z.B. weil die Umwelt auf eineiige Zwillinge ähnlicher reagiert und deren Erfahrungen dann auch entsprechend ähnlicher wären, als dies bei zweieiigen Zwillingen der Fall ist, wäre dies eine Verletzung der Annahme gleicher Umwelteinflüsse und würde zu einer überhöhten Schätzung des genetischen Einflusses führen. Plomin et al. (1999, S. 71) vertreten die Auffassung, dass bei den meisten Merkmalen die Annahme korrekt ist, und sie begründen dies mit Beispielen von eineiigen Zwillingen, die von der Umwelt irrtümlicherweise für zweieiig gehalten wurden bzw. auch sich selbst falsch einschätzten und die trotzdem eine gleich hohe Verhaltensähnlichkeit aufwiesen wie eineiige Zwillinge. Andere Autoren beurteilen diese Annahme wesentlich kritischer. Amelang (2000, S. 79f.) verweist z.B. darauf, dass dieser Problempunkt schon seit jeher kritisch diskutiert wird und darüber hinaus nur wenige Untersuchungen existieren, die zur Aufklärung beitragen können. Die wenigen Arbeiten, die vorliegen, scheinen allerdings darauf hinzudeuten, dass die Annahme gleicher Umwelteinflüsse beibehalten werden kann.

2.3. Kombinationsdesigns

In neuerer Zeit geht die Forschung verstärkt dazu über, mit kombinierten Designs zu arbeiten, die erheblich komplexer sind als die klassischen Ansätze und in denen mehrere Einflussgrößen gleichzeitig geprüft werden können. Auf Grund methodisch-statistischer Weiterentwicklungen ist es möglich, multivariate Prüfungen mittels Strukturgleichungen durchzuführen. So können Familien-, Adoptions- und Zwillingsdesigns kombiniert werden und beispielsweise auch Geschwister mit Zwillingspaaren verglichen werden. In dem Kombinationsdesign, das von DeFries, Plomin und Fulker (1994) angewendet wurde, konnte unter anderem gezeigt werden, dass genetische Einflüsse auf allgemeine kognitive Fähigkeiten von der frühen zur späten Kindheit an Bedeutung gewinnen.

Bei der Verwendung von Kombinationsdesigns werden also mehrere Gruppen wie etwa Adoptions- und Zwillingsgruppen miteinander verglichen, wobei theoretisch fundierte Hypothesensysteme mit Strukturgleichungsmodellen daraufhin überprüft werden, ob die theoretisch aufgestellten Beziehungen mit den empirischen Daten übereinstimmen. „Strukturgleichungsmodelle testen die Signifikanz der Anpassungsgüte (fit) zwischen einem Modell, das genetische und Umweltbeziehungen abbildet, und den beobachteten Daten, wobei verschiedene Modelle verglichen werden können. Das Modell mit der besten Passung wird schließlich dazu verwendet, die Effektgrößen von genetischen Effekten und Umwelteffekten zu schätzen" (Plomin et al., 1999, S. 76). Kombinationsdesigns können die Probleme der Über- bzw. Unterschätzungen des genetischen Einflusses bei den Zwillings- und Adoptionsmethoden besser kontrollieren. Zur Überschätzung des genetischen Einflusses bei Zwillingsstudien kommt es, wenn die Umwelt eineiiger Zwillinge ähnlicher ist als bei zweieiigen Zwillingen (s. Punkt 2.2.) oder wenn bei Beurteilern/innen auf Grund von Kontrasteffekten eineiige Zwillinge als ähnlicher wahrgenommen werden im

Vergleich zu zweieiigen Zwillingen oder den Geschwistern (so haben Beurteiler/innen oftmals Schwierigkeiten, die Unterschiede zwischen den Kindern von Altersunterschieden zu trennen). Asendorpf (1994, S. 122) fasst die bekannten methodischen Probleme der Zwillings- und Adoptionsmethode hinsichtlich ihrer Auswirkung auf die Schätzung des genetischen Einflusses zusammen und zeigt, dass es für beide Methoden fundierte theoretische Überlegungen und auch empirische Belege gibt, wonach sie sowohl zur Über- als auch zur Unterschätzung des genetischen Einflusses neigen können. Aus diesem Grunde sind zukünftig Kombinationsstudien dringend erforderlich.

Zusammenfassend ist hinsichtlich der methodischen Vorgehensweise festzuhalten, dass durch eine Verbesserung der methodischen Ansätze die Prüfung komplexerer Anlage-Umwelt-Zusammenhänge etwa im Sinne einer dynamischen Genom-Umwelt-Interaktion möglich wird. Allerdings haben auch diese Ansätze noch mit methodischen Problemen zu kämpfen (vgl. Borkenau, 1993), und sie sind mit einem sehr hohen Forschungsaufwand verbunden, so dass bislang nur wenige Studien dazu vorliegen. In der folgenden Ergebniszusammenstellung sollen aber natürlich solche komplexen Untersuchungsdesigns mit besonderem Gewicht berücksichtigt werden.

3. Antworten der Intelligenzforschung auf die Anlage-Umwelt-Frage

3.1. *Bedeutung von Umwelteinflüssen: Geteilte und nicht-geteilte Umwelt*

Die sowohl von der Alltagspsychologie als auch den meisten Theorien geteilte gängige Vorstellung über den Einfluss der Umwelt geht von der impliziten Annahme aus, dass die von den Eltern geschaffenen Familienumwelten dazu führen, dass Kinder ihren Eltern und Geschwistern untereinander ähnlich sind. Der Umwelteinfluss beinhaltet zwei unterschiedliche Anteile: Zum einen gibt es Einflüsse, die auf beide Partner eines Paares in gleicher Weise wirken, also z.B. Bildungsniveau der Eltern, soziale Schicht usw.; in diesem Fall handelt es sich um geteilte Umwelteinflüsse („shared environmental influences"). Geschwisterpaare werden zum anderen aber auch von Umweltfaktoren beeinflusst, die jeweils nur auf einen Partner wirken, wie z.B. unterschiedliches Erziehungsverhalten der Eltern, unterschiedliche Lehrkräfte, Freunde etc., also nicht-geteilte Umwelteinflüsse („nonshared environmental influences"). Wie sind diese Einflüsse empirisch zu sichern?

Eine direkte Überprüfung des Einflusses geteilter Familienumwelt erfolgt auf Grund der Ähnlichkeit zwischen Adoptivverwandten. Wenn genetisch nicht verwandte Adoptivgeschwister in der Kindheit eine positive Korrelation von ca. .25 bei allgemeinen kognitiven Fähigkeiten aufweisen, dann ist diese Übereinstimmung auf die geteilte Familienumwelt zurückzuführen, die sie in gleicher Weise beeinflusst hat. Um den Einfluss nicht-geteilter Familienumwelten zu schätzen, werden eineiige Zwillinge untersucht. Da sie eine genetisch identische Ausstattung haben, kann die Unähnlichkeit eineiiger Zwillinge nur auf die nicht-geteilten Umweltbedingungen zurückgeführt werden.

Unter Umwelt wird üblicherweise – anders als sonst in psychologischen Studien gebräuchlich – all das subsumiert, was nicht genetisch bedingt ist. Zu Umwelteinflüssen zählen somit neben den bekannten Sozialisationsfaktoren auch Einflüsse wie veränderte Ernährungsbedingungen, eine größere Reizstimulation, bessere Gesundheitsversorgung oder auch Größe und Einrichtung der Wohnung. Obwohl beispielsweise die unterschiedliche Körpergröße verschiedener Individuen zu einem hohen Maße erblich ist, wird der deutliche Anstieg der Körpergröße über Generationen hinweg auf Umwelteinflüsse (wie z.B. eine verbesserte Ernährung) zurückgeführt. Auch bei dem messbaren Anstieg der IQ-Werte im Umfang von ca. zwei Dritteln der Standardabweichung (sogenannter Flynn-Effekt, vgl. Herrnstein & Murray, 1994, S. 307) über eine Generation hinweg (30 Jahre) werden von bestimmten Autoren/innen Umwelteinflüsse, wie beispielsweise gesteigerte Anregungs- und Anforderungsbedingungen auf Grund einer immer komplexer werdenden Umwelt, zur Erklärung herangezogen.

Zwei der wichtigsten aktuellen Befunde der Erforschung von Umwelteinflüssen besagen, dass Umwelteinflüsse stärker zur Unterschiedlichkeit der Kinder, die in derselben Familie aufwachsen, beitragen als zu ihrer Ähnlichkeit und dass Personen aktiv daran beteiligt sind, welchen Umwelteinflüssen sie ausgesetzt sind (Plomin et al., 1999). Diese Forschungsergebnisse legen nahe, dass nicht, wie erwartet, die geteilte Umwelt den Hauptanteil der umweltbedingten Varianz aufklärt, sondern die nicht-geteilte Umwelt. Der Einfluss der geteilten Familienumwelt ändert sich im Laufe der Zeit sehr deutlich; so sinkt die Korrelation zwischen Adoptivgeschwistern nach Plomin et al. (1999, S. 217) auf nahezu Null ab, was nach Ansicht der Autoren auf einen vergleichsweise unbedeutenden Einfluss der geteilten Familienumwelt hinweist.

Allerdings treten bei der Bestimmung des Umwelteinflusses sowohl in den Zwillings- als auch in den Adoptionsstudien methodische Probleme auf, die zu potentiellen Über- bzw. Unterschätzungen des jeweiligen Umweltanteils führen können. Wenn z.B. Adoptivgeschwister auf Grund der selektiven Platzierung tatsächlich ähnlicher sind als theoretisch angenommen wird, kann der Einfluss der geteilten Umwelt überschätzt werden. Andererseits kann es zu Unterschätzungen der geteilten Familienumwelt kommen, wenn in einer Familie ein Adoptivkind und ein leibliches Kind leben und die Eltern beide Kinder sehr unterschiedlich erziehen. Diese Über- bzw. Unterschätzungen können mit den Kombinationsstudien weitestgehend vermieden werden, so dass ein Vergleich der Ergebnisse von Kombinationsstudien mit den Befunden der klassischen Zwillings- und Adoptionsstudien angebracht erscheint.

3.2. Empirische Befunde zu allgemeinen kognitiven Fähigkeiten

Die allgemeine kognitive Fähigkeit gehört nach Plomin et al. (1999) zu den am besten untersuchten Gebieten der Verhaltensgenetik. Diese genetische Forschung geht von dem „psychometrischen Modell" aus, wonach die kognitive Fähigkeit, auch Intelligenz einer Person genannt, hierarchisch organisiert gedacht wird. Der so genannte g-Faktor (Generalfaktor) bildet die Spitze des hierarchischen Modells und hat Anteil an den spezifischen kognitiven Fähigkeiten, die wiederum mit spezifischen Tests gemessen werden können. Das auf der Grundlage faktorenanalytischer Methoden entwickelte Strukturmodell der Intelligenz, das die individuelle Leistung auf einen Generalfaktor und jeweils spezifische Faktoren zurückführt, geht auf Spearman (1927) zurück (vgl. auch Jensen, 2000). Zu den spezifischen kognitiven Fähigkeiten gehören unter anderem das verbale Verständnis, die verbale Flüssigkeit, das schlussfolgernde Denken, die räumliche Visualisierung, die Wahrnehmungsgeschwindigkeit, aber auch die Gedächtnisleistung. Allerdings variieren die gemessenen Teilfähigkeiten in den verschiedenen Studien, und auch die verwendeten Messinstrumente für die speziellen Teilfähigkeiten sind unterschiedlich. Durch die eingesetzten Intelligenztests werden vor allem Inhalte und Problemstellungen erfasst, die akademischer Art sind, während neuere Intelligenzkonzepte, die einen engen Bezug zu alltagspraktischen Lösungen oder zum erfolgreichen Agieren in sozialen Situationen herstellen, in den Studien bislang kaum bzw. gar nicht vertreten sind.

Die Untersuchungen zur Intelligenz bei getrennt aufgewachsenen eineiigen Zwillingen bestehen aus fünf Studien und stützen sich auf insgesamt 162 Paare, also eine eher geringe Anzahl untersuchter Zwillingspaare (vgl. Amelang, 2000, S. 84). Die Studien wurden zu unterschiedlichen Zeitpunkten (von 1937 bis 1992) und mit teilweise unterschiedlichen Testverfahren durchgeführt. Das Alter der Probanden variierte zwischen 26 und 65 Jahren; trotzdem bestehen erstaunlicherweise nur sehr geringe Unterschiede zwischen den verschiedenen Studien. Das gewogene Mittel der erhobenen Daten beträgt r = .75; die Angaben von Plomin et al. (1999) weichen nur geringfügig davon ab.

Zu Vergleichen der Intelligenz von eineiigen und zweieiigen Zwillingen gibt es verschiedene Übersichtsstudien. Amelang (2000) und Plomin et al. (1999) fassen die wichtigsten Ergebnisse zusammen und kommen zu einer Erblichkeitsschätzung von ca. 40% bis 50% bei zweieiigen Zwillingen je nach gemessenen Leistungsbereichen. Die durchschnittliche Zwillingskorrelation beträgt im Einzelnen (vgl. Plomin et al., 1999, S. 140): „Verbales Verständnis" (EZ .78 und ZZ .59), „Verbale Flüssigkeit" (EZ .67 und ZZ .52), „Schlußfolgerndes Denken" (EZ .74 und ZZ .50), „Räumliche Visualisierung" (EZ .64 und ZZ .41), „Gedächtnis" (EZ .52 und ZZ. 36) sowie „Wahrnehmungsgeschwindigkeit" (EZ .70 und ZZ .47). Somit weisen eineiige Zwillinge gegenüber zweieiigen Zwillingen bei allen Messungen von spezifischen kognitiven Fähigkeiten größere Ähnlichkeiten auf, was für einen deutlichen genetischen Einfluss spricht.

Den Nachweis für die Bedeutung von Umwelteinflüssen liefern insbesondere Adoptionsstudien. So ist bei den allgemeinen kognitiven Fähigkeiten (gemeint ist der g-Faktor der Intelligenz) zwischen ‚genetischen' Eltern und ihren Kindern sowie ‚genetischen' Geschwistern eine Korrelation von .24 festzustellen (s. Abb. 1; zur daraus folgenden Erblichkeitsschätzung siehe unten).

Borkenau (1993, S. 133) weist darauf hin, dass die verschiedenen Ansätze zur Untersuchung der Erblichkeit der Intelligenz keine vollständig konsistenten Befunde erbringen. Die höchsten Erblichkeitsschätzungen liegen bei über 70% bei getrennt aufgewachsenen eineiigen Zwillingen, während Adoptionsstudien und Vergleiche zwischen eineiigen mit zweieiigen Zwillingen deutlich niedrigere Erblichkeitsschätzungen erbringen (ca. 50%). Allerdings stimmen alle Studien darin überein, dass Unterschiede im IQ zu einem erheblichen Teil genetisch bedingt sind und dass die unterschiedliche Qualität der Familienumwelt einen Beitrag zur Ausbildung individueller Unterschiede in der Intelligenz leistet (ca. 20% bis 40%).

Die durchschnittlichen IQ-Korrelationen aus den verschiedenen Familien-, Adoptions- und Zwillingsstudien sind in Abbildung 1 zusammengefasst.

Das Anlage-Umwelt-Problem

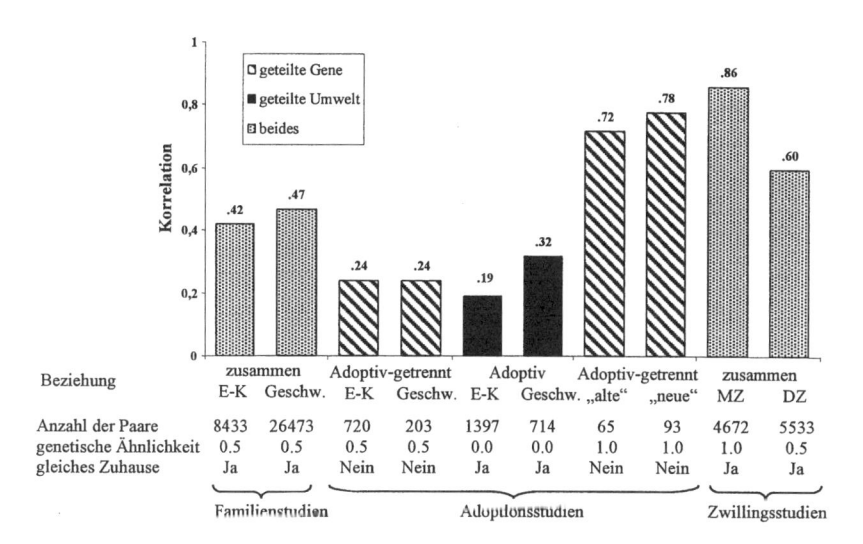

Beziehung	zusammen E-K	Geschw.	Adoptiv-getrennt E-K	Geschw.	Adoptiv E-K	Geschw.	Adoptiv-getrennt „alte"	„neue"	zusammen MZ	DZ
Korrelation	.42	.47	.24	.24	.19	.32	.72	.78	.86	.60
Anzahl der Paare	8433	26473	720	203	1397	714	65	93	4672	5533
genetische Ähnlichkeit	0.5	0.5	0.5	0.5	0.0	0.0	1.0	1.0	1.0	0.5
gleiches Zuhause	Ja	Ja	Nein	Nein	Ja	Ja	Nein	Nein	Ja	Ja
	Familienstudien		Adoptionsstudien						Zwillingsstudien	

Abb. 1: Durchschnittliche IQ-Korrelationen aus Familien-, Adoptions- und Zwillingsstudien (Quelle: Plomin et al., 1999, S. 125)

Wie aus der Abbildung ersichtlich, tritt bei gemeinsam lebenden Verwandten ersten Grades eine IQ-Korrelation von etwa .45 auf. Da sie aber ein gleiches Zuhause teilen, kann diese Korrelation sowohl auf Umwelteinflüsse als auch auf genetische Einflüsse (die genetische Ähnlichkeit beträgt 50%) zurückgehen. Die Korrelation von .24 in Adoptionsstudien mit Verwandten ersten Grades, die kein gleiches Zuhause teilen, führt zu einer Erblichkeitsschätzung von 48%; da die genetische Ähnlichkeit 50% beträgt, wird die Korrelation verdoppelt, um die Erblichkeit zu schätzen. Bei Zwillingen, die ein gleiches Zuhause teilen, liegen die durchschnittlichen Korrelationen für eineiige Zwillinge (mit 100% genetischer Ähnlichkeit) bei .86 und für zweieiige (mit 50% genetischer Ähnlichkeit) bei .60. Eine Verdoppelung der Differenz zwischen EZ und ZZ führt zu einer Erblichkeitsschätzung von 52% (vgl. Plomin et al., 1999, S. 126). Sowohl die Zwillingsstudien als auch die Adoptionsstudien weisen somit bei der Intelligenz auf ca. 50% Erblichkeit hin. Zu höheren Werten gelangen Adoptionsstudien mit eineiigen Zwillingen, die getrennt aufgewachsen sind. Die Korrelation zwischen den Zwillingen stellt hier eine direkte Schätzung der Erblichkeit dar, sie liegt bei 72% und ist somit höher als bei den übrigen Schätzungen. Allerdings kommen Kombinationsdesigns, die aus den oben genannten methodischen Gründen vertrauenswürdiger sind, ebenfalls zu Erblichkeitsschätzungen der Intelligenz von ca. 50%.

3.3. *Zwischenfazit: Anlage-Umwelt-Relation beim Merkmal der Intelligenz*

Die Ergebnisse der empirischen Studien legen für die allgemeine kognitive Fähigkeit einen relativ starken genetischen Einfluss nahe. Dabei müssen allerdings folgende Punkte beachtet werden:
1. Aussagen zur Erblichkeit können grundsätzlich nicht für den Einzelfall gemacht werden. Ein Organismus kann sich immer nur in einer bestimmten Umwelt entwickeln, und Umwelt kann sich nur auswirken, wenn sie auf einen Organismus trifft. Ergebnisse der Anlage-Umwelt-Forschung sind somit für das einzelne Individuum irrelevant, da es immer notwendigerweise sowohl ein Produkt genetisch bedingter Faktoren als auch von Umweltbedingungen ist. Die Existenz eines Individuums ohne entsprechende Erfahrungen in einer Umwelt ist nicht vorstellbar, ebenso wenig wie die Existenz eines Individuums ohne eine genetische Ausstattung. Geht man jedoch von vielen Einzelnen aus, dann können Aussagen über die relativen Anteile von erblich- und umweltbedingten Einflüssen gemacht werden (Amelang, 2000, S. 52); mit anderen Worten, Aussagen können immer nur für Gruppen vorgenommen werden. Dies wird häufig – vor allem von Nicht-Fachleuten – falsch dargestellt, indem behauptet wird, bei einer hohen Vererbbarkeit der Intelligenz sei diese „fest" und könne nicht oder nur geringfügig verändert werden. Eine solche Missinterpretation kann zu besonders negativen Auswirkungen im Erziehungsbereich führen, wofür Lewontin, Rose und Kamin (1988) eine Reihe historischer Beispiele anführen. Der Intelligenztest ist sowohl in den USA als auch in England dazu genutzt worden, riesige Zahlen von Arbeiter- und Minderheitenkindern in schlechte Bildung und schulische Sackgassen abzuschieben.

Hohe Vererbbarkeit bedeutet, dass die individuellen Unterschiede, z.B. beim IQ, in einer ganz bestimmten Population von Individuen unter bestimmten Umständen und zu einem ganz bestimmten Zeitpunkt hauptsächlich auf Unterschiede in der genetischen Ausstattung zurückzuführen sind. Hohe Vererbbarkeit bedeutet nicht, dass IQ-Unterschiede in anderen Populationen, unter anderen Umständen und zu einem anderen Zeitpunkt ebenfalls hauptsächlich durch die genetische Ausstattung bedingt sind.

2. Die Frage, in welchem Ausmaß Unterschiede, z.B. bei der Intelligenz, auf Anlage bzw. auf Umwelteinflüsse zurückgeführt werden können, kann zum jetzigen Zeitpunkt und vermutlich auch in Zukunft nicht letztgültig beantwortet werden. Denn die Bestimmung der Erb-

lichkeitsschätzung ist und bleibt problematisch. Vererbbarkeit meint vereinfacht das Ausmaß, in dem bei einem bestimmten Merkmal die auftretenden Unterschiede auf Unterschiede in der genetischen Ausstattung zurückgeführt werden können. Man spricht von 100% Vererbbarkeit, wenn das Merkmal völlig durch Gene festgelegt ist; bei 0 Prozent tragen die Gene nicht zu den individuellen Unterschieden bei. Die unterschiedlich starken Beziehungen zwischen dem Merkmal und der genetischen Ausstattung werden durch die Werte zwischen 0 und 100 Prozent angezeigt.

Für die Intelligenz (g-Faktor) ist nach den berichteten Untersuchungen bei einer angemessenen Gewichtung der Korrelationsstudien von gut 50% Erblichkeit auszugehen. Aber auch bezüglich dieser methodologisch vorsichtigen Schlussfolgerung gibt es noch grundlegende Kritikpunkte, die sich vor allem auf drei Probleme beziehen, nämlich (a) die mangelnde Reliabilität der Messwerte, (b) die nicht kohärente, schlüssige Interpretation der Ergebnisse und (c) die unterschiedlichen Anlage-Umwelt-Modelle und Erblichkeitsschätzungen. Alle drei Punkte sollen kurz dargelegt werden.

(a) Die mangelnde Reliabilität der Ergebnisse kommt unter anderem dadurch zustande, dass die Gruppen, an denen die Daten erhoben wurden, nicht repräsentativ sind. So ist es relativ schwierig, eineiige Zwillinge zu finden, die frühzeitig getrennt wurden, bevor Einflüsse einer geteilten Umwelt wirksam werden konnten, und die dann in verschiedenen Umwelten aufgewachsen sind. So berichten Lewontin et al. (1988, S. 86ff.), dass in Untersuchungen zur Gruppe der getrennt aufgewachsenen eineiigen Zwillinge auch solche Paare aufgenommen wurden, die bei nicht verwandten Familien in der gleichen Straße aufwuchsen und sogar häufigen Spiel-Kontakt miteinander hatten. Daher ist auch die Variabilität der Ergebnisse verschiedener Untersuchungen größer, als zusammenfassende Studien es nahelegen.

(b) Ebenso treten bei der Interpretation der Ergebnisse zuweilen Unstimmigkeiten auf. Dazu gehört die oft nicht mehr in Frage gestellte Annahme, dass die Umwelt von eineiigen, zusammen aufwachsenden Zwillingen sich nicht grundlegend von der Umwelt zweieiiger, zusammen aufwachsender Zwillinge unterscheidet. Statt dessen könnte ein Teil der größeren Ähnlichkeit bei eineiigen Zwillingen auf einer größeren Ähnlichkeit der Umwelterfahrungen, aber auch auf einer unbekannten Kombination von Umwelterfahrung und Anlage beruhen.

Eine klare Fehlinterpretation der Ergebnisse liegt dann vor, wenn – wie vor allem in der Alltagspsychologie angenommen – die Vererbbarkeit z.B. der Intelligenz gleichgesetzt wird mit einer Unveränderbarkeit dieses Merkmals. Amelang (2000, S. 70) verdeutlicht dies in Anlehnung an Lewontin (1970) an dem Beispiel des unterschiedlichen Wachstums von Pflanzen mit identischer genetischer Ausstattung, die unter unterschiedlichen Umweltbedingungen gedeihen. Werden genetisch identische Pflanzen unterschiedlichen Umwelteinflüssen ausgesetzt (z.B. unterschiedlichen Lichtbedingungen), dann können deutlich sichtbare Unterschiede im Höhenwachstum zwischen diesen beiden Pflanzengruppen auftreten, die vollständig auf die Umwelteinflüsse zurückzuführen sind. Selbst bei 100% Heritabilität können somit Unterschiede zwischen zwei Gruppen vollständig durch Umwelteinflüsse erklärt werden. Auf die Intelligenz übertragen bedeutet das, dass auch bei 100% Erblichkeit durch eine Verbesserung der Umweltbedingungen im Sinne von spezieller Förderung die Intelligenz verbessert oder – was normalerweise plausibler ist – im Falle von deprivierenden Bedingungen die Intelligenzentwicklung behindert werden kann.

c) Das Problem der unterschiedlichen Anlage-Umwelt-Modelle und Methoden zur Berechnung der Vererbbarkeit ist ein sehr prinzipielles (vgl. weitere Ausführungen bei Borkenau, 1993, S. 73ff.). Das grundlegende Kovariationskonzept wurde von Plomin, DeFries und Loehlin (1977) publiziert und in späteren Arbeiten der Autoren angewendet. Neuere Studien gehen von einer dynamisch-interaktionistischen Sichtweise zwischen Genom (d.s Gesamtheit der genetischen Information; in der Literatur z.T. synonym mit „Anlage" verwendet) und Umwelt aus. Danach nehmen Personen auf Grund ihrer genetischen Anlagen Einfluss auf die Umwelt, d.h. sie schaffen sich bzw. gestalten aktiv ihre eigene passende Umwelt, z.B. durch die Ausbildungs- oder Berufswahl, durch Hobbys, Freundesgruppen usw.; und mit wachsendem Alter – davon gehen inzwischen die meisten Verhaltensgenetiker aus – steigt der Einfluss von Genotypen auf die Umwelt. Man spricht in diesem Fall von einer aktiven Anlage-Umwelt-Kovariation. In der Literatur werden neben dieser aktiven Anlage-Umwelt-Kovariation zwei weitere Typen der Kovariation von genetischen und Umwelt-Einflüssen unterschieden (vgl. Asendorpf, 1994, S. 114ff.; Borkenau, 1993, S. 78f.; Plomin et al., 1999, S. 223f.), nämlich die passive und die reaktive Anlage-Umwelt-Kovariation.

Die passive Anlage-Umwelt-Kovariation besagt, dass die Merkmalsträger/innen am Zustandekommen der Kovariation nicht beteiligt sind. So haben beispielsweise Kinder mit hoher musikalischer Begabung (unter der Voraussetzung der Erblichkeit von Musikalität bzw. einer genetischen Prädisposition) auch eher musikalisch begabte Eltern und Geschwister, und das Elternhaus stellt gleichzeitig auch mit höherer Wahrscheinlichkeit eine diese Begabung fördernde Umwelt dar. Mit zunehmendem Alter des Kindes und dem Auszug aus dem Elternhaus dürfte diese Kovariation ihren Einfluss verlieren.

Mit der reaktiven Anlage-Umwelt-Kovariation wird der Umstand bezeichnet, dass auch eine Reaktion der Umwelt auf den Genotyp des Kindes erfolgt. Wenn eine hohe Begabung bei dem Individuum sichtbar wird, übt dies einen Einfluss auf die Umwelt aus, z.B. indem Eltern oder Erzieher/innen darauf aufmerksam werden und diese Fähigkeit zu fördern versuchen. Diese reaktive Anlage-Umwelt-Kovariation dürfte relativ unabhängig vom Alter auftreten. Somit üben die drei beschriebenen Arten der Anlage-Umwelt-Kovariation vermutlich jeweils in einem bestimmten Lebensalter ihre Hauptwirksamkeit aus (Plomin et al., 1999, S. 232).

Zusammenfassend kann man festhalten, dass die Anlage-Umwelt-Kovariation ein Ansatz ist, mit dem die Anlage-Umwelt-Dichotomie substantiell überwunden werden kann. Obwohl inzwischen die Notwendigkeit interaktionistischer Modelle unbestritten ist, ist auch klar, dass dieser Ansatz bislang nur von wenigen Forschern/innen realisiert wurde, nicht zuletzt deshalb, weil er empirisch sehr aufwendig ist. Deshalb spricht vieles dafür, dass die bisherigen Erblichkeitsschätzungen auch für den Bereich der Intelligenz noch in einem gewissen Maße überzogen sind. Um welches Ausmaß der Überschätzung es sich dabei handelt, wird erst nach differenzierten empirischen Studien auf der Grundlage des Konzeptes der Anlage-Umwelt-Kovariation besser absehbar sein. Schon jetzt ist aber sicher, dass die Anlage-These zu erheblichen Fehlinterpretationen und -schlüssen geführt hat, insbesondere was die Unveränderbarkeit von Intelligenzleistungen betrifft, die für den Einzelfall sowieso nicht behauptet werden kann und auch empirisch selbst für 100% vererbte Merkmale nicht gegeben ist. Insofern hat auch diese Folgerung zum Anlage-Umwelt-Problem aus der Sicht der naturwissenschaftlichen Psychologietradition (und damit einem entsprechenden klassischen Gegenstandsbereich) zu der Konsequenz geführt, dass eine differenzierte(re) Modellierung der Anlage-Umwelt-Interaktion sinnvoll und notwendig ist. In dieser Situation scheint es interessant und weiterführend, das Anlage-Umwelt-Problem in einem klassischen Gegenstandsbereich der sozialwissenschaftlichen Tradition, wie sie die Geschlechterforschung darstellt, aufzuarbeiten.

4. Anlage-Umwelt-Problematik in der Geschlechterforschung

4.1. Replikation und Erweiterung der traditionellen Fragevarianten für die Geschlechterproblematik

Die Untersuchung und Analyse von Unterschieden zwischen Frauen und Männern hat eine relativ lange Tradition innerhalb der Psychologie, und ein Ende der Entwicklung ist nicht erkennbar, eher ist das Gegenteil zutreffend. Seit den 80er Jahren haben sich zunächst im US-amerikanischen Raum die Quantität der Untersuchungen wie auch die Differenzierung über verschiedene Bereiche deutlich erhöht. Die Frage nach den relativen Einflüssen von Anlage und Umwelt auf die Ausprägung von Geschlechtsunterschieden hat von Anfang an eine wichtige Rolle gespielt, und wie in der Intelligenzforschung können verschiedene Erklärungsansätze unterschieden werden. Nach Sternberg (1993) sind diese unterschiedlichen Ansätze der Geschlechterforschung nicht per se als richtig oder falsch zu bezeichnen, sondern sie repräsentieren eine bestimmte Art der Fragestellung. Bei der ersten Fragestellung werden Geschlechtsunterschiede auf biologische Determinanten oder auf Umwelteinflüsse zurückgeführt; dies entspricht dem Entweder-Oder-Ansatz in der Intelligenzforschung. Die zweite Fragestellung betrachtet Anlage und Umwelt gemeinsam und fragt nach der Größe des Einflusses der beiden Faktoren, Wechselwirkungen sind jedoch nicht thematisch (s.u.); dies entspricht der Frage nach den Anteilen in der Intelligenzforschung. Erst beim dritten Erklärungsansatz wird die Interaktion zwischen Anlage und Umwelt eingeführt; es werden die jeweiligen Einflüsse von Anlage und Umwelt auf die Ausprägung von Geschlechtsunterschieden untersucht. Sternberg (1993) geht davon aus, dass sich die Interaktion in Richtung auf ein stärkeres Gewicht von Umwelt oder Anlage verändern kann. Wenn kulturelle Eingriffe wie z.B. besondere Fördermaßnahmen, aber auch Kriege Einfluss nehmen auf die Entwicklung oder die Reproduktionsfähigkeit, wirkt sich der Umweltfaktor stark auf den Anlagefaktor aus, und die Interaktion bewegt sich in Richtung eines dominierenden Umweltfaktors. Wenn andererseits genetische Prädispositionen in außergewöhnlichem Maße herausgefordert bzw. durch Erziehung gefördert werden, wie z.B. bei bestimmten sportlichen Tätigkeiten, von denen Frauen ausgeschlossen werden, dann wird der Anlagefaktor überbetont, und die Interaktion verändert sich nach Sternberg in Richtung des Anlagefaktors. Diese Beispiele machen deutlich, dass die gegenseitige Beeinflussung von Anlage- und Umweltfaktoren nicht vollständig zu bestimmen ist.

Bei der Geschlechterforschung kommt dann noch die Variation über Raum und Zeit hinzu, d.h. es wird nach den Ursachen für raumzeitliche Variationen von Geschlechtsunterschieden gefragt. Bei diesem vierten Erklärungsansatz wird berücksichtigt, dass Anlage- und Umwelteinflüsse in sehr komplexer Weise kulturspezifisch interagieren können. Selbst wenn interkulturell ähnliche Verhaltensweisen bevorzugt bei einem Geschlecht beobachtet werden, wie z.B. das häufig genannte höhere aggressive Verhalten bei männlichen Personen, kann dies nicht ohne Weiteres als Beleg für angeborenes Verhalten betrachtet werden. Kulturelle Universalia bei Geschlechtsunterschieden können auch auf kulturell ähnlichen Sozialisationspraktiken beruhen, ebenso wie kulturell unterschiedliche Sozialisationspraktiken zu unterschiedlichen Verhaltensweisen bei Mädchen und Jungen führen können (Best & Williams, 1993, S. 238f.). Sternberg hat die Unterschiede dieser Erklärungsansätze in einer Grafik veranschaulicht (vgl. Abb. 2).

Wie Sternberg (o.c.) kritisch bemerkt, sind die Antworten, die Forscher/innen erhalten, weitgehend abhängig von den Fragen, die sie zuvor gestellt haben. Wenn beispielsweise auf dem ersten Erklärungsniveau danach gefragt wird, welche der beiden Determinanten – Anlage oder Umwelt – die Geschlechtsunterschiede beeinflussen, dann wird sich die Antwort dichotomisierend auf einen der beiden Faktoren richten. Wie oben ausgeführt, hat sich dieser Entweder-Oder-Frageansatz zwar bereits in der Intelligenzforschung als obsolet erwiesen, trotzdem wird der Ansatz in der Geschlechterforschung beispielsweise von Autorinnen und Autoren mit einer ausschließlich soziokulturellen oder biologischen Sichtweise vertreten. Der Schwerpunkt der folgenden Diskussion soll entsprechend dem generellen Rahmen aber mehr auf den Interaktionsperspektiven liegen.

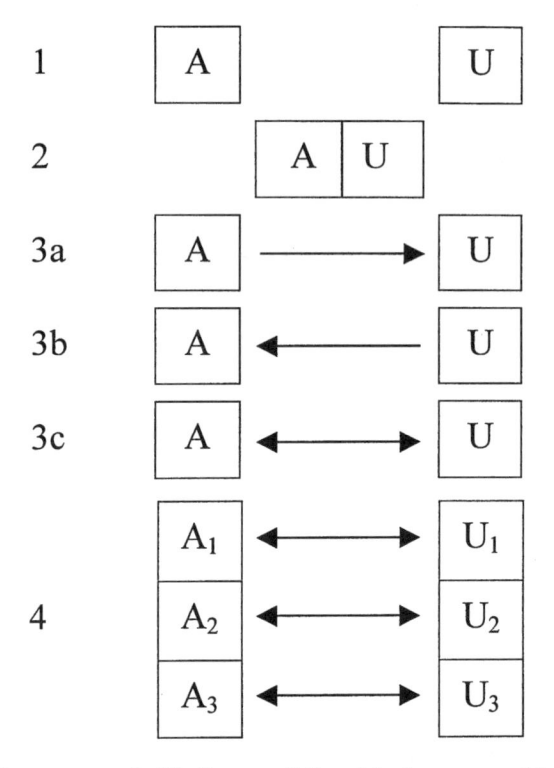

Abb. 2: Anlage-Umwelt-Einfluss auf Geschlechtsunterschiede auf vier Ebenen (Quelle: Sternberg, 1993, S. 3)

4.2. Klassische theoretisch-methodische Ansätze zur Beschreibung und Erklärung von Geschlechtsunterschieden

Der erste bedeutende und umfassende Überblick von mehr als 1400 publizierten Arbeiten, beginnend mit dem Jahre 1965, wurde von Maccoby und Jacklin (1974) vorgelegt. Die berücksichtigten empirischen Studien wurden von den Autorinnen qualitativ nach verschiedenen Gebieten wie z.B. Dominanz, Aggression, verbale Fähigkeiten etc. kategorisiert und strukturiert. Maccoby und Jacklin überprüften, in wie vielen Studien sich überhaupt Unterschiede zwischen den Geschlechtern nachweisen ließen, und sie gaben die Richtung der substanziellen Unterschiede an. Insgesamt wiesen die Autorinnen vier Bereiche aus, in denen einigermaßen gesicherte Geschlechtsunterschiede existieren: Bei den intellektuellen Fähigkeiten ließen sich eine größere sprachliche Fähigkeit der Mädchen sowie ein besseres räumliches Vorstellungsvermögen und eine höhere Mathematikbegabung der Jungen nachweisen. Bei den sozialen Verhaltensweisen fanden die Autorinnen auf Grund ihrer Analysen eine höhere Aggressivität der Jungen, während sich beispielsweise entgegen der allgemein vorherrschenden Überzeugung keine nennenswerte höhere soziale Beeinflussbarkeit der Mädchen nachweisen ließ.

Dieser Forschungsansatz ist von Deaux (1984) mit der Bezeichnung „*Geschlecht als Subjekt-Variable*" belegt worden. Dazu werden anhand der biologischen Geschlechtsvariable Gruppen gebildet, die dann miteinander verglichen werden. So wurden bei Frauen und Männern die mittleren Differenzen zahlreicher Merkmalsbereiche zum größten Teil ohne eine explizite theoretische Fundierung überprüft und daraus Schlussfolgerungen über tatsächlich vorhandene Unterschiede gezogen. Bei diesen Arbeiten handelt es sich um so genannte ex post facto Studien, die Kausalzusammenhänge aus der nicht manipulierbaren Variable Geschlecht ableiten, obwohl es sich bei den Ausgangsdaten um Korrelationen handelt. Dieser eigenschaftsorientierte Forschungsansatz, bei dem Geschlechterdifferenzen letztendlich auf relativ stabile Persönlichkeitsmerkmale zurückgeführt werden, ist derjenige mit der längsten Historie.

In den 70er Jahren, ungefähr zur gleichen Zeit als Maccoby und Jacklin ihre Untersuchung durchführten, kritisierte die feministische Psychologie in den USA die sogenannte „womanless psychology" (Walsh, 1997, S. 7), die vor allem dadurch gekennzeichnet war, dass das männliche Verhalten als prototypisch für menschliches Verhalten angesehen wurde und weibliche Erfahrungsweisen in der Forschung unberücksichtigt blieben. Ein typisches Beispiel für die kritisierte Forschungseinengung war die Motivationsforschung von Atkinson (1958), die sich fast ausschließlich auf die Befunde männlicher Versuchspersonen stützte, da seit Beginn der Leistungsmotivationsforschung in den USA deutlich war, dass weibliche Versuchspersonen anderes Verhalten zeigen als männliche (Heckhausen, 1989, S. 247). Dies führte aber nicht dazu, dass weitere Forschung mit Frauen durchgeführt wurde, um die Ergebnisse in die Theoriebildung einzubeziehen, sondern dass deren Verhalten als „Ausnahme" etikettiert wurde. Ein zentraler Ansatzpunkt der feministischen Psychologie war dementsprechend auch der Nachweis, dass die Unterschiede zwischen den Geschlechtern nicht fundiert genug bzw. zu gering waren, um damit die überlegene Position der Männer zu rechtfertigen. Nicht zuletzt die Ergebnisse der Studie von Maccoby und Jacklin (1974) lieferten ein überzeugendes Argument dafür, die Unterschiede zwischen Frauen und Männern zu relativieren.

Allerdings gab es auch andere feministische Ansätze, die nicht von einer weitgehenden Gleichheit der Geschlechter ausgingen, sondern vermuteten, dass die Unterschiede bedeutsamer seien, als Maccoby und Jacklin angenommen hatten (vgl. z.B. Gilligan, 1982); und vor allem wurde von dieser Position postuliert, dass weibliche Eigenschaften als positiv betrachtet werden sollten und nicht als Defizite im Vergleich zu den männlichen Eigenschaften. Gilligan (o.c.) vertrat in ihrem Buch die These, dass Frauen auf Grund ihrer Sozialisation eine andere Moralität als Männer vertreten und dass sie stärker als Männer positive Eigenschaften wie Konsensfähigkeit, Einfühlungsvermögen, Beziehungsfähigkeit, Fürsorgeverhalten ausgebildet haben. Feministische Sozialwissenschaftlerinnen verbanden damit die Idee, eine bessere Welt zu schaffen, und zwar auf der Grundlage traditioneller weiblicher Werte (vgl. Walsh, 1997, S. 7). Allerdings blieb auch dieser Ansatz nicht unwidersprochen. Insbesondere die Vorstellung, dass so genannte weibliche Eigenschaften, die in der Vergangenheit zur Diskriminierung von Frauen geführt hatten, nun als besondere (positive) weibliche Merkmale herausgestellt wurden, erzeugte bei den Kritikern/innen Widerspruch.

Auf dieser Grundlage ist die Frage, ob Anlage- oder Umwelteinflüsse für die Geschlechterdifferenzen verantwortlich sind, als so genannte Nature-Nurture-Kontroverse in der Psychologie bekannt geworden (Scheele, 1998; Walsh, 1997); dabei wird zwischen dem biologischen Geschlecht (sex) und dem sozialen (gender) unterschieden. Vor allem der ethologische und soziobiologische Erklärungsansatz gehen auf Grund einer Analogiebildung zwischen menschlichem und tierischem Verhalten von einem natürlich selektierten biologischen Programm aus, das in bestimmten Bereichen für Männer und Frauen unterschiedlich ist (Nature-Ansatz). So sollen beispielsweise Männer über eine bessere Orientierung im Raum verfügen (vgl. Geary, 1995), weil die Ausbildung dieser Fähigkeit für ihre primäre Aufgabe als Jäger und Krieger sehr hilfreich war, während Frauen als Sammlerinnen evolutionär die Kompetenz ausbildeten, Gegenstände zu orten und sich Orientierungspunkte in ihrem Umfeld einzuprägen. Die zu Grunde liegende Annahme des Nature-Ansatzes besteht folglich darin, dass es von Natur aus einen Unterschied zwischen Männern und Frauen bzw. zwischen Maskulinität und Femininität gibt und dass dieser Unterschied zu Unterschieden im Verhalten und im Handeln der Geschlechter führt. Femininität tritt normal und natürlich bei Frauen auf, aber nicht bei Männern; und Maskulinität ist vice versa normal und natürlich bei Männern und nicht bei Frauen. Diese Sichtweise manifestierte sich z.B. in verschiedenen Persönlichkeitstests, die eine so genannte MF-Skala (Maskulinitäts-Femininitätsskala) enthielten, nach der eine Nichtübereinstimmung des Skalenwertes mit dem biologischen Geschlecht als Abweichung definiert wurde (wie z.B. in der älteren Ausgabe des Freiburger Persönlichkeitsinventars (FPI)).

Der Nurture-Ansatz, der die gender-Komponente, also das sozial konstruierte Geschlecht betont und diesem einen Vorrang vor dem biologischen einräumt, wurde in der Psychologie vor allem von Sandra Bem (1974) vertreten. Damit änderte sich in der psychologischen Geschlechterforschung die Fragestellung und eng damit verbunden die methodische Vorgehensweise. Die Forschung konzentrierte sich nunmehr stärker auf das „*soziale Geschlecht*" der Person. Ausgehend von den Untersuchungen Sandra Bems wurde zwischen einer femininen, maskulinen und androgynen Geschlechtsrollenorientierung unterschieden, die unabhängig von dem biologischen Geschlecht der Personen auftreten kann. Bem (o.c.) ging davon aus, dass nicht Maskulinität für Männer und Femininität für Frauen auf jeden Fall Gesundheit bedeuten, sondern dass der androgyne Mensch als der gesunde Mensch anzusehen sei. Mit der Konzeption von Bem war zum einen eine Überwindung der traditionellen bipolaren Konzeption von Männlichkeit und Weiblichkeit, die zugleich eine Simplifizierung bedeutete, verbunden; und zum anderen war damit der Weg für eine größere Flexibilität der Geschlechtsrollenorientierungen geebnet. Aus den bis dahin biologisch festgelegten dauerhaften und stabilen Konzepten der Femininität und Maskulinität wurden relativ variable Konstrukte. Die Geschlechtsrollenorientierung wird als eine Persönlichkeitsvariable angesehen, die im Laufe eines Lebens durch innere oder äußere Einflüsse (z.B. Ausübung bestimmter beruflicher Tätigkeiten) prinzipiell änderbar ist, aber insgesamt doch als vergleichsweise stabil konzipiert wird.

Die These der sozialen Entstehung von Geschlechtsunterschieden ist auch eine zentrale Annahme klassischer Sozialisationstheorien (Bilden, 1980). Danach werden die weibliche und männliche Geschlechtsidentität sowie die entsprechenden Merkmale, Neigungen, Fähigkeiten und die dadurch bedingten Verhaltensweisen über Sozialisationsprozesse erworben. Diese relativ stabilen und zeitlich überdauernden Merkmale und Fähigkeiten der Person sind anerzogen und eben nicht angeboren. Mit dieser Annahme einer sozialen Entstehung von Geschlechtsunterschieden wird von den klassischen Sozialisationstheorien ein Gegengewicht zu biologisierenden Erklärungen von „natürlich" auffindbaren Geschlechtsunterschieden geschaffen.

4.3. Die konstruktivistische Radikalisierung der Interaktionsperspektive

Eine neue Sichtweise und damit eine veränderte Forschungsorientierung, die auch in den neuen sozialisationstheoretischen Ansätzen deutlich wird, stellt das *„Geschlecht als soziale Kategorie"* dar. Dieser Nurture-Ansatz wird in der Psychologie unter anderem von Deaux und Major (1987), Deaux und LaFrance (1998) vertreten. Das Geschlecht wird als ein ausschließlich vom Kontext abhängiges Phänomen konzipiert und untersucht. Deaux und LaFrance (o.c.) gehen davon aus, dass das Konstrukt 'Geschlecht' insbesondere (wenn nicht sogar ausschließlich) in den Köpfen von Frauen und Männern existiert und sich in geschlechterdifferenzierenden Überzeugungen, Erwartungen und Handlungen äußert; es wird vor allem in spezifischen Kontexten neu ausgehandelt, indem beispielsweise bestimmte Umgebungsbedingungen (Arbeitsplatz, Familie etc.) geschlechtstypisierte Handlungsskripte aktualisieren. Prozesse der Sich-selbst-erfüllenden-Prophezeiung dienen als wichtiger Erklärungsansatz für die Aufrechterhaltung von Geschlechterschemata. Ein eindrucksvolles Beispiel liefert die Untersuchung von Skrypnek und Snyder (1982), in der die dynamische und situative Natur der Geschlechtseffekte offenbar wird. In einem Experiment wurden Männer und Frauen in verschiedene Räume verteilt, und die männlichen Versuchspersonen kommunizierten über ein Signalsystem angeblich mit einem männlichen oder weiblichen Interaktionspartner (es handelte sich in Wirklichkeit immer um eine Frau). Sie erhielten die Aufgabe, ‚feminine', ‚maskuline' oder ‚neutrale' Aufgaben zu verteilen bzw. auszuhandeln. Männer, die glaubten, eine Frau sei ihre Interaktionspartnerin, wiesen ihr mehr weibliche Aufgaben zu und wählten für sich selbst mehr ‚männliche' Tätigkeiten als jene, die glaubten, ein Mann sei ihr Partner. Sie nahmen somit eine geschlechtsstereotype Zuweisung vor. Aussagekräftig war vor allem auch das Verhalten der Frauen. Frauen, die wussten, dass die Interaktionspartner sie für weiblich hielten, akzeptierten mehr ‚weibliche' Aufgaben für sich; wenn sie jedoch annahmen, ihr Partner halte sie für männlich, nahmen sie tendenziell mehr ‚maskuline' Aufgaben an. So erzeugten geschlechtsstereotype Erwartungen tatsächliche Geschlechtsunterschiede im Verhalten. Durch diese Studie und ähnliche Experimente wird deutlich, dass die Erwartungen und Antizipationen von Interaktionspartnern/innen einen bedeutsamen Einfluss auf das Verhalten, aber auch die Erwartungen der jeweils anderen Person ausüben können. Frauen und Männer haben offenbar gemeinsame Vorstellungen und Erwartungen darüber, was in bestimmten Kontexten passieren sollte und wie sich Frauen und Männer angemessen verhalten sollten.

Eine weitere Radikalisierung bedeutete die Abkehr von sozialisationstheoretischen zugunsten systemtheoretischer Ansätze (vgl. Maihofer, 2002). Ende der 80er Jahre setzte eine zunehmende Kritik an geschlechtsspezifischen Sozialisationstheorien ein, die eine Ablehnung bis hin zur Tabuisierung bewirkte. Maihofer (2002) verdeutlicht dies am Beispiel der Professionsforschung. Während aus der ursprünglichen sozialisationstheoretischen Perspektive gesehen das „Geschlecht" als ein Bündel erworbener typisch weiblicher oder männlicher Eigenschaften zu verstehen ist und Frauen somit ihre Diskriminierung auf dem Arbeitsmarkt letztendlich selbst zu verantworten haben, postulieren spätere Ansätze, dass das Geschlecht eine Platzanweiserfunktion besitzt und als eine soziale Strukturkategorie begriffen werden muss (Knapp, 1987, S. 287). Dies ist zwar noch mit der sozialisationstheoretischen Erklärungsperspektive vereinbar; spätere Ansätze setzen sich jedoch explizit davon ab und nehmen eine theoretische Umorientierung vor. Anstelle von „subjekttheoretisch" (gleich sozialisationstheoretisch) orientierten Ansätzen werden nun „gesellschafts- und strukturtheoretisch" orientierte Modellierungen präferiert. So wird z.B. die Diskriminierung von Frauen im Arbeitsbereich nicht mehr sozialisationstheoretisch, sondern machttheoretisch erklärt, d.h. die Diskriminierung ist ein Ausdruck patriarchaler Machtverhältnisse. So werden bei Wetterer (1993, 1995) Unterschiede zwischen Männern und Frauen, wie z.B. ein höheres Interesse der Frauen an Kindern und Familie, als soziale Konstruktionen zur Plausibilisierung und Legitimierung der geschlechtsspezifischen Segregation des Arbeitsmarktes betrachtet.

5. Inhaltliche Forschungsergebnisse für spezielle Bereiche der sozialen und kognitiven Fähigkeiten

Die psychologische Untersuchung von Geschlechtsunterschieden kann grob in drei Bereiche unterteilt werden: körpernahe Verhaltensweisen, soziale Verhaltensweisen und intellektuelle Fähigkeiten. Zum ersten Bereich, der hier nur kurz erwähnt werden soll, gehören sexuelles Verhalten, Mortalität und Morbidität sowie motorische

Verhaltensweisen (vgl. Giesen, 2000). Betrachten wir motorische Fähigkeiten wie Kraft, Schnelligkeit, Ausdauer, Werfen und Aktivitätsniveau, dann zeigen sich in allen Bereichen mittlere bis hohe Unterschiede zugunsten des männlichen Geschlechts. Deutliche Geschlechtsunterschiede ergeben sich auch im Bereich des sexuellen Verhaltens (und der sexuellen Einstellungen); hier neigen männliche Personen eher zum Gelegenheitssex, zur sexuellen Freizügigkeit und Masturbation. Im Bereich Mortalität und Morbidität zeigen sich eine höhere Selbstmordrate bei männlichen Personen und eine höhere Lebenserwartung bei weiblichen (zusammenfassend Alfermann, 1996, S. 165ff., Giesen, 2000, S. 546ff). Im Bereich sozialer Verhaltensweisen sind insbesondere Untersuchungen zum nonverbalen Ausdrucks- und Kommunikationsverhalten, zur sozialen Beeinflussbarkeit, zu altruistischem Verhalten, zur Aggressivität sowie zum Führungsverhalten einschließlich der Studien zur Machtmotivation durchgeführt worden. Untersuchungen von Geschlechtsunterschieden im Bereich intellektueller Fähigkeiten und der Intelligenz umfassen schwerpunktmäßig Studien zu sprachlichen, mathematischen und räumlichen Fähigkeiten.

5.1. Soziale Verhaltensweisen

Schon in der Arbeit von Maccoby und Jacklin (1974) werden Geschlechtsunterschiede in sozialen Verhaltensweisen wie z.B. Aggressivität und soziale Beeinflussbarkeit untersucht, während Geschlechtsunterschiede im Führungsverhalten erst in jüngerer Zeit stärker in den Focus der Aufmerksamkeit gerückt sind. Im Folgenden wird schwerpunktmäßig näher auf die Bereiche nonverbales Kommunikationsverhalten sowie Macht- und Führungsverhalten eingegangen. Auf Untersuchungen zur sozialen Beeinflussbarkeit und zum altruistischen Verhalten wird nicht näher eingegangen, da in beiden Bereichen zwar tendenzielle Unterschiede zwischen den Geschlechtern vorliegen, allerdings eine inkonsistente Befundlage (bei der sozialen Beeinflussbarkeit) herrscht. Außerdem werden in empirischen Untersuchungen zur Konformität und zum altruistischen Verhalten nur bestimmte Situationen realisiert (wie z.B. Notfallsituationen mit unbekannten Personen bei der Untersuchung von Hilfsbereitschaft), die von vornherein nur eine begrenzte Aussagekraft haben (zur näheren Übersicht vgl. Giesen, 2000).

5.1.1. Nonverbales Kommunikationsverhalten

Nonverbales Verhalten gehört im Bereich der sozialen Verhaltensweisen zu denjenigen, die am intensivsten im Hinblick auf Geschlechtsunterschiede untersucht worden sind, nicht zuletzt deshalb, weil entsprechend des gängigen Geschlechtsstereotyps Frauen in diesem Feld eine deutlich größere Kompetenz zugeschrieben wird als Männern. Ein umfassender Überblick über Geschlechtsunterschiede im nicht-sprachlichen Ausdrucks- und Kommunikationsverhalten findet sich bei Hall (1984). Danach sind Frauen sensitiver und einfühlsamer, sie können das nonverbale Verhalten anderer Personen besser entschlüsseln, aber auch ihre eigenen Gefühle angemessener und differenzierter mitteilen als männliche Personen. Bedeutsame Unterschiede lassen sich ebenso im sozialen Lächeln und Blickkontakt sowie in der räumlichen Distanz aufzeigen. Frauen haben eine geringere soziale Distanz, d.h. sie berühren andere Personen eher, und sie werden auch von anderen eher berührt. Auch schauen Frauen andere Personen eher an und lächeln häufiger als Männer; außerdem nehmen Frauen weniger Raum in Anspruch.

Die beiden zentralen Erklärungsansätze für diese Ergebnisse basieren auf dem sozialisations- und dem rollentheoretischen Ansatz (Alfermann, 1996, S. 141ff.). Ausgehend von der Beobachtung, dass Frauen als Gruppe einen niedrigeren Status besitzen als Männer, lassen sich die Geschlechtsunterschiede im nonverbalen Verhalten als Ausdruck der geringeren Macht von Frauen interpretieren (vgl. Henley, 1977). Das richtige Dekodieren nonverbaler Signale ist quasi eine gesellschaftlich nützliche Anpassungsfunktion der Frauen gegenüber der dominanteren statushöheren Gruppe der Männer; auch das häufigere soziale Lächeln der Frauen kann in diesem Sinne interpretiert werden. Der rollentheoretische Ansatz (Eagly, 1987) nimmt an, dass Frauen und Männern im Laufe der Sozialisation unterschiedliche Erwartungen signalisiert werden, die dann internalisiert werden. Geschlechtstypisches nonverbales Verhalten hängt demzufolge nicht mit dem geringeren Status oder der geringeren Macht der Frauen zusammen, sondern Mädchen und Jungen haben schon früh in spezifischen Lernumwelten bestimmte Regeln und Rollenerwartungen erlernt. Die Unterschiede im nonverbalen Verhalten lassen sich, darauf weist Alfermann (1996) hin, dementsprechend gut mit der Annahme expressiver versus instrumenteller Rollenerwartung erklären, die in charakteristischer Weise das Konzept Femininität und Maskulinität kennzeichnen (Sieverding & Alfermann, 1992).

5.1.2. Macht- und Führungsverhalten

Das Thema Führungsverhalten von Frauen wird häufig im Zusammenhang mit der Frage des Machtmotivs bzw. des Zugangs zu Machtpositionen untersucht und diskutiert, da der geringere soziale Status der Frauen als Gruppe nicht nur beim Thema Führung und Macht, sondern auch bei anderen sozialen Verhaltensweisen eine plausible Erklärung für die beobachtbaren Unterschiede zwischen den Geschlechtern liefert (s.o.). Untersuchungen zu verschiedenen Aspekten des Führungsverhaltens von Frauen sind vor allem von Eagly und Mitarbeiter/innen durchgeführt worden. In mehreren Metaanalysen wurden die Übernahme der Führungsrolle (Eagly & Karau, 1991), der Führungsstil (Eagly & Johnson, 1990), die Fremdbewertung von Führungspersonen (Eagly, Makhijani & Klonsky, 1992) sowie die Führungseffektivität (Eagly, Karau & Makhijani, 1995) untersucht. Bei der Übernahme der Führungsposition zeigt sich ein Vorteil zugunsten der Männer; dies gilt vor allem dann, wenn es sich um aufgabenbezogene und unspezifizierte Führungspositionen handelt. Frauen übernehmen tendenziell eher die Führungsposition bei sozial bezogenen Führungsfunktionen. Problematisch bei dieser Metaanalyse ist jedoch der hohe Anteil an Laborexperimenten, so dass eine Übertragung der Befunde auf den betrieblichen Alltag nur bedingt möglich ist.

Eagly und Johnson (1990) untersuchten in verschiedenen Organisationen (Schulen, Hochschulen, Betrieben, Verwaltung etc.) den Führungsstil von Frauen und Männern. Es wurden Studien in die Metaanalyse einbezogen, die zwischen dem demokratischen versus autokratischen Führungsstil sowie dem aufgabenorientierten versus interpersonell/sozialen Stil unterschieden. Bei einem Vergleich über alle Studien hinweg können die Geschlechtsunterschiede vernachlässigt werden; wenn der demokratische und autokratische Führungsstil direkt miteinander verglichen werden, dann zeigt sich eine deutliche Tendenz der Frauen, den demokratischen Führungsstil zu bevorzugen. Eagly und Johnson (1990) erklären diesen Unterschied auch damit, dass Frauen bei der Ausübung des demokratischen Führungsstils besser frauentypische Fähigkeiten einsetzen können und der autokratische Führungsstil weniger gut mit der stereotypen Vorstellung von Weiblichkeit übereinstimmt. Vor allem das Argument der Passung zwischen dem praktizierten Führungsstil und der stereotypen Vorstellung von Weiblichkeit wird durch die Metaanalyse zur Fremdbeurteilung von Führungspersonen (Eagly et al., 1992) gestützt. Werden Versuchspersonen Situationsbeschreibungen mit männlichen oder weiblichen Führungspersonen zur Beurteilung vorgelegt, dann werden Personen, die sich geschlechtsrollenkonform verhalten – also einen Führungsstil praktizieren, der mit den Rollenerwartungen übereinstimmt –, positiver bewertet. So wird autokratisches Führungsverhalten bei Frauen negativer bewertet als bei Männern. Bei Betrachtung der Führungseffektivität zeigt sich kein einheitlicher Befund (Eagly et al., 1995), allerdings hat die jeweilige Situation eine moderierende Funktion. Frauen, die in Frauenberufen, und Männer, die in Männerberufen tätig sind, werden als effektiv eingeschätzt. Auch hier zeigt sich der Zusammenhang zwischen den Geschlechts- und Berufsrollen.

Während Eagly und Mitarbeiter/innen unterschiedliches Macht- und Führungsverhalten von Frauen und Männern mit der gesellschaftlichen Rollenstruktur erklären, schlagen Ragins und Sundstrom (1989) ein umfassenderes Modell vor, in dem der Zugang zu Macht- und Führungspositionen auf vier verschiedenen Ebenen betrachtet wird: die gesellschaftliche Ebene mit den entsprechenden Systemen als die breiteste und umfassendste, gefolgt von der Ebene der Unternehmen, dann die Ebene der sozialen Interaktionen und schließlich die individuelle Ebene unter Berücksichtigung von Persönlichkeitsmerkmalen. Das Autorenteam geht von Schlüsselprozessen aus, die auf jeder Stufe die Partizipation von Frauen behindern. Dazu gehört z.B. auf gesellschaftlicher Ebene der Prozess der Geschlechtsrollensozialisation; konkrete Auswirkungen sind in der Selbstselektion von Frauen (und auch Männern) bei der Studien- und Berufswahl zu beobachten (Rustemeyer & Fischer, 2002). Auf der nächsten Stufe finden in Unternehmen, wie z.B. auch in öffentlich-rechtlichen Institutionen, auf Grund der Auswahlkriterien Selektionsprozesse statt, die einen äquivalenten Aufstieg von Frauen zumindest behindern. Auf der interpersonellen Ebene werden insbesondere geschlechtsstereotype Erwartungen wirksam, und schließlich sind es auf der individuellen Ebene überwiegend persönliche Erwartungen an den Beruf und die Karriere, die einen relevanten Einfluss ausüben. Obwohl solche komplexen Modelle am ehesten den Wechselwirkungen zwischen gesellschaftlichen und individuellen Prozessen gerecht werden, ist kritisch anzumerken, dass bislang nur Teilprozesse empirisch gesichert sind, eine Überprüfung des vollständigen Modells steht jedoch noch aus (vgl. Giesen, 2000, S. 567).

5.2. *Intellektuelle Fähigkeiten*

Die Frage, ob es Intelligenzunterschiede zwischen Frauen und Männern gibt, konzentriert sich heute vorrangig auf drei zentrale Bereiche, nämlich die verbalen, mathematischen und räumlichen Fähigkeiten. In diesen drei Domänen postulierten bereits Maccoby und Jacklin (1974) in ihrer umfassenden Studie einigermaßen gesicherte Geschlechtsunterschiede. Die meisten der auch heute noch relevanten Metaanalysen wurden gegen Ende der 80er Jahre durchgeführt. Während jedoch metaanalytische Untersuchungen zu sprachlichen Fähigkeiten (vgl. Hyde & Linn, 1988) nur geringe Geschlechtsunterschiede belegen konnten und aus diesem Grunde hier nicht weiter ausgeführt werden, weisen die Ergebnisse in den beiden anderen Bereichen auf deutlichere Unterschiede hin.

5.2.1. Mathematische Fähigkeiten

In den 80er Jahren lösten Benbow und Stanley (1980, 1983) in den USA eine heftige, auch in den öffentlichen Medien geführte Kontroverse um biologisch bedingte mathematische Fähigkeitsunterschiede zwischen den Geschlechtern aus. Sie postulierten vor allem bei hochbegabten Jugendlichen eine deutliche Überlegenheit der Jungen im mathematischen Denken. Benbow und Stanley wiesen auf korrelative Zusammenhänge zwischen bestimmten Merkmalen wie Linkshändigkeit, Immunschwäche und Kurzsichtigkeit einerseits sowie mathematischen Höchstleistungen andererseits hin. Dagegen schrieben sie familiären und schulischen Faktoren keinen bedeutsamen Einfluss zu. Die Ergebnisse einer Längsschnittuntersuchung mit ca. 5000 Schülerinnen und Schülern, die als 13jährige zu den 1 Prozent Besten im so genannten Scholastic Aptitude Test (SAT) gehörten, der in den USA für die Zulassung zum College abgelegt werden muss, liefern nach Benbow (1992) sowie Benbow und Lubinski (1997) weitere Unterstützung für ihre These einer biologischen Basis der Geschlechtsunterschiede in Mathematik, obwohl von anderen Forscherinnen (vgl. Hyde, 1997) deutliche Kritik geübt wurde. Die Kritik bezieht sich unter anderem darauf, dass Benbow mit einer hochselegierten Stichprobe Hochbegabter gearbeitet hat, während vor allem den metaanalytischen Studien, die zum Vergleich herangezogen wurden, eine breitere Stichprobenauswahl zugrunde lag. So stellten auch Hyde, Fennema und Lamon (1990) in ihrer umfassenden Metaanalyse Unterschiede ab einem Alter von etwa 14 Jahren fest: Dabei schnitten Jungen bei Problemlöseaufgaben (Umgang mit mathematischen Konzepten und Problemen) besser ab, Mädchen besser bei arithmetischen Aufgaben ($d = -.22$). Für die gefundenen Unterschiede erwiesen sich jedoch Alter, Selektivität der Stichprobe und kognitives Aufgabenniveau als bedeutsame Moderatorvariablen. Diese drei Variablen, die zudem konfundiert sind, erklärten 87% der Varianz der Effektgrößen. Leistungsunterschiede fanden sich erst innerhalb höherer Schulstufen und am stärksten bei mathematisch Hochbegabten.

Im Rahmen der Third International Mathematical and Science Study (TIMSS) wurden aktuelle Befunde für mathematisch-naturwissenschaftliche Leistungen bei Schülerinnen und Schülern der 7. und 8. Klassen in Deutschland erhoben (Baumert, Bos & Watermann, 1999; Baumert, Lehmann u.a., 1997). Danach gibt es über alle Mädchen und Jungen gemittelt in den Mathematikleistungen keine bedeutsamen Unterschiede, was jedoch darauf zurückzuführen ist, dass mehr Mädchen als Jungen das Gymnasium besuchen. Werden die einzelnen Schulformen getrennt betrachtet, erreichen die Mädchen schlechtere Leistungen in Mathematik und Physik als die Jungen. Giesen (2000, S. 553) weist in diesem Kontext zu Recht darauf hin, dass bei der Interpretation von geschlechtsbezogenen Unterschieden in schul- und ausbildungsnahen Leistungen die Bereitstellung und Wahrnehmung des Ausbildungsangebots zu berücksichtigen ist. Wenn, wie in diesem Fall, Mädchen das Ausbildungsangebot Gymnasium in einem Fach, in dem sie normalerweise schwächer sind als Jungen, aufgreifen, gleichen sich die Leistungsunterschiede in der Jahrgangsstichprobe an; im umgekehrten Fall, wenn beispielsweise Jungen das Angebot wahrnehmen in einem Bereich, in dem sie ihre Stärken haben, würden sich die geschlechtsbezogenen Leistungsunterschiede eines Jahrgangs verschärfen. Dies erklärt, warum in älteren Studien die Geschlechtsunterschiede im Mittelwert in Mathematik deutlich stärker ausgeprägt waren als in den jüngeren, so dass von einem epochalen Trend der Verkleinerung der Geschlechtsunterschiede gesprochen wird. Die beobachtbare Nivellierung in den mathematischen Leistungen (insbesondere wenn normorientierte Tests und repräsentative Stichproben verwendet werden, vgl. Feingold, 1993) hängt eng zusammen mit der verbesserten schulischen Ausbildung und somit einem deutlich verbesserten Bildungs- und Erfahrungsniveau der Mädchen (vgl. auch Alfermann, 1996, S. 113ff.).

5.2.2. Räumliche Fähigkeiten

Als Ursache für die unterschiedlichen mathematischen Fähigkeiten der Mädchen und Jungen wird in der Literatur auf die unterschiedlich hoch ausgeprägten räumlichen Fähigkeiten verwiesen. Eine umfassende Metaanalyse führten Linn und Petersen (1985) durch. Sie trennten die drei Komponenten der räumlichen Wahrnehmung („spatial perception"), mentalen Rotation und des räumlich-bildhaften Vorstellens („spatial visualization") – eine Differenzierung, die auch von Voyer, Voyer und Bryden (1995) verwendet wurde. Bei Aufgaben zur räumlichen Wahrnehmung muss der eigene Körper räumlich in Beziehung gesetzt werden zu bestimmten Objekten, wie z.B. beim Rod and Frame Test von Witkin et. al. (1954). Bei diesem Test befindet sich die Person in einem dunklen Raum auf einem kippbaren Stuhl, mit dem die Neigung des Körpers verändert werden kann; sie hat die Aufgabe, einen Stab innerhalb eines beleuchteten Rahmens, der ebenfalls gekippt werden kann, in „die wahre Vertikale" zu bringen. Davon unterschieden wird die Fähigkeit zur mentalen Rotation. Bei Aufgaben, die diese Fähigkeit messen, geht es darum, sich zwei- oder dreidimensionale Gebilde vorzustellen, die dann mental gedreht und mit einem vorgegebenen Muster verglichen werden müssen. Die dritte Komponente räumlicher Fähigkeiten, das räumlich-bildhafte Vorstellen, erfordert die Anwendung von Lösungsstrategien, um beispielsweise eingebettete Figuren (wie Gottschaldt-Figuren oder Mosaik-Test aus dem Hamburg-Wechsler-Intelligenz-Test) in einem komplexen Muster erkennen zu können.

Die deutlichsten Unterschiede zwischen Frauen und Männern ergeben sich bei der Fähigkeit der mentalen Rotation, wenn also Figuren vor dem geistigen Auge gedreht werden müssen. So beträgt der d-Wert bei Linn und Peterson (1986) d = .94, bei Linn und Hyde (1989) d = .73 und bei Voyer et al. (1995) d = .56. Kaum nennenswerte Unterschiede zwischen Frauen und Männern gibt es bei der räumlich-bildhaften Vorstellung (d =.13); das Herauslösen einer Figur aus einem komplexen Untergrund gelingt Frauen ebenso gut wie Männern (vgl. Maier, 1996). Zum Alter ist noch anzumerken, dass überwiegend Jugendliche und junge Erwachsene untersucht wurden (Alfermann, 1996, S. 114; Feingold, 1993) und dass eine Konfundierung zwischen dem Publikationsdatum und dem Alter der Untersuchten vorliegt.

Welche Bedeutung haben nun diese Befunde für mathematische Leistungen? Halpern (1992, 1997) vertritt die These, dass die Geschlechtsunterschiede in räumlichen Fähigkeiten in engem Zusammenhang stehen mit den unterschiedlichen mathematischen Leistungen. Friedman (1995) hat allerdings metaanalytisch nachgewiesen, dass bei beiden Geschlechtern die Korrelationen zwischen sprachlichen und mathematischen Tests höher sind als zwischen räumlichen und mathematischen Tests. Die Autorin schlussfolgert: "Meta-analytic results show that when space-math correlations are combined and compared to other correlations, they are not convincing evidence that spatial skill is well related to mathematical ability" (S. 40).

6. Vergleich verschiedener Erklärungsansätze für Geschlechtsunterschiede im sozialen Verhaltensbereich und bei kognitiven Fähigkeiten

Sowohl für den sozialen Verhaltensbereich als auch für die kognitiven Fähigkeiten können drei theoretische Erklärungsrichtungen unterschieden werden:

a) biologische Theorien und in der neueren Diskussion auch evolutionsbiologische Ansätze,

b) sozialpsychologische Theorien,

c) entwicklungspsychologisch ausgerichtete Theorien.

6.1. Biologische Erklärungsansätze

Biologische Ansätze werden bei sozialen wie kognitiven Fähigkeiten als Erklärung geschlechtsbezogener Unterschiede herangezogen. Dabei spielen folgende biologische Faktoren eine zentrale Rolle: chromosomale und hormonelle Einflüsse, Hirnlateralisation und Reifungstempo (zur kritischen Übersicht vgl. Trautner, 1997).

Ein zentraler Forschungsbereich der biologischen Erklärungsansätze beschäftigt sich seit Ende der 60er Jahre mit dem vorgeburtlichen und frühkindlichen Einfluss männlicher Geschlechtshormone auf geschlechterdifferenzierendes Verhalten sowie auf die Entwicklung kognitiver Fähigkeiten. Dabei liegt die Hypothese zugrunde, dass sich maskulinisierende Hormone wie ein erhöhtes Androgenniveau auf die Entwicklung und Steuerung von Gehirnstrukturen auswirken. Das fördere die Ausbildung bestimmter kognitiver Fähigkeiten, insbesondere die Erhöhung räumlicher Fähigkeiten sowie die Senkung der Wortflüssigkeit und der Wahrnehmungsgeschwindigkeit. Berenbaum, Korman und Leveroni (1995) fassen die Untersuchungen zu den Unterschieden in kognitiven Fähigkeiten zusammen und unterscheiden drei Gruppen, mit denen diese Hypothese überprüft werden kann: (a) Formen endokrinologischer Krankheiten, (b) exogene Einflüsse in Form von Einnahme maskulinisierender Arzneimittel in bestimmten kritischen Entwicklungsphasen, (c) Studien mit „normalen Personen", bei denen eine natürliche Variation im hormonellen Niveau existiert. Sie merken kritisch an, dass in vielen Studien grundlegende methodische Standards wie z.B. der Vergleich mit einer Kontrollgruppe, die Berücksichtigung kritischer Altersabschnitte etc. nicht erfüllt sind. Nach kritischer Sichtung bleiben nur wenige Studien übrig, die eindeutig belegen, dass ein erhöhtes Androgenniveau in der späten pränatalen und der perinatalen Phase die räumlichen Fähigkeiten von Mädchen erhöht.

Auch Trautner (1997) weist nach Prüfung der einschlägigen Literatur darauf hin, dass eine Zurückführung unterschiedlicher räumlicher Fähigkeiten bei Mädchen und Jungen auf hormonelle Einflüsse nur mit Vorbehalt möglich ist. Als zusätzliche Schwierigkeit erweist sich außerdem der nicht trennbare Einfluss von hormonellen Bedingungen und Reifungsgeschwindigkeit sowie Körperbau. Und selbst wenn die Hypothese zutrifft, dass ein erhöhtes Androgenniveau die Ausbildung räumlicher Fähigkeiten begünstigt, ist damit nicht gesagt, dass soziale Faktoren unwichtig sind. Wie Berenbaum et al. (1995) in ihren Schlussfolgerungen anmerken, könnten Kinder mit einem hohen Androgenniveau stärker von einem anregenden sozialen Umfeld profitieren (s. hierzu auch das Argument in der Intelligenzforschung zur Schaffung anregender Umwelten).

Zu den biologischen Erklärungsansätzen zählen auch diejenigen Varianten, die einen geschlechtsspezifischen evolutionären Sozialisationsdruck postulieren. Soziobiologische Erklärungsansätze nehmen an, dass genetisch prädisponierte geschlechtypische Merkmale und Verhaltensweisen existieren, die sich im Laufe der Evolution herausgebildet haben (zur Übersicht vgl. Hejj, 1996). Eine entscheidende Rolle spielt dabei die unterschiedliche Funktion von Männern und Frauen im Fortpflanzungsprozess. Da Männer prinzipiell mehr und über einen längeren Zeitraum Kinder zeugen können, führt dies zur Fortpflanzungsstrategie Quantität (möglichst viele Kinder zu zeugen), um viele Nachkommen zu erhalten und somit die Fitness zu erhöhen. Bei Frauen, die nur wenige Kinder gebären und aufziehen können, impliziert das die Fortpflanzungsstrategie, auf Qualität zu setzen, d.h. sich intensiv um die wenigen Nachkommen zu kümmern. Hieraus leitet die Soziobiologie Annahmen über die Ausprägung und Bedeutung physiologischer und psychologischer Merkmale ab, wie etwa die geschlechtypische Partnerwahl primär auf Grund des Aussehens (wichtig für Männer, da dies ein Indikator für die Fruchtbarkeit der Partnerin ist), hoher Status des Partners (wichtig für Frauen, da durch vorhandene Ressourcen eine höhere Sicherheit für die Kinder gegeben ist). Auch eine höhere Aggressivität männlicher Personen sowie dominanteres Verhalten werden auf diese Weise abgeleitet.

Auch die gute Orientierung im dreidimensionalen Raum sowie das Abschätzen von Bewegungen im Raum versucht die evolutionsbiologische Theorie zu erklären. Auf Grund der Arbeitsteilung zwischen Männern und Frauen und der primären Aufgabe der Männer als Jäger und Krieger soll die Raumorientierung sehr hilfreich gewesen sein. Allerdings lassen sich solche Theorien weder empirisch, noch theoretisch eindeutig belegen oder widerlegen, so dass mit Giesen (2000, S. 559) eher von einem doktrinären Ansatz zur Erklärung kognitiver Leistungen beim Menschen gesprochen werden kann. Dies trifft in gewisser Weise ebenso auf diejenigen Ansätze zu, die von einer reinen Umweltbedingtheit als Ursache sprechen (vgl. z.B. Crawford, Chaffin & Fitton, 1995).

6.2. Sozialpsychologische Erklärungsansätze

Vor allem die soziale Rollentheorie von Eagly (1987, 1997) hat sich als ein fruchtbarer Ansatz zur Erklärung geschlechtstypischer sozialer Verhaltensweisen erwiesen. Für Eagly spielen soziale Bedingungen bei der Ausbildung von Geschlechtsunterschieden eine Schlüsselrolle. Die Arbeitsteilung innerhalb der Gesellschaft zwischen Männern in den besser bezahlten beruflichen Positionen und Frauen in der überwiegend schlechter bezahlten und bewerteten Hausfrauenrolle wirkt sich auf geschlechtsbezogene Überzeugungen aus. So bilden sich einerseits Erwartungen hinsichtlich der Merkmale und Verhaltensweisen, die von Frauen und Männern gezeigt werden sollten, also angemessen sind, und zum anderen entstehen Erwartungen und Überzeugungen bei Frauen und Männern, inwieweit sie über bestimmte Eigenschaften und Fähigkeiten verfügen. Diese beiden Überzeugungssysteme wiederum formen die Verhaltensweisen beider Geschlechter.

Mit dem „Geschlecht im sozialen Kontext" vertreten Deaux und LaFrance (1998) einen ähnlichen Ansatz (s. auch Punkt 4.3.). Das Modell wurde ursprünglich für dyadische Interaktionen entwickelt und dann auf soziale Strukturen, Macht, Status und Kultur ausgeweitet. Am Beginn ihrer Analyse stehen das „perceiver's gender belief system" und das „self-system" (vgl. Deaux & LaFrance, 1998, S. 790). Beide Systeme interagieren miteinander, geschlechtsbezogene (Selbst-) Schemata beim Beobachter und der handelnden Person werden in einer konkreten Situation aktiviert. Geschlechtstypisches Verhalten entsteht somit in einem aktuellen Interaktionsprozess und wird quasi flexibel ausgehandelt, wobei auf der Seite des Individuums wie auch des Interaktionspartners geschlechtstypische Überzeugungen und Erwartungen wirksam werden. Geschlechterschemata bewirken eine selektive Wahrnehmung, und diese Schemata und Überzeugungen wiederum beeinflussen die Handlungen der wahrnehmenden Person gegenüber Frauen und Männern. Darüber hinaus sind situative Faktoren, die das Geschlecht mehr oder weniger hervortreten lassen, wirksam. Das können spezielle Kontextbedingungen wie Arbeitsplatz oder Familie sein. In solchen Situationen forcieren geschlechtstypisierte Skripte Verhaltensweisen, die die traditionell männliche oder weibliche Rolle betonen.

Die Autorinnen postulieren in ihrem Modell Rückwirkungen, die die aktuellen Handlungen der Interaktionspartner/innen auf das Überzeugungssystem (perceiver's gender belief system) und das Selbstsystem (self-system) haben. So ist es denkbar, dass die Überzeugungssysteme durch die Handlungsbewertungen stabilisiert und die geschlechtstypischen Erwartungen bestätigt werden. Nicht in das Modell einbezogen wird die Genese der unterschiedlichen Erwartungen, Schemata und geschlechtstypisierten Überzeugungen. Dazu verweisen die Autorinnen nur allgemein auf Arbeiten zur sozialen Rollentheorie von Eagly und Untersuchungen zum sozialen Status und zur Macht (Deaux & LaFrance, 1998, S. 790ff.). Sowohl der Erklärungsansatz von Eagly (1987, 1997) als auch der von Deaux und LaFrance (1998) sind für die Erklärung sozialer Verhaltensweisen konzipiert. Wie sieht es aber mit der Erklärung kognitiver Fähigkeiten und Leistungen aus?

In diesem Bereich haben sich vor allem Crawford et al. (1995) mit dem kulturell produzierten sozialen Geschlecht beschäftigt und ähnlich wie Ragins und Sundstrom (1989) (s.o. Punkt 5.1.2.) ein umfassendes Modell vorgeschlagen, nach dem die Ausbildung kognitiver Fähigkeiten und Leistungen auf verschiedenen Ebenen betrachtet wird. Gender operiert als Systemvariable auf drei Ebenen: (a) soziokulturell, (b) interpersonal und (c) individuell. Die soziokulturelle Ebene ist die breiteste, und gender wird hier definiert als ein Klassifikationssystem, das die (Macht-)Beziehungen zwischen Frauen und Männern betrifft. Es beinhaltet nicht nur die (Ab-)Wertungen weiblicher Arbeit, sondern auch die Bewertungen der Frauen selbst. Auf interpersonaler und auf individueller Ebene geht es um die Zuschreibung von Verhaltensweisen sowie emotionalen und kognitiven Merkmalen als feminin bzw. maskulin. So wirken sich in Interaktionen beispielsweise geschlechtsstereotype Erwartungen auf das Verhalten, aber auch auf die Gedanken und Gefühle der Interaktionspartner/innen aus. Auf individueller Ebene tritt vor allem die Internalisierung und somit die Übernahme der geschlechtstypischen Zuschreibungen in das Selbstkonzept der Person in den Mittelpunkt, was sich z.B. in der Zufriedenheit von Frauen trotz geringerer Bezahlung, einem geringeren Zutrauen in die eigenen Fähigkeiten und Kompetenzen etc. manifestiert.

Bezogen auf die räumlichen („spatial abilities") wie auch die mathematischen Fähigkeiten von Frauen und Männern argumentieren Crawford et al. (1995), dass es zwei zuverlässige Quellen gibt – nämlich die entsprechenden Metaanalysen sowie die Normen für standardisierte psychometrische Tests –, die klar in die Richtung eines geringen und vor allem eines sich in den letzten 40 Jahren verringernden geschlechtsbezogenen Unterschiedes weisen (vgl. dazu Punkt 5.2.1.). Die (noch) bestehenden Unterschiede, so die Autorinnen, werden hauptsächlich durch soziokulturelle Faktoren verursacht. Zu den geschlechtsbezogenen Erwartungen, die in unserer Gesellschaft vorherrschen, gehören z.B. die Klassifizierung von Aufgaben und ganzen Bereichen als weiblich oder männlich; sie werden im letzteren Fall auch als schwerer angesehen, und wenn Mädchen oder Frauen sich dennoch damit beschäftigen, werden sie als unweiblich, unattraktiv etc. bezeichnet. Solche gesellschaftlichen Erwartungen spiegeln sich auch im geringen Selbstvertrauen und den geringeren Erfolgserwartungen der Mädchen wieder (Rustemeyer, 2000).

Baenninger und Newcombe (1995), die ebenfalls von einem Einfluss der Umwelt auf räumliche und mathematische Fähigkeiten ausgehen, kommen auf Grund der empirischen Daten zu zwei Schlussfolgerungen, nämlich dass der Umwelteinfluss für die Entwicklung räumlicher und mathematischer Fähigkeiten substantiell sei und dass der Einfluss bei Jungen einheitlicher und wirksamer sei als bei Mädchen. Die Autorinnen schließen allerdings den Einfluss biologischer Faktoren in ihrem Ansatz nicht aus; vielmehr vertreten sie die Hypothese, dass die entsprechenden Fähigkeiten auf der Basis der biologischen Faktoren, die quasi die Richtung vorgeben, ausgebildet werden.

Dass der sozialpsychologische Erklärungsansatz einen wichtigen Beitrag zur Erklärung der aktuell geringeren mathematischen Leistungen weiblicher Personen (vgl. TIMSS: Baumert et al., 1997; 1999) liefern kann, zeigt sich nicht zuletzt am Beispiel der Mathematik. Eine wichtige Variable zur Erklärung der ungünstigeren Leistungsentwicklung der Mädchen sind die Selbstattributionen der Schülerinnen, die dazu beitragen, dass Mädchen sich in der Männerdomäne Mathematik weniger zutrauen als Jungen sowie eine negativere Einstellung gegenüber diesem Fach besitzen. Wie Studien von Tiedemann (1995) und Rustemeyer (1999) nachgewiesen haben, existieren entsprechend (negative) Einschätzungen und Fremdattributionen bei Lehrpersonen, die dann den Schülerinnen in schulischen Interaktionen vermittelt werden. Dass sich in der Tat die Erwartungen der Lehrkräfte im Sinne einer self-fulfilling prophecy auf die Leistungen der Schülerinnen und

Schüler auswirken können, haben Madon, Jussim und Eccles (1997) in ihrer Untersuchung nachgewiesen. Die Autorinnen konnten zeigen, dass eine self-fulfilling prophecy besonders bei den eher schlechten Schülerinnen und Schülern wirksam wird, während die guten vergleichsweise unbeeinflusst bleiben. Die Mädchen sind auf Grund ihrer potenziell schlechteren Mathematikleistungen in den höheren Jahrgängen, die häufig in Verbindung mit einem geringen mathematischen Selbstkonzept stehen, im Falle einer negativen Erwartung besonders betroffen. Der Einfluss geschlechtstypischer Erwartungen von Lehrkräften kann noch durch die Tendenz von weiblichen Personen verschärft werden, in Leistungskontexten den Einschätzungen von anderen besonders viel Glauben zu schenken – ein Phänomen, das Roberts und Nolen-Hoeksema (1994) beobachtet haben.

6.3. Entwicklungspsychologische Erklärungsansätze

Unter entwicklungspsychologischer Perspektive stellt sich die Frage, wann sich im Laufe der Ontogenese die Geschlechtstypisierung (und damit assoziiert eine geschlechtsstereotype Etikettierung von Aktivitäten, Aufgaben etc.) ausbildet und wodurch sie gefördert wird. In der traditionellen Sichtweise erfolgt die Herausbildung geschlechtstypischer Verhaltensmuster und Eigenschaften primär über die familiäre Sozialisation im Kindesalter. Neben den sozialen Lerntheorien (Modelllernen und Verstärkungslernen) sind die kognitiven Entwicklungstheorien (hier insbesondere Kohlberg, 1966) und die Geschlechterschematheorie (Bem, 1981) zu nennen. Nach Kohlberg erwerben Kinder in Abhängigkeit von ihrer kognitiven Reife eine Geschlechtsidentität im Sinne einer überdauernden Selbstkategorisierung als weiblich oder männlich. Diese Geschlechtskonstanz betrifft die Selbstwahrnehmung ebenso wie die Fremdwahrnehmung, und die mit der Geschlechtsidentität eng verbundenen Einstellungen und Verhaltensweisen werden dann durch eine aktive Auseinandersetzung mit der Umwelt etwa im Sinne der Nachahmung gleichgeschlechtlicher Modelle erworben.

In einer Metaanalyse untersuchten Lytton und Romney (1991) die Frage, inwieweit sich die elterliche Sozialisation auf die Ausbildung geschlechtstypischer Verhaltensweisen der Kinder auswirkt. Es wurden Sozialisationsvariablen zu acht unterschiedlichen Bereichen wie z.B. Leistungsansporn, Strenge und disziplinierendes Verhalten, Wärme oder Ermutigung sowie Anregung und Bekräftigung geschlechtsrollentypischer Aktivitäten analysiert. Stabile Unterschiede konnten nur im letzten Bereich nachgewiesen werden, d.h. Eltern ermutigen ihre Kinder zu geschlechtstypischen Aktivitäten und Sichtweisen (sex-typed play and activities: signifikanter d-Wert von .34); sie bestärken Mädchen darin, sich schön anzuziehen oder mit Puppen zu spielen, während sie beispielsweise Jungen darin bekräftigen, sich mit technischem Werkzeug zu beschäftigen. Lytton und Romney (o.c.) haben ihre Metaanalyse auf den Sozialisationseinfluss der Eltern im Kindesalter beschränkt.

Bei Jugendlichen haben die Peergroup und nicht zuletzt auch die Lehrkräfte einen bedeutsamen Einfluss. Dass über Sozialisationseinflüsse Geschlechtstypisierungen von Aufgaben vermittelt werden und sich die Auswirkungen im Verhalten der Kinder nachweisen lassen, belegen die Untersuchungen von Hargreaves, Bates und Foot (1985) und Davies (1986) in eindrucksvoller Weise. In der Studie von Hargreaves et al. (1985) bearbeiteten 10- bis 11jährige Mädchen und Jungen eine Geschicklichkeitsaufgabe, die darin bestand, einen Metallring über einen Draht zu führen, möglichst ohne den Draht zu berühren. Gelang dies nicht, ertönte ein Klingelzeichen. Der einen Hälfte der Mädchen und Jungen wurde gesagt, es handle sich um eine Aufgabe aus der Mechanik, der anderen Hälfte wurde mitgeteilt, es sei eine Nadelarbeit. Sowohl Jungen als auch Mädchen machten bei geschlechtskongruenter Aufgabenbenennung weniger Fehler, d.h. allein die Etikettierung der Aufgaben wirkte sich auf die Leistung aus.

6.4. *Bewertung der verschiedenen Ansätze*

Gerade in der Geschlechterforschung erweist es sich also als sinnvoll, die verschiedenen Erklärungsansätze nicht ausschließlich und konkurrierend zu sehen, sondern integrative Modelle zu konzipieren (vgl. Asendorpf, 1999, S. 380ff.; Trautner, 1997) und empirisch zu prüfen. Dies ist bislang theoretisch und empirisch erst in Ansätzen realisiert.

Biologische Ansätze führen nachweisbare Unterschiede zwischen den Geschlechtern, die sich in unterschiedlichen Fähigkeiten, Einstellungen und Verhaltensweisen manifestieren, unmittelbar auf das körperliche Geschlecht zurück (das bestimmt wird durch spezielle biologische Faktoren: genetisches, hormonelles und neuronales Geschlecht sowie geschlechtstypische körperliche Leistungen). *Evolutionsbiologische Ansätze* gehen zusätzlich von der Annahme aus, dass sich genetisch prädisponierte geschlechtstypische Merkmale und Verhaltensweisen durch die natürliche Selektion im Laufe der Evolution herausgebildet haben. Was bei diesen Ansätzen weitgehend unberücksichtigt bleibt oder nur von untergeordneter Bedeutung ist, sind Einflüsse der kulturellen Umwelt. Geschlechtsunterschiede werden als relativ stabil und unveränderbare Persönlichkeitseigenschaften angesehen.

Dem stehen die entwicklungs- und sozialpsychologischen Erklärungsansätze gegenüber. Dabei bauen die entwicklungspsychologischen Modelle auf den sozialpsychologischen Ansätzen auf, sie ergänzen quasi die Querschnittperspektive durch die ontogenetische Längsschnittperspektive. Wegen der engen Verzahnung der beiden Ansätze sollen sie im Weiteren unter dem Oberbegriff der *kulturpsychologischen Erklärungsmodelle* behandelt werden. Innerhalb dieser Modellierung werden als zentrale Erklärung für Geschlechterdifferenzen gesellschaftliche Kontextbedingungen angeführt (wie die herrschende Arbeitsteilung zwischen den Geschlechtern; vgl. soziale Rollentheorie von Eagly), die die unterschiedlichen Rollenerwartungen, die an Frauen und Männer gestellt werden, ebenso wie die vorherrschenden Geschlechtsstereotype beeinflussen. Unterschiedliche Erwartungen, Überzeugungen und Fähigkeiten führen zu Unterschieden im sozialen Handeln, und es entsteht eine geschlechtstypisierte Umwelt. In kulturpsychologischen Ansätzen wird möglichen Zusammenhängen zwischen dem körperlichen und psychologischen Geschlecht (so wie von den biologischen Ansätzen postuliert) keine Bedeutung zugemessen. Auch bleiben mögliche (Rück-)Wirkungen von Individuen (im Sinne ihres körperlichen wie ihres psychologischen Geschlechts) auf Geschlechtsrollenerwartungen und -stereotype weitgehend unberücksichtigt. Da Individuen aber aktiv auf die geschlechtstypische Umwelt einwirken können, sich der Anpassung an Geschlechtsrollenerwartungen widersetzen können, ist es denkbar, dass Geschlechtsstereotype nicht nur kulturell, sondern auch durch das psychologische Geschlecht mitgeprägt werden. Diese dynamischen Interaktionsprozesse zwischen kulturell determinierten Geschlechtsrollenerwartungen und -stereotypen, der geschlechtstypischen Umwelt, in der sich Geschlechtsunterschiede im sozialen Handeln manifestieren, und dem psychologischen Geschlecht wären in einem umfassenden Modell zu prüfen.

Zwar wird in der sozialen Rollentheorie von Eagly (1987, 1997) eine Beziehung zwischen der Arbeitsteilung, den unterschiedlichen Erwartungen und Fähigkeiten sowie den Unterschieden im sozialen Handeln postuliert, den Ausgangspunkt bildet aber eindeutig die gesellschaftlich bedingte Arbeitsteilung. Das, was Trautner (1997, S. 400) die individuelle Definition der Person nennt, die sich im Selbstkonzept, in Bewertungen und in geschlechtstypischen Verhaltensorientierungen manifestiert, wird letztendlich auch als Folge der sozialen

Arbeitsteilung betrachtet. Ändert sich die soziale Arbeitsteilung, ändern sich nach diesem Modell (automatisch) auch alle weiteren Variabeln.

Das Modell „Geschlecht im sozialen Kontext" von Deaux und LaFrance (1998) greift ebenso nur einen Teilaspekt, nämlich die Konstruktion von Geschlecht in der aktuellen sozialen Interaktion heraus. Die Autorinnen nennen ihr Modell zwar interaktionistisch, gemeint ist aber die Interaktion zwischen einer wahrnehmenden und einer wahrgenommenen Person in einem spezifischen Kontext und nicht etwa die Wechselwirkung zwischen dem biologischen und psychologischen Geschlecht. Aus dem Blickwinkel einer (sozial-)psychologischen Perspektive wenden sich die Autorinnen dezidiert gegen den dispositionellen Charakter geschlechtstypischer Verhaltensweisen und postulieren eine hohe Flexibilität und Variabilität von geschlechtstypischen Verhaltensweisen, die in spezifischen Kontexten jeweils neu ausgehandelt werden. Damit betonen Deaux und Lafrance (1998) stärker als Eagly das aktive Subjekt, das durch eigenes Verhalten Interaktionen beeinflussen kann.

Auf der Grundlage der vorgestellten theoretischen Ansätze kann ein umfassendes Modell entwickelt werden, das biologische und kulturpsychologische Variablen bei der Erklärung von Unterschieden im sozialen Verhalten und der Intelligenz berücksichtigt. Abbildung 3 zeigt eine solche Modellierung, in der ich die Vorschläge von Trautner (1997), Asendorpf, (1999), Deaux und LaFrance (1998) sowie Eagly (1987) versuchsweise integriert habe.

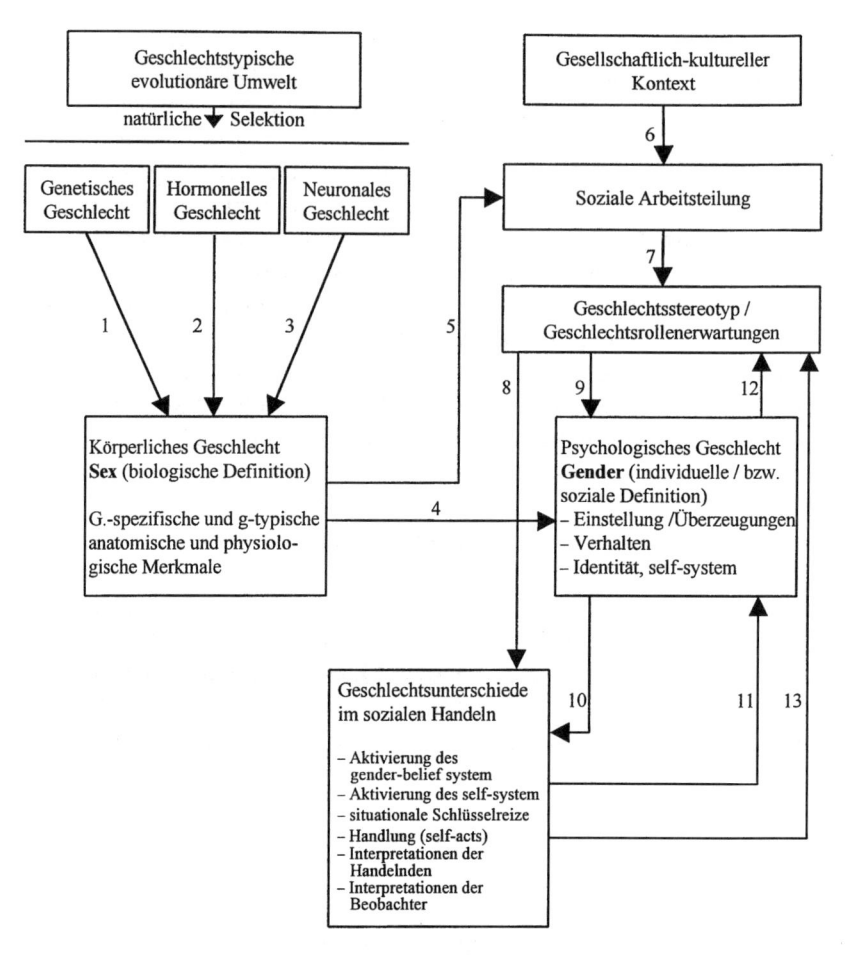

Abb. 3: Integratives Rahmenmodell biologischer und kulturpsychologischer Erklärungsansätze

Den Ausgangspunkt bildet auf der einen Seite das körperliche Geschlecht, das bestimmt wird durch das genetische, hormonelle und neuronale Geschlecht, die in einer komplexen Wechselwirkung zueinander stehen. Evolutionsbiologische Erklärungsansätze wären noch vor dem körperlichen Geschlecht anzusetzen. Für diese Ansätze ist mit einer relativ stabilen Ausprägung des psychologischen Geschlechts der Endpunkt erreicht, wobei in den frühen Arbeiten zwischen sex und gender nicht getrennt wurde (Pfeil 1-2-3-4).

Demgegenüber ignorieren die kulturpsychologischen Erklärungsansätze zwar das körperliche Geschlecht nicht völlig, es bildet aber lediglich den Ausgangspunkt für die soziale Konstruktion von Geschlecht. Die kulturell determinierte soziale Arbeitsteilung wird als die zentrale Variable angesetzt (vgl. soziale Rollentheorie von Eagly), durch die Geschlechtsrollenerwartungen und Geschlechtsstereotype determiniert werden. Dabei nimmt die klassische kulturpsychologische Perspektive an, dass letztendlich biologische Unterschiede wie die unterschiedlich ausgeprägte Körperkraft und die Gebär- und Stillfähigkeit der Frauen zur Arbeitsteilung geführt und sich auch in Geschlechtsstereotypen manifestiert haben. Solche Stereotypen werden dann über Sozialisationsprozesse vermittelt, d.h. im sozialen Handeln werden die Geschlechterschemata und die entsprechenden Erwartungen bei den beteiligten Interaktionspartnern/innen z.B. durch situationale Schlüsselreize aktiviert, und es kommt zu geschlechtertypischen Handlungen und Leistungen sowie entsprechenden (Selbst-)Einschätzungen (Pfeil (5)-6-7-8/9-10).

Dabei sind Interaktionen, aber auch Rückkoppelungsprozesse zu beachten, die zu einer Stabilisierung und Aufrechterhaltung des geschlechtsbezogenen Verhaltens und somit der geschlechtstypischen Umwelt führen können (vgl. Geschlecht im sozialen Kontext; Deaux & LaFrance, 1988). Ansätze zum „Geschlecht im sozialen Kontext" konzentrieren sich auf die Erklärung, wie Geschlecht in Interaktionen konstruiert wird, und gehen dabei explizit von Kreisprozessen aus. Der gesellschaftliche Kontext in Form der sozialen Realität (gesellschaftlich bedingte Arbeitsteilung) wie auch der sozialen Definition von Geschlecht (Geschlechtsstereotype und Geschlechtsrollenerwartungen) wirken sich auf das psychologische Geschlecht, also die Einstellungen und Überzeugungen, aber auch das Verhalten und spezielle Fähigkeiten des Individuums aus. Im sozialen Handeln, in der sozialen Interaktion werden diese Überzeugungssysteme und Verhaltensweisen dann manifest und wirken über Selbst- und Fremdinterpretation der Handlungen wieder zurück auf die geschlechtstypischen Überzeugungssysteme (Pfeil 7-8/9-10-11-12/13). Im eigentlichen Modell von Deaux und Mitarbeiterinnen (Deaux & LaFrance, 1998; Deaux & Major, 1987) sind diese Rückkoppelungsprozesse noch komplexer und mit mehr Zwischenschritten einschließlich weiterer modifizierender Bedingungen konzipiert; zur grundsätzlichen Veranschaulichung sollte die vorliegende Übersicht jedoch ausreichen.

7. Gesamtdiskussion

In der Intelligenzforschung, die als Ausgangspunkt für den vorliegenden Beitrag gewählt wurde, werden verschiedene Modelle der Anlage-Umwelt-Kovariation diskutiert, welche die Anlage-Umwelt-Dichotomie substanziell überwinden können. Bislang sind allerdings kaum Untersuchungen realisiert worden, die diesen Ansatz auch empirisch verwirklicht haben.

Intellektuelle Fähigkeiten sind ein wichtiger Untersuchungsgegenstand der Anlage-Umwelt-Forschung, und die dazu erhobenen Daten aus Zwillingsstudien und aus kombinierten Designs belegen recht deutlich, dass hier von einer relativ hohen Vererbbarkeit auszugehen ist. Gleichzeitig zeigen die kritischen Anmerkungen (s. Punkt 2.4.), dass sowohl die fehlende Reliabilität der Daten als auch die zum Teil falsche Interpretation der Ergebnisse eher zur Vorsicht mahnen. Der naturwissenschaftlich orientierten Intelligenzforschung ist immer wieder – und wie ein Blick in die jüngste Vergangenheit zeigt, auch zu Recht – eine starke ideologische Dynamik vorgeworfen worden. Auf Grund übertriebener Vererbungsgläubigkeit und falscher Schlussfolgerungen kam es Anfang des 20. Jahrhunderts zu reaktionären praktischen Konsequenzen im Schul- und Bildungssystem – vor allem indem Ergebnisse der Grundlagenforschung vorschnell dazu missbraucht wurden, Erziehungsprogramme und politische Maßnahmen zu rechtfertigen, wie in England und in den Vereinigten Staaten geschehen (Lewontin et al., 1988). Im Bereich der Wissenschaft gab es sogar Datenfälschung, und zwar im Sinne einer Übereinstimmung mit der herrschenden Ideologie, wie der Fall Cyril Burt zeigt (Ernst, 1977; Eysenck, 1977; Gould, 1994; Lewontin et al., 1988).

In den 70er Jahren herrschten dann im politischen und wissenschaftlichen Diskurs egalitäre Auffassungen vor: Wenn Unterschiede beobachtet wurden, schrieb man sie den unterschiedlichen „Chancen" im Zugang zum Lernen und zur Bildung oder ökonomischen Ressourcen zu (Amelang, 2000, S. 50); seit den 80er Jahren schwingt nun das Pendel der Strömungen zumindest in der Erforschung von Intelligenz- und Persönlichkeitsmerkmalen wieder stärker in Richtung Anlage zurück, nicht zuletzt stark beflügelt von der molekulargenetischen Persönlichkeitsforschung, bei der der Einfluss bestimmter Allele auf die Persönlichkeit untersucht wird. In Bezug auf den Zusammenhang von Intelligenz und Geschlechtsunterschieden ist allerdings festzuhalten, dass auf Grund der Vererbbarkeitsannahmen prinzipiell keine Schlüsse auf mögliche Unterschiede zwischen Rassen oder zwischen den Geschlechtern zulässig sind. Entscheidend ist dabei nicht zuletzt, dass sich nachweisbare Unterschiede bei intellektuellen Fähigkeiten normalerweise im Bereich von einem Viertel einer Standardabweichung bewegen, also ein großer Überschneidungsbereich zwischen Frauen und Männern besteht (Springer & Deutsch, 1998). Das zeigt noch einmal sehr deutlich, dass sich das Geschlecht als (alleiniges) Kriterium zur Bewertung bestimmter Verhaltensweisen und Fähigkeiten nicht eignet.

Gleichwohl ist die spezifische Erforschung der Anlage-Umwelt-Problematik im Bereich der Geschlechterunterschiede durchaus sinnvoll, obwohl sie sich zum Teil als mindestens ebenso stark für einen Werte- und Gesinnungsbias anfällig erwiesen hat (vgl. Fausto-Sterling, 1988).

Die Geschlechterforschung als klassisch sozialwissenschaftlicher Ansatz steht ebenso wie die Intelligenzforschung immer in der Gefahr der ideologischen Einfärbung selbst so genannter harter Fakten. Auch hier ist eine spezielle ideologische Dynamik zu beobachten, die einen Druck in Richtung auf die Annahme von empirisch nicht prüfbaren Kernannahmen ausübt. Während in der Intelligenzforschung explizit Anlage und Umwelt in die Modelle eingehen (s. Punkt 2.3.), existieren in der Geschlechterforschung neben (sozio-)biologischen Erklärungsversuchen auch theoretische Ansätze, die jeglichen biologischen Einfluss rundweg ablehnen.

Historisch betrachtet hat die Geschlechterforschung unterschiedlich akzentuierte Forschungsparadigmen durchlaufen, wobei eine Entwicklung von Ansätzen zu konstatieren ist, die von quasi naturgegebenen Unterschieden zwischen Männern (Maskulinität) und Frauen (Femininität) ausgeht, bis hin zur heute aktuellen Annahme des „Geschlechts als einer ausschließlich sozialen Konstruktion", die vor allem bei der Erklärung geschlechtstypischer Unterschiede im sozialen Verhalten (vgl. Punkt 5.1.) gilt. In diesem Bereich hat sich die soziale Rollentheorie als besonders erklärungskräftig erwiesen. Zweifellos existiert auf dem Gebiet der geschlechtstypischen sozialen Interaktionen und geschlechtstypischen kulturellen Konstruktionen ein großer Forschungsbedarf, da diese Forschungsthemen lange Zeit unbeachtet blieben und in ihrer Bedeutung nicht adäquat eingeschätzt wurden.

Dieser kulturpsychologische Ansatz führt aber auch, vor allem bei feministischen Frauenforscherinnen, zu einer radikalen Ablehnung des Nature-Ansatzes, wie er von evolutionspsychologischen Erklärungen (vgl. Buss, 1991; 1995) vertreten wird; das enthält – wie Maihofer (2002) aufzeigt – eine Tabuisierung und Ignorierung bestimmter Fragestellungen und Ansätze. Diese Tabuisierung wird nicht zuletzt damit begründet, dass allein schon die Beschäftigung mit entsprechenden Fragen Unterschiede konstruiert, wo in Wirklichkeit keine vorhanden sind. So argumentiert etwa Bilden (1991, S. 279), dass mit dem Paradigma der geschlechtsspezifischen Sozialisation – die unter anderem wichtiger Bestandteil entwicklungspsychologischer Theorien zum Aufbau der Geschlechtsidentität ist, aber auch mit aktuellen sozialpsychologischen Erklärungsansätzen ohne weiteres vereinbart werden kann – Geschlechtsunterschiede als individuelle Persönlichkeitsunterschiede festgeschrieben würden, die die Personen in Gänze und unabhängig vom aktuellen Kontext beschreiben und somit die gesellschaftliche Konstruktion der Geschlechterpolarisation stets neu reproduzieren.

Solche ideologischen Überziehungen der sozialwissenschaftlichen Perspektive sind selbstverständlich unfruchtbar und eindeutig abzulehnen. Zugleich kann aber die Geschlechterforschung m.E. aus den Irrtümern und Fehlern der Intelligenzforschung lernen. So wird kein/e ernst zu nehmende/r Intelligenzforscher/in heute noch auf der Basis der Entweder-Oder-Frage von Anlage und Umwelt Untersuchungen durchführen. Zugleich sind natürlich die verwendeten methodischen Ansätze zur Erforschung der Anlage-Umwelt-Interaktion noch verbesserungsfähig; z.B. können bestimmte Fragen immer noch nicht zureichend erfasst werden – wie etwa die Hypothese, dass Kinder sich ihre (anregenden) Umwelten selber schaffen und dass dies ein Grund dafür ist, dass der IQ mit zunehmendem Alter stärker mit dem IQ der leiblichen Eltern korreliert als mit dem der Adoptiveltern (vgl. auch die ähnliche Argumentation bei Kindern mit erhöhtem Androgenniveau, die sich stärker Anregungen zur Ausbildung der räumlichen Fähigkeiten aus der Umwelt holen).

Die Konsequenz der dargestellten Ergebnisse und Theorieentwicklungen kann nur sein, zu berücksichtigen, dass es eine organismische Seite des Menschen gibt, die auch von der sozialwissenschaftlichen Richtung nicht vernachlässigt werden darf (vgl. das integrative Modell in Abb. 3). Gemeint ist damit die Bedeutung biologischer Faktoren für auftretende Geschlechtsunterschiede, etwa in Bezug auf einen möglichen Zusammenhang zwischen kognitiven Funktionen und Hormonen sowie kognitiven Funktionen und der Gehirnanatomie (vgl. Pritzel & Markowitsch, 1997; Springer & Deutsch, 1998). Die Bedeutung der biologischen Komponente ist aber je nach Merkmalsbereich unterschiedlich relevant; bei körpernahen Merkmalen ist sie stärker zu berücksichtigen als bei körperfernen. Die anfängliche Entweder-Oder-Frage kann als psychologisch sinnlos und überholt gelten, aber auch die Frage nach den Anteilen hat sich in empirisch überprüfbarer Form als nicht beantwortbar erwiesen. Selbst bei anscheinend stark vererbbaren Merkmalen wie der allgemeinen Intelligenz scheint die Annahme einer 50prozentigen Heredität überzogen. Es geht also höchstens um die anlagebedingte Plastizität, d.h. das Ausmaß, in dem durch soziale Umwelteinflüsse bedingte Veränderungen auftreten können. Ergebnisse der Hirnforschung belegen eindeutig die Plastizität des Gehirns. Dementsprechend ist auch die eigentlich sinnvolle Frage die nach der Interaktion von Anlage und Umwelt. Hier zeigt nun die Theorieentwicklung, dass es sich ganz eindeutig um einen dynamischen Interaktionsbegriff handeln muss. Damit wird der Erkenntnis Rechnung getragen, dass das Individuum weder eindeutig durch seine Gene, noch durch seine Umwelt determiniert wird. Wie oben beschrieben können bestimmte Umweltgegebenheiten von der Person ausgewählt oder hergestellt werden, und ebenso können auch genetische Wirkungen durch spezifische Umweltbedingungen verändert werden.

Die sozial-kulturwissenschaftliche Modellierung in der Geschlechterforschung, die sich auch empirisch als die adäquatere erwiesen hat, erfordert parallel zu den Konsequenzen aus der Intelligenzforschung einen dynamisch-interaktionistischen Ansatz, um die Offenheit für alle denkbaren Einflussmöglichkeiten zu gewährleisten und nicht von vornherein bestimmte Einflüsse auszuschließen. Nur mit solch einem umfassenden Modell können beispielsweise auch längerfristige Wechselwirkungen zwischen Person und Umweltbedingungen geprüft werden. Gleichzeitig ist aber festzuhalten, dass dieser dynamisch-interaktionistische Forschungsansatz nicht zuletzt auf Grund der aufwändigen Methodologie noch weitgehend ein Forschungsdesideratum darstellt.

8. Literatur

Alfermann, D. (1996). Geschlechterrollen und geschlechtstypisches Verhalten. Stuttgart: Kohlhammer.

Amelang, M. (2000). Anlage- (und Umwelt-)Faktoren bei Intelligenz- und Persönlichkeitsmerkmalen. In M. Amelang (ed.), Determinanten individueller Unterschiede. Enzyklopädie der Psychologie: Themenbereich C. Theorie und Forschung: Serie 8, Differentielle Psychologie und Persönlichkeitsforschung, Bd. 4 (pp. 49-128). Göttingen: Hogrefe.

Anastasi, A. (1958/1972). Vererbung, Umwelt und die Frage nach dem „Wie". In O. Ewert (ed.), Entwicklungspsychologie, Bd. 1 (pp. 19-30). Köln: Kiepenheuer & Witsch. (Original: Heredity,

Environment, and the Question „How?" Psychological Review 65, 1958, 197-208).

Asendorpf, J. (1994). Entwicklungsgenetik der Persönlichkeit. In K.A. Schneewind (ed.), Enzyklopädie der Psychologie. Pädagogische Psychologie, Bd. 1 (pp. 107-134). Göttingen: Hogrefe.

Asendorpf, J. (1999). Psychologie der Persönlichkeit (2. Aufl.). Berlin/Heidelberg: Springer.

Atkinson, J.W. (1958). (ed.). Motives in Fantasy, Action, and Society. Princeton, N.J.: Van Nostrand.

Baenninger, M. & Newcombe, N. (1995). Environmental Input to the Development of Sex-related Differences in Spatial and Mathematical Ability. Learning and Individual Differences, 7, 363-379.

Baumert, J., Lehmann, R. u.a. (1997). TIMSS – Mathematischnaturwissenschaftlicher Unterricht im internationalen Vergleich. Opladen: Leske + Budrich.

Baumert, J., Bos, W. & Waterman, R. (1999). TIMSS/III Schülerleistungen in Mathematik und den Naturwissenschaften am Ende der Sekundarstufe II im internationalen Vergleich (2. überarb. Aufl.). Berlin: Max-Planck-Institut für Bildungsforschung.

Bem, S.L. (1974). The Measurement of Psychological Androgyny. Journal of Consulting and Clinical Psychology, 42, 155-162.

Bem S.L. (1981). Gender Schema Theory: A Cognitive Account of Sex Typing. Psychological Review, 88, 354-364.

Benbow, C.P. (1992). Academic Achievement in Mathematics and Science of Students between Age 13 and 23: Are there Differences among Students in the Top one Percent of Mathematical Ability? Journal of Educational Psychology, 84, 51-61.

Benbow, C.P. & Lubinski, D. (1997). Psychological Profiles of the Mathematically Talented: Some Sex Differences and Evidence Supporting their Biological Basis. In M.R. Walsh (ed.), Women, Men, and Gender. Ongoing Debates (pp. 274-282). New Haven, CT: Yale University Press.

Benbow, C.P. & Stanley, J.C. (1980, December 12). Sex Differences in Mathematical Ability: Fact or Artifact? Science, 210, 1262-1264.

Benbow, C.P. & Stanley, J.C. (1983, December 2). Sex Differences in Mathematical Reasoning Ability: More Facts. Science, 222, 1029-1031.

Berenbaum, S.A., Korman, K. & Leveroni, C. (1995). Early Hormones and Sex Differences in Cognitive Abilities. Learning and Individual Differences, 7, 303-321.

Best, D.L. & Williams, J.E. (1993). A Cross-cultural Viewpoint. In A.E. Beall & J.R. Sternberg (eds.), The Psychology of Gender (pp. 215-248). New York: Guilford Press.

Bilden, H. (1980). Geschlechtsspezifische Sozialisation. In K. Hurrelmann & D. Ulich (eds.), Handbuch der Sozialisationsforschung (1. Aufl.) (pp. 777-812). Weinheim: Beltz.

Bilden, H. (1991). Geschlechtsspezifische Sozialisation. In K. Hurrelmann & D. Ulich (eds.), Handbuch der Sozialisationsforschung (4. Aufl.) (pp. 279-301). Weinheim: Beltz.

Borkenau, P. (1993). Anlage und Umwelt – Eine Einführung in die Verhaltensgenetik. Göttingen: Hogrefe.

Bronfenbrenner, U. & Ceci, S.J. (1994a). Heredity, Environment, and the Question „How" – A First Approximation. In R. Plomin (ed.), Nature, Nurture and Psychology (2. Aufl.) (pp. 313-324). Washington: MPA

Bronfenbrenner, U. & Ceci, S.J. (1994b). Nature-Nurture Reconceptualized in Developmental Perspective: A Bioecological Model. Psychological Review, 101 (4), 568-586.

Bronfenbrenner, U. & Ceci, S.J. (1994c). Commentary on Plomin, R.: Towards a More Developmental Behavioral Genetics. Social Development, 3 (1), 64-65.

Buss, D.M. (1991). Evolutionary Personality Psychology. Annual Review of Psychology, 42, 459-491.

Buss, D.M. (1995). Psychological Sex Differences: Origins through Sexual Selection. American Psychologist, 50, 164-168.

Crawford, M., Chaffin, R. & Fitton, L. (1995). Cognition in Social Context. Learning and Individual Differences, 7, 341-362.

Davies, D.R. (1986). Children's Performance as a Function of Sex-typed Labels. British Journal of Social Psychology, 25, 173-175.

Deaux, K. (1984). From Individual Differences to Social Categories: Analysis of a Decade's Research on Gender. American Psychologist, 39 (2), 105-116.

Deaux, K. & LaFrance, M. (1998). Gender. In D. Gilbert, S. Fiske & G. Lindzey (eds.), The Handbook of Social Psychology (4th ed.) (pp. 788-827). McGraw-Hill: Oxford University Press.

Deaux, K. & Major, B. (1987). Putting Gender into Context: An Interactive Model of Gender-related Behavior. Psychological Review, 94, 369-389.

DeFries, J.C., Plomin, R. & Fulker, D.W. (1994). Nature and Nurture during Middle Childhood. Cambridge, MA: Blackwell.

Eagly, A.H. (1987). Sex Differences in Social Behavior: A Social-Role Interpretation. Hillsdale, N.J.: Erlbaum.

Eagly, A.H. (1997). Sex Differences in Social Behavior: Comparing Social Role Theory and Evolutionary Psychology. American Psychologist, 52, 1380-1383.

Eagly, A.H. & Johnson, B.T. (1990). Gender and Leadership Style. Psychological Bulletin, 108, 233–256.

Eagly, A.H. & Karau, S.J. (1991). Gender and the Emergence of Leaders: A Meta-analysis. Journal of Personality and Social Psychology, 60, 685–710.

Eagly, A.H., Karau, S.J. & Makhijani, M.G. (1995). Gender and the Effectiveness of Leaders: A Meta-analysis. Psychological Bulletin, 117, 125–145.

Eagly, A.H., Makhijani, M.G. & Klonsky, B.G. (1992). Gender and the Evaluation of Leaders: A Meta-analysis. Psychological Bulletin, 111, 3–22.

Eckland, B.K. (1967). Genetics and Sociology: A Reconsideration. American Sociological Review, 32 (3), 173-194.

Elias, M.-F. (1973). Disciplinary Barriers to Progress in Behavior Genetics: Defensive Reactions to Bits and Pieces. Human Development, 16 (1-2), 119-132.

Ernst, H. (1977). Der Fall Cyril Burt: Wer Daten fälscht oder nachmacht oder gefälschte oder nachgemachte Daten in Umlauf bringt... Psychologie heute, 4 (4), 51-57.

Eysenck, H.-J. (1977). Etwas locker mit Daten umgegangen. Psychologie heute, 4 (7), 63-65.

Fausto-Sterling, A. (1988). Gefangene des Geschlechts? Was biologische Theorien über Mann und Frau sagen. München: Piper.

Feingold, A. (1993). Cognitive Gender Differences: A Developmental Perspective. Sex Roles, 29, 91-112.

Friedman, L. (1995). The Space Factor in Mathematics: Gender Differences. Review of Educational Research, 65, 22-50.

Fuller, J. (1982). Psychology and Genetics: A Happy Marriage? Canadian Psychology, 23 (1), 11-21.

Galton, F. (1869). Hereditary Genius: An Inquiry into its Laws and Consequences. London: Macmillan.

Geary, D.C. (1995). Sexual Selection and Sex Differences in Spatial Cognition. Learning and Individual Differences, 7, 289-301.

Giesen, H. (2000). Geschlechtsunterschiede. In M. Amelang (ed.), Determinanten individueller Unterschiede. Enzyklopädie der Psychologie: Themenbereich C, Theorie und Forschung: Serie 8, Differentielle Psychologie und Persönlichkeitsforschung, Bd. 4 (pp. 539-593). Göttingen: Hogrefe.

Gilligan, C. (1982). In a Different Voice: Psychological Theory and Women's Development. Cambridge, Mass.: Havard University

Press (dt.: 1991. Die andere Stimme: Lebenskonflikte und Moral der Frau (5. Aufl.). München: Piper).

Goldsmith, H.H. (1994). Nature-nurture Issues in the Behavioral Genetics Context: Overcoming Barriers to Communication. In R. Plomin (ed.), Nature, Nurture and Psychology (2. Aufl.) (pp. 325-339). Washington: APA.

Gould, S.J. (1994). Der falsch vermessene Mensch. (engl. Orig. 1981, The Mismeasure of Man: New York: Norton). Frankfurt/M.: Suhrkamp.

Hall, J.A. (1984). Nonverbal Sex Differences: Communication Accuracy and Expressive Style. Baltimore: John Hopkins University Press.

Haller, M. H. (1968). Social Science and Genetics: A historical Perspective. In D.C. Glass (ed.), Genetics – Biology and Behavior (pp. 215-225). New York: Rockefeller University Press.

Halpern, D.-F. (1992). Sex Differences in Cognitive Abilities (2. Aufl.). Hillsdale, NJ: Erlbaum.

Halpern, D.-F. (1997). Sex Differences in Intelligence. Implications for Educations. American Psychologist, 52, 1091-1102.

Hargreaves, D.J., Bates, H.M. & Foot, J.M. (1985). Sex Typed Labelling Affects Task Performance. British Journal of Social Psychology, 24, 153-155.

Heckhausen, H. (1989). Motivation und Handeln (2. Aufl.). Berlin: Springer.

Hejj, A. (1996). Traumpartner. Evolutionspsychologische Aspekte der Partnerwahl. Berlin: Springer.

Henley, N. (1977). Body Politics. Power, Sex, and Nonverbal Communication. Englewood Cliffs: Prentice Hall. (dt.: 1988: Körperstrategien. Geschlecht, Macht und nonverbale Kommunikation. Frankfurt/M.: Fischer).

Herrnstein, R.-J. & Murray, C. (1994). The Bell Curve – Intelligence and Class Structure in American Life. New York: Free Press.

Hoffman, L.W. (1994). Commentary on R. Plomin.: A Proof and a Disproof Questioned. Social Development, 3 (1), 60-63.

Holzkamp-Osterkamp, U. (1977). Grundlagen der psychologischen Motivationsforschung, Bd. 1 (2. Aufl.). Frankfurt: Campus.

Howells, T.H. (1945). The Obsolete Dogmas of Heredity. Psychological Review, 52, 23-34.

Hyde, J.S. (1997). Gender Differences in Math Performance: Not Big, not Biological. In M.R. Walsh (ed.), Women, Men, and Gender. Ongoing Debates (pp. 283-287). New Haven, CT: Yale University Press.

Hyde, J.S., Fennema, E. & Lamon, S.J. (1990). Gender Differences in Mathematics Performance: A Meta-analysis. Psychological Bulletin, 107, 139-155.

Hyde, J.S. & Linn, M.C. (1988). Gender Differences in Verbal Ability: A Meta-analysis. Psychological Bulletin, 104, 53-69.

Jensen, A.R. (2000). Was wir über den g-Faktor wissen (und nicht wissen). In K. Schweizer (ed.), Intelligenz und Kognition. Die kognitiv-biologische Perspektive der Intelligenz (pp. 2-36). Landau: Verlag Empirische Pädagogik.

Knapp, G.-A. (1987). Arbeitsteilung und Sozialisation: Konstellationen von Arbeitsvermögen und Arbeitskraft im Lebenszusammenhang von Frauen. In U. Beer (ed.), Klasse Geschlecht (pp. 267-308). Bielefeld: AJZ-Verlag.

Knußmann, R. (1996). Vergleichende Biologie des Menschen: Lehrbuch der Anthropologie und Humangenetik (2. neu bearb. Aufl.). Stuttgart: Fischer.

Kohlberg, L.A. (1966). A Cognitive-developmental Analysis of Children's Sex-role Concepts and Attitudes. In E.E. Maccoby (ed.), The Development of Sex Differences (pp. 82-173). Stanford, CA: University Press.

Lewontin, R.-C. (1970). Race and Intelligence. Bulletin of the Atomic Science, 26, (3), 2-8.

Lewontin, R.-C., Rose, S. & Kamin, L.J. (1988). Die Gene sind es nicht. Biologie, Ideologie und menschliche Natur. München: Psychologie Verlags Union. (engl. Orig.: 1984: Not in Our Genes. Biology, Ideology, and Human Nature. New York: Pantheon.)

Linn, M.C. & Hyde, J.S. (1989). Gender, Mathematics, and Science. Educational Researcher, 18, 17-27.

Linn, M.C. & Petersen, A.C. (1985). Emergence and Characterization of Sex Differences in Spatial Ability: A Meta-analysis. Child Development, 56, 1479-1498.

Linn, M.C. & Petersen, A.C. (1986). A Meta-analysis of Gender Differences in Spatial Ability: Implications for Mathematics and Science Achievement. In S. Hyde & M.C. Linn (eds.), The Psychology of Gender – Advances through a Meta-analysis (pp. 67-101). Baltimore: The John Hopkins Press.

Lytton, H. & Romney, D.M. (1991). Parents' Differential Socialization of Boys and Girls: A Meta-analysis. Psychological Bulletin, 109, 267-296.

Maccoby, E.E. & Jacklin, C.N. (1974). The Psychology of Sex Differences. Stanford, CA: University Press.

Madon, S., Jussim, L. & Eccles, J. (1997). In Search of the Powerful Self-fulfilling Prophecy. Journal of Personality and Social Psychology, 72(4), 791-809.

Maier, P.H. (1996). Geschlechtsspezifische Differenzen im räumlichen Vorstellungsvermögen. Psychologie in Erziehung und Unterricht, 43, 245-265.

Maihofer, A. (2002). Geschlecht und Sozialisation. Ethik und Sozialwissenschaften (im Druck).

McCall, R.B. (1994). Commentary on Plomin, R.: Advice to the New Social Genetics: Lessons Partly Learned from the Genetics of Mental Development. Social Development, 3 (1) 54-59.

McDougall, W. (1923). Outline of Psychology. New York: Scribner.

Pinel, J. (1997). Biopsychologie. Heidelberg: Spektrum.

Plomin, R. (1994a). Nature, Nurture, and Social Development. Social Development, 3 (1), 37-53.

Plomin, R. (1994b). „Nature, Nurture, and Social Development": Response. Social Development, 3 (1), 71-76.

Plomin, R., DeFries, J.C. & Loehlin, J.C. (1977). Genotype-environment Interaction and Correlation in the Analysis of Human Behavior. Psychological Bulletin, 84, 309-322.

Plomin, R., DeFries, J.C., McClearn, G.E. & Rutter, M. (1999). Gene, Umwelt und Verhalten. Einführung in die Verhaltensgenetik. Bern: Huber.

Pritzel, M. & Markowitsch, H.-J. (1997). Sexueller Dimorphismus: Inwieweit bedingen Unterschiede im Aufbau des Gehirns zwischen Mann und Frau auch Unterschiede im Verhalten? Psychologische Rundschau, 48 (1), 16-31.

Ragins, B.R. & Sundstrom, E. (1989). Gender and Power in Organizations: A longitudinal Perspective. Psychological Bulletin, 105, 51-88.

Roberts, T.A. & Nolen-Hoeksema, S. (1994). Gender Comparisons in Responsiveness to Others' Evaluations in Achievement Settings. Psychology of Women Quarterly, 18, 221-240.

Rowe, D.C. & Waldman, I.D. (1993). The Question „How" Reconsidered. In R. Plomin & G.E. McClearn (eds.), Nature, Nurture, and Psychology (pp. 355-373). Washington: APA.

Rustemeyer, R. (1999). Geschlechtstypische Erwartungen zukünftiger Lehrkräfte bezüglich des Unterrichtsfaches Mathematik und korrespondierende (Selbst-)Einschätzungen von Schülerinnen und Schülern. Psychologie in Erziehung und Unterricht, 46, 187-200.

Rustemeyer, R. (2000). Geschlecht und Attributionstheorie. In F. Försterling, J. Stiensmeier-Pelster & L. Silny (eds.), Kognitive und emotionale Aspekte der Motivation (pp. 99-119) . Göttingen: Huber.

Rustemeyer, R. & Fischer, N. (2002). Karriereorientierung und Selbstselektion im Lehrer/innenberuf. (im Druck).

Scheele, B. (1998). Psychologie der Geschlechterdifferenzen: zwischen unbeantworteten Fragen und fragwürdigen Antworten. Kölner Psychologische Studien, III (1), 23-60.

Schurig, V. (1975). Naturgeschichte des Psychischen II. Lernen und Abstraktionsleistungen bei Tieren. Frankfurt/M.: Campus.

Sieverding, M. & Alfermann, D. (1992). Instrumentelles (maskulines) und expressives (feminines) Selbstkonzept: ihre Bedeutung für die Geschlechtsrollenforschung. Zeitschrift für Sozialpsychologie, 23, 6-15.

Skrypnek, B.J. & Snyder, M. (1982). On the Self-perpetuating Nature of Stereotypes about Women and Men. Journal of Experimental Social Psychology, 18, 277-291.

Spearman, C. (1927). The Abilities of Man: Their Nature and Measurement. New York: Macmillan.

Springer, S. & Deutsch, G. (1998). Linkes Gehirn, rechtes Gehirn. Heidelberg/Berlin: Spektrum Akademischer Verlag.

Sternberg, R.J. (1993). What is the Relation of Gender to Biology and Environment? An Evolutionary Model of How you Answer Depends on Just What You Ask. In A.E. Beall & J.R. Sternberg (eds.), The Psychology of Gender (pp. 1-6). New York: Guilford Press.

Tiedemann, J. (1995). Geschlechtstypische Erwartungen von Lehrkräften im Mathematikunterricht in der Grundschule. Zeitschrift für Pädagogische Psychologie, 9, 153-161.

Topel, R. (1994). Die Nativismus-Empirismus-Kontroverse zwischen Hering und Helmholtz im Spannungsfeld geistes- und naturwissenschaftlichen Denkens in der Psychologie. In H. Gundlach (ed.), Arbeiten zur Psychologiegeschichte (pp. 201-206). Göttingen: Hogrefe.

Trautner, H.M. (1997). Lehrbuch der Entwicklungspsychologie, Bd. 2: Theorien und Befunde (2. unveränd. Aufl.). Göttingen: Hogrefe.

Vogel, F. (1983). Die Geschichtlichkeit des Menschen und die genetische Grundlage seines Befindens und Verhaltens. Nova acta Leopoldina, 55 (253), 9-20.

Voyer, D., Voyer, S. & Bryden, M.P. (1995). Magnitude of Sex Differences in Spatial Abilities: A Meta-Analysis and Consideration of Critical Variables. Psychological Bulletin, 117, 250-270.

Wachs, T.-D. (1994a). The Nature-nurture Gap: What We Have Here Is a Failure to Collaborate. In R. Plomin (ed.), Nature, Nurture, and Psychology (2. Aufl.) (pp. 375-391). Washington: APA.

Wachs, T.-D. (1994b). Commentary on Plomin, R.: Genetics, Nurture and Social Development: An Alternative Viewpoint. Social Development, 3 (1), 66-70.

Walsh, M.R. (1997). Women, Men, and Gender. Ongoing Debates. New Haven, C.T.: Yale University Press.

Watson, J.B. (1930). Der Behaviorismus. Stuttgart: Deutsche Verlagsgesellschaft.

Wetterer, A. (1993). Professionalisierung und Geschlechterhierarchie. IAG Frauenforschung. Wissenschaft ist Frauensache, Bd. 3. Kassel.

Wetterer, A. (ed.) (1995). Die soziale Konstruktion von Geschlecht in Professionalisierungsprozessen. Frankfurt/M.: Campus.

Witkin, H.A., Lewis, H.B., Hertzman, M., Machover, K., Bretnall-Meissner, P. & Wapner, S. (1954). Personality through Perception. New York: Harper.

Brigitte Scheele & Jutta Rothmund

KAPITEL 3

SPRACHE ALS SOZIALITÄT: LINGUISTISCHE RELATIVITÄT UND DAS GENUS-SEXUS-PROBLEM

1. **Problemfokussierung: Sprache als Sozialität, linguistische Relativität und das Genus-Sexus-Problem als paradigmatischer Fall**

1.1. Methodologischer Individualismus und die Vernachlässigung der Sozialitäts-Perspektive

Dass der Mensch ein soziales (gesellschaftliches) Wesen sei, gehört seit der altgriechischen Philosophie (Aristoteles: zoon politikon) zu den wissenschaftlichen Gemeinplätzen. Dennoch hat sich gerade die naturwissenschaftlich orientierte Psychologie außerordentlich schwer getan, diese Sozialität in ihrer Theorienelaboration adäquat zu berücksichtigen, so dass sie aus psychologisch-anthropologischer Perspektive immer wieder als zentrales Merkmal des Menschlichen eingeklagt werden muss (vgl. Erb, 1997). Die Gründe für dieses Ungenügen der „naturwissenschaftlichen" Psychologie liegen vor allem in dem Streben nach überhistorischen Gesetzmäßigkeiten und dem methodologischen Individualismus als Ausgangspunkt jeder experimentellen Forschung (vgl. Groeben, 1999; Vorderer & Valsiner, 1999). Der methodologische Individualismus akzeptiert als Gegenstandseinheiten nur (Daten von) Individuen, schließt also höher komplexe (soziale) Einheiten wie gemeinschaft- bzw. gesellschaftliche Strukturen, Organisationen etc. als unreduzierbare Ausgangspunkte von Forschung und Theoriebildung aus (vgl. das Mikro-Makro-Problem: Vorderer & Valsiner, 1999). Auf diese Weise handelt er sich z.T. unüberwindliche Schwierigkeiten nicht nur bei der Beschreibung und Erklärung der Relationen zwischen Individuum und überindividuellen Kollektiv- bzw. Systemeinheiten ein (die für den methodologischen Holismus den Ausgangspunkt der Forschung darstellen: vgl. Groeben, 1999), sondern ebenso bereits bei der Beschreibung und Erklärung von Interaktionen zwischen Individuen als unverzichtbarem Basisbereich für die psychologische Bearbeitung der menschlichen Sozialität.

Ein paradigmatisches Beispiel für diese Schwierigkeiten stellt dabei der Interaktionsbegriff dar. In der experimentell arbeitenden Psychologie ist dieser Begriff symptomatischerweise zunächst als metatheoretisches und nicht als objekttheoretisches Konzept bedeutsam geworden – und zwar im Rahmen der sog. Dispositionismus-Situationismus-Kontroverse mit ihrer Auflösung in Richtung auf Interaktionsansätze (vgl. Amelang & Bartussek, 1981; Rustemeyer, 2. Halbbd.). Während der Dispositionismus menschliches Verhalten, Erleben und Handeln unter Rückgriff auf intraindividuell stabile und interindividuell unterschiedliche Eigenschaften (traits) zu erklären versucht, fokussiert der Situationismus demgegenüber die Abhängigkeit dieses Verhaltens, Erlebens und Handelns von der (sozialen) Situation (vgl. Mischel, 1968). Und wie häufig bei solchen antithetischen Kontroversen hat es nicht lange gedauert, bis die Synthese vorgeschlagen und (theoretisch) ausgearbeitet worden ist, nämlich die (Notwendigkeit von) Interaktionstheorien, d.h. dass beide Faktoren, individuelle Dispositionen und soziale Situationen, zur Erklärung beitragen, und zwar in Wechselwirkung, Interaktion miteinander (Endler & Magnusson, 1976).

Etwas länger hat es dann allerdings gebraucht, bis klar wurde, dass auf diese Weise mit zwei verschiedenen Interaktionsbegriffen operiert wurde. Denn die empirische Überprüfung des interaktionstheoretischen Ansatzes ging selbstverständlich von dem Modell varianzanalytisch-experimenteller Versuchspläne aus, in denen die Interaktion definiert ist als Wechselwirkung zweier (oder mehrerer) unabhängiger Variablen auf die abhängige Variable; es handelt sich hierbei also um eine unidirektionale Interaktion, d.h. eine gegenseitige Beeinflussung nur zwischen den unabhängigen Variablen, von denen aus in einer (Abhängigkeits-)Richtung das menschliche Verhalten, Erleben und Handeln erklärt wird (vgl. Lazarus & Launier, 1978). Das theoretische Modell hingegen akzentuiert (vor allem) die bidirektionale Wechselwirkung, also die Interaktion, durch die nicht nur die Situation auf das Individuum Einfluss ausübt, sondern auch vice versa das Individuum auf die Situation (und sei es nur in der Form, dass es sich überzufällig bestimmte Situationen auswählt, die zu seinen Dispositionen passen – oder bisweilen auch nicht). Für den Interaktionismus ist folglich diese bidirektionale Wechselwirkung das wichtige(re) Phänomen – nur lässt es sich mit dem experimentell-varianzanalytischen

Ansatz nicht (zumindest nicht so einfach) erforschen. Eine entsprechende Wende der Forschung hin zu nicht-experimentellen Verfahren auf breiter Front ist allerdings nicht erfolgt. Das heißt: Die von der metatheoretischen Diskussion ausgehende „Einsicht", dass objekttheoretisch der bidirektionale Interaktionsbegriff das zentrale Konzept darstellt, ist in der (naturwissenschaftlich orientierten) mainstream-Psychologie weitgehend folgenlos geblieben.

Und dies gilt nicht nur für die Differentielle und Persönlichkeits-Psychologie, sondern trifft im gleichen Maße auch für die Sozialpsychologie zu, die vor allen anderen grundlagenwissenschaftlichen Teildisziplinen für die Erforschung der menschlichen Sozialität als „zuständig" gelten kann. Gerade für die Sozialpsychologie müsste der skizzierte bidirektionale Interaktionsbegriff (mit allen angesprochenen methodologischen Konsequenzen) von zentraler Wichtigkeit sein. Dem ist aber innerhalb der mainstream-Psychologie keineswegs so, vielmehr ist sie (zunehmend) experimentell ausgerichtet und daher zu großen Teilen kaum mehr von der (experimentellen) Allgemeinen Psychologie zu unterscheiden (vgl. Graumann, 1997).

1.2. Linguistische Relativität als (sozial-konstruktivistische) Manifestation sprachlicher Sozialität

Vor diesem Hintergrund ist es zumindest psychologisch verständlich, wenn heute von der sozialwissenschaftlichen Richtung der Psychologie aus zur Beschreibung und Erklärung der menschlichen Sozialität nicht selten ein Ansatzpunkt gewählt wird, der sowohl von hochkomplexen gesellschaftlichen Strukturen als auch von einer nicht-experimentellen Forschungsmethodik und der Frage nach der „gesellschaftlichen Konstruktion von Wirklichkeit" (Berger & Luckmann, 1969) im Bereich des Psychischen ausgeht. Damit ist der soziale Konstruktivismus angesprochen (vgl. Gergen, 1999), der die Konstituierung des Psychischen von den gesellschaftlichen Rahmenbedingungen aus modelliert. Das betrifft – entsprechend dem umfassenden Erklärungsanspruch des Sozialen Konstruktivismus – im Prinzip alle psychischen Phänomene (d.h. die gesamte Selbst- und Weltsicht), auch und gerade solche Aspekte oder Teile, die von der subjektiven Intuition her als besonders individuell und persönlich erfahren werden: vom Emotionserleben (Laucken, 1989; Scheele, 1990) und dem autobiographischen Gedächtnis (vgl. Conway & Pleydell-Pearce, 2000; Healy & Williams, 1999), die von den gesellschaftlich angebotenen narrativen Strukturen (vgl. Bruner, 1997) geprägt bzw. nur innerhalb dieser realisiert werden, bis hin zum Selbstkonzept und dem je individuellen Identitäts-Bewusstsein (Gergen, 1996; Straub, 2000), die ebenfalls weitgehend als Widerspiegelung der je spezifischen (z.T. auch situationalen) sozialen Umgebungsvariablen postuliert und (wissenschaftlich) rekonstruiert werden. Man kann sich darüber streiten, ob damit nicht ebenso eine überzogene (unidirektionale) Abhängigkeit des (individuell) Psychischen vom (überindividuell) Sozialen behauptet wird, die den Aspekt der Sozialität (des Psychischen) dermaßen radikalisiert, dass das Modell letztendlich in sich widersprüchlich ist bzw. sich selbst aufheben wird, zumindest aber unvollständig bleibt. Doch das ist hier nicht die zu verfolgende Frage: Soweit der Soziale Konstruktivismus mit einem Einseitigkeitsanspruch wie der Radikale Konstruktivismus vertreten wird, treffen ihn sicherlich auch die gegen diesen vorzubringenden Einwände (vgl. ausdifferenziert Nüse, Groeben, Freitag & Schreier, 1991); daneben gibt es ja aber auch sozialkonstruktivistische Ansätze, die eine integrative Berücksichtigung sowohl des Individuellen als auch des Sozialen versuchen – wie etwa das Modell der Ko-Konstruktion (vgl. Valsiner, 1994; zusammenfassend Vorderer & Valsiner, 1999). Entscheidend ist in unserem Zusammenhang, dass die Modellierung der Sozialität des Psychischen auf jeden Fall überindividuelle Gegenstandseinheiten (im Sinne des methodologischen Holismus; vgl. Groeben, 1999) einbeziehen muss. Das wird besonders dort deutlich, wo in kontraintuitiver Weise unsere Selbst- und Weltsicht als von diesen sozialen Strukturen beeinflusst, geprägt etc. postuliert und nachgewiesen wird.

Interessanterweise hat aber auch diese inhaltliche These durchaus ihre Tradition, und noch dazu in einem Bereich, der anthropologisch als besonders zentral für die Konstituierung des Menschlichen sowie auch der Sozialität des Menschen gilt: die Sprache. Es handelt sich um die linguistische These, die ihre Ursprünge im 19. Jahrhundert (Humboldt) hat und genau die für den Sozialen Konstruktivismus symptomatischen Merkmale aufweist: Sie geht von dem überindividuellen (sozialen) Sprachsystem aus und postuliert in kontraintuitiver Weise eine Beeinflussung der Weltsicht durch die Merkmale dieses gesellschaftlichen Teilsystems. Denn die alltagsintuitive Selbstsicht des Menschen als Sprachbenutzer/in empfindet Sprache als Werkzeug, mit dem die (sprachunabhängigen) Gedanken ausgedrückt, übermittelt und kommuniziert werden. Die Absage an diese (ausschließliche) Werkzeugthese mit der Behauptung einer umgekehrten Relation (dass das Denken von der Sprache abhängig sei), hat – wie gesagt – zwar eine längere Tradition (nämlich von Humboldt über Weisgerber im deutschen und über Boas zu Sapir im nordamerikanischen Sprachraum), ist aber erst durch die z.T. populärwissenschaftlich überzogenen Explikationen von Whorf (1963) zu einer eingehenderen wissenschaftlichen Diskussion (und Forschung) gekommen.

Sie ist dabei vor allem als These der „linguistischen Relativität" diskutiert worden, d.h. dass im intersprachlichen Vergleich wegen des Einflusses der Sprache auf das Denken, die Weltsicht etc. die Weltbilder der verschiedenen Sprachen unterschiedlich sind (je relativ zum vorliegenden Sprachsystem). Da Whorf als (autodidaktischer) Schüler von Sapir lediglich dessen Thesen (Sapir, 1921) ausgearbeitet und mit Beispielen (vor allem aus der Sprache der Hopi-Indianer) veranschaulicht hat, wird die linguistische Relativitätsthese häufig auch Sapir-Whorf-These genannt. Allerdings hat Whorf in der Begeisterung für diese These und in dem Bemühen um Popularisierung einige theoretisch überziehende Formulierungen produziert, die von der anschließenden Diskussion (vgl. dazu vor allem Fishman, 1960; 1980; Gipper, 1972; Hamilton, 1988; Hellinger, 1990; Kay & Kempton, 1984; Lucy, 1992; Martyna, 1980; Schlesinger, 1991) erst wieder „relativiert" werden mussten. So spricht er von einem „Determinismus" durch die Sprache (in Richtung auf das Denken, Weltbild etc.), was nicht in einem streng deterministischen Sinn verstanden werden darf, denn sonst könnte das Phänomen der linguistischen Relativität erst gar nicht erkannt werden (vgl. Kutschera, 1972, S. 310f.), weil jede/r im eigenen Sprachgefängnis ohne Sicht nach draußen eingesperrt wäre (vgl. im Einzelnen auch Smith, 1996).

Es geht also beim linguistischen Relativitätsprinzip nicht darum, dass der Mensch nicht gegen die Strukturen des Sprachsystems andenken (und formulieren) könnte, sondern dass in der alltäglichen Sprachbenutzung von den Strukturen des Sprachsystems bestimmte Denkinhalte (Kognitionen) nahegelegt und ausgelöst werden; d.h.: „Es kommt ... für den behaupteten Anteil der Sprache an der Erfahrung nicht darauf an, welche Unterscheidungen gemacht werden können oder gelegentlich gemacht werden, sondern darauf, welche Unterscheidungen typischerweise gemacht werden; und auch nicht darauf, was sich in einer Sprache überhaupt ausdrücken läßt, sondern darauf, was sich einfach und in stereotypen Wendungen ausdrücken läßt." (Kutschera, 1972, S. 300)

Damit stellt die linguistische Relativitätsthese also durchaus einen paradigmatischen Ansatz zur Modellierung der menschlichen Sozialität (in moderat sozial-konstruktivistischer Weise) dar. Allerdings hat sie wegen der intersprachlichen Perspektive den (methodologischen) Nachteil, dass sie kaum experimentell überprüfbar ist. Die vorhandenen, z.T. stark beachteten und kontrovers diskutierten experimentellen Überprüfungen beziehen sich praktisch durchweg auf intrasprachliche Abhängigkeiten (des Wahrnehmens und Denkens von Sprache; vgl. zusammenfassend Ulmann, 1975) und gehen außerdem auf der Sprachseite überwiegend von recht einfachen semantischen Einheiten aus (am bekanntesten geworden sind die Untersuchungen zu Farbbenennungen von Brown & Lenneberg, 1954; Lenneberg & Roberts, 1956; Stefflre, Vales & Morley, 1966; Berlin & Kay, 1969; Heider & Olivier, 1972; vgl. zusammenfassend zur Kritik u.a.: Brown, 1986; Lucy & Shweder, 1979; Lucy, 1996; Schlesinger, 1991).

Nun hat aber schon Fishman (1960) berechtigterweise darauf hingewiesen, dass Whorf den Einfluss der Grammatik als sehr viel bedeutsamer ansetzt. Fishman unterscheidet vier Ebenen des Sprach-Einflusses, nämlich der Semantik auf das Denken/die Weltsicht (1) bzw. das Handeln (2) sowie der Grammatik auf die Weltsicht (3) bzw. das Handeln (4). Gerade zu den Ebenen (3) und (4) gibt es bislang kaum Untersuchungen, obwohl diese bei Konzentration auf intrasprachliche Strukturen sogar experimentell (bzw. quasi-experimentell) sein könnten. Genau diese Forschungsperspektive hat sich nun im Zusammenhang mit der Entwicklung einer Feministischen Linguistik ergeben, für die u.a. das sog. Genus-Sexus-Problem von zentralem Interesse ist, d.h. die Tatsache, dass in den von Whorf so genannten SAE-Sprachen (Standard Average European) bei allgemeinen (generischen) Personenbezeichnungen grammatisch das männliche Geschlecht zu wählen ist – unabhängig vom biologischen Geschlecht der damit bezeichneten Personen – oder

- „Wenn der Arzt im Praktikum schwanger wird, hat er Urlaub nach den Regelungen des Mutterschutzgesetzes (vgl. Die Zeit, 20.11.87)." (zit. n. Hellinger, 1990, S. 37)

Wir wollen daher im Folgenden das Genus-Sexus-Problem als paradigmatischen Fall für die linguistische Relativitätsthese diskutieren und diese wiederum, wie skizziert, als prototypisches Problem für die Modellierung der menschlichen Sozialität (im prototypischen Bereich der Relation von Sprache und Denken). Dazu werden wir zunächst die linguistische Explikation und Veranschaulichung des Genus-Sexus-Problems zusammenfassen (2.), dann einen Überblick über die sprachpsychologisch-experimentellen Überprüfungen geben (3.), als Zwischenfazit noch einmal nach der Adäquatheit der linguistischen Relativitätsthese als Erklärungsmodell fragen (4.), von dort aus potenzielle „Heilungsvarianten" (und deren empirische Effektivitätsprüfung) darstellen (5.), um am Schluss in Form eines Ausblicks die Frage nach der Konstruktion der Sozialität (als genitivus subjectivus wie objectivus) wieder aufzunehmen (6.).

2. Das Genus-Sexus-Problem aus Sicht der Feministischen Linguistik

2.1. Die linguistische Problemrekonstruktion

Das Genus-Sexus-Problem stand in Deutschland historisch am Anfang der sogenannten Feministischen Linguistik (als Teil der übergreifenden, vor allem in den USA institutionalisierten „women's studies": vgl. Hellinger, 1990; Samel, 1995; Schoenthal, 1985; 1989). Es besteht ganz generell in dem möglichen Auseinanderfallen von grammatischem Geschlecht (von Nomen, Pronomen etc.: Genus) und biologischem Geschlecht der damit gemeinten Personen (Sexus), was nach Ansicht der Feministischen Linguistik – nicht selten – zu einer Benachteiligung der Frau(en) durch das Sprachsystem und in der Sprachverwendung führt (Trömel-Plötz, 1978/1982).

Im Deutschen sind die Nomen genusfest und genusbestimmt (vgl. Duden, 1984, S. 199) – und zwar als Maskulina, Feminina oder Neutra; davon ausgenommen sind Nominalisierungen von Adjektiven oder Partizipien wie z.B. die/der Arme oder die/der Studierende (vgl. Hellinger, 1990, S. 63f.). Artikel und Pronomen richten sich in ihrer Genusbestimmung am Subjekt des jeweiligen Satzes aus. Allerdings wird an der Existenz des Neutrums schon deutlich, dass es im Sprachsystem häufig keine „natürliche" Entsprechung zwischen Genus und Sexus gibt (Duden, 1984, S. 200; Schoenthal, 1989). Das Genus-Sexus-Problem besteht nun darin, dass das Sprachsystem für den generischen (geschlechterübergreifenden) Gebrauch in der Regel die maskuline Form zur Referenz auch auf weibliche Personen vorschreibt. Mit den Worten des Duden: „Besonders bei Berufsbezeichnungen und Substantiven, die den Träger eines Geschehens bezeichnen (nomina agentis), verwendet man die maskuline Form vielfach auch dann, wenn das natürliche Geschlecht unwichtig ist oder männliche und weibliche Personen gleichermaßen gemeint sind. Man empfindet hier das Maskulinum als neutralisierend bzw. verallgemeinernd (‚generisch')" (Duden, 1984, S. 199).

Beispiele:

- „Ein Ehegatte, der keine eigenen Einkünfte oder Mittel hat, leistet seinen Beitrag allein durch Arbeit im Haushalt und die Betreuung der Kinder" (§ 12 Abs. 2 Familiengesetzbuch der DDR, zit. n. Guentherodt, 1983, S. 283).
- „Der Arbeitnehmer hat Anspruch auf die Steuerklasse ..." (Müller & Fuchs, 1993, S. 27).

Das gilt auch (s.o.) – direkt oder indirekt – für die indefiniten Personalpronomen (wie z.B. jeder, jemand, man, wer) und das ihnen zugehörige Possessivpronomen, so dass man im Deutschen zum Beispiel sagen muss:

- „Wer hat seinen Lippenstift im Bad gelassen?" (Trömel-Plötz, 1978/1982, S. 41)
- „Man erlebt seine Schwangerschaft und Geburt jedes Mal anders." (Trömel-Plötz, 1978/1982, S. 40)

Die Feministische Linguistik sieht dies als eine „diskriminierende Sprachform" (Guentherodt, Hellinger, Pusch & Trömel-Plötz, 1980; Trömel-Plötz, Guentherodt, Hellinger & Pusch, 1981; Hellinger, 1990) an, weil das Sprachsystem mit seiner Gebrauchsnorm, die maskuline Form als Oberbegriff für das Referieren auf Männer wie auf Frauen zu verwenden, auf Frauen und Männer keineswegs vergleichbar, d.h. „symmetrisch" referiert. Diese Asymmetrie des Sprachsystems zeigt sich u.a. darin, dass in Bezug auf das (Mit-)Gemeintsein von Männern jeweils eindeutige Aussagen formuliert und verstanden werden (können):

- „Die Väter des Grundgesetzes ..." („zu denen ja auch 3 Frauen zählten": Schoenthal, 1989, S. 305).

In Bezug auf das (Mit-)Gemeintsein von Frauen sind dagegen (nur) mehrdeutige Lesarten möglich, die dann jeweils zusätzlich auf irgendeine Weise disambiguiert werden müssen (vgl. Hamilton, 1988; Mac Kay, 1980; Martyna, 1978; Silveira, 1980; s.u. 3.3.).

Es kommt hinzu, dass auf eine Gruppe dann mit dem Maskulinum Bezug genommen werden muss, „wenn sie mindestens einen Mann enthält" (Pusch, 1980a/1984, S. 43):

- „Aids-Stiftung zeichnet vier Journalisten aus. ... Die Journalisten Manfred Kriener, Elisabeth Marquart, Christa Auch-Schwelk und Ruth Niehaus sind ... ausgezeichnet worden." (Frankfurter Rundschau, 14.9.94, Nr. 214, S. 5)

Das bedeutet: Die Asymmetrie des Sprachsystems hat außerdem zur Folge, dass sie die Frauen „sprachlich unsichtbar werden läßt, selbst wenn sie gemeint sind." (Ridlhammer, 1989, S. 190). Auf diese Weise wird durch das Sprachsystem die Dynamik ausgelöst, dass bei der Sprachverwendung in gemischtgeschlechtlichem Kontext Frauen weniger gemeint bzw. bedacht werden: weniger als Männer und damit zumeist auch weniger, als es der Realität (der Geschlechterverteilung) entspricht. In dieser realitätsverzerrenden Dynamik besteht für die Feministische Linguistik die zentrale Ungerechtigkeit des über die Jahrhunderte hinweg (primär von Männern) entwickelten Sprachsystems, die die Bezeichnung als Genus-Sexus-Problem legitimiert.

Aus der Sicht der traditionellen Linguistik stellt diese Problem-Rekonstruktion allerdings nichts anderes als eine „Verwechslung von Sexus und Genus" dar (Kalverkämper, 1979a; 1979b). Als einer der ersten Kritiker der Feministischen Linguistik aus dem deutschsprachigen Raum beharrt Kalverkämper darauf, dass die Sprachsystem-Relation zwischen Genus und Sexus arbiträr sei und Frauen daher durch das generische Maskulinum immer mitgemeint seien. Die Beliebigkeit des sprachlichen Zeichens verdeutlicht er durch entsprechende „Gegen"-Beispiele. Dazu gehören u.a. die Possessivpronomen im Plural:

- „Die Leute müssen ihr Umweltbewußtsein entwickeln." (Kalverkämper, 1979a, S. 63)
- „Die Bürger sollen ihren Ölverbrauch drosseln." (l.c.)

Zu den Nachweisen ist nach Kalverkämper aber durchaus ebenso der Fall zu zählen, in dem durch ein generisches Femininum – auch – auf Männer referiert wird (wie beispielsweise im Bereich der Tiere mit femininen Tierbezeichnungen):

- „... die Ameise, ... die Schildkröte, ... die Möwe, ..." (o.c., S. 61).

Die Liste der Beispiele ließe sich ohne Schwierigkeiten noch verlängern, nicht zuletzt durch noch schlagendere Veranschaulichungen:

– So bleibt z.B. im universitären Bereich eine Hilfskraft vom Genus her selbstverständlich auch dann weiblich, wenn es sich vom Sexus her um eine männliche Person handelt;
– in der Seefahrt werden Schiffe mit ihrem Namen immer als quasi weibliche Personen behandelt, auch wenn es sich bei dem Namen um einen Mann handelt ‚die Bismarck', ‚die Graf Spee' etc.;
– in der katholischen Kirche werden Bischöfe als Exzellenzen und Kardinäle als Eminenzen bezeichnet, deren Genus selbstverständlich weiblich ist, obwohl die damit bezeichneten Personen ausschließlich Männer sein dürfen.

2.2. Linguistische Nachweise qua Beispielillustrationen

Demgegenüber hat die Feministische Linguistik in der mittlerweile zweieinhalb Jahrzehnte andauernden Diskussion zur Rechtfertigung ihrer Problem-Rekonstruktion (in Bezug auf das Sprachsystem) vor allem drei Argumentationslinien (anhand von veranschaulichenden Beispielen) verfolgt – nämlich,

(1) dass das Sprachsystem – von Einzelfällen abgesehen – regelhaft die beklagte „Benachteiligung" von Frauen enthält;
(2) dass dieses Systemmerkmal bei der Sprachverwendung in der Tat zu einer Vernachlässigung (des Mitmeinens und Mitgemeintseins) von Frauen führt;
(3) dass durch Veränderungen des Sprachsystems/der Sprachverwendung die beklagte Ungerechtigkeit „geheilt" werden könnte („Heilungsvarianten").

Ad (1): Unter der Perspektive des Sprachsystems sind die Asymmetrien insbesondere an generisch zu gebrauchenden Nomen (im Bereich von Personen-Namen, -Eigenschaften und -Aktivitäten, Titeln, Berufs- und Funktionsbezeichnungen) demonstriert worden: Danach gibt es bei den Namensbezeichnungen eine Fülle von weiblichen Vornamen, die von männlichen abgeleitet sind (‚Andrea', ‚Ulrike', ‚Daniela', ‚Michaela' etc.: Oomen-Welke, 1993), wobei das komplementäre Phänomen im Sprachsystem (männliche Vornamen von weiblichen abgeleitet) fehlt; bei den Nachnamen existieren im Deutschen viele Namen, die auf ‚-mann' enden (z.B. ‚Drewermann', ‚Franzmann', ‚Graumann', ‚Herrmann', ‚Hörmann' etc.), aber keine Nachnamen mit der Endung ‚-frau' (o.c.). Feminina als Bezeichnungen für Männer sind häufig abwertend (z.B. ‚Tunte', ‚Memme'); es existieren Diminutiva (und andere Neutra) für Frauen (z.B. ‚Mädchen', ‚Fräulein'), für die es beim männlichen Geschlecht keine Pendants gibt (bzw. die vorhandenen wiederum abwertend sind, z.B. ‚Männchen'). Für Merkmals- und Positionsbezeichnungen mit negativer Konnotation in der Referenz auf Frauen fehlen die (ebenfalls negativ konnotierten) maskulinen Entsprechungen (wie z.B. bei ‚alte Jungfer' vs. ‚Junggeselle': Trömel-Plötz, 1978/1982, S. 44).

Die umfangreichste Diskussion hat sich an den Personen-, insbesondere den Berufs- und Funktionsbezeichnungen entzündet (Schoenthal, 1989), deren überwiegende Zahl ebenfalls in der männlichen Form existiert (die bis zur Sensibilisierung durch die Feministische Linguistik zumeist generisch gebraucht wurden: ‚Lehrer', ‚Schüler', ‚Minister', ‚Arbeitnehmer', ‚Absender', ‚Vormund'); die explizite weibliche Form wird meistens durch Hinzufügen des Suffix ‚-in' an die männliche Form gebildet (‚Lehrerin', ‚Schülerin', ‚Ministerin'; vgl. u.a. die Angaben von Grabrucker, 1993; Guentherodt, 1979; 1983; 1993; Hellinger, 1990; Müller & Fuchs, 1993; Pusch, 1980b/1984; Trömel-Plötz, 1978/1982). Zu fremdwörtlichen (maskulinen) Berufsbezeichnungen auf ‚-eur' gibt es einige weibliche Movierungen auf ‚-euse' (‚Friseur' – ‚Friseuse'), wobei aber die weibliche Form nicht selten einen pejorativen Beigeschmack hat (vgl. ‚Masseur' – ‚Masseuse' – weswegen neuerdings ‚Masseur' – ‚Masseurin' bevorzugt wird; vgl. Duden, 1984). Für bestimmte Bezeichnungen ist die Bildung einer femininen Form vom Sprachsystem praktisch ausgeschlossen, so z.B. für ‚Vormund'; an anderen (insbesondere Dienst-) Bezeichnungen lässt sich der Prozess des sprachlichen Sichtbarmachens in der Öffentlichkeit aber durchaus ablesen, so wurde beispielsweise aus dem ‚weiblichen Regierungsamtmann' zunächst die ‚Regierungsamtmännin' (Sichtbarmachen durch Movierung) und schließlich die ‚Regierungsamtfrau' (Sichtbarmachen durch Lexeme).

Ebenfalls als Indikator für die Asymmetrie im Sprachsystem gilt auch der komplementäre Fall, in dem es sich um ehemals typisch weibliche Berufe handelt, weil für die neu hinzukommenden männlichen Vertreter nicht etwa Ableitungen von der weiblichen Form gebildet, sondern in der Regel neue Bezeichnungen geschaffen werden (z.B. ‚Krankenschwester' – ‚Krankenpfleger', aber nicht: ‚Krankenbruder': Trömel-Plötz, 1978/1982, S. 44; ‚Schwesternhelferin' – ‚Krankenpflegehelfer', aber nicht ‚Schwesternhelfer': Samel, 1995, S. 105; ‚Hebamme' – ‚Entbindungspfleger', aber nicht ‚Hebammer' oder gar ‚Hebammerich': Samel, 1995, S. 104; s. zu „den systematischen Möglichkeiten der Personenreferenz": Schoenthal, 1989).

Ad (2): Unter der Perspektive der Sprachverwendung sind von der Feministischen Linguistik vor allem Einzelbeispiele aus vorliegenden Textkorpora angeführt worden, in denen das generische Maskulinum ersichtlich mit dem Anspruch, Frauen mitzumeinen, eingesetzt wird, dieser Anspruch dann aber im weiteren Verlauf (auf Satz- oder Textebene) nicht durchgehalten wird.

Auf Satzebene wird dabei die Nicht-Einhaltung des generischen Anspruchs in der Regel indirekt deutlich, wie etwa beim klassischen Beispiel des zehnten Gebots („Du sollst nicht begehren deines Nächsten Weib": Pusch, 1979/1984, S. 25). Nach diesem Prinzip verdeutlichen Sätze wie „Große Wissenschaftler wählen ihre Probleme, wie sie ihre Frauen auswählen" (Maslow, zit. n. Russ, 1979, S. 88) oder „Die Deutschen sind tüchtige Soldaten!" (Ridlhammer, 1989, S. 189), dass das generische Maskulinum in der konkreten Sprachverwendung durchaus in bestimmten Kontexten dazu führt, dass die Frauen eben nicht mehr mitgemeint werden:

- „Denkt der *Normalbürger* an Szene, dann an jene, die ihm *seine* Frau macht, ... (Anzeige ‚Tun Sie sich doch mal in der Berliner Szene um' des Verkehrsamtes Berlin. Stern 83.9.53)." (Pusch, 1982/1984, S. 93; kursiv s. dort)
- "... man can do several things that the animal cannot do ... his vital interests are not only life, food, access to females, etc. ..." (Fromm, E. (1972): The Erich Fromm theory of aggression. New York Times Magazine, February 27, 80; zit. n. Silveira, 1980, S. 169).
- „Der moderne Mensch, den die soziologische Forschung als ihr Objekt erkannt hat, zeichnet sich gegenüber seinen Vorvätern dadurch aus, dass er seine Frau nicht mehr schlägt." (Ridlhammer, 1989, S. 189)
- „Das menschliche Individuum ist nicht für das Alleinsein geschaffen. Als soziales Wesen sucht es sich eine Frau, die mit ihm das Leben teilt." (Ridlhammer, 1989, S. 189)

Das Gleiche lässt sich an Textbeispielen verdeutlichen, von denen hier aus Raumgründen nur zwei angeführt werden sollen:

- „‚Nur' *Schriftsteller*! ‚Nur' *Menschen*, die den Politikern ... so mißliebig sind, weil sie ihnen das eine voraushaben: die Kraft der Imagination ... Jawohl, die Phantasie ist es, die den in militärischen Kategorien eingesponnenen Un-Denkern verhaßt ist. ... Phantasie heißt: sich selbst, seine Eltern, *seine Frau*, die Kinder und Freunde in der Sekunde zu sehen, wo die Waffen ... zerplatzen. (Walter Jens im Stern 1981.42.187)." (Pusch, 1982/1984, S. 94; kursiv s. dort)

oder

- „(Willy Brandt) hatte überlegt, wen er ... *als neuen Regierenden* anbieten könne. Seine Idealfigur: Eine Persönlichkeit, die ... außerdem müsse *der neue Mann* ... (Spiegel 81.4.19)." (Pusch, 1982/1984, S. 94; kursiv s. dort)

Weitere Textbeispiele finden sich u.a. bei Hellinger (1990) und Pusch (1979/1984).

Ad (3): Die Heilungsvarianten folgen vom Grundansatz her dem Prinzip, durch explizite Benennung der Frauen (oder zumindest Vermeidung des maskulinistischen Bias) die kritisierte Referenz-Asymmetrie aufzuheben. Dabei hat die Feministische Linguistik von Anfang an darauf verzichtet, vergleichsweise radikale Veränderungen des Sprachsystems vorzuschlagen, die wegen ihrer Konstruiertheit vermutlich als nicht-konstruktive eingeschätzt würden und kaum Akzeptierungschancen hätten; so expliziert z.B. Pusch (1980b/1984, S. 61ff.)

als konsequenteste Lösung, dass man den generischen Gebrauch durch das Neutrum (Singular) bzw. den Plural ausdrücken könnte, dem bei spezifischer Referenz auf die Geschlechter die jeweilige weibliche bzw. männliche Form beigegeben würde (z.B. das Student, die Student, der Student, die (weiblichen/männlichen) Studenten; das Professor, die Professor, der Professor etc.) – wobei sie wegen des Akzeptabilitätsproblems darauf verzichtet, dies als Realisierungsvorschlag einzubringen (o.c., S. 64).

Nur zur Verdeutlichung des Diskussionsklimas sei darauf verwiesen, dass im Bereich der Sprache (genau wie der Sprachpsychologie) wegen der alltäglichen Sprachbeherrschung sich – wie selbstverständlich – fast alle (und nicht zuletzt nahezu: „jeder-mann") kompetent fühlen (fühlt), weswegen es an selbstsicheren Kommentaren zum Genus-Sexus-Problem nicht fehlt, die vom ironisch-sarkastischen In-Abrede-Stellen des gesamten Problems bis hin zu mehr oder minder wohlmeinenden Ratschlägen reichen (vgl. u.a. Zimmer, 1994; ein Beispiel für einen breiten Ausschnitt aus der Gesamt-Palette solcher Stellungnahmen bietet bereits Zimmer, 1988, S. 65ff.). Diese Reaktionen (sowohl in der Wissenschaft als auch im Feuilleton, in Leserbriefen etc.) zusammenzufassen, ist hier nicht der Ort (s. dazu auch die Aufarbeitung der häufigsten Argumente gegen einen feministisch motivierten Sprachwandel durch Blaubergs, 1980); die Diskussion leidet aber insgesamt (mindestens so wie in anderen Bereichen) darunter, dass die verfügbare Literatur unzureichend und androzentrisch rezipiert wird, so dass auch unter „wohlmeinender" Perspektive das Rad permanent neu erfunden wird – wie z.B. von Spierig (1994) in den Mitteilungen des Deutschen Hochschulverbandes mit seinem „Vorschlag zur Güte: Was hindert uns eigentlich ‚das Student' und ‚das Professor' zu sagen und zu schreiben? Etwas gewöhnungsbedürftig sicherlich, aber eins der drängendsten Probleme unserer Zeit wäre aus der Welt geschaffen." (o.c., S. 94)

Die feministische Linguistik – auch die deutschsprachige – hat demgegenüber schon recht bald für die Benennung von Personen auf der Ebene möglicher syntaktischer Veränderungen u.a. folgende Heilungsvarianten herausgearbeitet und propagiert (vgl. Guentherodt et al., 1980; Guentherodt, 1983; Trömel-Plötz et al., 1981; s. zu den in den 80er Jahren insgesamt erfolgten Ergänzungen und Ausdifferenzierungen: Grabrucker, 1993; Müller & Fuchs, 1993; für die USA u.a. die APA-Richtlinien: APA Publication Manual Task Force, 1977):

- Geschlechter-Splitting (Anwendung der „Doppelform", „Paarform(el)" oder der „Beidbenennung": Klein, 1988; Müller & Fuchs, 1993; Samel, 1995) durch adjektivische oder substantivische Benennung der Geschlechter: z.B. ‚männlich und weiblich', ‚Männer und Frauen', ‚der Präsident oder die Präsidentin' (vgl. Guentherodt, 1993, S. 247);

- Geschlechter-Splitting durch Schrägstrich-Splitting der Artikel: z.B. ‚der/die Deutsche';
- Movierung durch Suffixbildung für die weibliche Form in der Realisierungsvariante des sog. Berliner Modells mit Versalien-I: z.B. ‚WissenschaftlerInnen' (ursprünglich in der Schweiz kreiert und vom Berliner („Frauen"-)Senat 1988 offiziell anerkannt (vgl. Grabrucker, 1993, S. 15f.) wurde es bisher vom DUDEN Rechtschreibung nicht aufgenommen (Samel, 1995, S. 80));
- Pluralformen als generische Formen (einschließlich ‚alle', ‚wir' anstelle des generischen Maskulinums im Singular, die zumindest direkt deutlicher beide Geschlechter einbeziehen): z.B. ‚wir Deutschen';
- Rückgang auf geschlechterübergreifende Nomina, wobei im Prinzip alle drei Genera möglich sind: ‚der Mensch', ‚die Person', ‚das Individuum' (Guentherodt, 1993).

Die Einschätzung des linguistischen Forschungsstandes hängt an vielen Punkten von den zu dem Genus-Sexus-Problem eingenommenen Positionen ab. Unabhängig von den konfligierenden Positionen aber dürfte unabweisbar sein, dass die unsystematischen Veranschaulichungen der (Feministischen) Linguistik in Bezug auf die Sprachverwendung (vgl. oben ad (2)) als systematische Überprüfung der These nicht ausreichend sind (vgl. ebenso Klein, 1988). Es könnte ja durchaus sein, dass die von der Linguistik angeführten Beispielsätze eine suboptimale Verwendung des Sprachsystems darstellen, die auf andere, interferierende Randbedingungen in den Sprachverwendern zurückzuführen sind (wie z.B. die Mysogynie des frühen Christentums, des Islams etc.). Zum Nachweis der Validität der These, dass Frauen durch das generische Maskulinum als Strukturmerkmal des Sprachsystems (in Bezug auf die Referenz, das (Mit-)Meinen und Gemeintsein) benachteiligt werden, bedarf es daher systematischer Untersuchungsdesigns, wie sie vor allem innerhalb der sprach-/denkpsychologischen Forschung üblich sind.

3. Sprach- und denkpsychologische (experimentelle) Überprüfungen

Als klassische experimentelle Überprüfung kann mittlerweile die Untersuchung von Moulton, Robinson und Elias (1978) gelten, nicht nur, weil sie relativ am Anfang der sprach-/denkpsychologischen Untersuchungsbemühungen steht, sondern weil sie auch an prominenter Stelle (im American Psychologist) als empirische Rechtfertigung für die Sprachregelungen in den Zeitschriften der American Psychological Association publiziert wurde. Moulton et al. haben generisch verwendete maskuline Pronomen mit Genus-Splitting-Formen (z.B. ‚his or her') verglichen und geprüft, ob das generische Maskulinum bei einem explizit geschlechterneutralen Kontext die Versuchspersonen (Vpn) häufiger zum konkreten Denken an Männer als an Frauen „verleitet".

Die Aufgabe für die 226 männlichen und 264 weiblichen College-Studierenden (randomisiert verteilt auf 6 Gruppen) war, eine kleine Geschichte über einen fiktiven Charakter zu einem vorgegebenen Thema zu schreiben, wobei sie nicht über sich selbst schreiben sollten. Drei Gruppen erhielten ihr Thema mit folgendem Satz: "In a large co-educational institution the average student will feel isolated in ____ introductory courses.", wobei in die Leerstelle ‚his', ‚her' oder ‚his or her' eingesetzt worden war. Das Gleiche wurde in den drei anderen Gruppen mit einem zweiten Thema durchgeführt: "Most people are concerned with appearance. Each person knows when ____ appearance is unattractive." (o.c., S. 1034). Das Hauptergebnis dieser Studie war, dass beim Pronomen ‚his' in 35% der Fälle die dargestellte fiktive Person weiblichen Geschlechts war, beim Pronomen ‚her' in 46% und beim Geschlechter-Splitting ‚his or her' in 56%; dabei ist zu berücksichtigen, dass das Geschlecht der Vpn zu 54% weiblich war gegenüber 46% männlichen Vpn.

Moulton et al. werten diese Ergebnisse als empirischen Beleg dafür, dass die Sprachbenutzer/innen in der Tat auch bei einem geschlechterneutralen Kontext durch generische Maskulina dazu gebracht werden, vor allem an männliche Personen zu denken, und führen dementsprechend explizit Sprachregelungen zur Vermeidung dieser Benachteiligung von Frauen an (1978, S. 1035f.).

Im Verlauf der weiteren empirischen Untersuchungsbemühungen hat jedoch vor allem die Operationalisierung der abhängigen Variable (Beschreibung einer konkreten Person) Kritik auf sich gezogen. So weisen Cole, Hill und Dayley (1983) darauf hin, dass mit dieser Beschreibung praktisch nur das Endprodukt eines kognitiven Prozesses abgebildet wird, d.h. der prozessuale Aufbau dieses Produktes nicht erfasst wird; außerdem sei durch diese Operationalisierung nicht gesichert, dass auch wirklich konkrete (analoge) mentale Bilder in den Vorstellungen der Vpn erhoben würden, sondern es könnte sich auch um mehr oder minder (eher) sprachliche Fortschreibungen der angebotenen Nomen/Pronomen handeln. Sie setzen deshalb für ihre eigene Untersuchung ein vom Semantischen Differential ausgehendes Erhebungsinstrument ein (s.u. 3.1.).

Unabhängig davon, ob diese Kritik für die relativ konkrete Personenbeschreibung in der Untersuchung von Moulton et al. (1978) zutrifft, ist die linguistische Relativitätsthese u.E. allerdings keineswegs auf konkrete mentale Bilder zu beschränken, sondern umfasst in dem behaupteten Einfluss des Sprachsystems auf das Denken der Sprachbenutzer/innen auf jeden Fall auch eher abstrakte (propositionale) Vorstellungen (im Sinne von Prädikat-Argument-Strukturen: Propositionen). Deshalb ist es nur konstruktiv, dass sich die empirischen Untersuchungsbemühungen auf das Denken sowohl in mentalen Bildern als auch in propositionalen Vorstellungen bezogen haben (vgl. Scheele & Groeben, 1997). Es werden im Folgenden die wichtigsten Untersuchungen, nach diesen beiden Modellierungsrichtungen geordnet, zuammenfassend angeführt. Für beide Variablen-Kategorien besteht jedoch ein Problem, das unseres Wissens bislang weitgehend übersehen worden ist: nämlich, dass die – mit der Instruktion geforderte – Dichotomisierung (in männlich – weiblich: s. u.a. Moulton et al., 1978) das Generieren von geschlechterübergreifenden, neutralen Assoziationen bzw. Propositionen möglicherweise erschwert und u.U. sogar ausschließt. Auf diese Weise könnte der Dichotomisierungsdruck qua Instruktion u.U. zu artifiziellen Bestätigungen der feministischen Benachteiligungsthese führen (zu Operationalisierungen ohne diesen Dichotomisierungsdruck vgl. das Beispiel in Scheele & Gauler, 1993: s.u. 3.2.).

3.1. Untersuchungen, die primär auf mentale Bilder ausgerichtet sind

Unter systematischer Perspektive ist hier sicherlich als eine erste methodisch bereits sehr anspruchsvolle Untersuchung die von Wilson und Ng (1988) zu nennen. Die Autorinnen fragten u.W. erstmals theoretisch wie methodisch explizit nach dem Einfluss rezipierter Formulierungsvarianten auf mentale Bilder. Dazu wurden den Vpn Sätze mit generischen Maskulina bzw. Feminina gezeigt (u.a.: "All men are created equal." oder "At university a student can study whatever she wants.") und zusätzlich (in einem zweiten Feld) Fotografien von Männer- und Frauengesichtern tachistoskopisch dargeboten, die allerdings auf Grund der ultrakurzen Darbietungszeit (d.h. unterhalb der Wahrnehmungsschwelle) von den Vpn nicht als „weibliche" oder „männliche" Gesichter identifiziert werden konnten. Dabei bewirkten die generisch gebrauchten Feminina wie Maskulina vorwiegend geschlechterspezifische Assoziationen, wobei allerdings der Unterschied zum Zufallswert nur für die generisch maskuline Bedingung signifikant wurde.

Einen vergleichsweise konkretisierenden Arbeitsauftrag gaben Sniezek und Jazwinski (1986), indem sie die Vpn baten, zu Sätzen mit generisch maskulinen Nomen (‚man') Bilder zu malen (deren Maskulinität/Femininität dann von drei Raterinnen eingeschätzt wurde). Auch hier zeigte sich (im Vergleich mit der geschlechterneutralen Formulierung ‚people') ein signifikanter Bias zu Gunsten der Männer. Ähnliche Ergebnisse sicherten auch bereits Schneider und Hacker (1973) über die Auswahl von Bildern zu Titeln von Einführungstexten, Harrison und Passero (1975) sowie L.C. Wilson (1978; 1979) über die Zuordnung von Bildern zu entsprechenden Sätzen mit generisch maskulinen vs. genderneutralen Nomen und Martyna (1978) über die Beschreibung sprachinduzierter Personen-Vorstellungen: Dafür hat sie männlich und weiblich dominierte sowie geschlechterneutrale Kontexte mit Hilfe eines Satzergänzungsverfahrens vorgegeben (z.B. „When a person loses money, ___ is apt to feel bad.") und die Pronomina zur Bezeichnung der thematischen Personen frei wählen lassen. Dabei stellte sich u.a. heraus, dass bei einem geschlechterneutralen Kontext überwiegend ‚he' (und nicht geschlechterübergreifende Formulierungen wie z.B. ‚they') verwendet wird, wobei diese Verwendung bei männlichen Vpn keineswegs generisch war, sondern vielmehr mit spezifischen, und zwar Mann-bezogenen, Bildern einherging. Und ergänzend für den Aspekt der Sprachproduktion konnte Hamilton (1988) nachweisen, dass die (experimentell vorgegebene) generische Verwendung maskuliner Pronomina bei Sprachproduzenten beiderlei Geschlechts zu einem überwiegenden Denken an Männer führt (vgl. u. 4.1.).[1]

Ebenso haben Irmen und Köhncke (1996: Exp.: 2) für die deutsche Sprache gezeigt, dass das Bild eines Mannes signifikant häufiger als passend zu Sätzen mit generisch maskulinen Personenbezeichnungen beurteilt wird als das einer Frau. Der Vergleich der Reaktionszeiten für die Einschätzung eines maskulinen Bildes als passend ergab keinen signifikanten Unterschied zwischen der spezifisch und der generisch maskulinen Bedingung. Wohl aber resultierte in der generisch maskulinen Bedingung eine signifikant längere Reaktionszeit für die Einschätzung eines femininen Bildes als passend im Vergleich zur Einschätzung eines maskulinen Bildes als passend. In Übereinstimmung damit stellte bereits Silveira (1978) für die englische Sprache (bei weiblichen Vpn) eine signifikant längere Reaktionszeit für den

Vergleich von generisch maskulinen Sätzen mit Bildern von Frauen im Gegensatz zu Bildern von Männern fest (ref. n. Silveira, 1980, S. 170). Diese Ergebnisse sprechen zumindest indirekt dafür, dass das generische Maskulinum zunächst assoziativ Bilder von Männern auslöst, die dann über die Heranziehung des Sprachwissens auf Frauen erweitert werden müssen.

Cole et al. (1983) haben – wie schon erwähnt (s.o. 3.) – ein Semantisches Differential mit 25 bipolaren Items entwickelt (Sex Stereotype Scale: SSS), das an der Beschreibung geschlechtertypischer Berufe validiert wurde. Mit diesem Instrument wurden die Effekte der Pronomenvariation (und z.T. des generischen Substantivs: ‚man', ‚person') im geschlechterneutralen Berufskontext (‚recreation worker' und ‚secondary school teacher') auf entsprechende Visualisierungen untersucht, desgleichen Wirkungen der Variation im geschlechterstereotypen Kontext (Berufe: ‚attorney' und ‚flight attendant'). Dabei zeigte der Berufskontext durchweg den erwarteten Geschlechterbias; generisch maskuline Pronomen und Nomen allerdings bewirkten einen vergleichbaren Bias lediglich in Kombination miteinander (‚man/he' wurde signifikant maskuliner eingeschätzt als ‚man/they'). Die Ergebnisse leiden u.E. allerdings unter dem Verdacht, dass es sich hier – gerade wegen des an Berufen validierten Instruments – eventuell primär um ein Rating der vorgegebenen Berufe, weniger der generischen Bezeichnungen handelt.

Insgesamt jedoch kann die These der Benachteiligung von Frauen durch das generische Maskulinum auf der Ebene mentaler Bilder durch die bisherigen Untersuchungen mit den verschiedensten Operationalisierungen als überzeugend bestätigt gelten.

Darüber hinaus sprechen die empirischen Ergebnisse für die Vermutung, dass sich die mentalen Bilder, die abhängig von der Verwendung des generischen Maskulinums entstehen, geschlechterspezifisch unterscheiden lassen: Männer assoziieren unter dem Einfluss des generischen Maskulinums konkreter und selbstbezogener als Frauen, Frauen dagegen abstrakter und weniger selbstbezogen als Männer (Martyna, 1978, S. 136f.; Hamilton, 1988); was bedeutet, dass tragischerweise – wenn überhaupt – eher die Frauen (und nicht die Männer) dazu tendieren, das generische Maskulinum in der Tat geschlechterübergreifend zu gebrauchen, d.h. so, wie es die sprachinstrumentalistisch orientierten Kritiker der Feministischen Linguistik für alle Sprachbenutzer/innen fordernd unterstellen (s.o. u.a. Kalverkämper, 1979a; 1979b).

3.2. *Untersuchungen, die primär propositionale Vorstellungen akzentuieren*

Die Erhebungsverfahren, die vor allem propositionale Vorstellungen abbilden, unterscheiden sich in erster Linie bezüglich der Direktheit bzw. Indirektheit, mit der sie die (geschlechterorientierten) Vorstellungen der Vpn abfragen. Zu den indirektesten gehören dabei zwei weitere Teilstudien aus der Untersuchung von Sniezek und Jazwinski (1986). In der „Essay"-Studie wurden Informationen über die Lebenserwartung von Menschen in den drei Formulierungsbedingungen ‚man', ‚human beings' sowie ‚men and women' vorgegeben; die Vpn hatten im Anschluss daran die Lebenserwartung für Männer und Frauen einzuschätzen, wobei die inhaltliche Übertragung der Essay-Informationen als Indikator für das Ausmaß genommen wurde, in dem die Vpn beim Lesen vorwiegend an Männer oder Frauen gedacht hatten. Wie erwartet führte die generisch maskuline Formulierungsbedingung dazu, dass sich die Einschätzungen der Lebenserwartung signifikant stärker an den vorher bezüglich der Männer gegebenen Informationen ausrichteten (o.c., S. 652).

Zum anderen sollten die Vpn nach dem Lesen von typisch weiblichen, typisch männlichen sowie geschlechterneutralen (z.B. Filmstar) Berufsdefinitionen jeweils eine entsprechend berufstätige Person mit vollem Namen benennen; das Geschlecht der Nennungen wurde von drei Raterinnen klassifiziert. Es zeigte sich auch hier, dass die generisch maskuline Benennung („An attorney is a man who is qualified to act in legal proceedings.") in der Tat signifikant häufiger männliche Konkretisierungen evozierte als eine geschlechterneutrale bzw. Geschlechter-Splitting-Bedingung („An attorney is a man or woman who ...": o.c., S. 650 u. 652).

Direkter ist die Untersuchung mit Hilfe sog. Satzergänzungstests. Beispielsweise fragten Scheele und Gauler (1993) nach dem geschlechterbezogenen Denken bei der Satzrezeption, Rothmund und Scheele (in Vorb.) bei der Textrezeption; erfasst wurde die abhängige Variable durch Satzergänzungen mit freier (bei Scheele & Gauler: Studie I) und Forced-Choice-Komplettierung von Satzobjekten, die einen Rückschluss auf den geschlechterbezogenen Assoziationsraum erlaubten (bei freier Satzergänzung wurde die Maskulinität, Feminität und Androgynität nachträglich von Raterinnen eingeschätzt, bei der Forced-Choice-Komplettierung wurde diese durch einen Vortest bestimmt). Klein (1988) ließ die Vpn Personen-Namen angeben (Anrede und Vornamen). Auch in diesen drei Studien für die deutsche Sprache kam heraus, dass die Rezeption generischer Maskulina ein Denken an überwiegend Männer auslöst.

Am direktesten ist sicher die Operationalisierung von MacKay und Fulkerson (1979), die danach fragten, ob sich der jeweils dargebotene Satz (mit generischem ‚he' oder geschlechterspezifischem Pronomen oder Nomen) auf eine oder mehrere Frauen beziehen könnte und als Ergebnis 87% „falsche" (d.h. Frauen ausschließende) Antworten bei den Sätzen mit generischem ‚he' erhielten im Unterschied zu 98% „richtigen" Antworten bei geschlechterspezifizierenden Sätzen; für das Deutsche kommen Irmen und Köhncke (1996) zu vergleichbaren Ergebnissen. Ebenfalls für die deutsche Sprache prüfte Rothermund (1998) die Wirkung des generischen Maskulinums im Rahmen des Rekognitionsparadigmas und stellte in der Singular-Bedingung längere Zurückweisungszeiten für die männliche Testphrase, in der Plural-Bedingung allerdings längere Zurückweisungszeiten für die weibliche Testphrase fest. Ausgehend von der Annahme, dass sich beim Textverstehen inferierte Information in längeren Zurückweisungszeiten für inferenz-kongruente Testphrasen manifestiert (verglichen mit denen für inferenz-inkongruente Testphrasen), lassen sich diese Ergebnisse dahingehend interpretieren, dass das generische Maskulinum im Singular eine vor allem männlich assoziierte, im Plural dagegen eine vor allem weiblich assoziierte Informationsverarbeitung begünstigt. Ähnlich ergaben sich bei MacKay (1980) signifikant mehr Verständnisfehler (i.S. eines spezifisch maskulinen Verständnisses) beim Lesen eines kurzen Textes mit generischem ‚he' im Vergleich zu geschlechterinklusiven Neologismen (z.B. ‚tey' als Kurzform für ‚they' oder ‚e' als Kurzform für ‚he and she').

Gedächtniseffekte in Abhängigkeit von generisch versus geschlechterspezifisch formulierten Textpassagen wurden von Crawford und English (1984; vgl. u. 4.1.) untersucht (Studie I zu den Aufgabenfeldern von Psychologen/innen; Studie II zu den Aufgabenbereichen von Juristen/innen). Hierbei zeigte sich, dass die weiblichen Vpn Informationen besser erinnern (recall) konnten, wenn sie ihnen in einer sie explizit einschließenden (‚he or she'-)Form dargeboten worden waren; die männlichen Vpn erinnerten dagegen (generisch) maskulin formulierte Informationen besser (was wiederum auf die Relevanz des Vpn-Geschlechts als Moderator-Variable hinweist: vgl. u. 3.3.).

Auch die Ergebnisse dieser Untersuchungen, die eher propositionale Vorstellungen der Vpn abbilden, sprechen überwiegend dafür, dass die These der Benachteiligung von Frauen durch das generische Maskulinum empirisch berechtigt ist.

Allerdings leiden die Ergebnisse, wie bereits erwähnt (s.o. 3.), unter dem in den Operationalisierungen überwiegend enthaltenen Dichotomisierungszwang (in männlich versus weiblich), der zumindest z.T. eine artifizielle Erhöhung des Bestätigungsgrads der Benachteiligungsthese bewirken könnte. Denn gerade auf der Ebene der propositionalen Vorstellungen wären abstrakt-übergreifende (generische) Propositionen, die sich auf Männer wie Frauen beziehen (dem entsprechend, was Martyna (1978) und Hamilton (1988) über die mentalen Bilder einiger ihrer weiblichen Vpn berichtet haben), nicht als Benachteiligung des weiblichen Geschlechts zu verbuchen. Man müsste daher dem generischen Maskulinum sozusagen die Chance einräumen, dass es genau solche geschlechterübergreifenden propositionalen Vorstellungen auslöst, d.h. diese Möglichkeit dezidiert mit in die empirische Überprüfung einbeziehen. Außerdem ist es denkbar, dass sich die Wirksamkeit von Heilungsvorschlägen nicht zuletzt auch an der Zunahme solcher geschlechterübergreifenden Vorstellungen/Referenzen zeigen könnte.

Im Prinzip ist daher die Ergänzung durch eine Erhebungsmethode notwendig, die zum einen das Auftreten mentaler Bilder oder propositionaler Vorstellungen offenlässt und zum anderen keinen Dichotomisierungszwang in der Operationalisierung impliziert. Als ein solches Vorgehen ist die Erhebung freier Assoziationen mit anschließender inhaltsanalytischer Kategorisierung anzusehen (wobei auch die Kategorie der geschlechterübergreifenden („androgynen") Assoziationen mit enthalten ist), wie sie Scheele und Gauler (1993) eingesetzt haben. Dabei zeigte sich (in der ersten Studie), dass es tatsächlich eine große Anzahl von sexus-unbestimmten Satzergänzungen gab; die Benachteiligung von Frauen in Form von Konkretisierungen in Richtung auf männliche Referenzobjekte durch das generische Maskulinum blieb dennoch erhalten. Obwohl also die empirische Bewährung der These über die Benachteiligung von Frauen durch das generische Maskulinum zunächst als durchaus überzeugend eingeschätzt werden kann, ist doch eine weitere Komplettierung der Ergebnisse durch den Vergleich verschiedener Erhebungsmethoden und durch die Einbeziehung weiterer (Moderator-)Variablen erforderlich.

3.3. *Moderatorvariablen/-effekte*

Hier sind zunächst methodenkritische Untersuchungsansätze zu nennen, in denen die Kenntnis der Untersuchungshypothesen bzw. die Störvariable der sozialen Erwünschtheit thematisiert werden. Dies ist unseres Wissens bisher allerdings nur einmal geschehen, nämlich in einer Voruntersuchung von Sniezek und Jazwinski (1986). Alle übrigen Untersuchungen haben die potenzielle Störvariable dadurch zu eliminieren versucht, dass sie die Untersuchungssituation in Bezug auf den Untersuchungszweck weitgehend intransparent gehalten haben. In der Voruntersuchung von Sniezek und Jazwinski ergaben sich erstaunlicherweise keine signifikanten Effekte für die Untersuchungsgruppe, die über den Zweck der Untersuchung informiert worden war, ebensowenig für soziale Erwünschtheit. Die Autorinnen führen das auf die geringe Aufmerksamkeit der studentischen Vpn gegenüber "sex bias in language" zurück, womit dieses Problem aber natürlich noch nicht erledigt ist.

Demgegenüber ergaben sich – erwartungsgemäß – in mehreren Untersuchungen Effekte für die Geschlechtervariable derart, dass Männer (generell wie auch speziell) bei der Rezeption oder Produktion generischer Maskulina einen stärkeren maskulinen Bias aufweisen als Frauen (z.B. Crawford & English, 1984; Hamilton, 1988; Martyna, 1978; Moulton et al., 1978). Insofern sollte – plausiblerweise – das Geschlecht der Vpn mit in die Analyse einbezogen werden, obwohl es auch Untersuchungen gibt, in denen es sich nicht als signifikante Einflussgröße erwiesen hat (z.B. Cole et al., 1983; Klein, 1988; MacKay & Fulkerson, 1979; Scheele & Gauler, 1993), was vielleicht mit der erwähnten Vermeidung des Dichotomisierungszwangs in der Operationalisierung, d.h. grundsätzlich mit Besonderheiten des Stimulusmaterials und der Aufgabenstellung zusammenhängt. So konnten beispielsweise Sniezek und Jazwinski (1986) Geschlechterunterschiede für Aufgabenstellungen mit Dichotomisierungsdruck nachweisen (Zeichnen einer Person, Benennung einer Person mit Vor- und Nachnamen), nicht jedoch für eine Aufgabenstellung ohne Dichotomisierungsdruck (Einschätzung der Lebenserwartung von Frauen und Männern: vgl. o. 3.2.). Bei Rothmund und Scheele (in Vorb.) zeigten sich Geschlechterunterschiede (i.S. eines stärkeren maskulinen Bias bei Männern) lediglich bei der Rezeption eines Textes mit generischem Maskulinum (nicht jedoch bei der Rezeption eines Textes mit geschlechterübergreifenden Formulierungen) – und dies auch nur dann, wenn der Stimulustext einen Realitätsbereich beschrieb, der eine Geschlechterdichotomisierung sowie die Annahme einer männlichen Dominanz nahelegte (Nutzung von Heilbädern in einem orientalisch geprägten Kulturraum im Gegensatz zur Nutzung deutscher Erlebnisbäder).

Da sich auch ansonsten in der Frauenforschung die einfache Variable des Geschlechts in der Regel im Sinne von „gender", nämlich lediglich als Indikator für darunter liegende, wichtigere kognitive, emotionale und motivationale Variablen der Verarbeitung erwiesen hat (vgl. u.a. Unger, 1979; Deaux, 1985; Shields, 1991; Dietzen, 1993), liegt es nahe, beispielsweise eher die Sensibilität und Einstellung gegenüber einem möglichen „sex bias" in der Sprache als zentrale Moderatorvariable anzusetzen. Diesbezüglich konnten bereits Jacobson und Insko (1985) sichern, dass feministisch eingestellte Vpn häufiger genderneutrale Pronomen verwenden. Erklärt wird dieses Phänomen in der Hauptsache mit den geschlechterspezifisch unterschiedlichen Bedingungen beim Spracherwerb. Für Jungen ist die (Selbst-)Anwendung des Maskulinums um vieles einfacher als für Mädchen. Denn: Das Maskulinum – ob spezifisch oder generisch gebraucht – meint in jedem Fall unzweifelhaft (auch) die männliche Person. Auf diese Weise lernt der Junge nicht nur eine für ihn identifikationskohärente Sprache („The young boy has always heard himself referred to by the masculine pronoun.": Nilsen, 1977, zit. n. Martyna, 1978, S. 137), sondern erwirbt zusätzlich – nicht nur, aber eben doch auch durch diese Sprache – ein androzentrisches Selbst- und Weltbild dahingehend, dass „every creature not obviously female is treated as masculine" (l.c.). Diese (Vor-)Einstellung trägt dann entscheidend mit dazu bei, dass generisch maskulin gemeinte Formen von männlicher Seite normalerweise sexus-spezifisch verstanden werden.

Im Unterschied dazu ist für Mädchen bereits in Bezug auf den Spracherwerb von sehr viel komplexeren kognitiven, motivationalen und emotionalen Vorgängen für das Sprachverstehen und das Identifikationslernen auszugehen (vgl. Hyde, 1984). Welche Selbst- und Weltbilder sie dabei wann unter welchen Sozialisationsbedingungen aufbauen, unter welchen strukturellen und aktuellen Situations- und Persönlichkeitsbedingungen sie in der Lage sind, „to compensate for the (generic masculine) word's male connotations" (Silveira, 1980, S. 176), unter welchen sie dagegen ungewollt scheitern, unter welchen sie (zunehmend) ihr Verständnis willentlich einer generisch gemeinten maskulinen Formulierung verweigern oder exakt entgegengesetzt: unter welchen Bedingungen Frauen auf feministisch-linguistische Veränderungsvorschläge reaktant bis aggressiv ablehnend reagieren – all dies scheint uns bisher noch weitgehend ungeklärt. Die ersten (uns bekannten), nur schwer zu interpretierenden Daten über solche spezifischeren Bedingungen, wie z.B. das sprachkritische Interesse an gender-neutraler Sprache einerseits sowie die Einstellung in Bezug auf Notwendigkeiten und Akzeptabilität von Sprachveränderungen andererseits (Harrigan & Lucic, 1988), machen darüber hinaus sehr deutlich, dass bisher wenig an umfassenderen theoretischen Modellen vorliegt, die die Determinanten und Prozesse der Sprachverwendung mit solchen der individuell motivierten Veränderung bzw. auch und gerade ihrer Stabilität in einen erklärungstheoretischen Zusammenhang bringen (könnten).

Bedeutsam für die Geschlechterreferenz dürfte nicht zuletzt der Verwendungskontext, d.h. die Geschlechterverteilung im thematischen Realitätsbereich, sein. Denn die These einer sprachlichen Benachteiligung der Frau ist dann am überzeugendsten, wenn sich der Einfluss grammatischer Strukturen gegen die realen Geschlechterverhältnisse durchsetzt, wenn also die Bezeichnung gemischtgeschlechtlicher oder weiblich-dominierter Personengruppen mit einem generischen Maskulinum zu einem (realitätsinadäquaten) Denken an vorwiegend Männer führt. Entsprechend wurden in den Studien zum Genus-Sexus-Problem hauptsächlich gemischtgeschlechtliche Kontexte präsentiert (z.B. Hamilton, 1988: ‚pedestrian'; Klein, 1988: ‚Bürger') oder aber die Kontextbedingungen variiert, d.h. Realitätsbereiche mit Gleichverteilung der Geschlechter sowie mit männlicher und weiblicher Dominanz vorgegeben (z.B. MacKay & Fulkerson, 1979: ‚student', ‚lawyer', ‚secretary'; Scheele & Gauler, 1993: ‚Deutsche', ‚Wissenschaftler', ‚Cutter'). Dabei zeigte sich u.a., dass bei männlich-dominierten Realitätsbereichen generell (d.h. unabhängig von der Art der Personenbezeichnung) häufiger männliche Referenzpersonen assoziiert werden als bei gemischtgeschlechtlichen und weiblich-dominierten Realitätsbereichen (z.B. Cole et al., 1983). Außerdem liegen Hinweise vor, dass die Geschlechterverteilung im thematischen Realitätsbereich einen Einfluss auf die Wahl von Personenbezeichnungen bei der Sprachproduktion (z.B. Martyna, 1978) sowie auf die Effektivität geschlechterübergreifender Personenbezeichnungen (sog. Heilungsvarianten: s.o. 2.2.) im Hinblick auf die Nicht-Benachteiligung der Frau hat (z.B. Rothmund & Scheele, in Vorb.; Scheele & Gauler, 1993; s.u. 5.).

Allerdings wurden die Vorstellungen bzw. das Wissen der Vpn über die jeweilige reale Geschlechterverteilung nur selten gesondert erhoben, vielmehr hat man unterstellt, dass die Vpn über „korrekte" mentale Repräsentationen realer Geschlechterverhältnisse verfügen. Ein Treatment-Check wurde u.W. lediglich von Rothmund und Scheele (in Vorb.) vorgenommen, wobei die Ergebnisse dieser Studie zugleich dessen Beschränkungen aufzeigen. So können sich die vor dem Lesen erhobenen Annahmen über die Geschlechterverteilung im thematischen Realitätsbereich während des Lesens eines längeren Textes verändern – und zwar unabhängig von der Art der verwendeten Personenbezeichnungen. Dies dürfte insbesondere dann der Fall sein,

wenn die Vpn über wenig Erfahrung mit dem jeweiligen Realitätsbereich verfügen und zur Einschätzung des Geschlechterverhältnisses auf die im Text präsentierten Informationen zurückgreifen müssen.
Damit wird auch deutlich, dass Kontextfaktoren stärker berücksichtigt werden müssen, als dies bislang der Fall war. Die meisten Studien zum Genus-Sexus-Problem wurden auf der Wort- oder Satzebene durchgeführt. Um zu (ökologisch) valideren Ergebnissen zu kommen, sollte aber zum einen der situative Äußerungskontext mit angegeben werden, zum anderen ist der sprachliche Verwendungskontext zu erweitern, indem man als Stimulusmaterial komplexe, kontextuell geschlossene Texte vorgibt (vgl. u. 5.2.).

4. Kognitionspsychologische Erklärungsmodelle als Alternative zum linguistischen Relativitätsprinzip?

Die Linguistik versteht sich traditioneller Weise in weiten Teilen als eine beschreibend-rekonstruktive Disziplin (vgl. Bußmann, 1995), weswegen Erklärungsmodelle generell keinen so großen Stellenwert einnehmen wie z.B. in der Psychologie. Dementsprechend ist auch die Feministische Linguistik beim Genus-Sexus-Problem primär auf die Ausarbeitung der Benachteiligungsthese und die Veranschaulichung an konkreten Sprachbeispielen konzentriert. Darüber hinaus stellt die Feministische Linguistik jedoch – geradezu rebellisch abweichend von der „mainstream-Linguistik" – die Technologiefrage, d.h. die Frage nach den Möglichkeiten, den sprachlichen Wandel in Richtung auf die Überwindung der beschriebenen Benachteiligung zu beeinflussen (o.c., S. 129f.; Hellinger, 1990; s.u. 5.). Die Erklärungsfrage wird dagegen u.E. relativ selten und dabei kaum sprachwissenschaftlich thematisiert – doch wenn, dann mit Rückgriff auf die linguistische Relativitätsthese (vgl. Hellinger, 1990).

In den psycholinguistischen bzw. sprach-/denkpsychologischen Untersuchungen zur empirischen Überprüfung der Benachteiligungsthese wird demgegenüber die Frage nach der Erklärung explizit(er) gestellt. Dabei folgt ein Teil durchaus der linguistischen „Vorgabe" und setzt das linguistische Relativitätsprinzip als fruchtbares Modell zur Erklärung des Einflusses von Sprache auf Denken an (z.B. Harrison & Passero, 1975; Martyna, 1980; Moulton et al., 1978; mit besonderem Nachdruck Scheele & Gauler, 1993, die – wie oben (1.2.) noch einmal begründet – das Genus-Sexus-Problem als paradigmatischen Fall der linguistischen Relativitäts-These behandeln). Es gibt aber aus sprach-/denkpsychologischer Sicht noch andere, partiell konkurrierende Erklärungsmodelle (vgl. u.a. Martyna, 1978; MacKay & Fulkerson, 1979; Silveira, 1980; Hamilton, 1988; 1991), die im Folgenden unter Rückgriff auf deren wichtigste Proponenten/innen einschließlich der entsprechenden Untersuchungen kurz skizziert werden sollen.

4.1. Modelle der Kategorisierung und des Semantischen Gedächtnisses

Silveira hat bereits 1980 eine sehr anspruchsvolle Konzeption vorgelegt, in der sie anregt, zur Erklärung des maskulinen Bias im Denken das linguistische Relativitätsprinzip mit dem Prototypenansatz, ergänzt durch Annahmen über die Aktivierungsausbreitung im semantischen Gedächtnis, zu verbinden. Dazu rekonstruiert sie im Rahmen des Prototypenansatzes (sensu Rosch, 1973; 1975; 1978) einen generellen maskulinen Bias im Denken als „generic=specific" („bird=robin"), den sie in zwei Ausrichtungen spezifiziert: als „people=male"-Bias und als „male=people"-Bias. Das bedeutet: Im Zentrum der kognitiven Kategorie MENSCH steht als dessen typischstes Mitglied das Konzept MANN, zu dem andere Mitglieder eine mehr oder minder große „Familienähnlichkeit" (Wittgenstein, 1953) aufweisen; das Konzept FRAU ist dagegen ein weniger typisches (eher in der Peripherie angesiedeltes) Mitglied der Kategorie. Dementsprechend sollten sich die beiden folgenden Typizitätseffekte nachweisen lassen: (1) Bei MENSCH denken wir eher bzw. schneller an einen MANN (als an eine FRAU); (2) bei MANN denken wir eher bzw. schneller (als bei FRAU) an einen MENSCHEN (Silveira, 1980, S. 167).

Für die Beschreibung der aktualgenetischen Verarbeitungsprozesse von (generisch maskulinen) Personenbezeichnungen nutzt Silveira Annahmen über die Aktivationsausbreitung im semantischen Gedächtnis. Danach würde z.B. die Produktion/Rezeption des generisch maskulinen ‚man' zunächst das Konzept MENSCH aktivieren. Und da die Konzepte MENSCH und MANN im kognitiven Netzwerk eng miteinander verbunden sind (was z.B. für die Konzepte MENSCH und FRAU nicht in diesem Maße zutrifft), würde sich diese Aktivierung auch auf das Konzept MANN ausdehnen. Das Konzept MANN wäre also gleichzeitig mit dem Konzept MENSCH aktiviert und auf diese Weise verfügbar (nicht so das Konzept FRAU).

Inwieweit diese Beschreibung des postulierten „people=male/ male=people"-Bias in Netzwerk- und Aktivationsausbreitungstermini dem heutigen Theorienstand noch entspricht, ist an dieser Stelle nicht von zentralem Interesse (s. zu Theorienentwicklung und neueren Modellen des Gedächtnisses: Kluwe, 1996; Tulving & Craik, 2000; der Begriffsbildung: Eckes, 1996; des Sprachverstehens: Friederici, 1998; der Sprachproduktion: Herrmann, 1998). Stattdessen ist festzuhalten, dass damit der Einfluss von Sprache auf Denken bei der Rezeption wie bei der Produktion von (generisch wie spezifisch maskulinen) Personenbezeichnungen beschrieben wird, und dass diese (*Prozess-*)Beschreibung selbstverständlich auch als Erklärung des jeweils resultierenden (Informationsverarbeitungs-)*Produkts* fungieren kann. Auf diese Weise werden allerdings keine Aussagen darüber gemacht, warum gerade die Konzepte MENSCH und MANN im kognitiven Netzwerk enger miteinander verknüpft sind als z.B. die Konzepte MENSCH und FRAU. Diesbezüglich müssten mit Silveira gesellschaftliche und – unter Rückgriff auf die linguistische Relativitätsthese – sprachliche Bedingungs-Faktoren genannt werden (s. u. 4.2.).

Beispiele für die erfolgreiche Anwendung der Prototypenforschung auf die Frage nach dem Einfluss des generischen Maskulinums liegen mit der Arbeit von MacKay und Fulkerson (1979) für die englische Sprache (s.o. 3.2.) sowie mit der Replikationsstudie von Irmen und Köhncke (1996: Exp.: 1) für die deutsche Sprache vor. Die Autor/innen untersuchten die Verfügbarkeit der kognitiven Kategorien FRAU und MANN bei der Rezeption von Sätzen mit generisch maskulinen, spezifisch maskulinen und femininen Personenbezeichnungen (bei MacKay & Fulkerson: Kombination nominaler Berufsbezeichnungen mit den Pronomina ‚he' und ‚she'; bei Irmen & Köhncke: nominale Berufsbezeichnungen sowie die Indefinitpronomina ‚jeder' und ‚einer'). Die Verfügbarkeit der kognitiven Kategorien war operationalisiert durch die Reaktionszeit für die Beantwortung der Frage, ob die Personenbezeichnung im jeweiligen Satz eine Instanz der jeweils vorgegebenen Kategorie (‚Mann', ‚Frau') sein könnte (Irmen & Köhncke, 1996, S. 157), sowie durch die Häufigkeit korrekter Ja-Antworten der Vpn. Die Ergebnisse legen den Schluss nahe, dass das generische Maskulinum überwiegend (fälschlicherweise) spezifisch männlich verstanden wird, da sich z.B. bei der Bestätigung eines Mannes als potenzielle Referenzperson keine signifikant längeren Reaktionszeiten bei generischen Maskulina im Vergleich zu spezifischen Maskulina ergaben; dagegen brauchten die Vpn bei generischen Maskulina signifikant länger zur Bestätigung des Referierens auf eine Frau als zur Bestätigung des Referierens auf einen Mann. Daraus folgt für Irmen und Köhncke: „Ein ‚generisches' Maskulinum – *wenn* es überhaupt auf beide Geschlechter bezogen wird – bewirkt also den Aufbau einer mentalen Repräsentation, die den Mann als das typischere Exemplar beinhaltet." (o.c., S. 163; kursiv i. Orig.)

Mit explizitem Rekurs auf die von Silveira herausgearbeiteten Voreingenommenheiten im Denken berichtet auch Hamilton (1991) empirische Evidenzen sowohl für den „male=people"- als auch für den „people=male"-Bias. Dabei wurde der „people=male"-Bias (in der Rezeption) einmal anhand einer kurzen Science Fiction Geschichte mit verschiedenen Formulierungsvarianten geprüft: u.a. Verwendung der geschlechterneutralen Bezeichnungen ‚people' und ‚they' sowie der Geschlechter-Splitting-Variante ‚his or her'. Nach dem Lesen sollten die Vpn eine offene Frage danach beantworten, wie sie sich die im Text thematischen Zukunftsmenschen vorgestellt hatten. Es zeigte sich ein signifikantes Übergewicht maskuliner Beschreibungen, wobei dies allerdings nur für die männlichen Vpn galt (die Daten entstammten der Studie von Hamilton & Henley (1982): Hamilton, 1991, S. 396f.).

Außerdem wurde der „people=male"-Bias in Abhängigkeit von geschlechterneutralen Nomen und Pronomen untersucht, indem die Vpn in einer zur „person perception" ausgegebenen Studie gebeten wurden, "the most typical person they could imagine" zunächst kurz zu beschreiben und ihr danach einen "perfect typical name" zuzuordnen (o.c., S. 397). Auch hier ergab sich ein signifikantes Übergewicht männlicher Beschreibungen, zu interpretieren als „people=male"-Bias in dem Sinne, dass "a male is seen as a more prototypic person than is a female" (o.c., S. 398). Leider konnte das Vpn-Geschlecht auf Grund geringer Zellenbesetzungen nicht auf Moderatorwirkung geprüft werden.

Das schränkt den Wert der Ergebnisse allerdings insofern ein, als der von Silveira (1980) postulierte „people=male"-Bias als unabhängig vom Vpn-Geschlecht behauptet wird. Denn wenn, wie in der ersten Studie, vor allem Männer zu dem von Silveira vermuteten maskulinen Bias im Denken neigen, spricht das nicht für einen geschlechterunabhängigen „people=male"-Bias, sondern vielmehr für einen „people=self"-Bias. Nach der „self"-Bias-These (Silveira, 1980; vgl. Mac Kay & Fulkerson, 1979; Martyna, 1978) tendieren wir dazu, auf das eigene Geschlecht bezogen zu assoziieren, wobei sich, bedingt durch die Sprachsozialisation (s.o. 3.3.), ein solcher „people=self"-Bias allerdings bei Männern stärker ausprägt als bei Frauen (vgl. Hamilton, 1991, S. 399).

Diese Möglichkeit wird durch die Untersuchung von Hamilton (1988) zur Wirkung der eigenen Verwendung generischer Maskulina vs. geschlechterinklusiver Formulierungsvarianten auf das eigene Denken gestützt. Das heißt: Auch für die Produktion konnte nachgewiesen werden, dass männliche Vpn generell, d.h. über alle Formulierungsbedingungen hinweg, signifikant häufiger (als weibliche Vpn) Männer assoziieren (vgl. auch die Ergebnisse von Martyna, 1978). Formulierungsvarianten waren das generisch maskuline Pronomen ‚he', die Geschlechter-Splitting-Variante ‚he or she' und schließlich das geschlechterübergreifende pluralische Pronomen ‚they' mit Bezug auf Nomina wie z.B. ‚writer', ‚employee', ‚person'.

Dabei resultierten allerdings unabhängig vom Vpn-Geschlecht generell Assoziationen an Männer am meisten beim generisch maskulinen Pronomen, dann beim geschlechterinklusiven pluralischen Pronomen und am wenigsten bei der Geschlechter-Splitting-Variante. Hamilton interpretiert dieses Ergebnis aktualgenetisch, indem sie für die Sprachkonstruktionen von Nomen mit anaphorischen Pronomen (‚a scientist ... he ...') in Spezifizierung der Annahmen von Silveira folgende Aktivationsausbreitung annimmt: Eine geschlechterneutrale nominale Personenbezeichnung (wie z.B. ‚person') aktiviert sowohl das Konzept MANN als auch das Konzept FRAU; folgt dem Nomen dann aber ein zurückverweisendes maskulines Pronomen, so wird das Konzept FRAU desaktiviert bzw. das Denken an Frauen unterdrückt. Demgegenüber braucht bei der zurückverweisenden Verwendung von ‚he or she' oder ‚they' nichts unterdrückt zu werden (1988, S. 796). Diese Abfolge im aktualgenetischen Konzeptaufbau wird auch von MacKay & Fulkerson (1979) angesetzt, allerdings ausschließlich auf der Basis von Kategorisierungsprozessen (vgl. o.c., S. 670f.).

In Ergänzung zu den bisher referierten Studien, die mehrheitlich unmittelbare Dekodierungs-, vereinzelt aber auch Enkodierungseffekte untersucht haben, hat Ng (1990) die vermuteten Kategorisierungsprozesse über Behaltenskonsequenzen geprüft. Theoretischer Ausgangspunkt ist die Annahme, dass Begriffe im semantischen Gedächtnis als einzelne Elemente wie auch als Bestandteile konzeptueller Kategorien kodiert werden, wobei die Mitglieder einer Kategorie einen gemeinsamen linguistischen Code besitzen. Wenn nun die Maskulina ‚man' und ‚his' tatsächlich generisch verstanden werden, so müssen sie genauso leicht in die feminine wie in die maskuline Kategorie subsumiert werden können; werden sie dagegen spezifisch maskulin verstanden, hat das zur Folge, dass sie nicht als Mitglieder der femininen Kategorie kodiert werden können (o.c., S. 456). Entsprechend gab die Autorin den Vpn (in vier Lerndurchgängen) zum einen spezifisch maskuline Personenbezeichnungen kombiniert mit einem Männernamen (z.B. ‚king/Ivan') vor, zum anderen spezifisch feminine Personenbezeichnungen kombiniert mit einem Frauennamen (z.B. ‚queen/

Linda'). Als anschließend (in zwei Durchgängen) jeweils ein generisches Maskulinum („man', ‚his') in Kombination mit einem geschlechterindifferenten Vornamen (z.B. ‚Chris') präsentiert wurde, zeigte sich in der maskulinen Bedingung ein signifikanter Abfall der Behaltensleistung, in der femininen Bedingung eine signifikante Steigerung der Behaltensleistung. Außerdem ergaben sich signifikante Unterschiede zwischen den beiden Gruppen. Unter Rückgriff auf das Konzept der „proaktiven Hemmung" (Beeinträchtigung des Abrufs gelernter Information durch zuvor Gelerntes) lassen diese Ergebnisse darauf schließen, dass generisch maskuline Personenbezeichnungen (im unmittelbaren Gedächtnis) eher als Mitglieder der Kategorie MANN und eben nicht als Mitglieder der Kategorie FRAU kodiert werden.

Eine zufriedenstellende Prozessmodellierung steht allerdings noch aus. Mit Blick auf die Theorienentwicklung in anderen Bereichen der Sprachproduktion und -rezeption (vgl. z.B. zu Ironie und Metapher: Christmann & Scheele, i.d.B., Kap. 6) scheint es jedoch auch in diesem Fall erfolgversprechend, die kognitive Konstruktivität des Menschen zur Erklärung mit einzubeziehen; denkbar wäre u.a. auch hier von der gleichzeitigen Präsenz generischer und spezifischer Bedeutungen von Nomina und Pronomina auszugehen (vgl. Hamilton, 1988; Rothermund, 1998), um z.B. die Relation von geschlechterambiguen Nomina und disambiguierenden Pronomina erklärungskräftig zu bestimmen – moderiert von der Geschlechterzugehörigkeit, den sprachkritischen Einstellungen sowie vom Kontext in Interaktion mit dem Wissen der Sprachbenutzer/innen um die Geschlechterverteilung im thematischen Realitätsbereich (s.o. 3.3. und unten 5.).

4.2. Zur Integration von struktur- und prozessorientierten Erklärungsansätzen

Wie sind nun diese Erklärungsansätze einzeln oder gegebenenfalls miteinander verbunden zu bewerten? Hamilton (1988) z.B. schreibt der linguistischen Relativitätsthese lediglich eine deskriptive, den aus der kognitiven Psychologie stammenden Netzwerk- und Aktivationsausbreitungsmodellen dagegen die explanative Funktion zu: "While linguistic relativity theory gives a descriptive model of the masculine generic's effects, it does not explain the mechanisms underlying the effects" (o.c., S. 796). Das ist zum Teil richtig, zum Teil aber auch nicht. Richtig ist, dass mit dem linguistischen Relativitätsprinzip die Mechanismen, die bei der Verarbeitung generischer Maskulina ablaufen, nicht erklärt werden können, mit Netzwerk- oder Aktivationsausbreitungsmodellen aber sehr wohl. Das heißt jedoch nicht, dass man mit dem linguistischen Relativitätsprinzip nicht(s) erklären kann. Worauf es ankommt, ist, was es zu erklären gilt, d.h. welche Frage mit einer Erklärung beantwortet werden soll (vgl. Schurz, 1990). Soll erklärt werden, *wie* die Verarbeitung generischer Maskulina *funktioniert*? Oder soll erklärt werden, *warum* unser Denken einen maskulinen Bias hat? Die zweite Frage erfordert eine Kausalerklärung, in der eben z.B. grammatische Strukturen (wie das generische Maskulinum) als Ursache für den maskulinen Bias im Denken angegeben werden. Die Beantwortung der ersten Frage muss die Prozessperspektive thematisieren, wobei im Explanans eine Beschreibung des Verarbeitungsprozesses unter Rückgriff auf beispielsweise ein Aktivationsausbreitungsmodell steht.

Am Beispiel: Auf die Frage „Warum denken wir Führungskräfte vorwiegend als männlich?" stellt die Antwort „Weil die Grammatik einer Sprache das Denken beeinflusst, das generische Maskulinum männliche Denkinhalte nahelegt, und weil wir zur Bezeichnung von Führungskräften in der Regel das generische Maskulinum ‚Manager' verwenden" eine Kausalerklärung dar, die als Ursache für den maskulinen Bias im Denken grammatische Strukturen der Sprache angibt. Die Frage dagegen „Wie funktioniert die Verarbeitung der generisch maskulinen Personenbezeichnung ‚Manager'?" könnte wie folgt beantwortet werden: „Zunächst wird das Konzept MANAGER im kognitiven Netzwerk aktiviert, diese Aktivation dehnt sich aus auf damit eng verknüpfte Konzepte, wie z.B. MANN. Demgegenüber stehen die Konzepte MANAGER und FRAU nicht in einer (engen) Beziehung, was zur Folge hat, dass sich zwischen diesen beiden Begriffen keine Aktivierung ausbreitet."

Innerhalb dieses Verarbeitungsprozesses werden zwar auch Ursachen und Wirkungen angesetzt, z.B. ist die Aktivierung des Konzepts MANAGER die Ursache für die Aktivierung des damit eng verbundenen Konzepts MANN; hierbei handelt es sich jedoch um prozessimmanente Ursache-Wirkungs-Beziehungen, wobei die Ursachen und Wirkungen einen völlig anderen Stellenwert haben als bei der Kausalerklärung, die die Relation von überindividuellem Sprachsystem und individuellem Denken betrifft. In diesem Zusammenhang erscheint uns die Unterscheidung zwischen „structuring causes" und „triggering" von Dretske (1988; vgl. Freitag, 1995) sinnvoll: „Kurz zusammengefasst besagt diese Unterscheidung Folgendes: Eine strukturierende Ursache ist eine Ursache dafür, dass es einen Prozess gibt, bei dem eine auslösende Ursache einen bestimmten Vorgang verursacht" (Freitag, 1995, S. 151). Die Aktivierung des Konzepts MANAGER kann also als auslösende Ursache für die Aktivierung des Konzepts MANN verstanden werden. Bleibt die Frage nach den „structuring causes", d.h. danach, *warum* im kognitiven Netzwerk gerade MANAGER und MANN eng miteinander verbunden sind, während das für die Konzepte MANAGER und FRAU nicht (in diesem Maße) gilt. Diese Frage lässt sich nun unter Rückgriff auf das linguistische Relativitätsprinzip beantworten: Die Bildung der Verknüpfungen im kognitiven Netzwerk wird durch die grammatischen Strukturen der Sprache, wie z.B. das generische Maskulinum (zumindest mit) beeinflusst. Und damit läge eine Kausalerklärung vor, in der im Explanandum der maskuline Bias im Denken (qua Verknüpfungen im kognitiven Netzwerk) und im Explanans die grammatischen Strukturen der Sprache stehen.

Sowohl das linguistische Relativitätsprinzip als auch die kognitionspsychologischen Kategorisierungs- und Aktivationsausbreitungsmodelle besitzen also einen Erklärungswert, allerdings für unterschiedliche Erklärungsfragen. Und dies ist genau die Situation, die von der neueren wissenschaftstheoretischen Diskussion mit dem sogenannten pragmatischen Erklärungskonzept (Schurz, 1990; vgl. Groeben, 1999, S. 323ff.) rekonstruiert worden ist: Wissenschaftliche Theorien geben Antwort auf z.T. ganz unterschiedliche Erklärungsfragen, ihr Wert ist immer nur relativ zu den gestellten Fragen zu sehen. Entscheidend ist daher, welche Erklärungsfrage in einem bestimmten Problembereich, einer jeweiligen Erkenntnissituation etc. zentral ist. Und die zentrale Frage innerhalb des Genus-Sexus-Problems ist und bleibt u.E. die nach den *Ursachen* für den maskulinen Bias im Denken, wobei mit der feministischen Benachteiligungsthese unter Rückgriff auf das linguistische Relativitätsprinzip grammatische Strukturen der Sprache (das generische Maskulinum) anzusetzen sind. Die (unter Rückgriff auf Netzwerk- und Aktivationsausbreitungsmodelle zu beantwortende) Frage danach, *wie* die Verarbeitung generischer Maskulina abläuft, ist demgegenüber zweitrangig. Das gilt im Übrigen ebenso für die (unter Rückgriff auf den Prototypenansatz beantwortbare) Frage danach, *wie* der maskuline Bias im Denken beschaffen ist (Rothmund, 1998, S. 16).

Das führt zu dem Fazit, dass linguistisches Relativitätsprinzip und kognitionspsychologische Kategorisierungs- bzw. Aktivationsausbreitungsmodelle nicht in einer echten Theorienkonkurrenz zueinander stehen, sondern in einer Ergänzungsrelation. Und zwar leistet das linguistische Relativitätsprinzip die (zentrale) Kausalerklärung für die Beeinflussung des Denkens durch die Sprache („strukturierende Ursache" nach Dretske), während die Kategorisierungs- und Aktivationsausbreitungsmodelle (ergänzend) das prozessuale „Wie" dieser Beeinflussung aufklären („auslösende Ursachen" nach Dretske).

Unter dieser pragmatischen Erklärungsperspektive lässt sich auch Silveiras Ansatz (1980; s.o. 4.1.) als Integrationsmodell für die Konzeptualisierung der innerhalb des Genus-Sexus-Problems relevanten Fragestellungen rekonstruieren. Dabei wird die Frage nach der Relation der kognitiven (Teil-)Konzepte, durch die sich der maskuline Bias im Denken manifestiert, unter Rückgriff auf den Prototypenansatz modelliert; mit Netzwerk- und Aktivationsausbreitungmodellen wird erklärt, wie die Verarbeitung von (z.B generisch maskulinen) Personenbezeichnungen – prozessual – funktioniert. Als (strukturierende) Ursachen dieses maskulinen Bias sind gesellschaftliche wie sprachliche Faktoren anzuführen, wobei das Genus-Sexus-Problem die Sprachebene in den Mittelpunkt stellt, indem mit dem linguistischen Relativitätsprinzip als Ursache die Grammatik einer Sprache (und zwar das generische Maskulinum) angesetzt wird. Diese integrative Erklärungsstruktur wird sicherlich auf die Dauer, um einen gleichmäßigen Differenzierungsgrad zu erreichen, in Bezug auf die außersprachlichen Erklärungsansätze (z.B. hinsichtlich der gesellschaftlich manifesten Ungleichgewichtungen zwischen den Geschlechtern in Bereichen wie Beruf, Politik etc.) noch stärker auszuarbeiten sein, und zwar insbesondere für die ontogenetischen Lernprozesse als Enkulturation in das Sprach- und Gesellschaftssystem in Verbindung mit aktualgenetischen Interaktions- und Kommunikationsprozessen z.B. im Sinne des „doing gender" (West & Zimmermann, 1987; vgl. erste Ansätze unten).

Die besondere pragmatische Relevanz der – auf die Struktur des Sprachsystems zurückgreifenden – Kausalerklärung manifestiert sich dabei nicht zuletzt darin, dass aus ihr im Gegensatz zu der Wie-Erklärung Veränderungskonsequenzen direkt ableitbar sind. Es ist dies die in wissenschaftstheoretischer Terminologie ‚Technologie' genannte (vgl. Groeben, 1999, S. 329ff.) dritte zentrale Funktion wissenschaftlicher Theorien (neben Erklärung und Prognose und zugleich auf ihnen aufbauend). Will man nämlich den maskulinen Bias im Denken vermeiden, so folgt aus dem linguistischen Relativitätsprinzip, dass der generische Gebrauch maskuliner Personenbezeichnungen soweit wie möglich vermieden werden sollte; stattdessen sollten zur Bezeichnung gemischtgeschlechtlicher Personengruppen (solche) geschlechterinklusiven Formulierungen oder Mitbezeichnungen verwendet werden, die im Hinblick auf das Mitgemeintsein von Frauen als effektiv gelten können.

5. Technologische Konsequenzen: „Heilungsvarianten" und deren empirische Effektivität

Nachdem die Erklärungs- und Prognosevalidität des linguistischen Relativitätsprinzips im Bereich des Genus-Sexus-Problems weitgehend nachgewiesen werden konnte (s.o. 3.), ist damit auch die in der Benennung „Benachteiligungsthese" enthaltene negative Bewertung dieses speziellen Falls von Einfluss der Sprache auf das Denken gerechtfertigt. Aus der negativen Bewertung aber folgt wiederum direkt die Zielvorgabe für eine technologische Anwendung (s.o. 4.2.), die durch die Heilungsvarianten (s.o. 2.2.) versucht wird. Wir wollen daher nun im dritten Schritt die Untersuchungen zu dieser technologischen Anwendung besprechen, wobei es zunächst um die Effektivität der linguistischen Heilungsvarianten überhaupt gehen soll (5.1.) und dann um die relevanten Rahmenbedingungen sowohl auf Seiten der unabhängigen als auch der abhängigen Variablen (5.2.).

5.1. Die Wirksamkeit der linguistischen Heilungsvarianten

Wie in anderen Bereichen der „women's studies" ist auch der größte Teil der empirischen Forschung zum Genus-Sexus-Problem (wie dargestellt) im anglo-amerikanischen Sprachraum erfolgt. Wegen der generellen Strukturparallelitäten der SAE-Sprachen (Whorf, 1963: s.o. 1.2.) sind die Ergebnisse der anglo-amerikanischen Untersuchungen, wie die vergleichbaren deutschsprachigen Studien zeigen, hinsichtlich der Validität der These über die Benachteiligung von Frauen durch das generische Maskulinum weitgehend auf das Deutsche übertragbar. Dies gilt nun jedoch nicht für die Heilungsvarianten, denn das Englische ist nicht in der gleichen Weise genusbestimmt wie das Deutsche (Hellinger, 1990, S. 64ff.). So kann im Englischen beispielsweise auf die meisten Personenbezeichnungen wie ‚worker', ‚teacher', ‚student' etc. mit ‚he' oder ‚she' Bezug genommen werden, während im Deutschen auf ‚Arbeiter', ‚Lehrer', ‚Student' immer mit ‚er' referiert werden muss. Entsprechend ist die sprachliche Gleichbehandlung von Frauen und Männern im Deutschen anders zu realisieren als im Englischen. Abgesehen davon sind selbstverständlich auch spezielle Heilungsvarianten wie das ‚s/he' im Deutschen nicht direkt parallelisierbar. Es können folglich für die Frage nach der Wirksamkeit der vorgeschlagenen Heilungsvarianten (s.o. 2.2.) nur deutschsprachige Untersuchungen herangezogen werden, von denen es bisher allerdings kaum welche zu geben scheint (Klein, 1988; Scheele & Gauler, 1993; Rothmund & Christmann, im Druck; Rothmund & Scheele, in Vorb.). Dabei hat Klein vor allem das Schrägstrich-Splitting untersucht und im Vergleich zum generischen Maskulinum eine Abschwächung der männlich spezifizierten Einsetzungen gegenüber den weiblich spezifizierten festgestellt, wobei erstere im Durchschnitt durchaus dominierend blieben (61% zu 30%), unter bestimmten Bedingungen dann aber doch erheblich an Dominanz verloren: „D.h. wenn die Konstellation sehr günstig ist – weiblich dominierter Situationskontext plus feminin/maskuline Doppelform – besteht eine Chance auf Gleichverteilung." (Klein, 1988, S. 318)

Scheele und Gauler (1993) haben alle oben (2.2.) angeführten Heilungsvarianten mit zwei Einsetzungssätzen (A u. B) auf ihre Wirksamkeit geprüft:

A „Wissenschaftler von Bedeutung wählen ihre Probleme, wie sie ihre _____ auswählen."
B „Die Deutschen lassen sich von ihren _____ zu edler Tat begeistern."

Die eingesetzten freien Assoziationen wurden mit Hilfe des erwähnten inhaltsanalytischen Kategoriensystems (s.o. 3.2.) klassifiziert, das zwischen sexus-unbestimmten und konkretisierenden Ergänzungen differenzierte. Da bei der völlig freien Assoziation (in der ersten Studie) zu geringe Besetzungen der Kategorien „konkretisierender Implikationen" resultierten, um die Wirksamkeit der Heilungsvarianten adäquat statistisch zu prüfen, wurden den Vpn in der zweiten Studie besonders häufige (konkrete) Ergänzungen der ersten Studie zur Auswahl vorgelegt. Unter der Heranziehung von zwei unterschiedlich harten Kriterien (zum einen „Gleichverteilung der sexusbestimmten Items", zum anderen „Übergewicht der sexusindifferenten (androgynen) Items"), mussten die Pluralformen von ‚Mensch' und ‚Individuum' erwartungswidrig als diskriminierend beurteilt werden. „Als optimal tauglich erwiesen sich dagegen ‚Geschlechter-Splitting durch substantivische Benennung' und ‚Pluralisierung mit wir'" (Scheele & Gauler, 1993, S. 71) sowie mit Einschränkung das „Versalien-I" und beim Rückgang auf geschlechterübergreifende Nomen die „Person"-Variante (im Plural); beim „Versalien-I" gab es das methodische Problem, dass diese Heilungsvariante nicht allen Vpn bekannt war und z.T. als Tippfehler anstelle eines kleinen ‚i' (und damit der Referenz nur auf Frauen) angesehen wurde; bei der Person-Variante waren kontextabhängige Beschränkungen (bei stark männlich besetzten Realitätsbereichen) zu identifizieren. Daraus ergibt sich als generelle Konsequenz: „Je expliziter die syntaktisch-semantische Struktur die Information enthält, dass neben Männern ebenso Frauen gemeint sind, desto wahrscheinlicher wird es, dass Frauen auch tatsächlich „mit"-gedacht werden. Je weniger sexusorientierende Informationen in der syntaktisch-semantischen Struktur darüber enthalten ist, dass neben Männern ebenso Frauen gemeint sind, desto anfälliger wird die sprachimmanente „Heilungs"-Dynamik für Kontext sowie Vorwissen, Einstellungen etc. auf Seiten der SprachbenutzerInnen" (o.c., S. 71f.). Eine differenziertere Überprüfung dieser Zusammenhänge und der Wirksamkeit der einzelnen Heilungsvarianten innerhalb des Netzwerks dieser Einflussgrößen steht zwar ebenfalls noch aus, doch lassen die ersten Wirksamkeitsbefunde auf Textebene vermuten, dass die mögliche Komplexität dieses Netzwerks bislang erheblich unterschätzt wurde. Beispielsweise ist auf Grund unserer Ergebnisse (Rothmund & Scheele, in Vorb.) in die Modellierung mit einzubeziehen, dass die Wirksamkeit von Heilungsvarianten vom Einfluss des Kontextes u.U. auch vollständig unterdrückt werden kann:

Wir haben in zwei Studien (s.o. 3.2.) den Einfluss von Personenbezeichnungsmodellen (qua mehrfacher Verwendung einzelner Personenbezeichnungen) in längeren Informationstexten zum Thema „öffentliche Bäder" mit einem Satzergänzungsverfahren untersucht. Die beiden Stimulustexte unterschieden sich lediglich hinsichtlich des thematischen Kontextes: In einem Text wurde eine orientalisch geprägte Badekultur („Thermalbäder in Budapest": Studie I), im anderen eine westliche Badekultur beschrieben (hypothetische „Erlebnisbäder auf Sylt": Studie II). Dabei zeigte sich, dass die „wechselnde Verwendung von generischem Maskulinum und Paarform" (z.B. ‚Touristen und Touristinnen ... Besucher') sowie die „wechselnde Verwendung von Paarform und Rückgang auf das Nomen ‚Person'" (z.B. ‚Touristen und Touristinnen ... Personen, die das Bad besuchen') im ersten Text gänzlich unwirksam im Hinblick auf ein geschlechtergerechtes Denken waren. Im zweiten Text waren sie dagegen wirksam im Sinne eines sexussymmetrischen Denkens an Männer und Frauen, unwirksam jedoch im Sinne eines sexusindifferenten Denkens an Personen. Die (lediglich in der ersten Studie untersuchte) „homogene Verwendung des generischen Maskulinums mit Begriffsexplikation in Fußnote" (d.h. Hinweis auf das generelle Mitgemeintsein von Frauen) war nicht nur unwirksam, sondern schien im Gegenteil den maskulinen Bias im Denken der RezipientInnen noch zu verstärken; möglicherweise hat der Hinweis auf das Mitgemeintsein von Frauen die Vpn davon entlastet, gegen die Benachteiligungsdynamik des generischen Maskulinums anzudenken. Für die (lediglich in der zweiten Studie) untersuchte „homogene Verwendung des Versalien-I" (z.B. ‚TouristInnen ... BesucherInnen') zeigte sich – wie bei Scheele und Gauler (1993) – eine Männer-benachteiligende Wirkung im Sinne eines a-symmetrischen Denkens an überwiegend Frauen (allerdings kann die Möglichkeit eines Missverstehens des „Versalien-I" als Tippfehler auf Grund der mehrfachen Verwendung dieser Heilungsvariante hier ausgeschlossen werden).

Diese Ergebnisse machen u.a. deutlich, dass der Kontext den Rahmen dafür vorgibt, ob und wie Heilungsvarianten wirksam werden. So dürfte der Kontext (z.B. „öffentliche Bäder") eine Bedingung darstellen, die sexuskonkretes Denken eher fördert bzw. ein sexusindifferentes Denken hemmt und damit die potenzielle Wirksamkeit von Heilungsvarianten auf die Sexussymmetrie beschränkt. Und begünstigt der Kontext zusätzlich einen männlichen Assoziationsraum (wie z.B. eine orientalisch geprägte Badekultur: Studie I), dann bleiben Heilungsvarianten vermutlich wirkungslos. Die Relevanz des Kontextes macht deutlich, dass es auch für die Heilungsvarianten (wie beim generischen Maskulinum) Moderatoreffekte gibt, die es differenzierter auszuarbeiten gilt.

5.2. Rahmenbedingungen: Moderatorvariablen und die Komplettierung auf Seiten der abhängigen Variablen

Eine möglichst umfassende (realistische) Überprüfung der Brauchbarkeit der linguistischen Heilungsvarianten zur Überwindung der Benachteiligung von Frauen im Denken der Sprachbenutzer/innen wird im Optimalfall deshalb das gesamte Netzwerk von Bedingungen berücksichtigen müssen, innerhalb dessen diese Heilungsvarianten wirksam werden sollen (oder eben auch u.U. unwirksam bleiben können). Dazu gehören auf Seiten der unabhängigen Variablen die Moderatorvariablen, die auch schon für die Benachteiligungswirkung als relevant anzusetzen waren (s.o. 3.3.): vom Geschlecht der Sprachbenutzer/innen über deren Einstellung zum Genus-Sexus-Problem bis zum Wissen über die Geschlechterverteilung im thematischen Realitätsbereich etc. Desgleichen ist aber auch das Netzwerk von Effekten auf Seiten der abhängigen Variablen zu berücksichtigen, bei denen es sich um Aspekte handelt, die über das – lange Zeit als einziges – diskutierte Gerechtigkeits-Kriterium hinausgehen: Dazu gehören Aspekte wie die Verständlichkeit, Ökonomie, Ästhetik und Akzeptierbarkeit, deren Einbeziehung erst ein abschließendes Urteil über das Erfolgspotenzial der Heilungsvarianten ermöglicht.

In Bezug auf die relevanten Moderatorvariablen lassen sich dabei allerdings durchaus auch die anglo-amerikanischen Studien – zumindest heuristisch – nutzen. Beispielsweise zeigen die Ergebnisse von Jacobson und Insko (1985) sowie Martyna (1978), dass die Nutzung von Heilungsvarianten grundsätzlich abhängig vom Geschlecht der Sprachverwender/innen sowie deren Einstellung gegenüber dem Feminismus und dem Genus-Sexus-Problem ist: Frauen und profeministisch Eingestellte verwenden zur Personenbezeichnung (insbesondere in genderneutralen und männlich-dominierten Kontexten) eher geschlechterübergreifende Formulierungen als Männer und antifeministisch Eingestellte (vgl. auch die deskriptive Studie zur Einstellung gegenüber dem Genus-Sexus-Problem von Harrigan & Lucic, 1988). Mit den Ergebnissen von Martyna (1978) lässt sich außerdem annehmen, dass die Entscheidung darüber, *welche* Heilungsvariante genutzt wird, von der Kommunikationssituation abhängig ist. So wurde bei mündlicher Sprachproduktion verstärkt das (vergleichsweise kürzere) Pronomen ‚they', bei schriftlicher Sprachproduktion häufiger die Geschlechter-Splitting-Variante ‚he or she' genutzt. Dies kann dahingehend interpretiert werden, dass das Ökonomieprinzip bei der mündlichen Kommunikation stärker zum Tragen kommt.

Hinsichtlich der Berücksichtigung eines umfassenden Netzwerks von Effekten auf Seiten der abhängigen Variablen ist zunächst einmal festzuhalten, dass die Notwendigkeit dieser Berücksichtigung vor allem von der nicht-feministischen Linguistik frühzeitig eingeklagt wurde (vgl. Schoenthal, 1989). In der neueren Diskussion hat auch die Feministische Linguistik die Berechtigung dieser Forderung anerkannt und als Desideratum übernommen (vgl. Janovsky, 1993; Braun, 1992, S. 54f.: z.B. in Bezug auf die Übersichtlichkeit und Lesbarkeit eines Textes; Grabrucker, 1993: in Bezug auf die Verständlichkeit und Akzeptanz der Rechtssprache). Insbesondere von anwendungsorientierten Perspektiven aus wird eine solche optimierende Verbindung mit anderen Zielkriterien heute auch bei dem Bemühen um geschlechtergerechte Formulierungen offensiv vertreten; so z.B. fordern Müller und Fuchs in ihrem „Handbuch zur nichtsexistischen Sprachverwendung in öffentlichen Texten" (erstellt im Auftrag des Magistrats der Stadt Frankfurt/Main) u.a.: „Ansprüche an den Stil ..., Ansprüche rechtlicher Art, Ansprüche an die einfache Verständlichkeit oder die persönliche und ansprechende Formulierung" (1993, S. 21) bei der Verwendung nichtsexistischer Sprache zu berücksichtigen; und das Bundesverwaltungsamt stellt seinen entsprechenden Ratschlägen explizit die Grundsätze der Verständlichkeit, Klarheit und Eindeutigkeit, Sprechbarkeit, Übersichtlichkeit und Akzeptierbarkeit durch die Sprachbenutzer/innen voran (1996, S. 7).

Die empirische Überprüfung eines solchen Netzwerks von Effekten setzt allerdings die Untersuchung von längeren Texten voraus, wie es bisher nur bei Rothmund (1998; s. Rothmund & Christmann, im Druck; Rothmund & Scheele, in Vorb.) geschehen ist. Dabei zeigte sich z.B., dass eine partielle Ersetzung des homogen verwendeten generischen Maskulinums (z.B. ‚Besucher') durch die „Paarform" (z.B. ‚Besucher und Besucherinnen') keinen Einfluss auf die rezeptionsseitige Wahrnehmung der sprachlichen Einfachheit (und des Leseflusses), der Prägnanz, motivationalen Stimulanz und Ästhetik eines Informationstextes hat. Die vollständige Ersetzung der generischen Maskulina durch „Paarform" und „Rückgang auf das Nomen ‚Person'" (z.B. ‚Personen, die ... besuchen') hatte lediglich einen moderaten negativen Einfluss auf das Ausmaß der erlebten Ästhetik; die für Informationstexte zentral relevanten Eigenschaften, wie z.B. die sprachliche Einfachheit, wurden durch dieses relativ aufwendige und komplizierte Heilungsmodell (erstaunlicherweise) nicht beeinträchtigt. Dagegen führte die Ersetzung generisch maskuliner Pronomen durch Neologismen in einem kurzen englischen Informationstext bei Mac Kay (1980) zu einer Beeinträchtigung der (objektiven) sprachlichen Einfachheit bzw. Lesbarkeit (operationalisiert durch die Lesezeit) – nicht jedoch zu einer Beeinträchtigung der Textverständlichkeit. In jedem Fall liefern diese Studien erste Hinweise darauf, dass sprachliche Qualitäten durch Heilungsvarianten zumindest nicht in dem Ausmaß beeinträchtigt werden, wie dies von Kritiker/innen einer Veränderung des Sprachgebrauchs befürchtet wird (z.B. Zimmer, 1988; vgl. Blaubergs, 1980; Rothmund & Christmann, im Druck).

Damit lässt sich der derzeitige Erkenntnisstand zur Tauglichkeit von Heilungsvarianten im Deutschen wie folgt zusammenfassen: Vorschläge zur Ersetzung des generischen Maskulinums liegen mittlerweile in großer Zahl vor. Die meisten nutzen die syntaktischen und semantischen Möglichkeiten des gegebenen Sprachsystems, so dass die überwiegende Anzahl sprachliche und kommunikative Qualitäten allenfalls in geringem Maße beeinträchtigen dürfte (vgl. die Ausarbeitungen bei Rothmund & Christmann, im Druck). Daneben gibt es aber auch Vorschläge, die mehr oder weniger stark von den herrschenden Regeln abweichen, wie z.B. Wortneuschöpfungen oder Veränderungen auf syntaktischer Ebene („Je älter man wird, um so rätselhafter wird einer das Leben" bis hin zu „Je älter frau wird, um so rätselhafter wird einer das Leben": Janovsky, 1993, S. 25). Bislang sind aber erst einige wenige dieser Realisierungsvarianten daraufhin geprüft, ob sie einzeln oder nur zusammen mit anderen oder aber sogar im Wechsel mit dem generischen Maskulinum auch tatsächlich in der Lage sind, gegen den maskulinen Bias im Denken der Sprachbenutzer/innen wirksam zu werden. Überprüft sind vor allem Varianten aus den syntaktisch eher einfachen Ersetzungskategorien „Splitting", „Pluralisierung", „geschlechterübergreifende Nomina" und „Berliner Modell" (Versalien-I) sowie der Kategorie der „Fußnote" (mit dem Hinweis auf das generelle Mitgemeintsein von Frauen); diese letztere Version wurde zwar von der feministischen Linguistik gerade nicht propagiert, nichtsdestotrotz tauchte sie in „modernisierten" öffentlichen Informationstexten historisch relativ früh als Heilungsversuch auf und wird z.T. auch immer noch verwendet.

Empirisch hat sich die Fußnote (in unserer oben berichteten Untersuchung) allerdings eindeutig als heilungsuntauglich herausgestellt, so dass sie – vorausgesetzt die Heilung ist ernsthaft intendiert – entsprechend auch nicht mehr eingesetzt werden sollte. Demgegenüber scheinen die von Seiten der feministischen Linguistik vorgeschlagenen Heilungsvarianten grundsätzlich in der Lage, den maskulinen Bias im Denken der Sprachbenutzer/innen zu reduzieren. Wie weit diese Reduktion im konkreten Fall jedoch geht, dürfte zum einen von Kontextmerkmalen, zum anderen von Merkmalen der Heilungsvarianten selbst sowie deren Verwendung und nicht zuletzt von Merkmalen der Sprachbenutzer/innen abhängig sein. So kann z.B. die wechselnde Nutzung von generischem Maskulinum und Heilungsvarianten in einem genderneutralen oder weiblich-dominierten Kontext durchaus genügen, um – ohne Beeinträchtigung sprachlicher Qualitäten – ein geschlechtersymmetrisches Denken herbeizuführen. Dagegen müssen in einem männlich-dominierten Kontext ausschließlich Heilungsvarianten verwendet werden, deren syntaktisch-semantische Struktur möglichst explizit macht, dass neben Männern auch Frauen gemeint sind (beispielsweise durch die Paarform: „Wissenschaftler und Wissenschaftlerinnen"); damit in einem solchen Fall eine Nicht-Benachteiligung der Frau auch nur annähernd erreicht wird, ist z.T. wohl auch die Beeinträchtigung von Sprachqualitäten in Kauf zu nehmen.

Um zu technologisch brauchbaren Lösungen für das Genus-Sexus-Problem zu kommen, bedarf es jedoch weiterer Forschungsbemühungen, in denen die Tauglichkeit von Heilungsvarianten hinsichtlich der (vorrangigen) Nicht-Benachteiligung der Frau wie auch der (nachrangigen) Nicht-Beeinträchtigung von Spracheigenschaften auf der Ebene komplexerer sprachlicher Einheiten (wie z.B. Texten) zu prüfen ist, wobei selbstverständlich auch die Kommunikationssituation berücksichtigt werden muss (z.B. schriftliche vs. mündliche Kommunikation, institutionelle vs. Alltagskommunikation). Dafür wäre dann allerdings auch eine Systematisierung der Heilungsvarianten von linguistischer Seite sinnvoll und notwendig (vgl. als einen ersten Ansatz dazu: Janovsky, 1993), um die bereits vorliegende Lösungsfülle theoretisch wie praktisch brauchbar auf vergleichsweise wenige, empirisch zu überprüfende „exemplars" reduzieren zu können.

6. Sozialität als Determinismus, (Ko-)Konstruktion, Interaktion?

Wenn man unter anthropologischer Perspektive die Sozialität des Menschen als zentrales, zu berücksichtigendes Merkmal einklagt (Erb, 1997; s.o. 1.), dann sind mit diesem Merkmal primär positive Konnotationen verbunden – auch und gerade, wenn man die Sprache in den Mittelpunkt der Betrachtung stellt. Das betrifft z.B. die Notwendigkeit von sprachlicher Kommunikation für jegliche Art individueller Entwicklung: von der Intelligenz bis zur Ich-Identitätsentwicklung (wie es nicht zuletzt am Beispiel von „Wolfskindern" immer wieder anschaulich, wenn auch eher spekulativ expliziert wird). In dieser Entwicklungsperspektive mitgemeint ist dabei vor allem auch die Möglichkeit der überindividuellen kulturellen Traditionsbildung, die nur durch und mit Sprache realisierbar ist, d.h. dass das Individuum an den kulturellen Errungenschaften der Vergangenheit teilhaben, in sie hineinwachsen, sie erweitern und selbst weitergeben kann. Damit ist nicht zuletzt – metawie objekttheoretisch – die Verbindung von überindividuellen gesellschaftlichen Strukturen/Instanzen mit der individuellen Welt- und Selbstsicht thematisiert. Dies sind sicherlich nicht die einzigen, aber zumindest drei basale, positive Aspekte des Menschseins, die mit dem Konzept von Sprache als Sozialität verbunden sind.

Wie passt zu dieser positiv-konstruktiven Dynamik nun das Phänomen des Genus-Sexus-Problems bzw. das linguistische Relativitätsprinzip ganz generell, das ja eher die negativen Begrenzungen thematisiert, die von dieser (sprachlichen) Sozialität des Menschen ausgehen (können)? Obwohl auf den ersten Blick nicht unmittelbar sichtbar, passt doch das Genus-Sexus-Problem in vielfacher Hinsicht zu dieser Kernannahme und -charakterisierung des Menschen als sozialem, gesellschaftlichem Wesen (s.o. 1.). Wenn man alle im Folgenden aufgeführten möglichen Analyseebenen berücksichtigt, erweist es sich u.E. sogar als ein außerordentlich konstruktives Beispiel für die Modellierung der sprachlichen Sozialität.

Zunächst einmal ist darauf hinzuweisen, dass das Positive als Selbstverständlichkeit dem Bewusstsein häufig unzugänglich bleibt; erst die Begrenzung oder das Problematische schaffen Bewusstsein – es ist nicht auszuschließen, dass dieses Phänomen zu der geringen Beschäftigung der Psychologie mit der Sozialität des Menschen beigetragen hat. Die Kehrseite dieses Phänomens besteht dann allerdings nicht selten darin, dass die jeweilige Dynamik, wenn sie einmal ins Bewusstsein getreten ist, überzogen und als einseitig gerichtete dargestellt wird: in diesem Fall z.B. als Determinismus durch die soziale Instanz. Und der eingangs angesprochene soziale Determinismus (s.o. 1.) stellt u.E. in manchen Teilen ein Beispiel für ein derartiges konzeptuelles Überziehen dar. Wenn man die Relation von Individuum und Gesellschaft unter der Perspektive des Mikro-Makro-Problems betrachtet, dann ist dieses Überziehen typisch für eine reduktionistische Lösung (vgl. Vorderer & Valsiner, 1999), und zwar in diesem Fall als Reduktion des Individuellen (Mikro-Ebene) auf das Soziale (Makro-Ebene).

Demgegenüber weisen die linguistische Relativitätsthese und das Genus-Sexus-Problem eine Verbindung von gesellschaftlicher Systemebene (hier Sprache) und Individuellem (hier Denken/Weltbild) auf, die gerade nicht deterministisch überzieht. Das linguistische Relativitätsprinzip ist – wie oben ausgeführt (1.2.) – schon aus logisch-analytischen Gründen gar nicht als deterministische Relation zwischen Makro- und Mikro-Ebene zu denken, sondern nur als relative („relative Relativität"). Dabei ist durchaus zuzugestehen, dass beim Genus-Sexus-Problem und der Erklärung durch das linguistische Relativitätsprinzip ein sehr großer Erklärungsabstand (Herrmann, 1969, S. 335f. u. 352) zwischen der Ebene des Sprachsystems und der Ebene des individuellen Denkens/Weltbilds besteht. Dieser Erklärungsabstand wird aber, wie dargestellt (s.o. 4.), durch ontogenetische Modelle zum Sprach- und Konzepterwerb sowie durch die aktualgenetischen Wie-Erklärungen des Verarbeitungsprozesses aufgefüllt, so dass die deterministische Überinterpretation eines sozialen Konstruktivismus nicht nur formal, sondern auch inhaltlich-objekttheoretisch konstruktiv überwunden wird.

Damit sind die Voraussetzungen geschaffen für eine Modellierung, die beiden Ebenen (der individuellen wie der sozialen) gleichermaßen gerecht wird: z.b. entsprechend dem Ansatz der Ko-Konstruktion (s.o. 1.2.). Die soziale Instanz des Sprachsystems gibt Verarbeitungs- und damit Konstruktionsmuster von Wirklichkeit vor, die vom Individuum zu dessen Weltsicht bzw. Wirklichkeitskonstruktion genutzt werden. Diese Nutzung hängt aber nicht in deterministischer Art und Weise von den Vorgaben ab, weil es z.T. unterschiedliche Vorgaben gibt, unter denen vom Individuum ausgewählt werden kann; und neben dieser Selektion ist bei der Ko-Konstruktion u.U. auch eine Modifikation möglich (Vorderer & Valsiner, 1999). So lässt sich beim Genus-Sexus-Problem selbstverständlich auch gegen die sprachliche Benachteiligung von Frauen andenken – ungeübt sicherlich nur mit einiger Anstrengung. Das bedeutet, dass letztendlich auch eine (individuelle) Konter-Konstruktion möglich ist. Eine solche gegen die soziale (Sprachsystem-)Vorgabe gerichtete (kognitive) Konstruktion muss z.B. bei den feministischen Linguistinnen vorgelegen haben, die das Genus-Sexus-Problem überhaupt erst als solches formuliert haben (und die ersten Reaktionen der nicht-feministischen Linguistik zeigen ja auch den kognitiven Konflikt sehr deutlich, der für die scientific community der Linguistik mit dieser von den Vorgaben des Sprachsystems abweichenden Konstruktion implementiert wurde; s.o. 2.2.).

Damit wird zugleich – wenn auch wiederum in negativer Fassung – die Tradierungsfunktion von Sprache deutlich. Das generische Maskulinum könnte ein Abbild patriarchalischer Gesellschaftsstrukturen der Vergangenheit sein (vgl. die Einführung des generischen Maskulinums in das United Kindom durch einen entsprechenden Parlamentsbeschluss von 1850 als Manifestation Viktorianischen Zeitgeists: Bodine, 1975, zit. n. Ng, 1990, S. 455; Irmen & Köhncke, 1996, S. 153), wobei die notwendigen historischen Analysen zur Überprüfung einer solchen feministischen Interpretation unseres Wissens bisher noch nicht vorliegen. Akzeptiert man aber zumindest diese historische Möglichkeit, dann zeigt das Beispiel des Genus-Sexus-Problems allerdings, was sowieso eine Unausweichlichkeit darstellt, nämlich dass jede Tradierungsfunktion neben dem Gewinn von Kultur auch die (potenzielle) Begrenzung von Veränderung und Entwicklung (der Gesellschaft wie des Individuums) enthält. Und an dieser Stelle bietet das Genus-Sexus-Problem nun auch ein höchst innovatives und konstruktives Lösungspotenzial für die Sozialitätsdimension (als Manifestation des Mikro-Makro-Problems), insofern als die Feministische Linguistik versucht, als technologische Konsequenz Veränderungen auf der Systemebene, hier des Sprachsystems bzw. des Sprachgebrauchs, zu implementieren (vgl. die Heilungsvarianten in 2.2. u. 5.). Das stellt, zumindest in diesem Gegenstandsbereich, ein fast revolutionäres Unterfangen dar, weil der Sprachwandel gerade als etwas gilt, das nicht über individuelle (Veränderungs-)Intentionen bewirkt wird, sondern weder auf natürliche, noch auf intentionale Weise (sondern quasi in einer dritten, dazwischen liegenden) Form entsteht (vgl. Keller, 1990).

Damit überschreitet die Behandlung des Genus-Sexus-Problems sogar das Modell der Ko-Konstruktion in Richtung auf eine Interaktionsperspektive. Wenn man den eingangs diskutierten Interaktionsbegriff heranzieht (vgl. o. 1.1.), dann liegt mit den Heilungsvarianten des Genus-Sexus-Problems eine (bidirektionale) Interaktion zwischen individueller und System-Ebene vor. Wie die Rahmenbedingungen für die Wirksamkeit der Heilungsvarianten zeigen, spielen aber sicherlich auch Interaktionen auf der Ebene der Individuen untereinander eine wichtige flankierende oder aber behindernde Rolle. Daraus folgen zumindest zwei Konsequenzen: Zum einen sind diese Interaktionen zur umfassenden Modellierung des Genus-Sexus-Problems theoretisch wie empirisch differenzierter zu modellieren. Das heißt nicht zuletzt, dass auch außersprachliche Faktoren wie die Kognitionen über Geschlechterverteilungen in der Realität, wie Geschlechterstereotype und -rollen berücksichtigt werden müssen – und zwar sowohl hinsichtlich des interaktiven Zusammenspiels mit der Sprachverwendung in der Perspektive der ontogenetischen Sprach- und Denkentwicklung als auch in der Querschnittsperspektive der je situationalen Wechselwirkung von Sprache und Denken.

Wichtiger in unserem Zusammenhang ist aber zum anderen die generelle Konsequenz für die Erforschung der menschlichen Sozialität, denn am Beispiel des Genus-Sexus-Problems wird u.E. besonders deutlich, dass die Sozialitätsfrage – gerade auch in ihrer Exemplifizierung am Phänomen der Sprache – auf jeden Fall eine Modellierung unterschiedlicher Interaktionsmöglichkeiten erfordert: nämlich die (bidirektionale) Interaktion zwischen Individuen genauso wie die zwischen Individuen und überindividuellen sozialen (System-)Einheiten. Erst wenn diese Variationsbreite von Interaktionsmöglichkeiten differenziert elaboriert wird, kann die Re-Sozialisierung der Psychologie ernsthaft in Gang kommen.

Anmerkungen:

[1]Die berichteten Untersuchungen zeigen, dass die Differenzierung zwischen Studien zur Sprachrezeption und -produktion nicht ganz einfach ist, weil häufig bestimmte Produktionsaufgaben als Indikatoren für die Sprachrezeption (und das darin enthaltene Denken an Männer vs. Frauen) eingesetzt werden. Wir haben dieses Problem so gelöst, dass Untersuchungen, in denen die Sprache als unabhängige Variable fungiert, der Kategorie Sprachproduktion zugeordnet werden, während Studien, in denen Sprachproduktionen (nur) als Operationalisierung der abhängigen Variablen (Denken an Männer oder Frauen) eingesetzt werden, der Kategorie Sprachrezeption subsumiert sind.

7   Literatur

Amelang, M. & Bartussek, D. (1981). Differentielle Psychologie und Persönlichkeitsforschung. Stuttgart: Kohlhammer.

APA Publication Manual Task Force (1977). Guidelines for Non-Sexist Language in APA Journals: Publication Manual Change Sheet 2. American Psychologist, 32, 487-494.

Berger, P.L. & Luckmann, T. (1969). Die gesellschaftliche Konstruktion von Wirklichkeit. Frankfurt/M.: Fischer.

Berlin, B. & Kay, P. (1969). Basic Color Terms: Their Universality and Evolution. Berkeley/Los Angeles: University of California Press.

Blaubergs, M.S. (1980). An Analysis of Classical Arguments against Changing Sexist Language. Women's Studies Int. Quart., 3, 135-147.

Braun, F. (1992). Mehr Frauen in die Sprache – aber wie? Hintergründe und Konzeption einer geschlechtergerechten Formulierung. Mitteilungen des Deutschen Germanistenverbandes, 39, 3, 53-57.

Brown, R. (1986). Linguistic Relativity. In St.H. Hulse & B.F. Green Jr. (eds.), One Hundred Years of Psychological Research in America (pp. 241-276). Baltimore/London: Johns Hopkins University Press.

Brown, R.W. & Lenneberg, E.H. (1954). A Study in Language and Cognition. Journal of Abnormal and Social Psychology, 49, 454-462.

Bruner, J. (1997). Sinn, Kultur und Ich-Identität. Heidelberg: Carl Auer.

Bundesverwaltungsamt (1996). Sprachliche Gleichbehandlung von Frauen und Männern. Hinweise, Anwendungsmöglichkeiten und Beispiele. BBB-Merkblatt M 19. Köln: Bundesverwaltungsamt.

Bußmann, H. (1995), Das Genus, die Grammatik und – der Mensch: Geschlechterdifferenz in der Sprachwissenschaft. In H. Bußmann & R. Hof (eds.), GENUS. Zur Geschlechterdifferenz in den Kulturwissenschaften (pp. 115-160). Stuttgart: Kröner.

Cole, C.M., Hill, F.A. & Dayley, L.J. (1983). Do Masculine Pronouns Used Generically Lead to Thoughts of Men? Sex Roles, 9, 6, 737-750.

Conway, M.A. & Pleydell-Pearce, C.W. (2000). The Construction of Autobiographical Memories in the Self-memory System. Psychological Review 107, 2, 261-288.

Crawford, M. & English, L. (1984). Generic versus Specific Inclusion of Women in Language: Effects on Recall. Journal of Psycholinguistics Research, 13, 5, 373-381.

Deaux, K. (1985). Sex and Gender. Annual Review of Psychology, 36, 49-81.

Dietzen, A. (1993). Soziales Geschlecht. Soziale, kulturelle und symbolische Dimensionen des Gender-Konzepts. Opladen: Westdeutscher Verlag.

Dretske, F. (1988). Explaining Behavior. Reasons in a World of Causes. Cambridge, MA: MIT Press.

Duden (1984). Grammatik der deutschen Gegenwartssprache. Mannheim: Dudenverlag.

Eckes, T. (1996). Begriffsbildung. In Enzyklopädie der Psychologie. Themenbereich C, Serie II, J. Hoffmann & W. Kintsch (eds.), Lernen (pp. 271-319). Göttingen: Hogrefe.

Endler, N.S. & Magnusson, D. (eds.). (1976). Interactional Psychology and Personality. New York: Wiley.

Erb, E. (1997). Gegenstands- und Problemkonstituierung: Subjektmodelle (in) der Psychologie. In N. Groeben (ed.), Zur Programmatik einer sozialwissenschaftlichen Psychologie. Bd. I: Metatheoretische Perspektiven. 1. Halbbd.: Gegenstandsverständnis, Menschenbilder, Methodologie und Ethik (pp. 139-239). Münster: Aschendorff.

Fishman, J.A. (1960). A Systematization of the Whorfian Hypothesis. Behavioral Science, 5, 323-339.

Fishman, J.A. (1980). The Whorfian Hypothesis: Varietes of Valuation, Confirmation and Disconfirmation: I. International Journal of the Sociology of Language, 26, 25-40.

Freitag, B. (1995). Intentionalität, Qualia, Bewußtsein und das Computermodell des Geistes. Unveröffentl. Diplomarbeit, Psychologisches Institut, Univ. Heidelberg.

Friederici, A.D. (1998). Wissensrepräsentation und Sprachverstehen. In Enzyklopädie der Psychologie. Themenbereich C, Serie II, F. Klix & H. Spada (eds.), Wissen (pp. 249-273). Göttingen: Hogrefe.

Gergen, K.J. (1996). Das übersättigte Selbst. Identitätsprobleme im heutigen Leben. Heidelberg: Carl Auer.

Gergen, K.J. (1999). An Invitation to Social Construction. London etc.: Sage.

Gipper, H. (1972). Gibt es ein sprachliches Relativitätsprinzip? Frankfurt/M.: Fischer.

Grabrucker, M. (1993). Vater Staat hat keine Muttersprache. Frankfurt/M.: Fischer.

Graumann, C.F. (1997). Psychology in Postwar Germany: The Vicissitudes of Internationalization. World Psychology, 3, 3/4, 253-277.

Groeben, N. (1999). Fazit: Die metatheoretischen Merkmale einer sozialwissenschaftlichen Psychologie. In N. Groeben (ed.), Zur Programmatik einer sozialwissenschaftlichen Psychologie. Bd. I: Metatheoretische Perspektiven. 2. Halbbd.: Gegenstandsverständnis, Menschenbilder, Methodologie und Ethik (pp. 311-404). Münster: Aschendorff.

Guentherodt, I. (1979). Berufsbezeichnungen für Frauen: Problematik der deutschen Sprache im Vergleich mit Beispielen aus dem Englischen und Französischen. Osnabrücker Beiträge zur Sprachtheorie (OBST), Beiheft 3, 120-132.

Guentherodt, I. (1983). Androzentrische Sprache in deutschen Gesetzestexten und der Grundsatz der Gleichbehandlung von Männern und Frauen. Muttersprache, 94, 271-289.

Guentherodt, I. (1993). Sprachliche Gleichbehandlung: Erkennen und Verwirklichen. Praktische Erläuterungen und Beispiele zur deutschen Rechtssprache. In M. Grabrucker, Vater Staat hat keine Muttersprache (pp. 246-262). Frankfurt/M.: Fischer.

Guentherodt, I., Hellinger, M., Pusch L.F. & Trömel-Plötz, S. (1980). Richtlinien zur Vermeidung sexistischen Sprachgebrauchs. Linguistische Berichte, 69, 15-21.

Hamilton, M.C. (1988). Using Masculine Generics: Does Generic "He" Increase Male Bias in the User's Imagery? Sex Roles, 19, 11/12, 785-799.

Hamilton, M.C. (1991). Masculine Bias in the Attribution of Personhood. Psychology of Women Quarterly, 15, 393-402.

Harrigan, J.A. & Lucic, K.S. (1988). Attitudes about Gender Bias in Language: A Reevaluation. Sex Roles, 3/4, 129-140.

Harrison, L. & Passero, R.N. (1975). Sexism in the Language of Elementary School Textbooks. Science and Children, 12, 4, 22-25.

Healy, H. & Williams, J.M.G. (1999). Autobiographical Memory. In T. Dalgleish & M.J. Power (eds.), Handbook of Cognition and Emotion (pp. 229-242). Chichester: John Wiley.

Heider, E.R. & Olivier, D.C. (1972). The Structure of the Color Space in Naming and Memory for Two Languages. Cognitive Psychology, 3, 337-354.

Hellinger, M. (1990). Kontrastive Feministische Linguistik. Mechanismen sprachlicher Diskriminierung im Englischen und Deutschen. Ismaning: Hueber.

Herrmann, Th. (1969). Lehrbuch der empirischen Persönlichkeitsforschung. Göttingen: Hogrefe.

Herrmann, Th. (1998). Wissensrepräsentation und Sprachproduktion. In Enzyklopädie der Psychologie. Themenbereich C, Serie II, F. Klix & H. Spada (eds.), Wissen (pp. 275-299). Göttingen: Hogrefe.

Hyde, J.S. (1984). Children's Understanding of Sexist Language. Developmental Psychology, 20, 4, 697-706.

Irmen, L. & Köhncke, A. (1996). Zur Psychologie des „generischen" Maskulinums. Sprache & Kognition, 15, 3, 152-166.

Jacobson, M.B. & Insko, W.R. Jr. (1985). Use of Nonsexist Pronouns as a Function of One's Feminist Orientation. Sex Roles, 13, 1/2, 1-7.

Janovsky, U. (1993). Forderungen der feministischen Linguistik und ihre linguistische Bewertung. In B. Hufeisen (ed.), „Das Weib soll schweigen ..." (I. Kor. 14, 34). Beiträge zur linguistischen Frauenforschung (pp. 17-31). Frankfurt/M.: Lang.

Kalverkämper, H. (1979a). Die Frauen und die Sprache. Linguistische Berichte, 62, 55-71.

Kalverkämper, H. (1979b). Quo vadis linguistica? – Oder: Der feministische Mumpsimus in der Linguistik. Linguistische Berichte, 63, 103-107.

Kay, P. & Kempton, W. (1984). What is the Sapir-Whorf-Hypothesis? American Anthropologist, 86, 65-79.

Keller, R. (1990). Sprachwandel. Tübingen: Francke.

Klein, J. (1988). Benachteiligung der Frau im generischen Maskulinum – eine feministische Schimäre oder psycholinguistische Realität? In N. Oellers (ed.), Das Selbstverständnis der Germanistik. Aktuelle Diskussionen (pp. 310-319). Tübingen: Niemeyer.

Kluwe, R.H. (1996). Gedächtnis. In G. Strube (ed.), Wörterbuch der Kognitionswissenschaft (pp. 195-209). Stuttgart: Klett-Cotta.

Kutschera, F. v. (1972). Sprachphilosophie. München: Fink.

Laucken, U. (1989). Denkformen der Psychologie: dargestellt am Entwurf einer Logographie der Gefühle. Bern etc.: Huber.

Lazarus, R.S. & Launier, R. (1978). Stress-related Transaction between Person and Environment. In L.A. Pervin & M. Lewis (eds.), Perspectives in Interactional Psychology (pp. 287-327). New York: Plenum.

Lenneberg, E.H. & Roberts, J.E. (1956). The Language of Experience: A Study in Methodology. International Journal of American Indian Linguistics Memoir, 13, 1-33.

Lucy, J.A. (1992). Language Diversity and Thought. A Reformulation of the Linguistic Relativity Hypothesis. Cambridge, MA: Cambridge University Press.

Lucy, J.A. (1996). The Scope of Linguistic Relativity: An Analysis and Review of Empirical Research. In J.J. Gumperz & St.C. Levinson (eds.), Rethinking Linguistic Relativity (pp. 37-69). Cambridge, MA: Cambridge University Press.

Lucy, J.A. & Shewder, R.A. (1979). Whorf and His Critics: Linguistic and Nonlinguistic Influences on Color Memory. American Anthropologist, 81, 3, 581-615.

MacKay, D.G. (1980). Psychology, Prescriptive Grammar, and the Pronoun Problem. American Psychologist, 35, 5, 444-449.

MacKay, D.G. & Fulkerson, D.C. (1979). On the Comprehension and Production of Pronouns. Journal of Verbal Learning and Verbal Behavior, 18, 661-673.

Martyna, W. (1978). What Does "He" Mean? Journal of Communication, 28, 131-138.

Martyna, W. (1980). Beyond the "He/Man" Approach: The Case for Nonsexist Language. Signs: Journal of Women in Culture and Society, 5, 3, 482-493.

Mischel, W. (1968). Personality and Assessment. New York: Wiley.

Moulton, J., Robinson, G.M. & Elias, Ch. (1978). Sex Bias in Language Use. "Neutral" Pronouns that Aren't. American Psychologist, 33, 11, 1032-1036.

Müller, S. & Fuchs, C. (1993). Handbuch zur nichtsexistischen Sprachverwendung in öffentlichen Texten. Frankfurt/M.: Fischer.

Ng, S.H. (1990). Androcentric Coding of MAN and HIS in Memory by Language Users. Journal of Experimental Social Psychology, 25, 455-464.

Nüse, R., Groeben, N., Freitag, B. & Schreier, M. (1991). Über die Erfindung/en des Radikalen Konstruktivismus. Kritische Gegenargumente aus psychologischer Sicht. Weinheim: Deutscher Studien Verlag.

Oomen-Welke, I. (1993). Eigennamen als Einstieg in Sprachaufmerksamkeit. Praxis Deutsch, 20, 122, 27-34.

Pusch, L.F. (1979/1984). Der Mensch ist ein Gewohnheitstier, doch weiter kommt man ohne ihr. Eine Antwort auf Kalverkämpers Kritik an Trömel-Plötz' Artikel über „Linguistik und Frauensprache". In L.F. Pusch, Das Deutsche als Männersprache. Aufsätze und Glossen zur feministischen Linguistik (pp. 20-42). Frankfurt/M.: Suhrkamp.

Pusch, L.F. (1980a/1984). Der Piloterich. Ein Beitrag der außerirdischen Linguistik. In L.F. Pusch, Das Deutsche als Männersprache. Aufsätze und Glossen zur feministischen Linguistik (pp. 43-45). Frankfurt/M.: Suhrkamp.

Pusch, L.F. (1980b/1984). Das Deutsche als Männersprache. Diagnose und Therapievorschläge. In L.F. Pusch, Das Deutsche als Männersprache. Aufsätze und Glossen zur feministischen Linguistik (pp. 46-68). Frankfurt/M.: Suhrkamp.

Pusch, L.F. (1982/1984). Frauen entpatrifizieren die Sprache. Feminisierungstendenzen im heutigen Deutsch. In L.F. Pusch, Das Deutsche als Männersprache. Aufsätze und Glossen zur feministischen Linguistik (pp. 76-108). Frankfurt/M.: Suhrkamp.

Ridlhammer, P. (1989). „Die Macht der Differenz" – Die Ungleichbehandlung der Geschlechter in der deutschen Gegenwartssprache und ihre Korrektur durch Wandel im Sprachgebrauch. In J. Mittelstraß (ed.), Wohin geht die Sprache? Wirklichkeit – Kommunikation – Kompetenz (pp. 188-199). Essen: Hanns Martin Schleyer-Stiftung.

Rosch, E. (1973). On the Internal Structure of Perceptual and Semantic Categories. In T.E. Moore (ed.), Cognitive Development and the Acquisition of Language. New York: Academic Press.

Rosch, E. (1975). Cognitive Representations of Semantic Categories. Journal of Experimental Psychology: General, 104, 192-233.

Rosch, E. (1978). Principles of Categorization. In E. Rosch & B. Lloyd (eds.), Cognition and Categorization (pp. 27-48). Hillsdale, NJ: Erlbaum.

Rothermund, K. (1998). Automatische geschlechtsspezifische Assoziationen beim Lesen von Texten mit geschlechtseindeutigen und generisch maskulinen Text-Subjekten. Sprache & Kognition, 17, 4, 183-198.

Rothmund, J. (1998). Zum Genus-Sexus-Problem auf Textebene. Benachteiligung von Frauen durch das generische Maskulinum? Beeinträchtigung von Textqualitäten durch geschlechtergerechte Formulierungen? Unveröffentl. Diplomarbeit, Psychologisches Institut, Univ. Heidelberg.

Rothmund, J. & Christmann, U. (im Druck). Auf der Suche nach einem geschlechtergerechten Sprachgebrauch: Führt die Ersetzung des generischen Maskulinums zu einer Beeinträchtigung von Textqualität?

Rothmund, J. & Scheele, B. (in Vorb.). Personenbezeichnungmodelle auf dem Prüfstand: Lösungsmöglichkeiten für das Genus-Sexus-Problem auf Textebene.

Russ, J. (1979). Planet der Frauen. München/Zürich: Droemer-Knaur.

Samel, I. (1995). Einführung in die feministische Sprachwissenschaft. Berlin: Erich Schmidt.

Sapir, E. (1921/1949). Language: An Introduction to the Study of Speech. New York: Hartcourt, Brace and Company.

Scheele, B. (1990). Emotionen als bedürfnisrelevante Bewertungszustände. Grundriß einer epistemologischen Emotionstheorie. Tübingen: Francke.

Scheele, B. & Gauler, E. (1993). Wählen Wissenschaftler ihre Probleme anders aus als WissenschaftlerInnen? Das Genus-Sexus-Problem als paradigmatischer Fall der linguistischen Relativitätsthese. Sprache & Kognition, 12, 59-72.

Scheele, B. & Groeben, N. (1997). Das Genus-Sexus-Problem: Theorieentwicklung, empirische Überprüfungsergebnisse, Forschungsdesiderata. Kölner Psychologische Studien, II, 1, 1-34.

Schlesinger, I.M. (1991). The Wax and Wane of Whorfian Views. In R.L. Cooper & B. Spolsky (eds.), The Influence of Language on Culture and Thought. Essays in Honor of Joshua A. Fishman's Sixty-fifth Birthday (pp. 7-44). Berlin/New York: Mouton de Gruyter.

Schneider, J.W. & Hacker, S.L. (1973). Sex Role Imagery and Use of the Generic "Man" in Introductory Texts: A Case in the Sociology of Sociology. American Sociologist, 8, 12-18.

Schoenthal, G. (1985). Sprache und Geschlecht. Deutsche Sprache, 13, 143-185.

Schoenthal, G. (1989). Personenbezeichnungen im Deutschen als Gegenstand feministischer Sprachkritik. Zeitschrift für Germanistische Linguistik, 17, 296-314.

Schurz, G. (1990). Erklären und Verstehen in der Wissenschaft. München: Oldenbourg.

Shields, St. A. (1991). Gender in the Psychology of Emotion: A Selective Research Review. In K.T. Strongman (ed.), International Review of Studies on Emotion (Vol. 1, pp. 227-245). Chichester: Wiley & Sons.

Silveira, J. (1980). Generic Masculine Words and Thinking. Women's Studies International Quarterly, 3, 165-178.

Smith, M.V. (1996). Linguistic Relativity: On Hypotheses and Confusions. Communication & Cognition, 29, 1, 65-90.

Sniezek, J.A. & Jazwinski, C. (1986). Gender Bias in English: In Search of Fair Language. Journal of Applied Social Psychology, 16, 7, 642-662.

Spierig, S. (1994). „Das Professor". Forschung & Lehre. Mitteilungen des Deutschen Hochschulverbandes, 5, 94.

Stefflre, V., Vales, V.C. & Morley, L. (1966). Language and Cognition in Yucatan: A Cross-culture Replication. Journal of Personality and Social Psychology, 4, 112-115.

Straub, J. (2000). Identität als psychologisches Deutungskonzept. In W. Greve (ed.), Psychologie des Selbst (pp. 279-301). Weinheim: Psychologie VerlagsUnion.

Trömel-Plötz, S. (1978/1982). Linguistik und Frauensprache. In S. Trömel-Plötz (ed.), Frauensprache: Sprache der Veränderung (pp. 35-57). Frankfurt/M.: Fischer.

Trömel-Plötz, S., Guentherodt, I., Hellinger, M. & Pusch, L.F. (1981). Richtlinien zur Vermeidung sexistischen Sprachgebrauchs. Linguistische Berichte, 71, 1-7.

Tulving, E. & Craik, F.I.M. (eds.). (2000). The Oxford Handbook of Memory. New York: Oxford University Press.

Ulmann, G. (1975). Sprache und Wahrnehmung. Verfestigen und Aufbrechen von Anschauungen durch Wörter. Frankfurt/M.: Campus.

Unger, R. K. (1979). Female and Male. New York: Harper & Row.

Valsiner, J. (1994). Culture and Human Development: A Co-Constructivist Perspective. In P. van Geert & L. Mos (eds.), Annals of Theoretical Psychology (Vol. 10, pp. 247-298). New York: Plenum.

Vorderer, P. & Valsiner, J. (1999). (Sozial-)Psychologie und Soziologie – Oder: Das Mikro-Makro-Problem(-Bewußtsein). In N. Groeben (ed.), Zur Programmatik einer sozialwissenschaftlichen Psychologie. Bd. I: Metatheoretische Perspektiven. 1. Halbbd.: Gegenstandsverständnis, Menschenbilder, Methodologie und Ethik (pp. 115-149). Münster: Aschendorff.

West, C. & Zimmermann, D.H. (1987). Doing Gender. Gender & Society 1, 2, 125-151.

Whorf, B.L. (1963). Sprache – Denken – Wirklichkeit. Beiträge zur Metalinguistik und Sprachphilosophie (13. Aufl.). Reinbek: Rowohlt.

Wilson, E. & Ng, S.H. (1988). Sex Bias in Visual Images Evoked by Generics: A New Zealand Study. Sex Roles, 18, 3/4, 159-168.

Wilson, L.C. (1978). Teachers' Inclusion of Males and Females in Generic Nouns. Research in the Teaching of English, 12, 155-161.

Wilson, L.C. (1979). The Inclusion of Males and Females in Generic Nouns. Contemporary Educational Psychology, 4, 1, 40-46.

Wittgenstein, L. (1953). Philosophical Investigations. New York: Macmillan.

Zimmer, D.E. (1988). Die, Der, Das. Sprache und Sexismus. In D.E Zimmer, Redens Arten. Über Trends und Tollheiten im neudeutschen Sprachgebrauch (pp. 63-79). Zürich: Haffmanns.

Zimmer, D.E. (1994). Die Sonne ist keine Frau. Über natürliches und grammatisches Geschlecht. Die Zeit, 14, 74.

Burkhard Freitag

KAPITEL 4

DIE SUBJEKTIV-PERSONALE SEITE DER INTELLIGENZ: ERLEBNISQUALITÄTEN UND INTENTIONALITÄT ALS STOLPERSTEINE FÜR DAS COMPUTERMODELL DES GEISTES

1. **Einführung: Der Zusammenhang zwischen Wissenschaftskonzeption, Computermodell des Geistes und Intentionalität bzw. Erlebnisqualitäten**

Angesichts des Titels kann man (sich) fragen: Was hat dieser Beitrag eigentlich in einem Buch über objekttheoretische Perspektiven einer sozialwissenschaftlichen Psychologie zu suchen? Sind sowohl die Erlebnisqualitäten als auch die Intentionalität denn nicht im Grunde Themen, mit denen man sich in der Philosophie beschäftigt? Außerdem: Das Computermodell des Geistes darf man nach dem Erstarken der Neurowissenschaften doch wohl getrost als antiquiert bezeichnen. Zumindest beschäftigt sich in der Philosophie heute kaum noch jemand damit. Warum sollen dann PsychologInnen und in ähnlicher Weise gebildete Leute so etwas lesen?

Zur Entkräftung solcher Einwände möchte ich mit einigen Erläuterungen beginnen. Die Probleme, die heute in der Philosophie des Geistes im Zusammenhang mit den Fortschritten in den Neurowissenschaften behandelt werden, sind im Wesentlichen Fragen, die sich gerade in der Auseinandersetzung mit dem Computermodell des Geistes ergeben haben. Die Behandlung einiger seiner zentralen Schwierigkeiten führt daher auf den aktuellen Problemstand hin. Außerdem wird es im Folgenden gar nicht in erster Linie um das Computermodell des Geistes gehen, sondern vor allem um die Gegenstände, über die es stolpert. Anhand eines Modells und seiner Unangemessenheiten lässt sich lediglich leichter deutlich machen, welche Besonderheiten mit diesen Gegenständen verbunden sind. Zwar greift dieser Beitrag, wenn er sich mit verschiedenen Eigentümlichkeiten psychischer Geschehnisse beschäftigt, damit Themen auf, die heutzutage fast ausschließlich in der Philosophie verhandelt werden. Im Grunde macht er aber mit einer Reihe von Problemen vertraut, die im Herzen der Psychologie liegen. Denn die Phänomene, um die es hier gehen soll, die Intentionalität und die Erlebnisqualitäten, gehören als Eigenschaften des menschlichen Geistes selbstverständlich in den Gegenstandsbereich der Psychologie. Die Beschäftigung mit ihnen ist sogar programmatisch als psychologische Grundlagenforschung anzusehen, da es sich um Phänomene handelt, die grundlegend sind für all diejenigen Gegenstände, die seit langem in der Psychologie empirisch untersucht werden: für Sprachverstehen, Lernen und Wahrnehmung ebenso wie für Intelligenz und Neurotizismus, für soziale Ängste und suizidales Verhalten, für Leistungsmotivation und Arbeitseffektivität. Nur wird das von der Psychologie selten so gesehen.

Das war allerdings nicht immer so. Für Franz von Brentano stellte die Intentionalität noch die Grundlage dar, auf der die gesamte Psychologie als Wissenschaft fußte. Wie Wilhelm Wundt war er an der Etablierung der Psychologie als eigenständiger wissenschaftlicher Disziplin interessiert, wenn er dazu auch einen theoretischen und nicht wie Wundt durch die Eröffnung eines psychologischen Labors im Jahre 1879 einen praktischen Beitrag geleistet hat. In seinem zweibändigen Werk „Psychologie vom empirischen Standpunkt" (1874/1955) suchte er nach einem brauchbaren Kriterium, um die Forschungsgegenstände der Psychologie von den Gegenständen anderer Wissenschaften zu unterscheiden. Dazu benötigte er ein Merkmal, das allen Forschungsgegenständen der Psychologie gemeinsam ist und denen anderer Wissenschaften fehlt. Ein solches gleichzeitig vereinheitlichendes und abgrenzendes Merkmal glaubte er schließlich gefunden zu haben: die Intentionalität, die innere, mentale oder geistige Existenz eines Gegenstandes.

Es gibt aber – mit der Intentionalität ebenso wie mit den Erlebnisqualitäten – ein schwerwiegendes Problem, das vielleicht auch der Grund ist, weswegen Wilhelm Wundt und nicht Franz von Brentano als Vater der heutigen Psychologie angesehen wird. Beides sind in einem bestimmten Sinne keine empirischen Phänomene. Sie entziehen sich in gewisser Weise der (empirie-)wissenschaftlichen Herangehensweise an Forschungsgegenstände. Nun kann man aber gerade in der Psychologie unter „wissenschaftlicher Herangehensweise" Verschiedenes verstehen, wie das ja in besonderer Weise im Rahmen der sozialwissenschaftlichen Psychologiekonzeption herausgearbeitet worden ist (vgl. z.B. Groeben, 1986; Rustemeyer, 1997).

Unter „wissenschaftlicher Herangehensweise" verstehen viele, auch viele Philosophen und Psychologen, die Art und Weise, wie Forschungsgegenstände in den Naturwissenschaften behandelt werden.

Hauptsächliche Quelle der Erkenntnis ist hier eine oftmals künstlich hergestellte, auf möglichst wenige Einflussfaktoren reduzierte Situation, in der möglichst eindeutig entschieden werden kann, ob genau diejenigen Phänomene auch genau so eintreten, wie man sich das gedacht hat: das Experiment. Es dient der Bestätigung oder Widerlegung, zumindest der Stützung oder Schwächung von Hypothesen, die idealerweise aus Theorien abgeleitet sind. In diesen Theorien interessiert man sich wiederum hauptsächlich für das Systematische, das Gesetzmäßige, allgemeiner gesagt: für Zusammenhänge. Bei der Prüfung solcher Zusammenhänge legt man besonderen Wert darauf, dass die verwendete Prüfmethode möglichst wenig fehleranfällig ist. Aus vielen Gründen scheint dafür das Experiment, am besten sogar in der Form des Laborexperimentes, besonders gut geeignet zu sein. Wichtig ist dabei, dass die Dinge vollkommen aus der Sicht von Außen beurteilbar sind.

Nun gibt es jedoch auch Herangehensweisen, die ebenfalls als wissenschaftlich gelten, wenn sie auch häufig als „geisteswissenschaftlich" bezeichnet werden. Quellen der Erkenntnis sind hier die Beschreibung, die Auslegung, die Befragung des Vorgefundenen. Der Schwerpunkt des Interesses liegt auf dem Einzelnen, dem Einzigartigen. Erkenntnisse sollen durch nachvollziehendes Verstehen, durch mitfühlende Teilnahme gewonnen werden. Dabei steht nicht so sehr im Vordergrund, über eine möglichst fehlerfreie Methode der Erkenntnisgewinnung zu verfügen, obwohl auch hier Absicherungen gegen Fehler eingebaut werden; Ziel ist eher, eine möglichst umfassende Methode in den Händen zu halten, die den Blick nicht auf Teilstücke verengt, sondern ein Ganzes im Auge behalten kann. Soweit es sich bei den Forschungsgegenständen, die phänomenologisch beschrieben, hermeneutisch ausgelegt, qualitativ befragt werden, um Menschen handelt (oder auch deren kulturelle Produkte), ist der Wert, die Aussagekraft, die Wahrheit dieser Methode der Erkenntnisgewinnung an eine bestimmte Beurteilungsperspektive, an einen besonderen Standpunkt gebunden: Die Sicht von Innen! Letztendlich kann nur eine oder einer beurteilen, ob eine Beschreibung richtig, eine Auslegung wahr oder eine Antwort wahrhaftig ist, nämlich die Beschriebene, der Ausgelegte, die Befragte. Es wird deshalb – auch und gerade in der Methodologie einer sozialwissenschaftlichen Psychologiekonzeption – besondere Mühe darauf verwendet, die Wahrhaftigkeit von Antworten zu sichern (Obliers, 1992), über die Wahrheit von Auslegungen auch die Ausgelegten selber mitentscheiden zu lassen (Scheele & Groeben, 1988) oder – falls das nicht möglich ist – zumindest die Plausibilität von Auslegungen empirisch zu prüfen (Groeben, 1981). Die Behauptung, dass Intentionalität und Erlebnisqualitäten keine empirischen Phänomene sind und sich einer wissenschaftlichen Herangehensweise entziehen, muss man also einschränken und differenzieren. Sie entziehen sich der *naturwissenschaftlichen* Herangehensweise an Phänomene. Der geistes- und sozialwissenschaftlichen entziehen sie sich keineswegs. Dennoch werden Intentionalität und Erlebnisqualitäten hauptsächlich in der Philosophie behandelt und tauchen kaum in der Psychologie auf.

Das hat unterschiedliche Gründe. Zum einen ist da natürlich die in weiten Teilen naturwissenschaftliche Ausrichtung der Psychologie zu nennen. Zum anderen muss man aber auch die Bedeutung richtig einschätzen, die Intentionalität und phänomenale Erlebnisqualitäten in der Philosophie haben. Zumindest in der Philosophie des Geistes interessiert man sich seltener für die Phänomene als solche. Häufig werden sie als Prüfsteine für so genannte „materialistische" Lösungsversuche des Leib/Seele-Problems herangezogen, d.h. für Ansätze, die geistige Phänomene, wie Träume, Ängste, Sinnesempfindungen, Gedanken usw., so zu analysieren suchen, dass verständlich wird, inwiefern es sich um *vollkommen* materielle Phänomene handelt.

Intentionalität und Erlebnisqualitäten können jedoch für die Psychologie zurückgewonnen werden, wenn man eine Kombination und Integration unterschiedlicher methodischer Herangehensweisen anstrebt, wie das für die sozialwissenschaftliche Psychologiekonzeption gilt. Das ist aber nur die methodologische Seite, die in den bisherigen Bänden an verschiedenen Stellen auch schon ausführlich erörtert worden ist (vgl. Groeben, 1999; Hölscher, 1997). Hier soll eine *inhaltliche* Fragestellung bearbeitet werden, nämlich: Was ist genau das Besondere an diesen Phänomenen, so dass hier eine Methodenkombination angeraten ist? Warum können sie erst dann so richtig in den Blickpunkt psychologischen Fragens geraten? Warum kommen dafür besonders die Erlebnisqualitäten und die Intentionalität in Frage? Und wie groß wird dadurch der Bereich der Forschungsgegenstände, die auf Grund ihrer Beschaffenheit eine Methodenkombination erfordern?

Welche Besonderheiten und Eigentümlichkeiten mit bestimmten geistigen Phänomenen verbunden sind, zeigt sich insbesondere angesichts der Frage, aus welchen Gründen sie sich einer Eingliederung in ein materialistisches Bild des Geistes widersetzen. Und einer der vielen Entwürfe eines solchen Bildes ist gerade das Computermodell des Geistes. Nun ist dieses Modell, das hier als Hintergrundfolie zur Herausarbeitung von Eigentümlichkeiten geistiger Phänomene dienen soll, kein einheitliches Ganzes. Vielmehr lassen sich vier verschiedene Modelle unterscheiden (Freitag, 1995):

- *Geistige Zustände als abstrahierte Kausalkonfigurationen – der Turingmaschinenfunktionalismus von Hilary Putnam*
  Das erste Computermodell benutzt die Tatsache, dass Turingmaschinen auf zwei verschiedene Arten beschreibbar sind, um die Frage zu klären, wie man sich das Verhältnis zwischen Geist und Körper oder Leib und Seele denken soll. Der Anwendungsbereich dieses Modells ist also der Geist in seiner Gesamtheit.

- *Geistige Tätigkeiten als kausaler Prozess und als Verhaltensursachen – die „representational theory of mind" von Jerry Fodor*
  Das zweite Computermodell, die Repräsentationstheorie des Geistes, benutzt die Tatsache, dass die Abfolge von Zuständen in einer Turingmaschine semantisch interpretiert werden kann, z.B. als Addition von Zahlen, um die Frage zu klären, wie es möglich ist, dass ein Denkvorgang ein kausaler Prozess ist. Der Anwendungsbereich dieses Modells ist also ein Teilbereich des Geistigen, nämlich das Denken und das Handeln auf Grund von Absichten.

- *Geistige Leistungen als Berechnung oder der Computer als Modell für die Hintergrundmaschinerie der Intelligenz – die „physical symbol system"-Hypothese von Allen Newell*
  Das dritte Computermodell, die Hypothese der physikalischen Symbolsysteme, benutzt die Tatsache, dass es Turingmaschinen gibt, die alles berechnen können, was man überhaupt für berechenbar hält, um die Frage zu klären, welcher Mechanismus der Intelligenz zu Grunde liegen könnte. Der Anwendungsbereich dieses Modells ist also intelligentes Verhalten im Allgemeinen, sei dies nun menschliches Verhalten oder nicht.

- *Geistige Fähigkeiten als komplexe Organisation dümmerer Teilsysteme – das Zerlegungsmodell psychologischer Erklärung von Robert Cummins und die Homunkulusaustreibungsthese von Daniel Dennett*
  Das vierte Computermodell benutzt die Tatsache, dass bei einer Turingmaschine komplexe Fähigkeiten aus ganz simplen mechanischen Vorgängen aufgebaut werden können, um die Frage zu klären, ob, und wenn ja, wie geistige oder kognitive Fähigkeiten auf einfachen physikalischen Vorgängen beruhen können. In den Anwendungsbereich dieses Modells fallen demnach kognitive Fähigkeiten im Allgemeinen, mögen diese nun bewusst sein oder nicht.

Das Problem der Erlebnisqualitäten stellt nun lediglich für das erste, das der Intentionalität nur für das dritte Computermodell einen Stolperstein dar. Das erste Computermodell hat den größten Anwendungsbereich von allen, denn die durch die Turingmaschine konkretisierte funktionalistische Charakterisierung eines geistigen Zustandes mit Hilfe seiner kausalen Rolle muss grundsätzlich bei allen geistigen Phänomenen vorgenommen werden können, eben auch bei Zuständen mit phänomenalen Erlebnisqualitäten. Wie alle anderen Funktionalismusversionen ist daher auch der Turingmaschinenfunktionalismus mit zwei Problemen konfrontiert:

- Ist die Charakterisierung eines geistigen Zustandes mit Hilfe seiner kausalen Rolle ausreichend, um festzulegen, um welchen geistigen Zustand es sich handelt?
- Wird bei einer Charakterisierung eines geistigen Zustandes durch seine kausale Rolle auch sein qualitativer Gehalt, der Erlebnisaspekt dieses Zustandes mit erfasst, z.B. das Schmerzhafte, das Schmerzliche, das Schmerzende eines Schmerzes?

Das erste Problem wird durch das Argument der Qualiaumkehrung aufgeworfen, das zweite durch das Argument der fehlenden Qualia. Ich werde diese beiden Argumente, ihre Weiterentwicklungen und die mit ihnen verbundene Diskussion hier nicht im Einzelnen darstellen (vgl. dazu zusammenfassend Heckmann, 1998), da es sich um Argumente handelt, die ausschließlich auf den Funktionalismus als Leib/Seele-Theorie zugeschnitten sind.

Das Argument der Qualiaumkehrung versucht aufzuweisen, dass das Wesentliche eines geistigen Zustandes nicht seine kausale Rolle ist, sondern sein qualitativer Gehalt, die mit ihm verbundene Erlebnisqualität. Diese Schlussfolgerung soll mit Hilfe einer Vielzahl ausgeklügelter gedankenexperimenteller Situationen nahegelegt werden, die immer von einer Umkehrung der Erlebnisqualitäten ausgehen: Was würde man sagen, wenn jemandem etwas rot erscheint, er aber glaubt, sagt und sich auch so verhält, als sei es blau? Sieht er eigentlich blau oder sieht er rot? Entscheidet man sich für rot, dann hält man nicht die kausale Rolle, sondern die Erlebnisqualität für das entscheidende Merkmal eines geistigen Zustandes. Entscheidet man sich dagegen für blau, ist man mit dem Einwand konfrontiert, wie denn dieser jemand von einem zu unterscheiden sei, von dem man sagen muss: Er sieht nichts. Das ist das Argument der fehlenden Qualia, mit dem man behauptet, dass die Erlebnisqualität eines geistigen Zustandes nicht miterfasst wird, wenn man ihn nur mit Hilfe seiner kausalen Rolle zu charakterisieren versucht. Um diese Behauptung zu stützen, ist eine Vielzahl abenteuerlicher Kreaturen erfunden worden, die alle eines gemeinsam haben: Es sind so genannte „Zombies", Wesen, die sprechen, denken und sich verhalten wie Menschen, nur – sie empfinden nichts.

Ich möchte statt dessen zwei Argumente vorstellen, die gegenüber den Argumenten der Qualiaumkehrung und der fehlenden Qualia von (noch) grundsätzlicherer Natur sind, da sie die Erlebnishaftigkeit geistiger Zustände nicht nur gegen den Funktionalismus, sondern gegen jegliche materialistische Leib/Seele-Theorie in Anschlag bringen. Das erste Argument ist das Wissensargument von Frank Jackson. Es führt sehr anschaulich die Besonderheiten von Erlebnisqualitäten vor. Es ist allerdings auch einer ganzen Fülle von Einwänden ausgesetzt gewesen, die es letztendlich zu Fall gebracht haben. Das zweite Argument, das Argument der Erklärungskluft, wird dagegen von vielen als der eigentliche Stachel des Leib/Seele-Problems angesehen.

Die Intentionalität ist primär beim dritten Computermodell thematisch, weil nur dessen Vertreter tatsächlich behauptet haben, dass ein Computer Intentionalität besitzen könne. Der Vorschlag, wie Intentionalität physikalisch realisiert sein könnte, lautet kurz und bündig (und im Moment noch reichlich kryptisch): *Grundlage der Intentionalität ist die Fähigkeit, Symbole zu verwenden. Ein universeller Mechanismus verwendet Symbole. Und ein Computer ist ein universeller Mechanismus.* Dass ein Computer Symbole verwendet, Zeichen, die für etwas anderes stehen, ist vehement bestritten worden. Ich werde hier zwei Gegenargumente vorstellen. Als erstes eines der wohl berühmtesten Gedankenexperimente überhaupt: das Argument des Chinesischen Zimmers von John Searle. Das zweite Argument von Fred Dretske ist dagegen weniger bekannt. Es schlägt aber eine Brücke zu einem ausführlichst bearbeiteten Forschungsgegenstand der Psychologie: dem Phänomen der Intelligenz.

Ich werde also im Laufe dieses Artikels von den Erlebnisqualitäten ausgehend den Bereich derjenigen Gegenstände, die auf Grund ihrer Beschaffenheit eine Methodenkombination erfordern, zu erweitern suchen, und auf diesem Wege auch eine Antwort geben auf die Frage, was an der Intelligenz eigentlich subjektiv-personal ist. Die Antwort wird lauten: *Es ist sowohl fraglich, ob es Intentionalität gibt ohne subjektives, personales Erleben, als auch, ob intelligentes Verhalten ohne Intentionalität möglich ist. Die phänomenalen Erlebnisqualitäten sind daher die subjektiv-personale Seite der Intelligenz.* Diese inhaltliche Schlussfolgerung, für die hier argumentiert werden soll, hat natürlich auch eine methodologische Seite. Sie besteht in der Einsicht, dass der Bereich der geistigen Phänomene, für die eine Methodenkombination erforderlich ist, überraschend groß ist.

Zunächst einmal soll jedoch erläutert werden, was unter Intentionalität und dem Besitz von Erlebnisqualitäten eigentlich zu verstehen ist, welche Besonderheiten und Eigentümlichkeiten des Geistes damit gemeint sind. Dies wird vor allem bei der Intentionalität etwas ausführlicher notwendig sein, denn gerade um diese Eigenschaft gibt es eine lange und facettenreiche Diskussion.

2. Was ist eigentlich Intentionalität?

Viele geistige Phänomene, seien es Gedanken in der Form von Überzeugungen, Einstellungen, Meinungen, Ansichten, Schlussfolgerungen oder Wahrnehmungen, sinnliche ebenso wie außersinnliche, oder auch Gefühle, positive und negative, heiße und kalte, zeichnen sich durch eine besondere Eigenschaft aus: Sie haben einen so genannten „Gehalt", d.h. sie beziehen sich auf etwas oder richten sich darauf oder handeln davon. Für diese Eigenschaft des Bezogenseins, der Gerichtetheit bestimmter geistiger Phänomene auf etwas (anderes) hat sich ein philosophischer Fachbegriff eingebürgert; man sagt, dass solche geistigen Phänomene *Intentionalität* besitzen.

Darauf, dass die Intentionalität ein besonderes Kennzeichen und Merkmal geistiger Phänomene ist, hat vor allem Franz Brentano aufmerksam gemacht. Die zentrale und häufig zitierte Stelle aus seinem Werk lautet:

„Jedes psychische Phänomen ist durch das charakterisiert, was die Scholastiker des Mittelalters die intentionale (auch wohl mentale) Inexistenz eines Gegenstandes genannt haben, und was wir, obwohl mit nicht ganz unzweideutigen Ausdrücken, die Beziehung auf einen Inhalt, die Richtung auf ein Objekt (worunter hier nicht eine Realität zu verstehen ist), oder die immanente Gegenständlichkeit nennen würden. Jedes enthält etwas als Objekt in sich, obwohl nicht jedes in gleicher Weise. In der Vorstellung wird etwas vorgestellt, in dem Urteile ist etwas anerkannt oder verworfen, in der Liebe geliebt, in dem Hasse gehasst, in dem Begehren begehrt usw.

Diese intentionale Inexistenz ist den psychischen Phänomenen ausschließlich eigentümlich. Kein physisches Phänomen zeigt etwas Ähnliches. Und somit können wir die psychischen Phänomene definieren, indem wir sagen, sie seien solche Phänomene, welche intentional einen Gegenstand in sich enthalten." (Brentano 1874/1955, S. 124f.)

Sieht man allerdings genauer hin, so war seine Wortwahl im Grunde doch recht dunkel. Bis heute gibt es eine Diskussion darüber, wie das mit der intentionalen inneren Existenz eines Gegenstandes, die für psychische Phänomene kennzeichnend sein soll, eigentlich gemeint gewesen ist oder welchen sinnvollen Reim man sich darauf machen kann. Ich werde im Folgenden den Versuch unternehmen, das weite Feld der Diskussion um die Intentionalität als einer Eigenschaft des

Geistigen durch einige diagnostische Fragen zu strukturieren, durchaus im Sinne so genannter FAQ's („frequently asked questions"). Je nachdem, wie man auf diese Fragen antwortet, verändert sich das Intentionalitätsproblem und man bekommt es mit anderen Folgeproblemen zu tun.

Erste Frage: Haben alle geistigen Phänomene die Eigenschaft, intentional zu sein, oder gibt es auch geistige Phänomene, die nicht intentional sind?
Brentano glaubte natürlich, dass alle geistigen Phänomene Intentionalität besäßen, denn sonst wäre die Intentionalität ja nicht brauchbar gewesen, um psychische Phänomene von nicht-psychischen zu unterscheiden.

Lange Zeit war man der Meinung, dass Brentano mit dieser Auffassung Unrecht hatte. Eine Einschränkung der Brentano'schen These findet sich bereits bei seinem Schüler Husserl (1913/1984, S. 382f.). Als Beispiel für geistige, aber nicht intentionale Phänomene werden häufig Schmerzen oder Stimmungen angeführt. Brentano hätte allerdings argumentiert, dass alle psychischen Phänomene entweder Vorstellungen sind oder auf Vorstellungen beruhen (1874/1955, S. 112). Vorstellungen sind aber immer intentional; sie sind immer Vorstellungen von etwas. So hat man beispielsweise im Zusammenhang mit einem Schmerz immer auch eine Vorstellung davon, wo er sich befindet. In Bezug auf Stimmungen könnte Brentano sagen, dass man nicht nur eine Stimmung habe, sondern mit der Stimmung auch eine Vorstellung davon verbunden sein müsse, um welche Stimmung es sich handelt. Man könne sonst gar nicht der Meinung sein, dass man sich in einer bestimmten Stimmung befände. Mittlerweile gibt es Wiederannäherungen an die Auffassung Brentanos. So argumentieren einige dafür (vor allem Tye, 1995), dass auch Schmerzen und diffuse Stimmungen einen Gehalt haben: Sie informieren über Zustände des Körpers.

Allerdings kann man die Auffassung vertreten, dass es eigentlich keinen großen Unterschied macht, ob man mit dem Problem der Intentionalität bei allen oder nur bei einigen geistigen Phänomenen konfrontiert ist. Eine sehr viel entscheidendere Veränderung im Intentionalitätsbegriff gegenüber dem, was Brentano darunter verstanden wissen wollte, wird erst mit der nächsten Frage thematisiert:

Zweite Frage: Sind alle intentionalen geistigen Phänomene bewusst oder gibt es auch unbewusste intentionale geistige Phänomene?
Brentano war der Auffassung, dass es keine unbewussten psychischen Phänomene gibt und, da alle psychischen Phänomene intentional sind, infolgedessen auch keine unbewussten intentionalen psychischen Phänomene. Für ihn (und ebenso für Husserl; vgl. 1913/1984, S. 356) war

die Intentionalität eine Form des Bewusstseins. Er sah die Rede, dass psychische Phänomene einen Gehalt haben oder sich auf etwas richten oder von etwas handeln, als gleichbedeutend mit der Rede an, dass ein Bewusstsein immer ein Bewusstsein von etwas ist (vgl. Brentano, 1874/1955, S. 142). Wenn man also sagt, dass der psychische Akt des Hörens von etwas handelt, beispielsweise von einem Ton, dann bedeutet das, dass man beim Hören ein Bewusstsein von einem Ton hat; kurz: Der Ton ist bewusst.

Von dieser Position Brentanos ist man aber in der Folgezeit abgerückt. Einer der Ersten, der unbewusste psychische Phänomene postulierte, war Herrmann von Helmholtz (1867), indem er behauptete, Wahrnehmungen könnten als das Ergebnis unbewusster Schlussfolgerungsprozesse aufgefasst werden. Nachgerade berühmt durch die Annahme unbewusster intentionaler psychischer Phänomene wurde Sigmund Freud, der zeigte, wie erfolgreich man mit ihrer Hilfe menschliches (und vor allem pathologisches) Verhalten erklären kann. Und mindestens ebenso erfolg- und einflussreich mit der Annahme unbewusster intentionaler psychischer Phänomene ist in neuerer Zeit die kognitive und insbesondere die Informationsverarbeitungs-Psychologie geworden.

Als Beispiel sei hier die Untersuchung so genannter „Priming-Effekte" genannt: Visuelle oder auditive Reize, von denen die Versuchspersonen behaupten, dass sie sie nicht bemerkt hätten, können dennoch das Verhalten dieser Versuchspersonen in nachfolgenden Versuchsanordnungen beeinflussen. Dies ist besonders interessant, wenn es sich um sprachliche Reize handelt, da sich belegen lässt, dass in diesen unbewussten Vorgängen nicht nur die Lautfolge, sondern auch die Bedeutung von Wörtern erfasst wird (Holender, 1986; Marcel, 1983). Das Phänomen lässt sich am einfachsten dadurch erklären, dass es offenbar im Gehirn Vorgänge gibt, die über äußere Objekte und Reize informieren. Diese Vorgänge sind intentional, d.h. sie beziehen sich auf etwas, sie bedeuten etwas, sie haben einen Gehalt, müssen allerdings nicht unbedingt dem Bewusstsein zugänglich sein. Manche nehmen sogar an, dass der allergrößte Teil der Vorgänge, die den menschlichen kognitiven Fähigkeiten zu Grunde liegen, in diesem Sinne intentional, aber unbewusst ist oder zumindest kein Bewusstsein benötigt (vgl. z.B. Velmans, 1991).

Auf Grund solcher (und einer ganzen Reihe anderer) experimentell ausführlich untersuchter Effekte gehört die Unterscheidung zwischen bewussten und unbewussten geistigen Zuständen und Prozessen mittlerweile zu den etabliertesten Unterscheidungen in der Psychologie (vgl. Weiskrantz, 1992). Das hat unter anderem dazu geführt, dass das Problem der Intentionalität vollständig vom Problem des Bewusstseins abgekoppelt worden ist. Zu dieser Abkopplung haben aber nicht nur empirische Forschungen in der Psychologie beigetragen, sondern auch zwei Strömungen in der Philosophie des Geistes, die in ausdrücklicher Abgrenzung zu Brentano auf die Frage „Was ist eigentlich Intentionalität?" andere Antworten gegeben haben. Die Auffassung Brentanos und die vorgeschlagenen Antwortalternativen lassen sich in der folgenden Frage zusammenfassen:

Dritte Frage: Ist die Intentionalität eine Eigenschaft psychischer Phänomene, die wir introspektiv feststellen, oder ist sie eine Eigenschaft der Sprache, mit der wir über geistige Phänomene reden, oder ist sie eine Eigenschaft unbeobachtbarer Entitäten, mit deren Hilfe wir das Verhalten anderer Menschen erklären?

Die Intentionalität als eine Eigenschaft des Geistes zerfällt offenbar in drei Aspekte: einen introspektiven, einen sprachlichen und einen erklärenden. Historisch gesehen hat die philosophische Diskussion die verschiedenen Aspekte der Intentionalität in dieser Reihenfolge betont, wobei der nachfolgend betonte Aspekt immer auch gegen den vorhergehend betonten in Anschlag gebracht worden ist: Die Behauptung, dass es sich um eine Eigenschaft bestimmter sprachlicher Strukturen handele, gegen die Behauptung, die Intentionalität sei eine in der Introspektion feststellbare Bewusstseinstatsache, und die Behauptung, dass man intentionale Zustände als von einer Theorie postulierte unbeobachtbare Entitäten auffassen müsse, gegen die Behauptung, dass die Intentionalität ein rein sprachliches Phänomen sei.

Für Brentano war die Intentionalität eine Eigenschaft des Geistes, die sich aus der introspektiven Analyse seiner Beschaffenheit ergibt. Dass die psychischen Phänomene einen Gehalt haben, auf den sie in irgendeiner Weise bezogen sind, war für ihn eine evidente Tatsache, die man mit Hilfe einer Art innerer Wahrnehmung seines Bewusstseins feststellen kann. Damit wird jedoch die Intentionalität an eine ganze Reihe von Besonderheiten gebunden, die mit dem Bewusstseinsphänomen verknüpft sind und die man häufig unter dem Stichwort „die Perspektive der ersten Person" zusammenfasst. Aus dieser Sicht ist die Intentionalität ein subjektives Phänomen. Ihre Eigenschaften, ihre Natur sind nur aus der Innensicht zugänglich. Das, was aus dieser Perspektive erkennbar oder erlebbar ist, kann aber anderen höchstens *mit*geteilt, nicht von anderen *ge*teilt werden. Wie beispielsweise der Gehalt eines Gedankens lautet, können nicht alle entscheiden, sondern nur diejenige, die den Gedanken hat. Das erschwert die wissenschaftliche Bearbeitbarkeit, die zumindest im naturwissenschaftlichen Verständnis objektiven Kriterien genügen und daher notwendigerweise aus der Außensicht vorgenommen werden muss. Diese

Außensicht verfehlt aber wiederum das Phänomen, wenn sie der Subjektivität der Intentionalität als ihrem wesentlichen Merkmal nicht gerecht zu werden vermag (Frank, 1991, S. 178; Nagel, 1986, S. 7). Es entsteht der bereits in der Einführung behandelte Eindruck, die Intentionalität sei in einem gewissen Sinne mit wissenschaftlichen Methoden gar nicht bearbeitbar.

Man hat daher versucht, das Phänomen zu verobjektivieren. Ein erster Versuch war, gewissermaßen einen Schritt zurückzutreten und statt der geistigen Phänomene selbst die Sprache zu untersuchen, mit der wir über sie reden. Diesen Schritt zurück kann man in Anlehnung an Quine als „semantischen Aufstieg" (vgl. Bieri, 1981, S. 11) bezeichnen, d.h. man wechselt von einer objektsprachlichen zu einer metasprachlichen Betrachtung. Bei bestimmten geistigen Phänomenen, den so genannten „propositionalen Einstellungen" – das sind Geisteshaltungen, die man gegenüber einem Sachverhalt einnehmen kann, also Zustände wie „Paula wünscht sich ein Gameboyspiel zu Weihnachten" – fällt dabei insbesondere auf, dass die Sätze, mit denen wir über diese Phänomene reden, eine ähnliche Struktur aufweisen, wie sie Brentano für die geistigen Phänomene selbst postuliert hat. Sätze über Wünsche, Überzeugungen, Hoffnungen, Befürchtungen usw. zerfallen in einen Einstellungsteil, z.B. „Paula wünscht", und einen Inhaltsteil, z.B. „dass sie zu Weihnachten ein Gameboyspiel bekommt". Die Sätze scheinen also eine Relation zwischen einer Einstellung und einem Inhalt auszudrücken oder, wie Brentano gesagt hätte, zwischen einem Akt und einem Objekt.

Aus dieser Beobachtung kann man nun den Schluss ziehen, dass die Intentionalität gar keine Eigenschaft des Geistes ist, sondern lediglich eine Eigenschaft der Sprache, mit der wir über Geistiges reden. Es ist daher fraglich, ob es intentionale geistige Phänomene überhaupt gibt, ob es sich nicht vielmehr um eine Verführung des Denkens durch die Sprache handelt. Eigentlich bezeichnen die Ausdrücke ‚Wunsch', ‚Überzeugung', ‚Hoffnung', ‚Befürchtung' usw. etwas ganz anderes, nämlich z.B. Verhaltensdispositionen (Ryle, 1949/1969).

Im Kontrast dazu betont die dritte Antwortalternative gerade gegenüber der Behauptung, die Intentionalität sei ein ausschließlich sprachliches Phänomen, noch einen ganz anderen Aspekt, nämlich die Beobachtung, dass wir im Alltag intentionale geistige Phänomene dazu benutzen, um das Verhalten anderer Menschen zu erklären. Bei diesen Erklärungen unterstellen wir erstens, dass die intentionalen geistigen Phänomene eine verhaltensverursachende Wirkung haben, und zweitens, dass sie das Verhalten auf Grund ihrer spezifischen Gehalte verursachen. Das wird besonders bei erwartungswidrigem Verhalten deutlich – wenn man z.B., um seine Warzen zu behandeln, nicht zum Hausarzt geht, sondern auf einem mitternächtlichen Friedhof eine Reihe abenteuerlicher Handlungen vollzieht (Tom Sawyer). Dahinter stecken ersichtlich intentionale Zustände mit bestimmten Gehalten in Form einer subjektiven Theorie, die wir als Aberglauben zu bezeichnen gewohnt sind.

Das Schöne an dieser Art der Verobjektivierung der Intentionalität ist, dass man sich plötzlich auf vollkommen bekanntem Terrain befindet, nämlich der Analyse von (subjektiven) Theorien (Bieri, 1987, S. 210). Gerade in der Psychologie ist man den Umgang gewohnt mit unbeobachtbaren Entitäten, die von Theorien postuliert werden und nur mit Hilfe äußerer Indikatoren festgestellt werden können, aber einen hohen Erklärungswert haben, seien dies Persönlichkeitseigenschaften oder verschiedene Gedächtnisspeicher. Man kann daher mit dem gewohnten wissenschaftlichen Arsenal daran gehen zu überprüfen, ob an solchen (subjektiven) Theorien etwas Wahres dran ist.

Dieser zweite Verobjektivierungsversuch ist in seiner Bedeutung kaum zu überschätzen. Eine Vielzahl der Probleme, die im Zusammenhang mit der Intentionalität in der Philosophie des Geistes heute diskutiert werden, z.B. das Problem der Individuierung intentionaler Zustände oder das Problem der Fehlrepräsentation, sind sowohl in der Art und Weise, wie sie sich stellen, als auch, wie sie gelöst werden sollen, nur zu verstehen, wenn man weiß, dass es sich bei intentionalen Phänomenen um von einer Theorie postulierte, unbeobachtbare Entitäten handeln soll, die aus der Außensicht erschlossen werden müssen. In diesem Zusammenhang hat sich auch eine bestimmte Redeweise eingebürgert: Man spricht nicht mehr davon, dass jemand intentionale geistige Phänomene *hat*, sondern es werden jemandem intentionale Zustände *zugeschrieben*.

Um dieses alltägliche Erklärungsschema, das im anglo-amerikanischen Sprachraum als „folk psychology" bezeichnet wird, ist eine sehr umfangreiche Diskussion entstanden. Unter anderem stellen sich dabei zwei Fragen. Gibt es die von diesem Erklärungsschema postulierten intentionalen Zustände wirklich? Sowohl so genannte „Eliminativisten" (Churchland, 1981; Stich, 1983) als auch „Instrumentalisten" (Dennett, 1971; 1981/1987) verneinen diese Frage. Bejaht man sie, nimmt man also gegenüber intentionalen Zuständen eine realistische Position ein, steht man vor dem nächsten Problem: Wie ist es dann möglich, dass sie durch ihre Gehalte Verhalten verursachen können? Wie kann etwas Geistiges physikalische Wirkungen haben?

Die Antwort, die vor allem von Fodor ausgearbeitet worden ist, gilt allerdings nur für bestimmte intentionale Zustände, die aber in unseren alltäglichen Erklärungen menschlichen Verhaltens die hauptsächliche Rolle spielen: für die bereits erwähnten propositionalen Einstellungen (vgl. Fodor, 1981, S. 17). Ausgangspunkt ist, dass aus der Tatsache, dass sich intentionale Phänomene und die Sprache, mit der man über sie spricht, strukturell stark ähneln, nicht der Schluss gezogen wird, die Intentionalität sei im Grunde eine Eigenschaft der Sprache, sondern geradezu im Gegenteil sollen sich grundlegende Strukturen des Geistes in der Struktur der Sprache ab- oder nachbilden. Natürliche Sprachen spiegeln strukturell die Verhältnisse wider, wie sie im Kopf vorliegen.

Daraus ergibt sich die theoretische Annahme, dass propositionale Einstellungen nicht nur sprachlich, sondern auch im Kopf in zwei Teile zerfallen, einen Einstellungsteil, der eine bestimmte Geisteshaltung ausdrückt wie *wünschen, glauben, hoffen, fürchten*, und einem Sachverhaltsteil, der ausdrückt, was da genau gewünscht, geglaubt, gehofft oder gefürchtet wird. Fodors Lösung für das Problem, *wie* propositionale Einstellungen andere propositionale Einstellungen und Verhalten verursachen können, und zwar nicht nur irgendwie, sondern in einer Art und Weise, die logischen Regeln folgt, sieht kurz zusammengefasst so aus:

Der Sachverhaltsteil ist eine mentale Repräsentation und der Einstellungsteil eine funktional charakterisierbare Beziehung, die jemand zu dieser mentalen Repräsentation in seinem Kopf unterhält. ‚Funktional charakterisierbar' heißt, dass die mentale Repräsentation in ein Netzwerk von Ursachen und Wirkungen eingebunden ist, das typisch für Wünsche ist. In einer metaphorisierenden Redeweise kann man auch sagen: Wenn Paula den Wunsch hat, sie möge ein Gameboyspiel zu Weihnachten bekommen, dann hat sie in ihrem Wunschkasten eine mentale Repräsentation, die lautet „Gameboyspiel zu Weihnachten". Die Bedeutung der mentalen Repräsentation, ihr Gehalt setzt sich dabei zusammen aus den Bedeutungen ihrer Teile, so wie sich die Bedeutung von Sätzen aus der Bedeutung der Wörter zusammensetzt, aus denen er besteht: Fodor glaubt, dass es eine Sprache des Geistes gibt (1975). Diese Teile unterscheiden sich jedoch nicht nur in ihrer Bedeutung, sie unterscheiden sich auch in ihrer Form, d.h. in irgendwelchen nicht-semantischen Eigenschaften. Dabei entspricht jedem Bedeutungsunterschied – mehr oder weniger – auch ein Formunterschied (Fodor, 1980, S. 68). Kausale Kräfte haben mentale Repräsentationen aber nur auf Grund ihrer Form, und nur wenn sich mentale Repräsentationen in ihrer Form, d.h. materiell, voneinander unterscheiden, können sie auch unterschiedliche Wirkungen haben.

Das Besondere ist nun, dass die mentalen Repräsentationen sich ja nicht nur irgendwie, sondern in einer bestimmten Art und Weise gegenseitig verursachen sollen, nämlich so, dass dabei die Bedeutung der Repräsentationen berücksichtigt wird. Auf die mentale Repräsentation ES REGNET DRAUSSEN soll nicht kausal irgendeine, sondern z.B. die Repräsentation REGENSCHIRM MITNEHMEN folgen oder eine ähnlich sinnvolle. Dass so etwas möglich ist, zeigt das Beispiel eines technischen Gerätes, in dem einerseits formal unterschiedene Repräsentationen unterschiedliche kausale Kräfte haben, das aber andererseits auch logische Schlussfolgerungen ziehen kann und damit demonstriert, „if you like yours with drums and trumpets: *How rationality [is] mechanically possible*" (Fodor, 1987, S. 20): der Computer.

Im Rahmen dieses Lösungsvorschlags ist nun offenbar ein Begriff von großer Bedeutung, der mittlerweile in der Psychologie überall benutzt wird, aber in besonderem Maße grundlegend für die gesamte Kognitionswissenschaft ist: der Begriff der mentalen Repräsentation. Mentale Repräsentationen sind einerseits geistig – ‚mental' klingt bloß nicht ganz so problematisch – und andererseits Zeichen im Kopf, die für etwas (anderes) stehen und über etwas (anderes) etwas aussagen. Die Intentionalität geistiger Phänomene wird dadurch zu einem Sonderfall einer Eigenschaft, die alle Zeichen gleich welcher Form miteinander teilen und durch die sie erst zu Zeichen werden: Zeichen haben eine Bedeutung. Im angloamerikanischen Sprachraum ist es daher üblich geworden, schlicht zu sagen, dass Zeichen und intentionale geistige Phänomene eine gemeinsame Eigenschaft haben: Sie besitzen „aboutness" (Dennett & Haugeland, 1987, S. 383). Aber ist das überhaupt dasselbe?

Vierte Frage: Haben die Begriffe ‚Intentionalität' und ‚Bedeutung' die gleiche Bedeutung oder meinen sie etwas Verschiedenes?
Im Grunde unterscheiden alle zwischen Intentionalität und Bedeutung, ohne das immer so zu nennen. Träfe man diese Unterscheidung nicht, bekäme man es in mehrfacher Hinsicht mit schwerwiegenden Abgrenzungsproblemen zu tun. Denn sowohl gegenüber so genannten „niederen" Lebewesen als auch Artefakten wie dem Computer stellt sich die Frage, ob man bereit ist, ihnen echte intentionale Phänomene zuzugestehen oder nicht. Es geht also letztendlich immer darum, wie man geistige von nicht-geistigen Repräsentationen unterscheiden kann.

Sowohl in Hinblick auf sprachliche Zeichen als auch auf Artefakte kann man zwischen Intentionalität und Bedeutung zunächst einmal dadurch unterscheiden, dass man den introspektiven Aspekt der Intentionalität betont. Ein intentionales Zeichen ist mit einem subjektiven

Bedeutungserlebnis verbunden (vgl. z.B. Hildebrandt & Scheerer, 1995). Damit wird natürlich das Phänomen der Intentionalität wieder an das Phänomen des Bewusstseins gebunden – ein historischer Rückschritt oder eine Rückbesinnung, ganz wie man es nennen will. Vielen gefällt das allerdings nicht – und zwar schon aus dem Grund, dass man eventuell gezwungen sein könnte, die Existenz *unbewusster* intentionaler geistiger Phänomene zu leugnen.

Sehr viel häufiger wird bei einem Zeichen zwischen Repräsentation und Interpretation unterschieden (oder auch zwischen seinem weiten und seinem engen Gehalt). Ein Zeichen repräsentiert einerseits einen bestimmten Sachverhalt in der Welt. Das heißt zunächst einmal nur, es ist Stellvertreter für diesen Sachverhalt, gleichgültig, ob innerhalb oder außerhalb des Kopfes eines Menschen. Andererseits kann es aber auch eine bestimmte Bedeutung haben, es kann interpretiert sein. Und nur innere Zeichen, die interpretiert sind, sind intentionale Zeichen.

Diese Unterscheidung hat mehrere Vorteile. Erstens ist gewährleistet, dass die Interpretation eines Zeichens und das, was es repräsentiert, auseinanderfallen können. Damit kann man wiederum zwei Eigentümlichkeiten intentionaler geistiger Phänomene (und damit auch des menschlichen Geistes) gerecht werden: *Wir können uns irren* und *wir sind nicht allwissend.* Das klassische Beispiel dafür ist die Figur des Ödipus: Ödipus tötet seinen Vater und heiratet seine Mutter. Das tut er natürlich nur, weil er in beiden Fällen nicht weiß, dass die eine Person sein Vater und die andere seine Mutter ist. An diesem Beispiel wird deutlich, dass Sachverhalte immer unter bestimmten Beschreibungen geglaubt, gewünscht, gefürchtet (und auch getötet und geheiratet) werden. Nur jemand, der allwissend ist, kennt einen Sachverhalt unter allen Beschreibungen, die von ihm möglich sind, und kann sich daher nicht irren (zumindest nicht so, wie das Ödipus konnte).

Es gibt aber noch einen zweiten Vorteil. Sowohl die Frage, was die inneren Zeichen repräsentieren, als auch die, welche Interpretation sie haben, kann man mit den üblichen (natur-)wissenschaftlichen Methoden zu bearbeiten versuchen. Man ist nicht auf die Auskünfte der Besitzer dieser Zeichen angewiesen. Wenn man annimmt, dass sich die inneren Zeichen angemessen als neuronale Feuerungsmuster beschreiben lassen, dann muss bei der Beantwortung der Frage, was die inneren Zeichen repräsentieren, lediglich in einer entsprechenden Versuchsanordnung überprüft werden, bei welchen äußeren Sachverhalten welche inneren Zeichen vorliegen. So etwas Ähnliches haben beispielsweise Lettvin, Maturana, McCulloch und Pitts (1956) in einer berühmten Untersuchung durchgeführt und dabei festgestellt, dass bestimmte Zustände im

Gehirn eines Frosches nicht nur dann eintreten, wenn man an seinem Auge eine Fliege vorbeifliegen lässt, sondern auch, wenn man kleine ovale schwarze Pappscheiben vorbeiführt.

Welche Bedeutung die inneren Zeichen haben, wie sie interpretiert sind, lässt sich auf diese Weise jedoch nicht festlegen. Die Ergebnisse sind zu uneindeutig. Was bedeutet der neurophysiologische Zustand im Gehirn eines Frosches nun: FLIEGE oder SCHWARZER PUNKT oder beides oder vielleicht noch etwas ganz anderes wie z.B. ESSBARES? Diese Vieldeutigkeit ist nun aber nicht verwunderlich. Wenn die Bedeutung der Zeichen feinkörniger sein kann als die Anzahl der Sachverhalte und damit mehrere verschiedene Zeichen denselben Sachverhalt repräsentieren können, war das zu erwarten. Um die Bedeutungen innerer Zeichen festzulegen, reicht es nicht aus, dass man sie mit den äußeren Sachverhalten in Zusammenhang bringt, die diese Zeichen repräsentieren. Man muss sie zu den anderen inneren Zeichen in Beziehung setzen. Auch das ist eine Problemstellung, die prinzipiell aus der Außensicht lösbar zu sein scheint. Denn das Problem der Bedeutungsfestlegung einer Ansammlung innerer Zeichen ist durchaus vergleichbar mit der Entzifferung einer unbekannten Schriftsprache. Ein schwieriges Problem, aber vermutlich kein unlösbares. Vor allem kann man es lösen, ohne die Hilfe derjenigen in Anspruch nehmen zu müssen, die dieser Sprache kundig sind – wenn auch nur unter sehr großen Mühen.

Neuerdings gibt es jedoch auch Versuche, die Unterscheidung zwischen Repräsentation und Interpretation (oder zwischen weitem und engem Gehalt) ganz aufzugeben und nur noch zwischen verschiedenen Arten von Repräsentationen zu unterscheiden. Das bedeutet, dass intentionale geistige Phänomene keine von ihrem weltlichen Bezug, von ihrer Referenz unabhängige Bedeutung mehr haben sollen, sondern ihre Bedeutung *besteht* in ihrem weltlichen Bezug. Man bezeichnet diese Auffassung als „Externalismus". Der Gehalt intentionaler Zustände soll sich in der Welt befinden. Im Gegensatz dazu geht der so genannte „Internalismus" davon aus, dass der Gehalt intentionaler Zustände im Kopf existiert. Auch beim Externalismus steht man natürlich wieder vor der Frage, wie sich nicht-geistige von geistigen Repräsentationen unterscheiden lassen. Es sind verschiedene Vorschläge im Umlauf: So sollen nur Letztere auf eine ganz bestimmte Art und Weise in ein Netzwerk von Gesetzmäßigkeiten eingebunden sein (Fodor, 1990) oder nur Letztere eine im Rahmen einer Phylo- oder Ontogenese erworbene Funktion besitzen (Dretske, 1995).

Im weiteren Verlauf der Diskussion wird in der Auseinandersetzung mit dem Computermodell des Geistes vor allem die Frage relevant sein, ob sich der in seinen Facetten hier etwas ausführlicher dargestellte zweite Versuch der Verobjektivierung des Intentionalitätsphänomens durchhalten lässt. Das heißt: Ist eine vollständige Explikation der Intentionalität ohne Rückgriff auf Einsichten aus der Perspektive der ersten Person möglich?

Ist das Phänomen der Intentionalität vor allem deshalb verwirrend und ausführlicher Erörterung bedürftig, weil eine Vielzahl unterschiedlicher Interpretationen darüber entwickelt worden sind, was man sich unter ihr als einer Eigenschaft des Geistes eigentlich vorstellen soll, wird es im folgenden Abschnitt bedeutend einfacher, denn die Frage

3. Was sind eigentlich Erlebnisqualitäten?

ist im Grunde ganz einfach zu beantworten: ‚Erlebnisqualitäten' oder ‚Qualia' sind nur unbekannte Worte für etwas, was gar nicht bekannter sein könnte. Allerdings türmt sich nun ein Problem ganz anderer Art auf: Es ist schwierig, über das mit den Worten ‚Qualia' oder ‚Erlebnisqualität' Gemeinte überhaupt zu sprechen. Es scheint irgendwie unbeschreiblich zu sein (Pothast, 1987, S. 22f.); oder es ist, wie man auch manchmal sagt, „nicht aussagbar" (Safranski, 1990, S. 20).

Worum geht es? Es geht um die Beschaffenheit von Empfindungen, um die innere Seite von Erlebnissen, um den phänomenalen Charakter von Erfahrungen. Es geht darum, was man fühlt, wenn man betrunken ist oder mit jemandem schläft, was man spürt, wenn man ein Eukalyptus-Bonbon lutscht oder einem die Glieder eingeschlafen sind, was man erlebt, wenn man die Geisel eines Bankräubers ist oder ohne Sauerstoffgerät den Gipfel des Mount Everest erreicht hat, was man empfindet, wenn man ein Kind geboren hat oder die Mutter gestorben ist. Es geht darum, wie es ist, in einem Café zu sitzen und zu warten, zuerst erwartungsfroh, dann aufgeregt, dann ungeduldig, dann sorgenvoll, dann enttäuscht, dann verärgert, dann nur noch sitzend und nicht mehr wartend.

Es geht aber auch um etwas sehr viel Schlichteres, vollkommen Alltägliches, uns kaum als etwas Besonderes Auffallendes, aus unserem Leben aber dennoch nicht Fortdenkbares. Es geht um den Geschmack frischer Erdbeeren, den Geruch von gekochtem Blumenkohl, den Klang von Beethovens Neunter, den Anblick einer im Meer versinkenden Sonne, die Berührung reiner Seide, das Dröhnen eines Kopfschmerzes, die quälende Wonne des Kitzels. Für diese besondere Art und Weise, wie wir die Welt und uns selbst erleben, haben die Philosophen eine Bezeichnung erfunden: das Wort *Qualia*.

Qualia haben einige Eigenschaften, die sie sehr interessant, aber auch ziemlich widerspenstig machen. So sind sie z.B. von außen vollkommen unzugänglich. Obwohl wir im Allgemeinen selbstverständlich davon ausgehen, scheint sich nicht endgültig der Zweifel ausräumen zu lassen, ob andere überhaupt Erlebnisqualitäten haben, geschweige denn, dass man die Frage klären kann, ob sie so beschaffen sind wie diejenigen, die man selber hat. Gleichzeitig gibt es aber kaum etwas, was einem bekannter, dessen Existenz unbezweifelbarer sein könnte als die eigenen Qualia. Man scheint von ihnen eine unmittelbare Kenntnis zu besitzen. Ihre Existenz ist aber anscheinend daran gebunden, dass sie jemand empfindet, ihr Sein ist ihr Wahrgenommenwerden. Ein Schmerz, der von niemandem gefühlt wird, wird nicht nur nicht gefühlt, er ist überhaupt nicht vorhanden.

Während es nun auf der einen Seite für manche zweifelhaft ist, ob es Entitäten, die solche (und noch einige andere) schwer fassbare Eigenschaften haben sollen, überhaupt geben kann (z.B. Dennett, 1988), haben auf der anderen Seite viele – beginnend bei Descartes – gerade dem Aspekt, dass man in Bezug auf seine Erlebnisqualitäten ein untäuschbares Wissen besitzt, ein besonders großes Gewicht zugemessen. Wenn man auch an vielem zweifeln kann, die Tatsache, dass man etwas erlebt, fühlt, denkt oder spürt, erscheint vollkommen gewiss. Das zeigt sich z.B. daran, dass das Wissen um seine Erlebnisqualitäten unkorrigierbar ist (Armstrong, 1963; Rorty, 1970): Es lässt sich weder ein empirischer Beleg vorstellen, der einen davon überzeugen könnte, dass man sich irrt, wenn einen der Zahn schmerzt, noch einer, der einen umgekehrt zu der Auffassung gelangen lassen könnte, man habe Zahnschmerzen, wenn man keine empfindet.

Als so genannte „Sinnesdaten" wurden Qualia daher lange Zeit als der Ausgangspunkt jeglicher Erkenntnis angesehen, als eine Grundlage evidenter Gewissheit, als unhintergehbare Basis, von der aus wir die Beschaffenheit der Welt erschließen. Denn bei unserem Wissen über die Welt handelt es sich immer nur um mehr oder weniger gültige Schlussfolgerungen, weshalb es sich nicht endgültig von dem Verdacht befreien lässt, dass es vollkommen falsch sein könnte. Einem solchen Verdacht unterliegt unser Wissen um die Erlebnisqualitäten dagegen nicht.

Allerdings führt die Annahme von Sinnesdaten auch in eine ganze Reihe von Schwierigkeiten (vgl. Heckmann, 1986). So kann man sich z.B. fragen, wie das mit der direkten, unmittelbaren Kenntnis, die man von seinen Qualia haben soll, eigentlich genau zu verstehen ist. Soll man sich diese innere Erfahrung, diese besondere Weise des Gewahrseins seiner selbst als eine Art innerer Wahrnehmung vorstellen, wie dies etwa Brentano und Husserl getan haben, oder ist das eine inkohärente und vollständig in die Irre führende Vorstellung (vgl. z.B. Tugendhat, 1979, S. 16f.)? Handelt es sich bei dieser inneren Erfahrung um ein propositionales Wissen, d.h. um ein Wissen, das man als ein Bewusstsein von etwas auffassen sollte, wobei für ‚etwas' in diesem Fall nur bestimmte Dinge, nämlich die eigenen geistigen Phänomene eingesetzt werden können (Tugendhat, 1979, S. 14)? Oder ist diese besondere Weise des Gewahrseins seiner Selbst eine „unmittelbare (nicht-gegenständliche, nicht-begriffliche, nicht-propositionale) Bekanntschaft von Subjekten mit sich" (Frank, 1991, S. 7)? Wählt man die letztere Alternative, so kann einem entgegengehalten werden, dass es keinen Sinn macht, ein Wissen, von dem man nicht sagen kann, von was es denn ein Wissen ist, überhaupt als ‚Wissen' zu bezeichnen. Ein nicht-begriffliches Wissen gibt es nicht, denn ein Wissen, das nicht ein Wissen von etwas ist, ist kein Wissen und damit auch keine Erkenntnis. Qualia sind daher als Sinnesdaten in neuerer Zeit nicht sonderlich gut angesehen. Verschiedene Philosophen haben sie als der „Mythos des Gegebenen" (Sellars, 1963) oder als der „Mythos des Subjektiven" (Davidson, 1989) kritisiert. Und von Wittgenstein sind sie als Käfer in einer Schachtel karikiert worden, in die nur der Besitzer oder die Besitzerin der Schachtel gucken kann. Niemand weiß, ob die anderen Schachtelbesitzer überhaupt Käfer in ihrer Schachtel haben, und wenn ja, ob es eigentlich die gleichen Käfer sind, die man in seiner eigenen Schachtel vorfindet (Wittgenstein, 1984, S. 373).

Nun hat Thomas Nagel in einem sehr berühmt gewordenen Aufsatz mit dem Titel „Wie ist es, eine Fledermaus zu sein?" (1974/1981) auf eine Möglichkeit hingewiesen, wie man durchaus von einem Wissen sprechen kann, dass nicht-begrifflicher Natur zu sein und außerdem einem direkt zugänglich gemacht zu werden scheint. Nach diesem Wissen fragt man mit bestimmten Fragen, z.B. „Wie ist es ...?" oder „Wie fühlt es sich an ...?" Das Wissen darum, wie es ist, in einem bestimmten Zustand zu sein, wie sich etwas anfühlt, ist nicht begrifflich (Crane 1992), denn man kann wissen, wie es ist, eine bestimmte Erlebnisqualität zu haben, ohne zu wissen, um welche es sich handelt. Es ist damit auch vorsprachlich. Umgekehrt ist begriffliches Wissen allein nicht ausreichend, um eine bestimmte Erlebnisqualität zu kennen. Man weiß nicht, wie es ist, Langeweile zu haben, wenn einem nie langweilig gewesen ist. Diese Kenntnis erwirbt man erst, wenn einem einmal langweilig zumute war. Ein solches Wissen wird häufig auch als „phänomenales Bewusstsein" bezeichnet, das man von anderen Bewusstseinsbegriffen abzugrenzen sucht (etwa von dem Brentano'schen intentionalen Bewusstsein oder auch von einem so genannten „Zugriffsbewusstsein"; Block, 1995; Tye, 1993). Die „Spürensereignisse" (Pothast, 1987, S. 19) des phänomenalen Bewusstseins haben immer einen bestimmten Charakter, es ist irgendwie, sie zu haben, bzw. ist einem in einer bestimmten Art und Weise zumute. Bei dieser besonderen Bekanntschaft mit seinen Empfindungen handelt es sich also um eine Form des Bewusstseins. Unbewusste Qualia gibt es nicht, man kann ihnen höchstens momentan keine Aufmerksamkeit schenken. Man muss aber weder wissen, um was für eine Empfindung es sich handelt (ob es z.B. ein Schmerz ist), noch, ob die Empfindung vielleicht ein Zeichen ist, das für etwas anderes steht.

4. (Funktionalistischer) Materialismus und Erlebnisqualitäten

In dem nun folgenden Abschnitt soll der Turingmaschinenfunktionalismus, das allgemeinste und älteste aller Computermodelle, mit zwei Argumenten konfrontiert werden, die die Tatsache, dass geistige Phänomene Erlebnisqualität besitzen, zum Problem nicht nur funktionalistischer, sondern jeglicher materialistischer Lösungsvorschläge des Leib/Seele-Problems machen. Dabei versucht das erste Argument zu zeigen, dass der Materialismus grundsätzlich an diesem Problem scheitern muss. Die Beweislast liegt hier bei demjenigen, der das Argument vorbringt; er muss seine Stichhaltigkeit zeigen. Die Auseinandersetzung wird daher hier noch im klassischen Stil geführt: Jemand bringt ein Argument vor, mit dem er glaubt, etwas Bestimmtes endgültig zeigen zu können, und er wird mit einer Fülle von Einwänden konfrontiert, die den Kern des Argumentes langsam, aber sicher zermürben. Demgegenüber nimmt das zweite Argument, das ich vorstellen werde, eine Beweislastverschiebung vor, indem es herausarbeitet, was ein materialistischer Lösungsvorschlag leisten müsste, um das Problem zum Verschwinden zu bringen. Das ist ein sehr viel defensiveres Argument. Es hat sich aber als überraschend effektvoll herausgestellt und deshalb weitreichende Resonanz gefunden. Denn der Schwarze Peter liegt nun bei den Materialistinnen, die gezwungen sind, entweder einen Vorschlag zu machen, der den Lösungsanforderungen gerecht wird, oder zu zeigen, dass diese Anforderungen überzogen sind.

Zunächst einmal muss ich aber kurz den Aufhänger dieser Argumentationen, den materialistischen Lösungsvorschlag, vorstellen und erklären, was der Turingmaschinenfunktionalismus ist.

4.1. Geistige Zustände als abstrahierte Kausalkonfigurationen: Der Turingmaschinenfunktionalismus von Hilary Putnam

Eigentlich ist eine Turingmaschine ein abstrakter mathematischer Formalismus, den Alan Turing erfunden hat, damit er ihm bei der Lösung einiger schwieriger mathematischer Probleme behilflich ist. Turingmaschinen können aber auch tatsächlich gebaut werden. Grundsätzlich können sie alles, was ein moderner Computer kann. Aber obwohl man Turingmaschinen bauen *könnte*, baut man sie nie. Sie wären unüberschaubar kompliziert und nervenaufreibend langsam.

Für das Verständnis des Turingmaschinenfunktionalismus oder der, wie man auch sagen kann, „functional state identity theory" (Block & Fodor, 1972/1981, S. 84), ist es weder wichtig zu wissen, wozu Turingmaschinen gedacht waren, noch, wie sie funktionieren, noch, was sie alles können, noch, wie sie überhaupt aussehen. (Darstellungen von Turingmaschinen einschließlich näherer Erläuterungen findet man beispielsweise in Haugeland, 1987, S. 116ff.; Münch, 1992, S. 11ff.; Weizenbaum, 1977, Kap. 2 und besonders verständlich in Penrose, 1991, Kap. 2.) Vielmehr kann man den Kern, um den es beim Turingmaschinenfunktionalismus geht, auch anhand eines Cola-Automaten deutlich machen (vgl. Block, 1978/1992, S. 166). Entscheidend ist nämlich, dass eine Maschine verschiedene innere Zustände besitzt und deshalb auf denselben Umwelteinfluss unterschiedlich und auf unterschiedliche Umwelteinflüsse gleich reagieren kann. Das kann nicht nur eine Turingmaschine, sondern auch schon ein Cola-Automat.

Solche Maschinen sind auf zwei verschiedene Weisen beschreibbar. Zunächst einmal kann man einen Cola-Automaten *abstrakt* beschreiben mit Hilfe einer Tafel, die aus Zeilen und Spalten besteht. In den Zeilen sind die so genannten „Inputs" aufgelistet, die der Cola-Automat zu verarbeiten in der Lage ist. Das sind in unserem Fall nur zwei, nämlich Eurostücke und Fünfzigcentstücke. In den Spalten stehen die möglichen Zustände, die der Cola-Automat einnehmen kann. Das sind hier ebenfalls nur zwei, es könnten aber auch viertausenddreihunderteinundsechzig sein; ihre genaue Zahl ist nicht wichtig. In den Feldern der Tafel befinden sich die Befehle, die angeben, was in Abhängigkeit eines bestimmten Zustandes und eines bestimmten Inputs getan werden soll, genauer gesagt, welcher Output produziert und in welchen Zustand gewechselt werden soll. Der Output besteht bei unserem Cola-

Automaten aus folgenden Dingen: Entweder er tut nichts, oder er gibt eine Cola aus oder eine Cola und ein Fünfzigcentstück. Die Tafel dient dazu, für jeden möglichen eintretenden Fall anzugeben, was als Nächstes zu geschehen hat. Und so sieht die Tafel aus:

ZUSTÄNDE

		Z_1	Z_2
INPUTS	**Fünfzig-centstück**	kein Output gehe in Z_2 über	Cola-Ausgabe gehe in Z_1 über
	Eurostück	Cola-Ausgabe bleibe in Z_1	Cola-Ausgabe + Fünfzigcentstück-Ausgabe gehe in Z_1 über

Das Verhalten des Cola-Automaten wird vollständig durch die in der Turingmaschinentafel angegebenen Regeln erfasst, die z.B. lauten: „Wenn Zustand Z_1 und Input $I_{Fünfzigcentstück}$, dann Wechsel in Zustand Z_2"; oder: „Wenn Zustand Z_2 und Input $I_{Fünfzigcentstück}$, dann Output O_{Cola} und Wechsel in Zustand Z_1". Das eigentlich Interessante sind nun die Zustände Z_1 und Z_2, die Putnam auch als „logische Zustände" (1960/1994, S. 159) bezeichnet hat. Sie werden nämlich ausschließlich durch ihre Ursachen und Wirkungen beschrieben. Sie sind durch die Regeln, die das Verhalten des Cola-Automaten beschreiben, „implizit definiert" (Beckermann, 1977, S. 296). Die „implizite Definition" lässt aber völlig offen, wie die Zustände physikalisch beschaffen sind. Sie legt lediglich fest, was sie bewirken müssen und durch was sie verursacht werden. Man hat damit eine gleichermaßen exakte, aber auch abstrakte Beschreibung des Cola-Automaten, ohne etwas Genaues über seine Bauweise zu wissen oder wissen zu müssen. Die angeführte Tafel oder die Reihe der „wenn, dann"-Aussagen, die man auch als „Verhaltensgesetze" bezeichnen kann (Beckermann, 1977, S. 286), erfassen dann das, was man im Funktionalismus die *kausale Rolle* eines inneren Zustandes nennt.

Man kann sich nun auch dafür interessieren, welcher sinnreiche physikalische Mechanismus denn den Cola-Automaten in die Lage versetzt, auf denselben Input unterschiedlich oder auf verschiedenen Input in gleicher Weise zu reagieren. Man interessiert sich dann für die „strukturellen Zustände" (Putnam, 1960/1994, S. 160) eines Cola-Automaten, die die logischen, durch die Tafel charakterisierten Zustände *realisieren*, wie das im funktionalistischen Sprachspiel heißt. Je nach Hersteller können die strukturellen Zustände unterschiedlich beschaffen sein; möglich sind z.B. verschiedene Stellungen eines Hebels oder einer Klappe. Wichtig ist lediglich, dass die physikalischen Zustände dem Cola-Automaten die Verhaltensvariabilität ermöglichen, durch die er sich auszeichnet. Die physikalische Charakterisierung der inneren Zustände, die die logischen Zustände realisieren, ist die zweite Möglichkeit, mit der sich die Zustände eines Cola-Automaten oder irgendeines sonstigen Gegenstandes, der verschiedene innere Zustände einnehmen kann, beschreiben lassen.

Die Unterscheidung zwischen logischen und strukturellen Zuständen sollte zunächst dem Zweck dienen, verschiedene Schwierigkeiten des Leib/Seele-Problems als Scheinprobleme zu entlarven (Putnam, 1960/1994). Zu einem konkreten Lösungsvorschlag war es allerdings nur ein kleiner Schritt, den Putnam in einem kurzen Aufsatz vollzogen hat, der ursprünglich den Titel „Psychological Predicates" (1967) trug. Er behauptet dort, dass geistige Zustände mit den logischen Zuständen identisch sind. Das Paradebeispiel bei Putnam ist immer der Schmerz:

„Ich werde die Hypothese vorschlagen, daß Schmerz oder der Zustand des Schmerzhabens ein funktionaler Zustand eines ganzen Organismus ist ... d.h. Schmerz empfinden zu können, *ist*, eine angemessene Art Funktionaler Organisation zu besitzen" (Putnam, 1967/1981, S. 127f.).

Die „Funktionale Organisation" ist dabei das kausale Netz von Inputs, Zuständen und Outputs, wie es durch eine Turingmaschinen-Tafel beschrieben werden kann. Schmerzen zu haben, bedeutet also, einen Zustand mit einer bestimmten kausalen Rolle zu haben. Obwohl das etwas merkwürdig klingt, ließe sich vielleicht genauer sagen, dass es bedeutet, einer abstrakt charakterisierbaren kausalen Rolle zu unterliegen, denn die physikalischen oder neurophysiologischen Zustände, die die kausale Rolle realisieren, können ja verschieden und darüber hinaus unbekannt sein. Oder noch einmal anders ausgedrückt: Wenn jemand Schmerzen hat, liegt im Kopf eine bestimmte kausale Konfiguration vor. Diese kausale Konfiguration lässt sich mit Hilfe einer Tafel exakt charakterisieren. Geistige Zustände sind mit solchermaßen charakterisierten kausalen Konfigurationen identisch. Sie sind daher in einem gewissen Sinne abstrakte Entitäten, was weder bedeutet, dass sie nicht genau beschrieben werden können, noch, dass sie nicht materiell sein können. Kurz: Ein logischer Zustand der Turingmaschinentafel, z.B. der Zustand Z_{387}, ist mit dem Erlebnis des Schmerzenhabens identisch und nicht etwa, wie man aus dem ursprünglichen Titel des Aufsatzes auch schließen könnte, mit demjenigen, was psychologische Prädikate oder alltagssprachliche Ausdrücke wie das Wort ‚Schmerz' bezeichnen. Um hier

Missverständnissen vorzubeugen, hat Putnam der Aufsatz umbenannt. Sein Titel lautet bei allen Wiederveröffentlichungen: „The Nature of Mental States".

Schon nach wenigen Jahren hat Putnam seine These allerdings wieder verworfen. Dennoch hat der Turingmaschinenfunktionalismus eine Reihe von Vorteilen. Einerseits den, dass „er eine Interpretation des Leib/Seele-Problems bietet, die dem herkömmlichen Gebrauch psychologischer Begriffe weitgehend Rechnung trägt, dabei aber jeden ontologischen Dualismus vermeidet" und dennoch „ein sichtbarer und einsehbarer Unterschied zwischen psychologischen Beschreibungen und Erklärungen und physiologischen Beschreibungen und Erklärungen bestehen [bleibt]" (Beckermann, 1977, S. 298f.). Andererseits kommt er dualistischen Intuitionen, nach denen Geist und Materie etwas Verschiedenes sind, auch in faszinierender Weise entgegen. Denn entscheidend dafür, dass ein Organismus oder auch sonst irgendein Gegenstand Geist besitzt, ist, dass in ihm ein entsprechend komplexes kausales Netzwerk realisiert ist. Unwichtig ist, in welcher Art und Weise und auf welcher materiellen Grundlage das geschieht. Das Substrat kann ein Gehirn sein oder auch ein Computer. Es muss lediglich in der Lage sein, die gestellten kausalen Anforderungen zu erfüllen. Ist es das nicht, kann der Organismus oder Gegenstand auch keinen Geist haben, selbst wenn ihm geistige Substanz innewohnte. Außerdem lässt sich das erforderliche kausale Netzwerk in einer Weise charakterisieren, bei der man von der materiellen Realisierung absehen kann. Dadurch wird der Geist in einer irritierenden und fantasieanregenden Weise etwas Abstraktes. So kann man sich beispielsweise vorstellen, dass in Form einer Turingmaschinentafel die Charakterisierung eines Geistes vorliegen könnte, ohne dass es eine Materieform gibt, mit deren Hilfe diese Tafel realisiert werden kann.

4.2. Die Unvollständigkeit des Materialismus: Das Argument des unvollständigen Wissens von Frank Jackson

Das ist zwar alles sehr schön, wenn es auch ein bisschen sehr nach Science Fiction klingt, trotzdem will der Eindruck einfach nicht verschwinden, dass der Funktionalismus auch etwas auslässt. Indem er ihre Ursachen und Wirkungen auflistet, charakterisiert er geistige Zustände nur indirekt oder implizit. Er erfasst nur, was zu einem Schmerz führt und was er bewirkt. Er erfasst nicht, was ein Schmerz ist. Das Entscheidende an einem Schmerz, was ihn überhaupt erst zu einem Schmerz macht, ist aber, wie er sich anfühlt, nicht, was er für eine kausale Rolle hat. Es scheint sehr viel plausibler zu sein anzunehmen, dass ein geistiger Zustand eine bestimmte kausale Rolle hat, *weil* er eine bestimmte Erlebnisqualität besitzt, und nicht etwa umgekehrt. Der Besitz einer bestimmten kausalen Rolle ist also lediglich ein notwendiges Kriterium für einen bestimmten geistigen Zustand, keineswegs ein hinreichendes. Aus der funktionalen Charakterisierung eines geistigen Zustandes mit Hilfe seiner Ursachen und Wirkungen lässt sich nicht erschließen, welche Erlebnisqualität dieser Zustand haben könnte, sogar noch nicht einmal, ob er überhaupt eine hat. Umgekehrt sind uns nicht die kausalen Rollen unserer geistigen Zustände gegeben oder introspektiv zugänglich (oder wie man das auch immer formulieren will), sondern ihre phänomenalen Qualitäten. Dasselbe gilt übrigens ebenso, wenn man geistige Zustände nicht funktional, sondern neurophysiologisch beschreiben will. Nicht nur der Funktionalismus, sondern jede materialistische Leib/Seele-Theorie lässt also notwendigerweise etwas aus, nämlich die Erfassung dessen, wie sich dieser Zustand anfühlt, wie es ist, diesen Zustand zu haben. Neben dem Funktionalismus sind daher sämtliche Theorien, die auf materialistischer Basis das Leib/Seele-Problem zu lösen versuchen, notwendigerweise unvollständig. Diese Konsequenz lässt sich durch folgendes Gedankenexperiment illustrieren:

Mary, die allwissende Neuropsychologin (Jackson, 1982)
Mary ist in einer Schwarz/Weiß-Umgebung groß geworden. Obwohl sie in der Lage ist, Farben zu sehen, sind ihr niemals welche begegnet. Als Wissenschaftlerin aber hat sie sich mit der Farbwahrnehmung beschäftigt; d.h. sie kennt sämtliche physikalischen, neurophysiologischen und psychologischen Tatsachen, die es über die menschliche Farbwahrnehmung überhaupt zu wissen gibt. Irgendwann hat sie die Gelegenheit, ihre Schwarz/Weiß-Umgebung zu verlassen, und sie sieht zum ersten Mal in ihrem Leben Farben, z.B. die Farbe einer reifen Tomate.

Gegner des Materialismus wie Jackson sind nun der Meinung, dass Mary beim Anblick der reifen Tomate etwas Neues lernt, dass ihr eine neue Tatsache zur Kenntnis gelangt, die sie bisher nicht gewusst hat. Da sie jedoch alles weiß, was es aus wissenschaftlicher Sicht über die Farbwahrnehmung zu wissen gibt, zeigt das Gedankenexperiment, dass dieses Wissen nicht vollständig ist und niemals vollständig sein kann. Was sie genau lernt, kann man unterschiedlich formulieren: Sie lernt etwas Neues darüber, wie die Welt aussieht oder wie es ist, ein Farberlebnis zu haben, oder zumindest etwas darüber, wie Menschen ihre Umgebung wahrnehmen. Was auch immer, klar ist, dass Versuche, geistige Zustände wie z.B. Wahrnehmungserlebnisse physikalisch oder neurophysiologisch oder psychologisch-funktional zu charakterisieren, notwendigerweise etwas auslassen: Sie können den qualitativen Erlebnisgehalt geistiger Zustände nicht erfassen. Und das heißt: Der Materialismus kann kein vollständiges Wissen über den Geist zur Verfügung stellen.

Dem Argument des unvollständigen Wissens (im Folgenden kurz: Wissensargument) ist recht große Aufmerksamkeit gewidmet worden. Dabei sind sich alle darüber einig, dass es nicht nur für den Funktionalismus, sondern für jeglichen materialistischen Lösungsversuch des Leib/Seele-Problems eine ernsthafte Bedrohung darstellt. Allerdings sind sich Materialisten jeglicher Couleur ebenfalls darüber einig, dass es nur eine Bedrohung ist und keine Widerlegung. Die verschiedenen Einwände, die gegen das Wissensargument erhoben worden sind, lassen sich folgendermaßen systematisieren (vgl. auch van Gulick, 1993):

Erster Einwand: Mary erwirbt weder Wissen, noch erfährt sie etwas Neues

Zunächst einmal kann man ganz grundsätzlich bestreiten, dass Mary beim Anblick einer reifen Tomate überhaupt neues Wissen erwirbt. Da Marys Wissen über die Farbwahrnehmung vollständig ist, wird sie natürlich auch wissen, welche neurophysiologischen oder funktionalen Zustände von welchen Reflexionseigenschaften ausgelöst werden. Und ebenso wird sie wissen, welche neurophysiologischen oder funktionalen Zustände mit welchen Farberlebnissen zusammenhängen. Der einzige Unterschied besteht darin, dass sie den entsprechenden Zustand, der bei Menschen normalerweise durch den Anblick reifer Tomaten ausgelöst wird, zum ersten Mal selbst hat. Dadurch erwirbt sie aber kein neues Wissen, sondern sie befindet sich lediglich zum ersten Mal selbst in einem Zustand, über den sie bereits alles weiß. Etwas anderes anzunehmen, wäre eine Verwechslung des Wissens mit dem, worüber das Wissen ist (Lycan, 1990, S. 111; Teller, 1992, S. 191) – eine Verwechslung, die den fundamentalen Unterschied zwischen dem Wissen über die Dinge und den Dingen selbst übersieht.

Nun kann ein Verteidiger des Wissensargumentes aber den Unterschied zwischen phänomenalen und nicht-phänomenalen Überzeugungen anführen (Nida-Rümelin, 1996, S. 263f.). Es ist ein Unterschied zu wissen, dass Tomaten rot sind (in einem bestimmten Reifestadium), und zu wissen, wie rote Tomaten aussehen. Ersteres kann einem grundsätzlich irgendwie mitgeteilt werden, wenn man Mitglied einer Sprachgemeinschaft ist, Letzteres erfährt man durch den Anblick von Tomaten. Dieses letztere Wissen, das phänomenale, das Wissen darum, wie etwas aussieht, weil man es schon mal gesehen hat, ist dasjenige Wissen, das Mary neu erwirbt.

Zweiter Einwand: Mary erwirbt zwar etwas Neues, aber das ist kein Wissen
Der zweite Einwand gegen das Wissensargument kritisiert nun aber, dass es eine Doppeldeutigkeit des Wortes ‚Wissen' gibt. Danach muss man unterscheiden zwischen „knowing that" und „knowing how" (vgl. Ryle, 1949/1969, Kap. 2). Dieser Einwand gesteht durchaus zu, dass Mary etwas Neues erwirbt, bloß erwirbt sie kein neues Tatsachen- oder Faktenwissen, sondern statt dessen eine neue Fähigkeit, ein neues Können (etwa wie Klavierspielen oder Balancieren; Levin, 1986/1990, S. 480; Nemirow, 1990, S. 493). Das Wissen über eine Fähigkeit vermittelt selbstverständlich nicht die Fähigkeit selbst. Daraus aber zu schließen, dass dann das Wissen nicht vollständig sein kann, ist Unsinn. Selbst wenn wir alles über Echoortung wüssten, führte dieses Wissen natürlich nicht dazu, dass wir auch die Fähigkeit erwerben würden, uns wie die Fledermäuse mit Hilfe der Echoortung zu orientieren.

Ein Verteidiger des Argumentes kann aber hier einwenden, dass es zwischen Wissen und Fähigkeiten einen fließenden Übergang gibt und beides keineswegs so klar getrennt werden kann, wie das der Einwand unterstellt. Wenn jemand z.B. die Fähigkeit hat, Autos zu reparieren, muss sie unter anderem *wissen*, wie Lichtmaschinen aussehen. Oder sollte man hier besser sagen, dass sie die *Fähigkeit* haben muss, Lichtmaschinen erkennen zu können? Wie auch immer, zumindest kann man doch wohl sagen, dass jemand kein vollständiges Wissen über Lichtmaschinen hat, wenn sie nicht weiß, wie Lichtmaschinen aussehen. Und ebenso hat Mary kein vollständiges Wissen über Farben und insbesondere über Rot, wenn sie nicht weiß, wie Rot aussieht.

Dritter Einwand: Mary erwirbt zwar Wissen, dafür erfährt sie aber nichts Neues
Man kann nun nicht nur zwischen unterschiedlichen Wissensarten unterscheiden, sondern auch zwischen unterschiedlichen Arten des Wissenserwerbs. Eine gängige Unterscheidung ist diejenige zwischen „knowledge by description" und „knowledge by acquaintance" (Russell, 1914/1956). Der dritte Einwand gesteht nun zu, dass Mary beim Anblick einer roten Tomate *Wissen* erwirbt. Diesmal ist das bloß nichts Neues. Sie erwirbt nur ein Wissen, das sie bereits hat, auf eine andere Art (Tye, 1986, S. 9). Durch Erfahrung lässt sich Wissen zwar

meistens sehr viel schneller und effektiver erwerben, als wenn man sich dasselbe Wissen mühselig über Beschreibungen aneignen muss. Es ist aber keineswegs ausgeschlossen, dass beides zur Kenntnis derselben Tatsachen führt. Zu glauben, dass man durch verschiedene Arten des Wissenserwerbs auch von verschiedenen Tatsachen Kenntnis erhält, bedeutet ganz im Gegenteil, dass man einem so genannten „intensionalen Fehlschluss" anheim gefallen ist (Churchland, 1985; 1988, S. 31ff.). Beim Wissensargument lautet dieser Fehlschluss:

Erste Prämisse: Mary kennt Farbwahrnehmungszustände nur als neurophysiologische Beschreibungen von Gehirnzuständen.
Zweite Prämisse: Mary kennt Farbwahrnehmungszustände nicht als phänomenale Erlebnisqualitäten.
Konklusion: Phänomenale Erlebnisqualitäten können daher keine Gehirnzustände sein.

Denn neurophysiologisches Wissen und phänomenales Erleben könnten lediglich zwei unterschiedliche Beschreibungen ein und desselben sein, so wie ‚Abendstern' und ‚Morgenstern' zwei unterschiedliche Beschreibungen desselben Planeten sind. Das Wissensargument zeigt also nicht, dass materialistische Leib/Seele-Theorien in dem Sinne unvollständig sind, dass sie bestimmte Tatsachen auslassen. Und es zeigt damit auch nicht, dass geisteswissenschaftliche Erkenntnis nicht durch naturwissenschaftliche Erkenntnis ersetzbar ist.

Allerdings kann ein Verteidiger jetzt darauf hinweisen, dass heimlich, still und leise das Thema der Diskussion verschoben worden ist, und zwar von der Frage, welches Wissen Mary hat, zu der Frage, welche Tatsachen sie kennt. Es geht lediglich um den Erwerb neuen Wissens und nicht etwa um die (Er-)Kenntnis neuer Tatsachen. Wenn gezeigt wird, dass Mary neues Wissen erwirbt, dann ist das ein ausreichender Beleg für die These, dass das Wissen, das physikalische, neurophysiologische, psychologische Theorien über Farbwahrnehmung zur Verfügung stellen, in dem Sinne unvollständig ist, dass diese Theorien nicht alles vermitteln, was es über Farbwahrnehmung zu wissen gibt. Ob damit auch bestimmte Tatsachen unzugänglich bleiben, ist eine ganz andere Frage. Die dem Wissensargument angemessene syllogistische Form ist daher die folgende (vgl. Jackson, 1986, S. 293):

Erste Prämisse: Mary besitzt vollständiges physikalisches, neurophysiologisches und funktionales Wissen über Farbwahrnehmung.
Zweite Prämisse: Mary weiß nicht alles über Farbwahrnehmung, was es über Farbwahrnehmung zu wissen gibt.

Konklusion: Es gibt daher ein bestimmtes Wissen über Farbwahrnehmung, dass von physikalischen, neurophysiologischen oder psychologisch-funktionalen Theorien über Farbwahrnehmung nicht erfasst wird.

Vierter Einwand: Mary erwirbt nicht nur Wissen, sondern erfährt auch etwas Neues, aber das macht nichts
„Aha", rufen die Kritikerinnen des Wissensarguments erleichtert, „es geht nur um das Wissen! Na dann, von uns aus: soll Mary ruhig neues Wissen erwerben." Denn es ist doch ein vollkommen überzogener Anspruch zu meinen, die Naturwissenschaften müssten sämtliches Wissen vermitteln, das es gibt. Keine Naturwissenschaft hat bisher von sich behauptet, dass sie dazu in der Lage sei (Horgan, 1984).

In Bezug auf das Leib/Seele-Problem kann ein Verteidiger des Wissensargumentes dem aber entgegenhalten, dass sich eine Materialistin dem Anspruch auf Vollständigkeit hier nicht so ohne weiteres entziehen kann, denn die Andersartigkeit des phänomenologischen Wissens ist ja genau das Problem. Die Frage ist nämlich: Wie passt phänomenologisches Wissen in ein materialistisches Bild des Geistes?

Dennoch ist das Wissensargument, so wie es gerade ausformuliert wurde, für den Materialismus in der Tat ungefährlich. Gefährlich wird es erst, wenn man der Konklusion des Argumentes eine weitere Prämisse hinzufügt, und dann schlussfolgert, dass sich das neue und auf andere Art erworbene phänomenologische Wissen auch auf andere Tatsachen oder Eigenschaften des Gehirns bezieht, die dann nicht-physikalische, nicht-neurophysiologische oder nicht-funktionale sein müssen. Diese implizit im Wissensargument steckende Prämisse lässt sich z.B. so formulieren:

Implizite Prämisse: Phänomenale und physikalisch-neurophysiologisch-funktionale Konzepte sind deshalb kognitiv vollständig voneinander unabhängig, weil sie sich auf unterschiedliche Tatsachen des Gehirns beziehen.

Eine Materialistin kann nun versuchen, eine Erklärung für die völlige kognitive Unabhängigkeit des phänomenalen vom physikalisch-neurophysiologisch-funktionalen Wissen vorzulegen, *ohne* dass dabei angenommen werden muss, dass sich das Wissen auf verschiedene Eigenschaften des Gehirns bezieht. Die Skizze einer solchen Erklärung sieht folgendermaßen aus (vgl. Loar, 1990, S. 84): Die kognitive Unabhängigkeit wird erklärt durch die völlig verschiedene Art und Weise, wie phänomenale und physikalisch-neurophysiologisch-funktionale Begriffe ihren Bezug erhalten, nämlich einmal aus der

Innensicht und einmal aus der Außensicht, und die vollkommen unterschiedlichen kausalen Rollen, die sie auf Grund dessen im geistigen Leben haben. Das bedeutet: Der Materialismus ist zwar unvollständig, man kann aber daraus nicht schließen, dass er falsch ist. Es ist möglich, dass geistige Zustände dennoch vollkommen materielle Zustände sind.

Als Fazit ergibt sich ein Kompromiss: Das Wissensargument zeigt zwar nicht, dass der Funktionalismus oder irgendeine andere materialistische Leib/Seele-Theorie unvollständig sind in dem Sinne, dass sie bestimmte Tatsachen auslassen, obwohl das Jackson gerne gehabt hätte. Das Wissensargument zeigt aber, dass das Wissen, das materialistische Theorien über Gehirnzustände vermitteln, notwendigerweise unvollständig ist und man auf phänomenologisches Wissen angewiesen bleibt. Insofern zeigt es, dass geisteswissenschaftliche Erkenntnis nicht durch naturwissenschaftliche Erkenntnis vollständig ersetzbar ist. Das Wissensargument ist kein Argument für einen ontologischen Dualismus, sondern für einen epistemischen, und daher ein Argument für eine Vielfalt methodischer Zugänge. Das ist doch schon mal was.

4.3. Die Unverständlichkeit des Materialismus: Das Argument der Erklärungskluft von Joseph Levine

Ein Verfechter des Wissensargumentes könnte nun einräumen, dass das Wissensargument nicht so ganz den richtigen Punkt trifft, um den es ihm eigentlich geht. „So, so", eine Materialistin wird etwas verdutzt die Stirn runzeln, „und worum geht es, bitte schön, dann?" Das eigentliche Problem besteht darin, dass bisher niemand erklären kann, warum bestimmte Zustände überhaupt eine phänomenale Erlebnisqualität haben bzw., wenn sie eine haben, warum diese Erlebnisqualität so geartet ist, wie sie geartet ist (Levine, 1983, S. 357f.; 1993, S. 128). Bei allem, was von materialistischer Seite als Analoga zu einem phänomenalen Erlebnis angeboten wird (z.B. ein neurophysiologischer Vorgang oder ein Zustand mit einer bestimmten kausalen Rolle), kann man sich nämlich vorstellen, dass es mit anderen oder sogar mit gar keinen Erlebnisqualitäten verbunden sein könnte. Zwischen physikalischer, neurophysiologischer oder funktionaler Beschreibung und phänomenaler Beschreibung gibt es keinen zwingenden Zusammenhang. Vielmehr können materielle und phänomenale Ebene willkürlich auseinandergenommen und ganz anders wieder zusammengesetzt werden. Dieses Fehlen eines zwingenden Zusammenhangs macht deutlich, dass etwas Grundlegendes bisher nicht verstanden worden ist. Denselben Punkt hat Nagel folgendermaßen formuliert:

„Wenn wir anerkennen, daß eine physikalische Theorie des Mentalen den subjektiven Charakter der Erfahrung erklären muß, dann müssen wir zugeben, daß uns keine der gegenwärtig verfügbaren Konzeptionen einen Hinweis gibt, wie dies geschehen könnte. Das Problem ist einzigartig. Wenn mentale Prozesse tatsächlich physikalische Prozesse sind, dann gibt es eine Weise, wie es seinem Wesen nach ist, gewissen physikalischen Prozessen zu unterliegen. Was es heißt, daß dies der Fall ist, bleibt ein Rätsel.

Welche Moral sollten wir diesen Überlegungen entnehmen, und was sollte als nächstes getan werden? Es wäre ein Fehler zu schließen, daß der Physikalismus falsch sein muß. ... Es wäre richtiger zu sagen, daß der Physikalismus eine Position ist, die wir nicht verstehen können, weil wir gegenwärtig keine Konzeption davon haben, wie er wahr sein könnte" (Nagel, 1974/1981, S. 269).

Nun kann man fragen, was denn hier nicht verstanden ist. Schließlich weiß man doch, dass zwischen psychischen und neurophysiologischen Vorgängen strenge Korrelationen bestehen. Bestimmte phänomenale Erfahrungen gehen *immer* mit bestimmten neurophysiologischen Prozessen einher. In manchen Fällen, wie z.B. Schmerzen oder Farbwahrnehmungen, weiß man mittlerweile sogar ziemlich genau, mit welchen. Wo ist dann das Problem?

Einen Zusammenhang verstanden zu haben, soll hier bedeuten, dass man eine Erklärung dafür liefern kann, warum der Zusammenhang besteht. Was damit gemeint ist, lässt sich am einfachsten am Verhältnis von Makroeigenschaften zu Mikroeigenschaften erläutern. Ein solches Verhältnis ist dann verstanden, wenn es eine Erklärung dafür gibt, wieso Objekte mit bestimmten Mikroeigenschaften bestimmte Makroeigenschaften haben. Es entsteht dann der Eindruck, dass dieser Zusammenhang *notwendigerweise* besteht bzw. dass die Objekte die Makroeigenschaften notwendigerweise besitzen, ein Eindruck, den man ja gerade beim Zusammenhang zwischen (neuro-)physiologischen und phänomenalen Eigenschaften vermisst.

Zum Beispiel Wasser: Warum hat Wasser die Makroeigenschaft, dass auf ihm bestimmte Insekten herumlaufen können, bzw. genauer: Warum hat Wasser eine Oberflächenspannung? Das lässt sich mit der bipolaren Struktur des Wassermoleküls erklären, die dazu führt, dass sich die Wassermoleküle zu langen Ketten aneinander hängen können. Das verleiht dem Wasser im Gegensatz zu anderen Flüssigkeiten eine höhere Festigkeit, was von den entsprechend gebauten Insekten ausgenutzt wird. Kippt man einen Tropfen Seife hinein, lösen sich diese Ketten auf, und die Insekten gehen unter. Was hier geliefert wird, ist eine so genannte „Instantiierungserklärung". Es wird erläutert, in welcher Weise bestimmte Makroeigenschaften des Wassers, wie z.B. seine Oberflächenspannung, auf bestimmten Mikroeigenschaften beruhen, hier im Wesentlichen auf der molekularen Struktur des Wassermoleküls. Liegt eine solche Instantiierungserklärung vor, stehen Mikro- und Makroeigenschaften in einem asymmetrischen Verhältnis zueinander: Man kann sich dann zwar noch vorstellen, dass Wasser grundsätzlich (z.B. auf einem anderen Planeten) aus anderen Elementen bestehen könnte, z.B. nicht aus Wasserstoff und Sauerstoff, sondern aus den Elementen X, Y und Z (vgl. Putnam, 1975). Nicht vorstellbar ist aber, dass die molekulare Struktur von H_2O andere Makroeigenschaften hat als Wasser.

Das wäre ein Grad der Einsicht, den man im Hinblick auf das Verhältnis zwischen Leib und Seele gerne einmal erreichen würde: Wenn es zwar einerseits vorstellbar bliebe, dass phänomenalen Erlebnissen auch andere materielle Vorgänge zugrunde liegen könnten, andererseits sich mit Hilfe neurophysiologischer Eigenschaften und Prozesse aber erklären ließe, warum es zu einem und gerade diesem phänomenalen Erlebnis kommt. Von einer solchen Klarheit des Verständnisses sind wir jedoch weit entfernt. Zwischen neurophysiologischen und phänomenalen Eigenschaften des Gehirns liegt eine tiefe Kluft. Diese Kluft kann man nun nicht nur als einen Wesensgegensatz zwischen unterschiedlichen Seinsarten oder als eine Unvereinbarkeit verschiedener epistemischer Standpunkte auffassen, sondern auch als Erklärungslücke. Warum und wie neurophysiologische und phänomenale Ebene im Gehirn miteinander zusammenhängen, ist bisher in keiner Weise verstanden und kann daher auch nicht befriedigend erklärt werden.

Genau diese Unverstandenheit und Unerklärbarkeit des Zusammenhangs meint das Argument der Erklärungskluft, das Joseph Levine als Präzisierung der obigen Ausführungen von Thomas Nagel in mehreren Aufsätzen vorgestellt hat (Levine, 1983; 1993; 1996). Im Zusammenhang der großen Auseinandersetzung um die Glaubwürdigkeit des Materialismus wird hier kein Argument vorgebracht, dass die Unmöglichkeit materialistischer Positionen zu zeigen sucht. Vielmehr wird auf ein Manko des Materialismus hingewiesen, auf eine Schwäche, die seine Überzeugungskraft beeinträchtigt. Bringt man diesen Hinweis in die Form eines Arguments, wird damit natürlich die Aufforderung verbunden, der Materialismus möge die Schwäche ausbügeln und die Erklärungslücke schließen – falls er das kann. Kann er das nicht, spricht das dann ja für sich.

Es gibt mehrere Möglichkeiten, auf diese Aufforderung zu reagieren. Ich möchte hier vor allem auf solche Entgegnungen eingehen, die die Aufforderung akzeptieren. Es stellt sich dann die Frage, ob die Erklärungskluft tatsächlich so groß ist, wie das in dem Argument unterstellt wird. Denn um den Erklärungsbedarf plausibel zu machen, wird eigentlich auf zwei Intuitionen zurückgegriffen, die ich in der Einführung schon einmal erwähnt habe:

- Es erscheint vorstellbar, dass die neurophysiologischen Zustände auch mit anderen Erlebnisqualitäten verbunden sein könnten als mit denjenigen, mit denen zusammen sie tatsächlich auftreten. Das ist das Argument der Qualiaumkehrung.
- Es erscheint ebenso vorstellbar, dass die neurophysiologischen Zustände mit gar keinen Erlebnisqualitäten verbunden sein könnten. Das ist das Argument der fehlenden Qualia.

Mit der ersten Intuition soll die Einschätzung gestützt werden, dass nicht erklärt werden kann, warum bestimmte neurophysiologische Zustände mit *dieser* Erlebnisqualität verbunden sind und mit keiner anderen. Mit der zweiten Intuition soll die Einschätzung gestützt werden, dass nicht erklärt werden kann, wieso bestimmte neurophysiologische Zustände überhaupt eine Erlebnisqualität haben.

Nun kann man sich keineswegs überall mit Leichtigkeit vorstellen, dass Qualia beispielsweise vertauscht werden könnten. Gerade Qualiaumkehrungen werden daher immer an einer bestimmten Sinnesmodalität vorgeführt, bei der eine Vertauschung problemlos denkbar erscheint: der Farbwahrnehmung. Hier gibt es nun von Hardin (1987) eine Argumentation, die zeigen soll, dass auch dies keineswegs so leicht möglich ist, wie es zunächst den Anschein hat (vgl. auch Nida-Rümelin, 1998).

Dabei geht man von folgenden Annahmen über das menschliche Wahrnehmungssystem aus: Die durchschnittliche Erregung der drei auf unterschiedliche Wellenlängen reagierenden Rezeptorenarten auf der Retina wird über zwei „Kanäle" an das Gehirn weitergegeben, einen so genannten „rot/grün-Kanal" und einen „gelb/blau-Kanal". Die unabhängig voneinander variierbaren Zustände der beiden Farbkanäle korrespondieren nun mit phänomenalen Eigenschaften der Farberlebnisse. Ein „positiver" Zustand des rot/grün-Kanals entspricht beispielsweise einem Farberlebnis mit einem erhöhten Grünanteil. Umgekehrt korrespondiert ein „negativer" Zustand des rot/grün-Kanals mit einer überwiegend rötlichen Farbwahrnehmung. Ist einer der beiden Farbkanäle erregt, der andere neutral, steht das in Verbindung mit einem Farberlebnis, das den vier Grundfarben Rot, Grün, Gelb und Blau entspricht. Sind beide Farbkanäle erregt, werden Farben wahrgenommen, die als aus zwei Farben gemischt empfunden werden, so genannte „binäre" Farben wie Orange, Lila, Türkis und Gelbgrün. Unmöglich sind auf Grund der beiden Informationskanäle Farbwahrnehmungen, die als Mischungen der Farben Rot und Grün bzw. Gelb und Blau empfunden werden. Man darf hier im Übrigen nicht den phänomenalen Eindruck, dass eine Farbe aus zwei Komponenten gemischt ist, mit der Mischung von Farbpigmenten verwechseln. Dass Grün aus Gelb und Blau gemischt werden kann, muss man (aus Erfahrung) wissen, der Farbe Grün sieht man es nicht an. Ein phänomenaler

Grüneindruck wird nicht als aus den Farben Gelb und Blau gemischt empfunden. Insgesamt ergibt sich damit eine erstaunliche Entsprechung zwischen der phänomenalen Struktur unserer Farberlebnisse und der funktionalen Struktur des visuellen Systems (Nida-Rümelin, 1998, S. 306).

An Qualiavertauschungen werden nun noch zusätzliche Anforderungen gestellt. Erstens sollen Grundfarben notwendigerweise Grundfarben und Binärfarben notwendigerweise Binärfarben sein. Ein Orangeerlebnis, dass nicht als eine Mischung aus den Farben Rot und Gelb erlebt wird, ist kein Orangeerlebnis mehr. Die Empfindung von Gelblichkeit und Rötlichkeit sind für eine Orangewahrnehmung konstitutiv (Hardin, 1996, S. 101f.). Zweitens muss die Vertauschung strukturerhaltend sein. Das heißt, die phänomenalen Eigenschaften der Farberlebnisse müssen mit den entsprechenden funktionalen Eigenschaften des visuellen Systems übereinstimmen. Bei Binärfarben sollen also nach der Vertauschung ebenfalls beide Farbkanäle erregt sein, bei Grundfarben darf es immer nur einer sein. Schließlich soll drittens noch berücksichtigt werden, dass bei einer Abdunkelung von Orange und Gelb ein qualitativer Wechsel stattfindet. Beides wird als Braun wahrgenommen und nicht etwa als abgedunkeltes Gelb oder Orange. Diesem qualitativen Wechsel muss ebenfalls ein physiologisch-funktionales Merkmal des visuellen Systems entsprechen, und auch diese strukturelle Entsprechung muss bei einer Qualiavertauschung erhalten bleiben.

Wenn man alle diese Annahmen und Anforderungen akzeptiert, so sind Qualiaumkehrungen unmöglich. Der Zusammenhang zwischen der physiologisch-funktionalen Organisation des menschlichen Wahrnehmungssystems und dem subjektiv erlebten Farbenraum besteht unter diesen Voraussetzungen notwendigerweise. Damit ist der Stachel des Leib/Seele-Problems im Hinblick auf die Erlebnisqualitäten auf einen kleinen, aber entscheidenden Punkt zugespitzt: Es kann nicht erklärt werden, warum bestimmte neurophysiologische Zustände überhaupt mit einer Erlebnisqualität verbunden sind.

Man könnte versuchen, diese (geschrumpfte) Erklärungslücke mit einem Argument zu beheben, das ich als ersten Einwand gegen das Wissensargument schon einmal behandelt habe: Der Eindruck einer Erklärungslücke ergibt sich dadurch, dass man es hier mit zwei grundlegend verschiedenen Standpunkten zu tun hat (vgl. z.B. Tye, 1995). Es ist natürlich ein Unterschied, ob man einen neurophysiologischen Zustand beobachtet oder ob man ihn selber hat. Das, was von außen beobachtet ein verwirrendes Feuerungsmuster von Millionen von Neuronen ist, könnte von innen erlebt eine subjektive Wahrnehmungsempfindung sein. Der Eindruck der Unverbundenheit beider Eigenschaften des Gehirns und damit auch der Anschein einer Erklärungslücke kommt nur dadurch zustande, dass man aus dem, was in der Position des Beobachtenden zu beobachten ist, nicht schließen kann, was in der Position des Erlebenden erlebt wird, und umgekehrt. Dieser – wenn man das so nennen will – informationellen Abgeschlossenheit der beiden Standpunkte gegeneinander liegt aber kein ontologisches Problem zugrunde, sondern sie ist durch das einzigartige epistemische Verhältnis bedingt, das man zu seinem eigenen Gehirn hat. Ein und dieselbe Sache, nämlich das eigene Gehirn, ist eben für jeden von uns aus zwei völlig unterschiedlichen Perspektiven zugänglich. Dies ist so bei keinem anderen Gegenstand in der Welt möglich. Darin erschöpft sich aber dann auch schon die Einzigartigkeit des Leib/Seele-Problems.

Ganz so einfach ist es allerdings leider nicht. Nicht alles, was im Gehirn vor sich geht, ist mit einer phänomenalen Erlebnisqualität verbunden. Manches ist einem introspektiv zugänglich oder phänomenal gegeben, anderes nicht. Kurz: Es gibt bewusste und unbewusste Zustände. Damit kann aber das phänomenale Erleben nicht einfach nur die andere Seite der neurophysiologischen Erregung sein, denn es gibt neurophysiologische Erregung, die keine andere Seite hat. Allein ein Standpunktwechsel kann es nicht sein, denn es gibt eine Vielzahl von Vorgängen, die ebenfalls in meinem Gehirn vor sich gehen, zu denen ich also ebenfalls in einer einzigartigen Beziehung stehe, die mir aber dennoch nicht zugänglich sind. Für den Unterschied zwischen bewussten und unbewussten Zuständen muss es natürlich ein materielles Pendant geben, irgendeine neurophysiologische oder funktionale Eigenschaft, die dafür verantwortlich ist, dass ein Zustand bewusst und daher mit einer phänomenalen Erlebnisqualität verbunden ist. Damit tut sich aber erneut eine Erklärungskluft auf, denn es stellt sich die Frage, wie es möglich ist, dass diese materielle Eigenschaft für ein bewusstes Erlebnis verantwortlich ist.

Ebenso gibt es umgekehrt Standpunktwechsel, die Erklärungsprobleme aufwerfen, und solche, die das nicht tun (Levine, 1997). Bekanntlich muss der Räuber Hotzenplotz, nachdem er Kasperl und Seppl eine Kiste mit Gold entwendet hat, feststellen, dass eine verräterische Sandspur zu seiner Höhle gelegt worden ist. Jemand ist ihm anscheinend auf die Schliche gekommen. Hotzenplotz hat aber die Spur selbst gelegt. Kasperl und Seppl hatten ein Loch in die mit Sand gefüllte Goldkiste gebohrt. Als Hotzenplotz dahinter kommt, wundert er sich keinen Moment darüber, wie er gleichzeitig Verfolger und Verfolgter sein kann (Preußler, 1962, 27f.): Er steht einfach in unterschiedlichen relationalen Beziehungen zur Holzkiste, einmal als Träger, einmal als Beobachter. Von einer Erklärungslücke zwischen beiden Eigenschaften keine Spur.

Bei neurophysiologischen Zuständen mit Erlebnisqualitäten dagegen drängt sich immer noch die Frage auf: Wie kann ein bestimmter neurophysiologischer Zustand gleichzeitig ein Roterlebnis sein? Levine hat den Verdacht, dass solche Erklärungslücken dann auftreten, wenn von verschiedenen Standpunkten nicht relationale wie beim Hotzenplotz-Beispiel, sondern intrinsische Eigenschaften zugeschrieben werden. Und ein Roterlebnis ist, zumindest wenn man seiner ersten Intuition folgt, eine intrinsische Eigenschaft eines neuronalen Zustandes. Folglich muss man versuchen zu zeigen, dass diese Intuition irreführend ist, und erläutern, inwiefern es sich bei Qualia um relationale Eigenschaften handeln könnte. Eine Möglichkeit wäre z.B., dass man sagt: Ein Quale, also ein singuläres phänomenales Erlebnis zu sein, heißt, in genau bestimmbaren Beziehungen zu anderen Qualia zu stehen. Ein Roterlebnis ist beispielsweise die Eigenschaft, in genau spezifizierbaren, unvertauschbaren Beziehungen zu anderen Farberlebnissen zu stehen. Das obige Argument von Hardin führt in Grundzügen eine solche relationale Analyse der Qualia bereits vor. Allerdings löst sich damit die ursprüngliche Intuition nicht auf. Vielmehr scheint nun eine Verwechslung von Rolle und Rollenträger vorzuliegen (Levine, 1996): Ein rötliches Erlebnis *ist* nicht eine bestimmte Rolle, sondern es kann diese Rolle spielen, weil es die Eigenschaft hat, ein Roterlebnis zu sein. Das heißt: Selbst wenn man ein Quale mit einer bestimmten relationalen Eigenschaft identifiziert, schließt das nicht aus, dass es sich dennoch um eine intrinsische Eigenschaft handeln könnte, auf Grund derer die relationale Eigenschaft auftritt. In diesem Fall bleibt die Erklärungslücke.

Den Unterschied zwischen phänomenologischen und neurophysiologischen Eigenschaften auf einen Standpunktwechsel, auf unterschiedliche Präsentationsformen („modes of presentation") ein und desselben Zustandes reduzieren zu wollen, löst aber nicht nur nicht die Probleme, es wirft auch neue auf. Das Argument wird in einer prädikativen und einer demonstrativen Spielart vertreten (Raffman, 1996). Bei der prädikativen Spielart sind die Dinge, die uns phänomenal gegeben sind, eigentlich Prädikate in einer Sprache des Geistes, die einen Gehalt haben, den man am besten wohl mit DIESES oder JENES ausdrückt, und die direkt auf die neurophysiologischen Eigenschaften referieren, die sie verursachen. Die Veränderbarkeit des phänomenalen Erlebens müsste dann dadurch wiedergegeben werden, dass man die Gehalte der Prädikate indiziert (also $DIESES_1$, $DIESES_2$, $DIESES_3$ usw.). Da es sich bei den Prädikaten um Begriffe in einer Sprache des Geistes handelt, sind alle phänomenalen Erlebnisse als Erlebnisse eines bestimmten Typs identifizierbar. Wir müssten also unsere phänomenalen Erlebnisse alle wiedererkennen können. Genau das ist aber empirisch falsch, wie sich wiederum am Beispiel der Farbwahrnehmung zeigen lässt. Menschen können eine sehr große Anzahl von Farbtönen unterscheiden. Sie sind aber sehr viel schlechter, wenn es darum geht, bereits gesehene Farbtöne wiederzuerkennen. Das gelingt nur bei ganz wenigen, bestimmten Farbnuancen. Die einzige Möglichkeit, eine nicht wiedererkennbare Farbschattierung zu kommunizieren, ist dann, ein Vorkommnis dieser Farbschattierung zu präsentieren. Diese Schwierigkeiten hätten wir nicht, wenn alle phänomenalen Erlebnisse durch einen Begriff in einer Sprache des Geistes nach ihrem Typ identifizierbar wären. Die demonstrative Spielart geht dagegen davon aus, dass in der Perspektive der ersten Person ostentativ mit einem Begriff wie ‚diese Eigenschaft' oder ‚jenes Erlebnis' auf ein physikalisches Merkmal des Gehirns verwiesen wird. Da aber für jede Eigenschaft derselbe demonstrative Begriff benutzt wird, werden damit alle unseren phänomenalen Erlebnisse praktisch als identisch angesehen. Ununterscheidbar ist unser phänomenales Erleben aber nun wirklich nicht.

Wie man es also auch immer dreht und wendet, die phänomenalen Erlebnisqualitäten bleiben ein Problem für diejenigen, die sich darüber Gedanken machen, welche (ontologische) Stellung diesen merkwürdigen Entitäten in einer Ordnung der Welt zukommt, und die sie in eine materialistische Sicht der Welt einordnen wollen. Da Qualia sich einer solchen materialistischen Einordnung konsequent widersetzen, kann man aus psychologischer Sicht nur an sie herankommen, wenn man sich gerade nicht naturwissenschaftlicher Methoden bedient.

Nun scheinen die phänomenalen Erlebnisqualitäten, eine Rotempfindung beispielsweise oder das Geruchserlebnis von Blumenkohl, nur ein relativ kleiner Phänomenbereich zu sein angesichts der Vielzahl der Forschungsgegenstände, mit der man sich in der Psychologie beschäftigt. Was hier für die Psychologie zusätzlich erschlossen wird, könnte man also als eher randständig ansehen. Allerdings sind die Qualia zumindest ein relevantes Thema für die Wahrnehmungspsychologie, eines der grundlegenden und traditionsreichsten Forschungsgebiete in der Psychologie. Entscheidender ist aber in diesem Zusammenhang, dass sie lediglich der Gipfel eines Eisberges sind, denn der Blick lässt sich erweitern auf die phänomenale Struktur unseres Erlebens überhaupt, auf seine zeitliche Ordnung, gefühlsmäßige Tönung und ständig wechselnde Gestimmtheit bis hin zu der Erfahrung eines mehr oder weniger einheitlichen Selbsts (van Gulick, 1996,

S. 82). Wenn man sich mit den aus psychologischer Sicht recht unscheinbaren Erlebnisqualitäten beschäftigt, befindet man sich also schon auf dem halben Wege mitten hinein in den reichhaltigen Wissensbestand der Phänomenologie.

5. Automatische Symbolumstellung und Intentionalität

Ich werde im Folgenden versuchen, den Bereich derjenigen Phänomene, denen durch eine sozialwissenschaftliche Psychologiekonzeption ihr ursprünglicher Status als psychologische Grundlagenphänomene zurückverliehen werden kann, noch in eine andere Richtung zu erweitern. Nach den phänomenalen Erlebnisqualitäten kommen dazu als Nächstes Vorgänge, Zustände, Prozesse mit Intentionalität in Frage, insbesondere auch solche, bei denen es nicht so ohne weiteres nahe liegt anzunehmen, dass es irgendwie ist, sie zu haben, wie etwa Gedanken, Ansichten, Schlussfolgerungen. Die Besonderheiten intentionaler Phänomene werden wiederum in Auseinandersetzung mit einem Computermodell herausgeschält werden: in diesem Fall mit der „physical symbol system"-Hypothese von Allen Newell. Zentral wird dabei die Frage sein, ob mit dieser Hypothese ein Ansatz vorgelegt worden ist, der zeigt, in welcher Weise die Intentionalität ein objektives Phänomen sein könnte. Ich werde hier ebenfalls zwei Gegenargumentationen vorstellen. Das erste Argument von John Searle macht im Grunde gegen Newells Behauptung geltend, dass intentionale geistige Phänomene untrennbar mit einer subjektiven Erlebnisperspektive verbunden sind. Damit haben wir bei geistigen Zuständen mit Intentionalität denselben Problemstand vor uns, wie ich ihn für die Qualia bereits ausführlich erörtert habe. Das zweite Argument von Fred Dretske gesteht zwar zu, dass unter bestimmten Umständen die Verobjektivierung der Intentionalität gelingen könnte, macht aber darauf aufmerksam, dass dies nicht ausreichend ist für den Besitz von Intelligenz. Das Argument ermöglicht daher, nicht nur den Zusammenhang zwischen Intentionalität und Erlebnisqualitäten zu erörtern, sondern auch die Frage zu stellen, in welcher Beziehung diese beiden Eigenschaften des Geistes zum Phänomen der Intelligenz stehen.

5.1. Geistige Leistungen als Berechnung oder der Computer als Modell für die Hintergrundmaschinerie der Intelligenz: Die „physical symbol system"-Hypothese von Allen Newell

Aber was ist eigentlich Intelligenz? Auf diese Frage gibt es zwei (von vielen) Antworten, die mehr oder weniger mit dem Computer zu tun haben und die beide direkt oder indirekt auf den englischen Mathematiker Alan Turing zurückgehen.

Die erste Antwort hält die ursprüngliche Frage für so nicht beantwortbar. Denn sie ist eine Frage nach dem Wesen der Intelligenz. Wesensfragen sind aber allzu oft nur Anlässe für uferlose philosophische Dispute. Besser ist es daher, die Frage umzuformulieren und sie z.B. in der folgenden Form zu stellen: „Wann halten wir ein Wesen für intelligent?" Die Antwort, die Turing für eine solche umformulierte Frage vorgeschlagen hat, hat manches gemein mit der Antwort, die der Lehrer Bömmel in Heinrich Spoerls Roman „Die Feuerzangenbowle" auf die Frage gibt: „Was ist eine Dampfmaschine?":

„Da stelle mer uns janz dumm. Und da sage mer so: En Dampfmaschin, dat is ene jroße schwarze Raum, der hat hinten un vorn e Loch. Dat eine Loch, dat is de Feuerung. Und dat andere Loch, dat krieje mer später." (Spoerl, 1933/ 1994, S. 38)

Die Antwort von Turing auf die Intelligenzfrage lautet nämlich folgenderweise (der so genannte „Turing-Test": Turing, 1950):

Man stelle sich vor, man sei lediglich über eine Tastatur und einen Monitor mit jemandem verbunden und habe die Aufgabe gestellt bekommen herauszufinden, ob dieser jemand ein Mensch ist oder ein Computer. Die Möglichkeiten, die einem dazu zu Verfügung stehen, sind, dem Unbekannten geschickte Fragen zu stellen, oder zu versuchen, mit ihm ein Gespräch zu führen. Sind die Antworten oder Erwiderungen, die auf dem Monitor erscheinen, nicht von denjenigen eines Menschen zu unterscheiden, ist dies ein ausreichendes Kriterium dafür, dass der-, die- oder dasjenige, mit dem man auf diese Weise kommuniziert, intelligent ist (oder denken kann oder Geist hat).

Der Turing-Test versucht, von zwei Dingen zu abstrahieren. Für die Einschätzung, ob etwas intelligent ist (oder denken kann oder Geist hat), soll es weder wesentlich sein, wie es aussieht, noch, was genau in ihm vorgeht. Vielmehr ist einzig und allein das Verhalten entscheidend: Wenn man das, was aus einem „jroßen schwarzen Raum" herauskommt, für intelligent halten kann, dann ist es auch der „jroße schwarze Raum" selbst. Dazu ist es lediglich nötig, dass zwischen dem „jroßen schwarzen Raum" und einem Menschen eine so genannte "schwache Äquivalenz" besteht; d.h. der „jroße schwarze Raum" muss dasselbe Input/Output-Verhalten zeigen wie ein Mensch. Die Ähnlichkeit zur Erklärungsskizze des Lehrers Bömmel besteht in der gleichen Sichtweise, die in beiden Fällen eingenommen wird. So wie Lehrer Bömmel das Dampfmaschinenproblem betrachtet, soll man auch das Intelligenzproblem betrachten (können).

Die zweite Antwort auf die Frage „Was ist Intelligenz?" ist etwas schwieriger zu erläutern, und ich will es (auch aus Raumgründen) nur so weit tun, wie es für die weitergehende Argumentation unbedingt notwendig ist. Auch diese Antwort geht auf eine Arbeit von Alan Turing zurück (1936), in der er die bereits erwähnte Turingmaschine vorstellte. Interessant ist dabei, dass die Turingmaschine als eine Explikation dessen aufgefasst werden kann, was eigentlich unter einem mathematisch-exakten Verfahren zu verstehen ist oder unter einem rein mechanischen Vorgehen oder, wie man auch sagt, unter einem Algorithmus. Ein Algorithmus wird normalerweise definiert als ein *allgemeines* Verfahren für eine bestimmte Klasse von Problemen, beispielsweise Probleme der Klasse K, „das zu jedem vorgelegten Problem aus K in *endlich* vielen, *eindeutig festgelegten* Schritten eine Lösung liefert – falls eine solche existiert" (Vollmer, 1991, S. 698). Nun hatte man seit längerem den Verdacht, dass es mathematische Probleme gibt, die sich nicht algorithmisch lösen lassen, für die also kein solches allgemeines, endliches und eindeutig festgelegtes Verfahren existiert, was gleichzeitig bedeutet, dass sie überhaupt nicht lösbar sind. Um diesen Verdacht zu erhärten, benötigte man eine Explikation des Begriffs ‚Algorithmus', denn dieser Verdacht sollte nicht nur für alle existierenden, sondern für alle nur möglichen und denkbaren Algorithmen erhärtet werden können. Die Turingmaschine, eine Maschine, die aus fünf Teilen besteht: einem Arbeitsband, einem Transportmechanismus für das Band, einem Lese-, Lösch-, und Schreibkopf, einem Arbeitsspeicher und einer Steuertafel (die Steuertafel habe ich in 3.1. schon ausführlich erläutert), ist eine solche Explikation. Sie lautet: Wenn etwas von einer Turingmaschine ausgeführt werden kann, dann handelt es sich um ein mathematisch-exaktes Verfahren oder einen Algorithmus, d.h. das Vorgehen ist ganz bestimmt vollkommen mechanisch.

Eine Turingmaschine kann man beispielsweise dazu bringen zu addieren oder zu dividieren oder auch, Musikdateien zu MP3-Dateien zu komprimieren. Sie führt dann einen bestimmten Algorithmus aus, nämlich einen, der Additions-, oder einen, der Divisions-, oder einen, der Kompressionsaufgaben löst. Solche Turingmaschinen, die einen

Algorithmus zur Lösung einer bestimmten Funktion ausführen, nennt man *spezielle* Turingmaschinen. Allerdings kann eine Turingmaschine nicht nur einen einzigen Algorithmus ausführen und damit nur eine bestimmte Funktion berechnen, sondern sie ist in der Lage, jede Funktion zu berechnen, für die eine spezielle Turingmaschine konzipiert werden kann. Sie ahmt eine solche spezielle Turingmaschine einfach nach, indem sie eine Beschreibung dieser speziellen Maschine abarbeitet. Auf Grund dieser Fähigkeit bezeichnet man die Turingmaschine auch als *universell*.

Die Frage, die sich nun stellt, ist, was denn alles zu den Funktionen gehört, die von einer Turingmaschine berechnet werden können? Das lässt sich letztendlich nicht genau sagen. (Das war übrigens auch ein Ergebnis der Turing'schen Arbeit.) Man geht aber davon aus, dass ziemlich viel dazu gehört. Vermutlich sogar alles, was überhaupt irgendwie lösbar ist. An dieser Stelle wird nun diese eher für die Mathematik und für eine Anwendungswissenschaft, die Informatik, relevante Problematik auch für PsychologInnen interessant. Denn was hier offenbar vorgeschlagen worden ist, ist ein allgemeiner Problemlösemechanismus. Und das Lösen von Problemen ist ein Grundcharakter der Intelligenz.

Ein weiter Sprung. Deshalb noch ein paar Erläuterungen. Wenn man die Turingmaschine als eine Antwort auf die Frage „Was ist Intelligenz?" ansieht, betrachtet man das Phänomen der Intelligenz aus einem bestimmten Blickwinkel. Was dabei zu Tage tritt, ist die Vielseitigkeit eines Systems, das intelligent ist. Es ist nicht ein System, das bestimmte Dinge besonders gut beherrscht, sondern seine Schlauheit besteht vor allem darin, dass es besonders viele verschiedene Dinge gut beherrscht. Von außen betrachtet, kann es auf eine Vielzahl verschiedener Umweltereignisse ein unterschiedliches Verhalten zeigen. Es ist hochgradig flexibel. Sieht man näher hin, können intelligente Systeme z.B. zweidimensionale Retinabilder in dreidimensionale Objekte überführen oder aus einer Anzahl von Prämissen Schlussfolgerungen ableiten oder Objekte in Gruppen einteilen, und vor allem sind sie in der Lage, umfangreiche Symbolsysteme zu verarbeiten wie z.B. natürliche Sprachen. Wahrnehmung, deduktives Schließen oder Problemlösen, Konzept- und Kategorienbildung sind aber ebenso wie die Sprachverarbeitung alles Dinge, mit denen sich sowohl die Kognitive Psychologie im Allgemeinen (Anderson, 1988; Wessells, 1984) als auch die Kognitionswissenschaft im Besonderen (Posner, 1989; Stillings et al., 1987) beschäftigen. Man kann versuchen, diese für intelligente Systeme typische Flexibilität und Verhaltensvielfalt zumindest beschreibend dadurch in den Griff zu kriegen, dass man ihre Leistungen als Funktionen (im mathematischen Sinn) auffasst, bei denen die verschiedenartigsten Argumentbereiche den verschiedenartigsten Wertebereichen zugeordnet werden, z.B. zweidimensionale Retinabilder dreidimensionalen Objekten, Objekte Konzepten, Prämissen Schlussfolgerungen, natürlich-sprachliche Sätze syntaktischen Strukturbäumchen sowie semantischen Interpretationen und umgekehrt, und so weiter.

Die zentrale Annahme ist nun, dass ein intelligentes System, um all diese Funktionen berechnen zu können, einen mindestens ebenso leistungsstarken Mechanismus besitzen muss wie eine universelle Turingmaschine, d.h. einen Mechanismus, der alle Funktionen berechnen kann, für die es eine Lösung gibt, denn universelle Mechanismen sind die flexibelsten Mechanismen, die man kennt (Newell, 1986, S 174). Wenn diese Annahme richtig ist, dann kann man in einem wörtlichen Sinne davon sprechen, dass intelligente Systeme das Verhalten, das sie zeigen, und die Leistungen, zu denen sie fähig sind, *berechnen* (Pylyshyn, 1980, S. 114; 1989, S. 52). Das ist die Computationsthese (des Geistes), wie ich sie nennen werde, die es in zwei Versionen gibt und die sich in der einen oder anderen Form bei allen führenden Vertretern der Kognitionswissenschaft findet (Boden, 1984, S. 17; 1988, S. 5; Johnson-Laird, 1988, S. 51f.; Newell, 1981, S. 72; 1990, S. 113; Pylyshyn, 1989, S. 56; Stillings et al., 1987, S. 2; ebenso Dietrich, 1990, S. 135; vgl. auch Eckardt, 1993, S. 50; Haugeland, 1987, S. 97):

a) Alle Leistungen eines intelligenten Systems sind turingmaschinenberechenbar; d.h. ihnen liegt ein Algorithmus zugrunde, der auch von einer Turingmaschine ausgeführt werden kann; oder: b) Alle geistigen Leistungen beruhen auf einer Umstellung formal individuierter Symbole mit Hilfe syntaktischer Regeln.

Beide Versionen sind gleichbedeutend (vgl. Penrose, 1990, S. 695), denn in b) wird nur in einer anderen Form beschrieben, was eine Turingmaschine tut, wenn sie rechnet.

In dem Zusammenhang, um den es mir hier geht, ist ein bestimmter Aspekt der Computationsthese von besonderem Interesse, nämlich die Frage, welche Eigenschaft einen Mechanismus eigentlich in die Lage versetzt, universell zu sein. Ich habe bereits erwähnt, dass eine universelle Turingmaschine in der Lage ist, eine spezielle Turingmaschine, die eine bestimmte Funktion berechnen kann, nachzuahmen. Dazu muss sie zunächst eine Beschreibung dieser speziellen Turingmaschine abarbeiten und anschließend die Daten einlesen für die Funktion, die diese spezielle Turingmaschine berechnen kann. Sie wird also zunächst z.B. zu einer Additions-Turingmaschine und dann löst sie die Additionsaufgabe. Das bedeutet, dass eine universelle Turingmaschine grundsätzlich zwischen Anweisungen oder Befehlen einerseits und Daten andererseits unterscheiden können muss oder, um es in den heute gebräuchlichen Worten zu sagen, sie muss programmierbar sein. Von Newell ist nun die Auffassung vertreten worden, dass man in Bezug auf die Anweisungen, die die spezielle Turingmaschine beschreiben, auch davon sprechen kann, dass sie diese Turingmaschine *bezeichnen*. Eine universelle Turingmaschine benutzt daher seiner Ansicht nach *Symbole*, und zwar zunächst einmal Symbole, die für eine spezielle Turingmaschine stehen (Newell, 1981, S. 59). Aus diesem Grund sind universelle Mechanismen *physikalische Symbolsysteme*. Newell ist sogar der Meinung, dass beide Begriffe synonym sind (o.c., S. 56). Die Eigenschaft, ein physikalisches Symbolsystem zu sein, ist seiner Ansicht nach außerdem – und dies führt zurück zur Ausgangsfrage – eine *notwendige* und *hinreichende* Bedingung für Intelligenz (o.c., S. 72; vgl. auch Newell & Simon, 1976/1992, S. 61). Die zweite Antwort auf die eingangs gestellte Frage „Was ist Intelligenz?" lautet damit zusammenfassend: *Ein intelligentes System muss einen universellen Mechanismus besitzen, da er erstens maximal flexibel ist und zweitens zur Verwendung von Symbolen befähigt.*

Der Grund für die Universalität eines Mechanismus liegt also in seiner Fähigkeit, Symbole verwenden zu können. Newell glaubt sogar, dass ein universeller Mechanismus in der Lage ist, menschliche Symbolisationsfähigkeiten zu erreichen (Newell, 1981, S. 59). Diese Symbole sind natürlich zunächst noch von einer externen Interpretation abhängig, die den Symbolen Ereignisse in der Welt zuordnet. Newell ist aber der Auffassung, dass bei zunehmender Komplexität der physikalischen Symbolsysteme das Problem, ob den Symbolen eine Bedeutung von außen zugeordnet werden muss oder ob sie selbst eine haben, zu einer nur noch willkürlich zu entscheidenden Frage wird (Newell, 1986, S. 175; vgl. auch Dennett, 1981/1987, S. 30ff.). Anders gesagt: *Ein universeller Mechanismus besitzt in Grundzügen Intentionalität.* Das ist eine interessante These und genau der Punkt, an dem im Folgenden die Diskussion ansetzen wird.

5.2. Intentionalität und die Veränderung formaler Muster: Das Argument des Chinesischen Zimmers von John Searle

Denn vor nunmehr über 20 Jahren begann die wohl populärste Auseinandersetzung innerhalb der analytischen Philosophie des Geistes und der Kognitionswissenschaft mit der folgenden Frage: Kann man zeigen, dass physikalische Symbolsysteme prinzipiell niemals Intentionalität besitzen können? Berühmt geworden ist diese Auseinandersetzung auf Grund eines Argumentes von John Searle. Das Argument hat die folgende Form (vgl. Searle, 1986, S. 38; 1990, S. 41f.):

Erste Prämisse: Physikalische Symbolsysteme sind vollständig durch ihre formale (oder syntaktische) Struktur definiert.
Zweite Prämisse: Ein Geist hat geistige Gehalte, und zwar semantische Gehalte.
Dritte Prämisse: Syntax reicht nicht für Semantik aus.
Konklusion: Kein physikalisches Symbolsystem kann daher aus eigener Kraft semantische Gehalte besitzen.

Die erste Prämisse beschreibt lediglich das, wodurch sich physikalische Symbolsysteme, wie es universelle Mechanismen im Allgemeinen und Computer im Besonderen sind, auszeichnen: Sie stellen formale Symbole mit Hilfe von Regeln um. Für den Punkt, um den es hier geht, hat das Wort ‚Symbol' bereits zu viel bedeutungshaltigen Beigeschmack. Eigentlich handelt es sich lediglich um Muster, die verändert werden (vgl. Beckermann, 1988, S. 68). Die zweite Prämisse hebt dagegen eine besondere Eigenschaft des Geistes hervor. Geistige Phänomene haben eine Bedeutung, einen Gehalt. Sie besitzen Intentionalität. Das Entscheidende bei diesem Argument ist also die dritte Prämisse. Sie behauptet, dass durch die bloße Veränderung formaler Muster niemals erreicht werden kann, dass die Muster eine Bedeutung erhalten. Noch berühmter als das Argument selbst ist das Gedankenexperiment, mit dem Searle diese dritte Prämisse illustriert hat:

Das Chinesische Zimmer (Searle, 1980)
Ein kleiner John R. Searle sitzt in einem Zimmer und bearbeitet eine Fülle von abstrakten Gemälden, die sich auf einzelnen Zetteln in einem Eingabekasten stapeln. Seine Arbeit sieht so aus, dass er die einzelnen Zettel mit den abstrakten Gemälden aus dem Kasten herausnimmt, wobei ihm eingetrichtert worden ist, dass er sich genau an die Reihenfolge halten muss, in der er die Zettel in dem Kasten vorfindet. Danach schlägt er ein dickes Buch auf und schaut nach, was er mit den einzelnen Gemälden machen soll. Dieses Buch trägt den Titel: „Die Arbeit mit abstrakten Gemälden. Eine vollständige und

erschöpfende Anleitung zu ihrer Herstellung, Verknüpfung, Umstellung und Weglassung gemäß ihres Aussehens, verfasst in englischer Sprache". Nachdem der kleine Searle sämtliche Anweisungen, die er in Bezug auf ein bestimmtes Gemälde in dem Buch hat finden können, befolgt hat, steckt er die einzelnen Zettel mit den neuen abstrakten Gemälden, die sich auf Grund der Anweisungen ergeben haben, in einen anderen Kasten, den Ausgabekasten, wobei er sich wiederum genauestens an die Reihenfolge halten soll. Was der kleine Searle nicht weiß, ist, dass sich das Zimmer in China befindet. Dort ist es aber zu einer Art Sonntagsvergnügen geworden, an den merkwürdigen Kubus mehr oder weniger intelligente Fragen zu richten, die man auf Zettel schreiben und auf der einen Seite in ihn hineinstecken kann, um sich dann über die mehr oder weniger klugen Antworten zu freuen, die auf der anderen Seite wieder herauskommen.

Der kleine Searle tut in seinem Zimmer genau das, was auch physikalische Symbolsysteme aller Art und damit auch Computer tun: Sie stellen formal unterschiedene Muster anhand von Regeln um. Dass die Umstellung formaler Muster nicht hinreichend für Bedeutungshaltigkeit sein kann, wird dadurch illustriert, dass der kleine Searle, obwohl er auf Chinesisch eine gepflegte Konversation zu führen scheint, kein Chinesisch versteht. Die Antworten, die er gibt, bedeuten daher nichts, da der kleine Searle nichts mit ihnen meinen kann. Er hat dafür einfach nicht das richtige Wissen. Er hat nicht die richtigen intentionalen geistigen Phänomene. Denn um mit den ausgegebenen Zeichen irgendetwas meinen zu können, muss man wissen, was sie bedeuten. Die Bedeutungen werden den aus dem Kasten hervorquellenden Zeichenketten dagegen ausschließlich von den chinesischen Rezipienten verliehen, die sie für sinnvolle und bedeutungshaltige Äußerungen halten.

Dass es sich bei den formalen Mustern, die der kleine Searle umstellt, um sprachliche Zeichen handelt, ist eine Komplizierung, die man vernachlässigen kann. Dasselbe, nämlich formale Muster umstellen, täte der kleine Searle auch, wenn es sich bei den Mustern um Endprodukte eines Wahrnehmungsmechanismus handelte, die er in Muster verwandelt, die irgendwelche Bewegungsapparate steuern, oder wenn er in einer Sprache des Geistes formulierte propositionale Einstellungen im Rahmen eines Schlussfolgerungsprozesses umstellte. Im ersten Fall wüsste der kleine Searle weder, was wahrgenommen worden ist, noch, dass es sich überhaupt um Wahrnehmungsresultate handelt; im zweiten Fall wüsste er weder, was gedacht wird, noch, dass es sich überhaupt um Denkprozesse handelt.

Der System-Einwand
Als Erstes kann man gegen das Argument von Searle vorbringen, dass der kleine Searle das, was er nicht weiß, nämlich was die Muster, die

er umstellt, bedeuten, auch gar nicht zu wissen braucht. Er braucht das deshalb nicht zu wissen, weil er selbst nur ein Teil eines größeren Systems ist, des ganzen Chinesischen Zimmers. Ein Teilsystem, wie es z.B. der kleine Searle ist, der die Rolle des Symbolumstellers übernommen hat, braucht und kann auch gar nicht dasselbe Wissen haben wie das System als Ganzes. Ähnlich wie ein Wasserstoffatom nicht dieselben Eigenschaften hat wie das Wassermolekül, von dem es ein Teil ist, kann man daraus, dass der kleine Searle ein bestimmtes Wissen nicht besitzt, nicht schließen, dass daher auch das Gesamtsystem dieses Wissen nicht besitzen kann.

Obwohl dieser Einwand doch eigentlich recht einleuchtend ist, hält Searle ihn interessanterweise nicht für überzeugend. Er weist darauf hin, dass das ganze Chinesische Zimmer in den Kopf des kleinen Searles verlegt werden könnte. Das bedeutet, dass der arme kleine Searle das gesamte umfangreiche Buch, in dem der Umgang mit abstrakten Gemälden erläutert ist, auswendig lernen muss. Wenn nun diesem armen kleinen Searle Fragen in chinesischen Schriftzeichen vorgelegt werden, so wird er diese Zeichen nach ihrer Form erkennen und mit Hilfe der auswendig gelernten Regeln so umstellen, miteinander verknüpfen, alte weglassen und neue herstellen können, dass sich daraus wiederum Antworten in chinesischen Schriftzeichen ergeben. Der arme kleine Searle führt aber jetzt lediglich im Kopf etwas aus, was der kleine Searle mit Hilfe eines riesigen Nachschlagewerkes bewältigen musste. Wozu der kleine Searle umfangreiche Hilfsmittel benötigte, das kann der arme kleine Searle wie eine Kopfrechenaufgabe lösen. Searle kann aber nicht einsehen, dass sich dadurch etwas Grundsätzliches geändert haben sollte. Der arme kleine Searle versteht nach wie vor kein Chinesisch, sondern verändert formale Muster anhand von Regeln. Nach wie vor hat der arme kleine Searle nicht die richtigen intentionalen Zustände, und die von ihm produzierten Antworten haben keine Bedeutung, da der arme kleine Searle nichts mit ihnen meint. Der arme kleine Searle erledigt lediglich etwas im Kopf, was der kleine Searle von Hand erledigt hat.

Der Roboter-Einwand
Der nächste Einwand macht geltend, dass das Gedankenexperiment seine Überzeugungskraft hauptsächlich aus der Künstlichkeit der von Searle entworfenen Situation bezieht, denn das Chinesische Zimmer bzw. der kleine Searle in ihm sind nicht in der richtigen Art und Weise mit der Umgebung verbunden. Es fehlen Wahrnehmungsvorrichtungen, Apparate der Fortbewegung, die das Chinesische Zimmer zu einem Chinesischen Roboter machen würden. Das Argument ist hier,

dass man, um intentionale geistige Phänomene zu haben, in der richtigen Art und Weise (z.B. durch Sinnesorgane) mit der Welt kausal verknüpft sein muss.

Searle wendet nun seinerseits dagegen ein, dass der kleine Searle, damit er die richtigen intentionalen geistigen Phänomene hätte, ein Bewusstsein haben müsste, und zwar ein Bewusstsein von der kausalen Beziehung zwischen dem Symbol und dem, worauf sich das Symbol bezieht (Searle, 1980, S. 454). Nun haben Menschen normalerweise kein Bewusstsein von der kausalen Verknüpfung zwischen Zeichen und Bezeichnetem. Worauf Searle hier hinaus will, könnte aber Folgendes sein: Dem umhergetragenen kleinen Searle sind nur die Wirkungen der äußeren Gegenstände zugänglich, die abstrakten Gemälde, die er mit Hilfe der Regeln umstellt, nicht deren Ursachen, die äußeren Gegenstände. Das ist aber bei einem Menschen, dessen Wahrnehmungen intentionale geistige Phänomene sind, anders. Es ist sogar eigentlich genau umgekehrt. Ein besonderes Charakteristikum der Intentionalität ist es gerade, dass man sich der Gehalte, der Bedeutungen der intentionalen geistigen Phänomene bewusst ist. Menschen wissen, was sie wahrnehmen, d.h. sie wissen, auf welche Gegenstände sich ihre Wahrnehmungen richten. Phänomenologisch gesprochen: Wir sind, wenn wir wahrnehmen, immer bei den Dingen in der Welt (und nicht etwa in unserem Kopf). Was wir dagegen nicht kennen, sind die Repräsentationen im Kopf, die als Zeichen für die Dinge in der Welt stehen. Zumindest kennen wir sie nicht in der Art und Weise, wie der umhergetragene kleine Searle die abstrakten Gemälde kennt, nämlich wie sie formal oder physikalisch beschaffen sind. Es stellt sich also die Frage, wieso allein die Tatsache, dass die Symbole, die der umhergetragene kleine Searle bearbeitet, kausal mit den Dingen in der Welt verknüpft und dadurch zu Repräsentationen dieser Dinge geworden sind, an der Situation des umhergetragenen kleinen Searle irgendetwas ändern sollte. Er sitzt nach wie vor eingeschlossen in einem Roboter vor seinen abstrakten Gemälden und ist nicht phänomenal bei den Dingen in der Welt, so wie wir phänomenal bei den Dingen in der Welt sind, wenn wir Wahrnehmungserlebnisse haben.

Der kombinierte Roboter/System-Einwand
In dieser Situation ist von Searles Kritikern der Roboter- mit dem System-Einwand kombiniert worden. Der Eindruck, dass auch der umhergetragene kleine Searle nach wie vor nur formale Muster regelgeleitet umstellt und er nur die Wirkungen kennt, die abstrakten Gemälde, nicht aber deren Ursachen, die äußeren Gegenstände (d.h. dass er im komplexeren Fall auch kein Chinesisch versteht), kommt ledig-

lich dadurch zustande, dass der umhergetragene kleine Searle nun ganz eindeutig ein Teilsystem des Roboters ist, der aus eben diesem Grunde die richtigen intentionalen Zustände weder haben kann, noch haben muss. Nur von dem Roboter als Gesamtsystem lässt sich sagen, dass er interagierend mit den Gegenständen in der Welt umgeht, und er ist es auch, der als einzig plausibler Antwortkandidat für die Frage in Betracht kommt, wer denn nun Chinesisch versteht (Beckermann, 1988; Weiss, 1990).

Dagegen weist Searle jetzt darauf hin, dass beim Roboter/System-Einwand die Zuschreibung intentionaler geistiger Phänomene darauf beruhe, dass der Roboter uns ähnele und sich so verhalte wie wir. Dies sei aber kein gutes und auch vor allem kein ausreichendes Kriterium für den Besitz intentionaler geistiger Phänomene, was gerade das Gedankenexperiment mit dem Chinesischen Zimmer zeige. Denn das Chinesische Zimmer sieht ja von außen so aus, als ob es perfekt Chinesisch verstünde, da es nach Einschätzung sämtlicher des Chinesischen mächtigen Chinesen sinnvolle Antworten auf ihre Fragen gibt. In Wirklichkeit wird aber das ganze Kunststück von einem des Chinesischen in keiner Weise mächtigen kleinen Searle bewerkstelligt. Wir würden daher die Annahme, dass der Roboter tatsächlich intentionale geistige Phänomene habe, sofort fallen lassen, falls wir herausbekämen, dass in seinem Inneren lediglich formale Muster anhand von Regeln umgestellt werden (vgl. Searle, 1980, S. 421).

Es lässt sich aber eine Reihe von Gründen dafür anführen, dass die Beurteilung von Außen, etwa in Form eines Turing-Tests, kein so schlechtes Kriterium für den Besitz intentionaler geistiger Phänomene ist. Es kann sogar durch die Ergänzung des sprachlichen Verhaltens um nicht-sprachliches Handeln so anspruchsvoll gestaltet werden, dass es doch schwer fällt sich vorzustellen, die Anforderungen könnten von physikalischen Symbolsystemen erfüllt werden, die keine Intentionalität haben (Bieri, 1988; Dennett, 1985; Rheinwald, 1992). Außerdem kann man behaupten, dass bei einem um Wahrnehmungsapparate bereicherten Roboter, dessen innere formale Muster in vielfältiger Weise zu Ereignissen in der Umgebung des Systems in Beziehung stehen, diese Muster auch semantische Eigenschaften haben und keineswegs vollständig durch ihre syntaktische Struktur definiert sind. Sie haben zumindest eine Referenz, einen äußeren Gegenstand, den sie bezeichnen (Beckermann, 1990; Rheinwald, 1991). Es findet sich in Searles Entgegnung kein Argument, das diese Behauptung in Frage stellen würde. Und schließlich ist es doch recht zweifelhaft, ob wir die Annahme, ein Roboter habe intentionale geistige Phänomene, fallen ließen, wenn sich herausstellte, dass in seinem Inneren lediglich formale Muster anhand von Regeln umgestellt werden. Wir lassen diese Annahme ja auch nicht fallen angesichts eines Wesens, von dem wir wissen, das in dem hier relevanten Teil seines Inneren lediglich neuronale Feuerungsmuster ablaufen. Wo ist da der Unterschied?

Der Einwand des inkonsequenten Identitätswechsels
Bisher ist die Diskussion davon ausgegangen, dass das Chinesische Zimmer zwar einen richtigen Punkt illustriert, nur werden daraus von Searle die falschen Konsequenzen gezogen. Es kann jedoch auch die argumentative Kraft des Gedankenexperimentes selbst in Frage gestellt werden. Im Kern besteht diese argumentative Kraft aus einem Standpunktwechsel. Man soll sich in zwei unterschiedliche Positionen versetzen: Zum einen sieht man das Chinesische Zimmer von außen, zum anderen von innen aus der Sicht des kleinen Searle, der die Symbole bearbeitet. Während das Chinesische Zimmer von außen betrachtet den Anschein erweckt, als sei es des Chinesischen mächtig, wird man anschließend an die Stelle des kleinen Searles im Inneren des Chinesischen Zimmers versetzt und muss dann feststellen, dass hier offenbar gar kein Chinesisch verstanden wird.

Die argumentative Kraft dieses Perspektivenwechsels beruht allerdings auf einem – weiteren – Fehlschluss (Schröder, 1991), den man als den „Fehlschluss des inkonsequenten Identitätswechsels" (Nüse, Groeben, Freitag & Schreier, 1991, S. 116) bezeichnen kann. Um überhaupt beurteilen zu können, inwiefern sich die Einschätzung eines äußeren Beobachters des Chinesischen Zimmers von der Situation des kleinen Searles im Inneren des Zimmers unterscheidet, muss man fliegend zwischen zwei Perspektiven hin- und herwechseln können. Dabei muss man, wenn man sich an die Stelle des kleinen Searles versetzt, gleichzeitig im Kopf behalten, welchen Eindruck das Chinesische Zimmer macht, wenn man es von außen betrachtet. Genau dieses Wissen geht aber verloren, wenn man den Identitätswechsel vom äußeren Beobachter zum kleinen Searle konsequent durchführen würde. Versetzt man sich konsequent an die Stelle des kleinen Searles, wird man gleichzeitig sämtlicher Möglichkeiten verlustig, mit deren Hilfe man den Unterschied zwischen dem, wessen man den kleinen Searle von außen betrachtet für fähig hält, und dem, wessen der kleine Searle eigentlich fähig ist, überhaupt beurteilen könnte. Das, was man als äußerer Beobachter weiß, kann man gerade nicht wissen, wenn man der kleine Searle im Inneren des Zimmers ist. Dass zwischen dem Wissen des Beobachters und dem Wissen des kleinen Searles ein Unterschied besteht, kann man nur wissen, wenn man die Positionen beider miteinander vergleicht. Dies kann man wiederum nur, wenn man noch nicht richtig der kleine Searle geworden ist. Während das Gedankenexperiment zeigen soll, dass der kleine Searle nur so tut, als ob er Chinesisch verstünde, tut man mit dem Gedankenexperiment nur so, als sei man der kleine Searle. Wäre man wirklich der kleine Searle, könnte man die Frage, ob man Chinesisch versteht oder nicht, nicht beantworten, man würde sie sogar noch nicht einmal verstehen. Folglich ist das Gedankenexperiment des Chinesischen Zimmers als Beleg für die Richtigkeit der dritten Prämisse unbrauchbar.

Zwischenfazit: Die Phänomenologisierung des System-Einwands
Es sieht also gar nicht gut aus für das Gedankenexperiment von John Searle. Dabei konzentrieren sich die Einwände in verschiedenen Varianten vor allem auf einen Punkt: Searle verwechselt offenbar die Fähigkeiten eines Teilsystems mit den Fähigkeiten des Gesamtsystems und glaubt fälschlicherweise, dass das, was für ein Teilsystem gilt, notwendigerweise auch für das Gesamtsystem gelten müsse. In der einen oder anderen Form bringen die allermeisten Kritiken also immer wieder den System-Einwand vor, der im Kern lautet: Searles Behauptung: „Wenn ein Teilsystem (der kleine Searle) keine intentionalen geistigen Phänomene besitzt, dann hat auch das Gesamtsystem (das Chinesische Zimmer) keine" beruht leider auf einem Fehlschluss.

Ich habe schon kurz erwähnt, dass Searle merkwürdigerweise der Meinung ist, dass ihn gerade dieser Einwand gar nicht trifft. Ich werde versuchen, etwas näher zu erläutern, warum nicht. Klar ist, dass das Gedankenexperiment des Chinesischen Zimmers mit einem Standpunktwechsel, einem Perspektivenwechsel arbeitet. Bloß soll eine andere Art des Standpunktwechsels illustriert werden, als viele von Searles Kritikern glauben. Nach der Betrachtung des Chinesischen Zimmers von außen soll man sich nicht in ein Teilsystem des Zimmers hineinversetzen, sondern man soll sich vorstellen, man sei das *gesamte* Chinesische Zimmer. Was dann entscheidend ist, ist die Frage, was man *erlebt*, wenn man das gesamte Chinesische Zimmer ist; was ist einem aus dieser Perspektive phänomenal gegeben, zugänglich, bekannt? Und an diesem Punkt ist Searle anscheinend der Meinung, dass unser phänomenales Erleben völlig anders ist als das phänomenale Erleben, das wir hätten, wenn wir das Chinesische Zimmer wären oder wenn man das Chinesische Zimmer in unseren Kopf verlegen würde, wenn also unsere Wahrnehmung oder unser Sprachverstehen ausschließlich eine regelhafte Umstellung formaler Muster wäre. Ein Wahrnehmungsvorgang oder ein Sprachverstehensvorgang wäre nämlich dann in einer Hinsicht phänomenal vollkommen dem ähnlich, was wir erleben, wenn wir im Kopf eine Divisionsaufgabe lösen: Jedes Mal würden wir *bewusst* Algorithmen ausführen. Wir führen aber nicht bewusst Algorithmen aus, wenn wir wahrnehmen oder Sprache verstehen. Wir stellen nicht wie beim Kopfrechnen formale Symbole um, deren Interpretation uns bei der Ausführung des Algorithmus vollkommen egal sein kann. Vielmehr passiert dabei etwas ganz anderes: Wahrnehmung und Sprachverstehen sind für uns Vorgänge mit einer seltsamen Transparenz. Statt der Dinge, die bei ihrem Zustandekommen eine Rolle spielen und die angeblich aus regelhaften Umstellungen formaler Muster bestehen sollen, sind wir uns der Inhalte unserer Wahrnehmungen bewusst und der Bedeutungen der Wörter, die wir verstehen.

Wählt man diesen Ausweg aus der Schlinge des System-Einwandes, knüpft man die Intentionalität an phänomenale Erlebnisqualitäten, an die Art und Weise, wie wir Wahrnehmungen und das Verstehen einer Sprache in unserem Bewusstsein erleben. Man kehrt damit zurück zu einer Position, wie sie in ähnlicher Weise auch Brentano vertreten hat (s.o. 2.). Allerdings stellt sich nun die Frage, wie man denn belegen kann, dass ein Chinesischer Roboter, dessen Innenleben auf der regelhaften Umstellung formaler Muster beruht, ein vollkommen anderes phänomenales Erleben hätte als Menschen. Es dürfte schwierig sein, darauf eine befriedigende Antwort zu geben. Besser ist es, wenn schon, dann die grundsätzlichere Frage zu stellen: Kann ein Chinesischer Roboter, dessen Innenleben auf der regelhaften Umstellung formaler Muster beruht, *überhaupt* ein phänomenales Erleben haben? Diejenigen Kritiker, die den kombinierten Roboter/System-Einwand gegen Searle vorbringen, sehen nicht, wieso das ab einem bestimmten Komplexitätsgrad des Roboters und der Roboter/Umwelt-Verknüpfung nicht möglich sein sollte (Rheinwald, 1991, S. 48; Weiss, 1990, S. 171). Sie können allerdings *für* diese Annahme kein Argument vorbringen. Searle hat aber eins dagegen (Searle, 1992, S. 207ff.).

Searles Gegeneinwand
Dieses Gegenargument geht gerade von einer der faszinierendsten Eigenschaften der Turingmaschine aus: nämlich von ihrer multiplen Realisierbarkeit. Eine Turingmaschine kann aus allen nur möglichen denkbaren Materialien zusammengebaut werden, aus Klopapierrollen, Wassereimern oder Hydraulikpumpen, aus Zuständen verschiedener elektrischer Ladung oder unterschiedlicher neuronaler Erregung. Woraus die Turingmaschine letztendlich physikalisch besteht, ist vollkommen gleichgültig. Wichtig ist lediglich, dass das Material zwei unterschiedliche diskrete Zustände einnehmen kann. Die ungeheuren

Fähigkeiten der Turingmaschine (wie auch jeden Computers) beruhen gerade darauf, dass jeder Algorithmus, jede Umstellung von Mustern nach ihren formalen Merkmalen mit Hilfe von Regeln auf eine Veränderung von Abfolgen von Nullen und Einsen reduzierbar ist. Welcher materielle Zustand dabei welchen Wert bekommt, ist reine Konvention. Und das ist genau der Punkt.

Denn damit sind die Eigenschaft, ein syntaktisches Symbol oder ein formales Muster zu sein, oder die Eigenschaft, den Wert „0" oder „1" zu instantiieren, keine Eigenschaften, die Systeme *besitzen*, sondern Eigenschaften, die ihnen *zugeschrieben* werden. Alle diese Eigenschaften sind beobachterrelativ. Es gibt keine in irgendeiner Art und Weise geartete materielle Tatsache, auf Grund derer man feststellen kann, ob es sich bei einem materiellen Prozess um eine regelhafte Umstellung syntaktischer Symbole oder eine regelgeleitete Veränderung formaler Muster, um die Ausführung eines Algorithmus oder einen Rechenvorgang handelt. Vielmehr werden Systeme so beschrieben, als ob sie syntaktische Symbole oder formale Muster umstellten, als ob sie einen Algorithmus ausführten, als ob sie rechneten. Die Frage, ob die Systeme tatsächlich formale Muster umstellen, tatsächlich einen Algorithmus ausführen, tatsächlich rechnen, hat genau so wenig eine Antwort, wie die Frage, ob sie tatsächlich schön sind. Kurz: *Syntaktische Eigenschaften sind keine intrinsischen Eigenschaften der Physik* (Searle, 1992, S. 210). Wobei ‚intrinsisch' in diesem Zusammenhang heißen soll, dass Systeme solche Eigenschaften auch dann noch haben, wenn es keine Beobachter gibt, die sie entdecken könnten. Im Gegensatz dazu verschwinden mit dem Verschwinden der Beobachter auch all diejenigen Eigenschaften von Systemen, die ihnen durch Beobachter lediglich zugeschrieben wurden, die also beobachterrelativ sind.

Wenn man im Kontrast dazu davon ausgeht, dass der Besitz phänomenaler Erlebnisqualitäten eine in diesem Sinne intrinsische Eigenschaft bestimmter lebender Systeme ist, dann ist klar, dass ein Roboter, dessen Innenleben auf einer regelhaften Umstellung formaler Muster beruht, niemals Erlebnisqualitäten haben kann, zumindest nicht auf Grund der Tatsache, dass er regelhaft formale Muster umstellt, denn aus lediglich zugeschriebenen Eigenschaften kann unter keinen Umständen, auf welchem Komplexitäts- und Kombinationsgrad auch immer, plötzlich eine intrinsische Eigenschaft eines Systems entstehen. Da außerdem nach Searles Ansicht die Intentionalität wesentlich mit bestimmten Erlebnisaspekten verbunden ist – d.h. Intentionalität zu besitzen, bedeutet, dass einem in einer bestimmten Art und Weise die

Dinge bewusst gegeben sind, indem man, phänomenologisch ausgedrückt, wahrnehmend bei den Dingen in der Welt ist –, kann ein Roboter, dessen Innenleben auf einer regelhaften Umstellung formaler Muster beruht, folglich auch niemals Intentionalität aufweisen.

Die Diskussion des Argumentes des Chinesischen Zimmers zeigt, dass die Behauptung, ein physikalisches Symbolsystem könne Intentionalität besitzen, dann entkräftet werden kann, wenn man Intentionalität als bewusstes Bedeutungserleben auffasst. Ich habe bei der Erläuterung der Intentionalität schon darauf hingewiesen, dass das allerdings eine Position ist, die aus verschiedenen Gründen nur wenige teilen (s.o. 2.).

Man kann aber versuchen, von einer ganz anderen Seite die These Newells, physikalische Symbolsysteme besäßen Intentionalität und seien die Grundlage der Intelligenz, anzugreifen. Dabei gesteht man durchaus zu, dass physikalische Symbolsysteme unter bestimmten Bedingungen Intentionalität aufweisen können. Statt dessen bestreitet man, dass der Besitz von Intentionalität ausreicht, um intelligent zu sein. Das ist der Kern des Argumentes, das ich als Nächstes vorstellen werde.

5.3. *Intentionalität und Bedeutungen als Ursachen: Das Argument von Fred Dretske*

Ausgangspunkt des Argumentes ist der kombinierte Roboter/System-Einwand: Ein physikalisches Symbolsystem kann dann Intentionalität aufweisen, wenn es Teil eines Roboters ist. Dieser Roboter muss über entsprechende sensorische Fähigkeiten und Wahrnehmungsapparaturen verfügen, so dass die formalen Muster des physikalischen Symbolsystems einen Gehalt haben in dem Sinn, dass sie darüber informieren, was außerhalb des physikalischen Symbolsystems vor sich geht. Die Gehalte intentionaler Zustände existieren also nicht mental innen, sondern real draußen. Es sind keine Entitäten im Kopf, sondern Dinge in der Welt. Unter diesen Bedingungen kann man nach Dretskes Ansicht davon sprechen, dass die formalen Muster tatsächlich eine von Beobachterkonventionen unabhängige Bedeutung besitzen (Dretske, 1985/1990, S. 82) – etwas, was Searle natürlich nicht zugestehen würde. Wir haben damit folgende Situation vor uns:

In dem Kopf eines Roboters arbeitet ein physikalisches Symbolsystem – verständlicher formuliert: ein Computer, dessen formale Muster einen Gehalt besitzen, da sie über sensorische Mechanismen mit Vorgängen außerhalb des Roboters verbunden sind. Die formalen Muster, die jetzt ohne den Wortsinn zu verfälschen auch als ‚Symbole' bezeichnet werden können, verursachen auf Grund ihrer formalen

– und das heißt letztendlich: auf Grund ihrer physikalischen Eigenschaften andere Muster bzw. Symbole und unter bestimmten Umständen auch Verhalten. Dieser kausale Prozess kann dabei auch die verschiedensten Rationalitätskriterien erfüllen, so wie sich das Fodor vorgestellt hat (s.o. 2.). Unter diesen Umständen und inhaltlichen Vorentscheidungen ist eigentlich alles wunderbar: Der Roboter besitzt Intentionalität, und zwar in einem tatsächlichen Sinne und nicht bloß, weil wir ihn so beschreiben. Und neben vielem anderem, was aus dieser Errungenschaft folgt, ist damit das Phänomen der Intentionalität erfolgreich verobjektiviert und seine Eingliederung in ein materialistisches Bild des Geistes gelungen.

Dretske besteht nun allerdings darauf, dass eine Erweiterung eines physikalischen Symbolsystems zu einem Roboter und die Einbettung dieses Roboters in eine Umwelt bei weitem nicht genug sind. Der Roboter besitzt zwar Intentionalität, er ist aber nicht intelligent, zumindest nicht im eigentlichen Sinne des Wortes. Denn die inneren Zustände verursachen Verhalten oder weitere innere Zustände nicht auf die richtige Weise. Verursachend sind die syntaktischen oder physikalischen Eigenschaften. Damit lässt sich aber intelligentes Verhalten nur nachahmen. Denn welcher Zustand welchen anderen und welches Verhalten verursacht, kann vollkommen von außen festgelegt werden. Dies geschieht bei einem Computer ja auch tatsächlich durch die Programmierung. Ein sich intelligent verhaltender Roboter zeigt also höchstens etwas über die Intelligenz derjenigen, die ihn programmiert haben. Damit ein Verhalten als intelligent angesehen werden kann, darf es nicht durch die syntaktischen oder physikalischen Eigenschaften der inneren Zustände verursacht werden, sondern kausal relevant muss dasjenige sein, was die inneren Zustände bedeuten. Das ist aber leider bei dem Roboter nicht der Fall: Die inneren Zustände des Roboters haben zwar einen Gehalt, ihr Gehalt spielt aber bei der Verursachung seines Verhaltens keine Rolle.

Das Argument von Dretske stellt also eine Verbindung her zwischen dem Phänomen der Intentionalität und einem ganz anderem Problem, nämlich der Frage: „Wann ist ein Verhalten intelligent?" Brückenpfeiler dieser Verbindung ist eine Annahme, die wir beständig bei der Erklärung des Verhaltens unserer Mitmenschen machen und auf die ich im Abschnitt über Intentionalität schon ausführlicher eingegangen bin: Gehalte haben kausale Kräfte.

Mit diesem Einwand gegen die These von Newell gerät man allerdings in ein noch viel größeres Problem: das Problem der mentalen Verursachung. Kausale Kräfte können, soweit unser Verständnis der uns umgebenden Welt bisher reicht, nur Dinge mit physikalischen Eigenschaften haben. Ein Gehalt hat aber als Gehalt keine physikalischen Eigenschaften. Ein Gehalt ist etwas Mentales, etwas Geistiges. Und wenn Gehalte in irgendeiner Weise physikalisch realisiert sind, können für ihre kausalen Wirkungen nur ihre physikalischen Eigenschaften entscheidend sein, nicht die Tatsache, dass es sich um Gehalte, um Bedeutungen handelt. Aus diesem Grunde gehört, wie es beispielsweise Beckermann und vielen anderen scheint, „die Eigenschaft, eine bestimmte Bedeutung zu haben, ... einfach nicht zu der Art von Eigenschaften, die bei der Hervorbringung von Handlungen eine kausale Rolle spielen können" (Beckermann, 1989, S. 138).

Was man also benötigt, ist ein Vorschlag, wie die Vorstellung, dass die Gehalte intentionaler geistiger Phänomene irgendetwas verursachen (können), in einer objektiven Betrachtung der Intentionalität untergebracht werden kann. Dretskes Vorschlag ist eine Unterscheidung innerhalb derjenigen Dinge, die für intelligentes Verhalten als Ursachen angesetzt werden können. Er unterscheidet zwischen „structuring" und „triggering causes", zwischen strukturierenden und auslösenden Ursachen (Dretske, 1988a, Kap. 2; 1993a). Kurz zusammengefasst besagt diese Unterscheidung Folgendes: Eine *strukturierende* Ursache ist eine Ursache dafür, dass es einen Prozess gibt, bei dem eine *auslösende* Ursache einen bestimmten Vorgang verursacht. Ein kurzes Beispiel:

Die auslösende Ursache dafür, dass aus der Dusche kaltes Wasser kommt, ist die Tatsache, dass ich an dem Knopf mit dem roten Punkt gedreht habe. Die strukturierende Ursache dafür, dass das Drehen an dem Knopf mit dem roten Punkt dazu führt, dass aus der Dusche kaltes Wasser kommt, ist die Tatsache, dass der Klempner, der gestern da war, die Wasserleitungen falsch angeschlossen hat.

Strukturierende Ursachen sind also Faktoren, die in der Geschichte des Systems liegen, andauernde Bedingungen, die seine Entwicklung bestimmt haben. Wie lässt sich nun die Unterscheidung zwischen strukturierenden und auslösenden Ursachen auf die hier relevante Version des Problems der mentalen Verursachung anwenden, auf die Annahme, dass Gehalte kausale Kräfte haben können?

Die Antwort lautet: Die Tatsache, dass ein Zeichen Z die Bedeutung B hat, indem es z.B. das Vorliegen des Objektes O indiziert, ist eine strukturierende Ursache dafür, dass es in dem System einen Prozess gibt, bei dem Z die auslösende Ursache für ein Verhalten V ist (vgl. Dretske, 1988b, S. 41). Ein Beispiel:

Die subjektiv-personale Seite der Intelligenz 187

Das Raufboldtier und die Pelzwürmer (Dretske, 1993b)
Das Raufboldtier lebt in einer Umwelt, in der es lediglich noch eine andere Tierart gibt: Pelzwürmer. Diese kommen in allen möglichen Farben und Größen vor, haben aber zwei Eigenschaften gemeinsam: Sie sind pelzbesetzt und wurmförmig. Obwohl das Raufboldtier Pelzwürmer sehen kann, ist es nicht genetisch mit irgendwelchen Verhaltensweisen ihnen gegenüber ausgestattet. Es kann sie nicht als Pelzwürmer erkennen. Wenn das Raufboldtier an einem Pelzwurm schnüffelt, steigt ihm jedoch ein stechender Geruch in die Nase, der es schnell zurückweichen lässt. Nach einiger Zeit geht das Raufboldtier deshalb dazu über, Pelzwürmer grundsätzlich zu meiden. Wenn nun eine Forscherin das Raufboldtier untersucht, besonders sein Verhalten gegenüber Pelzwürmern, so wird sie – wie in der Wissenschaft in solchen Fällen üblich – unter anderem eine Pelzwurmattrappe benutzen, z.B. eine große Schraube, die sie in einen Strickstrumpf steckt. Wird eine solche Pelzwurmattrappe auf ein Raufboldtier zubewegt, ergreift es genauso die Flucht wie vor einem echten Pelzwurm. Warum – denn am stechenden Geruch kann es ja nicht liegen?

Die naheliegendste Antwort auf die Frage, wie man sich dieses Verhalten erklären kann, lautet: „Das Raufboldtier flüchtet, weil das, was auf es zukommt, wie ein Pelzwurm aussieht, weil es etwas ist, was die Eigenschaften pelzbesetzt und wurmförmig hat." Der Anblick des Pelzwurmes verursacht beim Raufboldtier Zustände, deren Gehalte beispielsweise PELZBESETZT und WURMFÖRMIG lauten. Diese verursachen dann das Fluchtverhalten. Mit dieser Antwort kann man aber das übliche Spiel treiben. Denn sieht man genauer hin, müssen eigentlich kausal verantwortlich für das Verhalten nicht die Gehalte der Zustände, sondern ihre physiologischen, neurologischen oder physikalischen, kurz: ihre materiellen Eigenschaften sein. Damit ist alles wie gehabt: Die Gehalte können keine kausale Rolle spielen. Diese Antwort ist allerdings nur die halbe Erklärung für das Verhalten des Raufboldtiers. Sie gibt lediglich die auslösenden Ursachen an. Wäre das alles, was als Antwort zur Verfügung steht, bleibt das Problem, wie es denn zu erklären ist, dass das Raufboldtier dann nicht die Flucht vor Pelzwürmern ergreift, wenn es noch nie welche gesehen hat. Die Frage ist also: Wie kommt es dazu, dass die materiellen Eigenschaften der Zustände mit den Gehalten PELZBESETZT und WURMFÖRMIG *Fluchtverhalten* verursachen?

Die Antwort darauf lautet, dass das Raufboldtier Erfahrungen mit Pelzwürmern gemacht hat. Es hat gelernt Pelzwürmer *als* Pelzwürmer zu erkennen. Diese Erfahrungen haben das Nervensystem des Raufboldtieres so strukturiert, dass innere Zustände, die die Gehalte PELZBESETZT und WURMFÖRMIG haben, verursachen, dass das Raufboldtier flüchtet. Damit werden die Gehalte, die Bedeutungen der inneren Zustände zu strukturierenden Ursachen dafür, dass diese Zustände vermittelt durch einen Lernprozess bestimmte kausale Rollen erhalten und keine anderen. Die Gehalte bezeichnen also zusammenfassend eine bestimmte kausale Lerngeschichte und als strukturierende Ursachen haben sie einen kausalen Einfluss auf die Produktion eines bestimmten Verhaltens (vgl. auch Dretske, 1985/1990, S. 86).

Ich kann nun zu dem Argument von Dretske gegen den Chinesischen Roboter zurückkehren, da sich jetzt der entscheidende Punkt noch einmal besser deutlich machen lässt. Zunächst wiederum ein Beispiel:

Das künstliche Raufboldtier und die Pelzwürmer (Dretske, 1993b)
Angenommen, man wäre in der Lage, ein künstliches Raufboldtier zu bauen. Das künstliche Raufboldtier ist von einem echten physikalisch ununterscheidbar und es zeigt genau dasselbe Verhalten. Es vermeidet ebenfalls Pelzwürmer. Es tut dies aber nicht aus denselben Gründen. Das echte Raufboldtier vermeidet Pelzwürmer, weil es bestimmte Erfahrungen mit ihnen gemacht hat und es deshalb innere Zustände besitzt, die nicht nur Pelzwürmer repräsentieren, sondern deren Gehalte auch das Verhalten des Raufboldtieres kausal beeinflussen, indem sie dazu geführt haben, dass es einen kausalen Zusammenhang zwischen Pelzwurmrepräsentationen und Fluchtverhalten gibt. Das künstliche Raufboldtier vermeidet Pelzwürmer dagegen deshalb, weil seine inneren Zustände von seinen Herstellern auf eine bestimmte Weise mit seinen Wahrnehmungsapparaten und seinen Fortbewegungsinstrumenten verschaltet worden sind. Ein solches Raufboldtier ist nicht intelligent.

Dretskes Argument ist also, dass intentionale Systeme, wie z.B. der Chinesische Roboter, um als intelligent zu gelten, eine Entwicklungs- oder Lerngeschichte haben müssen. Sie müssen nicht nur eine echte Intentionalität besitzen, sondern darüber hinaus auch noch etwas, was man als „vollständige Intentionalität" bezeichnen könnte. Eine *vollständige* Intentionalität zu besitzen, heißt, dass die Tatsache, dass die inneren Zustände des Systems eine bestimmte Bedeutung haben, einen kausalen Einfluss darauf hat, welche inneren Zustände des Systems aufeinander folgen oder welches Verhalten es zeigt.

Nun kann man einwenden, dass das Argument von Dretske in keiner Weise zeigt, dass physikalische Symbolsysteme prinzipiell nicht intelligent sein können. Man baut einfach einen Chinesischen Roboter, verknüpft ihn auf die richtige Art und Weise mit seiner Umgebung, stattet ihn darüber hinaus mit den erforderlichen Lernmechanismen aus und lässt ihn lernend in seiner Umwelt herumlaufen. Nach einer Weile wird er wirklich intelligent geworden sein und vollständige Intentionalität besitzen.

Damit wird aber bereits zugestanden, was hier behauptet wird, nämlich dass Intentionalität allein nicht hinreichend für intelligentes Verhalten ist. Es genügt also nicht, einen universellen Mechanismus zu besitzen, um einem physikalischen Symbolsystem Intelligenz zu verleihen, und ebenso wenig genügt es, es mit Wahrnehmungsinstrumenten und einem Bewegungsapparat auszustatten, sondern es wird als weitere recht komplexe Fähigkeit ein Lernmechanismus benötigt. Es könnte sogar sein, dass noch eine ganze Reihe weiterer Fähigkeiten notwendig sind, mit denen man sich seit langem in der Forschung zur künstlichen Intelligenz beschäftigt: die Beurteilung von Ähnlichkeit, die Beherrschung natürlicher Sprachen, die Anwendung von Hintergrundwissen usw. (vgl. Putnam, 1992). Möglicherweise hängen alle diese Fähigkeiten sogar miteinander zusammen und leisten in verschiedener Weise ihren Beitrag zur menschlichen Intelligenz. Putnam gelangt daher zu der zusammenfassenden Konsequenz:

„Die Frage, die sich nicht lösen lässt, ist, wie viel von dem, was wir ‚Intelligenz' nennen, die gesamte übrige Natur des Menschen voraussetzt." (Putnam, 1992, S. 13; Übersetzung von B.F.)

Das Argument von Dretske macht deutlich, dass es nicht nur mit einem universellen Mechanismus, sondern auch mit dem Besitz von Intentionalität bei weitem noch nicht getan ist. Selbst dann, wenn man die Intentionalität nicht wie Searle an ein bewusstes Bedeutungserleben binden möchte, ist also der Weg zu einem wirklich intelligenten Mechanismus noch weit. Umgekehrt betrachtet wird aber klar, dass Intelligenz ohne Intentionalität und zwar sogar in der Form, die ich hier „vollständige Intentionalität" genannt habe, bei der die Gehalte als strukturierende Ursachen bei der Hervorbringung von Verhalten eine kausale Rolle spielen, ebenso wenig denkbar ist. Intentionalität ist zwar keine hinreichende, aber dennoch eine nicht wegzudenkende Grundvoraussetzung für Intelligenz.

Woran diese Gegenargumentation allerdings hängt, ist, ob man die Explikation von Intentionalität überzeugend findet, die ihr zugrunde liegt. Denn klar ist, dass hier eine externalistische Position vertreten wird (s.o. 2.). Beim Externalismus besteht die Intentionalität in einer Relation zwischen Zuständen im Kopf und Dingen in der Welt, die den Gehalt dieser Zustände darstellen. Für eine Eingliederung der Intentionalität in ein materielles Bild des Geistes gilt es nun, eine natürliche Relation zu finden, die den Besonderheiten dieser Beziehung zwischen inneren Zuständen und äußeren Gegenständen gerecht wird und damit die materielle Basis der Intentionalitätsrelation bilden könnte. Das ist das Projekt der Naturalisierung der Bedeutung, das zu behandeln den Rahmen dieses Artikels sprengen würde. Ich will hier nur auf einen einzigen, in unserem Zusammenhang aber interessanten Punkt hinweisen. An die gesuchte natürliche Relation werden eine ganze Reihe von Anforderungen gestellt wie z.B. die folgenden (vgl. Eimer, 1990, S. 70ff.):

- *Sie muss gewährleisten, dass die inneren Zustände äußere Gegenstände und Tatsachen korrekt repräsentieren (können).* In Bezug auf Wahrnehmungszustände geht man normalerweise davon aus, dass die Sinnesorgane (und ebenso das sensorische Instrumentarium des Chinesischen Roboters) so gebaut sein müssen, dass sie normalerweise Repräsentationen liefern, deren Gehalte wahr sind, denn nur solche Sinnesorgane erscheinen evolutionsbiologisch gesehen brauchbar.
- *Sie muss gewährleisten, dass die inneren Zustände äußere Gegenstände und Tatsachen auch fehlerhaft repräsentieren können.* Ein System, das echte Intentionalität besitzt, muss auch die Fähigkeit zur Fehlrepräsentation haben.
- *Sie muss gewährleisten, dass die inneren Zustände äußere Gegenstände und Tatsachen spezifisch repräsentieren.* Intentionale Zustände zeichnen sich dadurch aus, dass sie Gegenstände oder Tatsachen nur unter ganz bestimmten Aspekten repräsentieren und nicht unter anderen.
- *Sie muss gewährleisten, dass die inneren Zustände äußere Gegenstände und Tatsachen selektiv repräsentieren.* Wahrnehmungsrepräsentationen beziehen sich auf Gegenstände in der Welt und nicht auf Entitäten, die bei einem kausalen Prozess vom äußeren Gegenstand zum Wahrnehmungserlebnis notwendigerweise als Zwischenglieder entstehen, z.B. das Stimulationsmuster auf der Retina.

Interessant ist nun, dass offenbar bei manchen dieser Anforderungen, vor allem bei der dritten, vielleicht aber auch bei der zweiten, Einsichten aus der Perspektive der ersten Person in die Explikation des Intentionalitätsphänomens eingeflossen sind. Denn die Frage, unter welcher Beschreibung beispielsweise ein Frosch eine Fliege frisst, stellt sich nur aus der Innensicht, da man gewissermaßen aus eigener Erfahrung weiß, dass es möglich ist, von unterschiedlichen Beschreibungen nur eine einzige wahrzunehmen oder zu glauben oder ähnliches und alle anderen nicht. Die Spezifität intentionaler Gehalte ist eine phänomenale Tatsache. Wir wissen genau, was die Gehalte uns über die Dinge in der Welt sagen. Wenn diese Genauigkeit der Gehaltsfestlegung auch die gesuchte natürliche Relation leisten soll, fließt diese phänomenale Tatsache mit in die Naturalisierungsanforderungen der Intentionalitätsrelation ein. Bei einer konsequenten Betrachtung des Phänomens von außen wäre man dagegen daran gewöhnt, dass es bei der Festlegung der Gehalte innerer Zustände immer Interpretationsspielraum gibt. Auf die Idee, dass dieser Interpretationsspielraum keineswegs der Endpunkt des Erreichbaren darstellt, kann man nur kommen, wenn man weiß, dass es aus der Innensicht für einen Spielraum von Interpretationsmöglichkeiten eine einzige Auflösung geben kann.

Damit soll und kann nicht behauptet werden, dass das Projekt der Naturalisierung zum Scheitern verurteilt ist. Vielmehr ist es hier ausreichend, auf einen oft nicht klar gesehenen Tatbestand hinzuweisen: Das Phänomen der Intentionalität ist offenbar ohne Rückgriff auf phänomenales Wissen nicht vollständig explizierbar, denn dieses phänomenale Wissen fließt mit in die Anforderungen ein, die an eine Naturalisierung des Intentionalitätsphänomens gestellt werden.

6. Fazit

Ich will versuchen, das bisher Dargestellte in vierfacher Hinsicht zu resümieren: erstens im Hinblick auf die zu Beginn aufgestellte Behauptung, die phänomenalen Erlebnisqualitäten seien die subjektiv-personale Seite der Intelligenz; zweitens in Bezug auf die methodologischen Konsequenzen, die aus dem hier Behandelten für eine sozialwissenschaftliche Psychologiekonzeption folgen; drittens hinsichtlich der Frage, welche konkret objektwissenschaftlich-inhaltlichen Schlüsse gezogen werden können; und schließlich viertens im Hinblick auf bestimmte objekttheoretische Charakteristika, die sich nicht nur, aber auch in der Auseinandersetzung mit dem Computermodell des Geistes als offenbar unverzichtbare Merkmale des Forschungsgegenstandes der Psychologie erweisen. Mit dem letzten Aspekt komme ich zurück zu dem Punkt, mit dem ich begonnen habe, nämlich der Frage: Was hat dieser Aufsatz in einem Buch über objekttheoretische Perspektiven einer sozialwissenschaftlichen Psychologie zu suchen?

Betrachtet man die Diskussion um die „physical symbol system"-Hypothese, um die Behauptung, ein universeller Mechanismus besitze Intentionalität und sei sowohl eine notwendige als auch hinreichende Bedingung für Intelligenz, so stehen im Mittelpunkt der Kritik zwei Fragen: (1) „Kann ein Computer intelligent sein?" und (2) „Kann ein Computer Intentionalität besitzen (und damit Geist haben)?" Dretske hat in seiner negativen Antwort auf die erste Frage hervorgehoben, dass es nicht ausreichend ist, wenn ein Computer intentionale Zustände besitzt, sondern die Gehalte dieser Zustände müssen auch ursächlich für sein Verhalten sein. Damit hat sich in der Auseinandersetzung mit dem Computermodell des Geistes ein Zusammenhang zwischen Intentionalität und Intelligenz als entscheidend herausgestellt, der von der Alltagspsychologie immer schon bei der Erklärung menschlichen Verhaltens unterstellt worden ist: Ein intelligentes System muss nicht nur Intentionalität besitzen, die Gehalte seiner intentionalen Zustände müssen auch kausale Kräfte haben.

In seiner negativen Antwort auf die zweite Frage betont Searle, dass ein wesentliches und notwendiges Merkmal der Intentionalität das bewusste Bedeutungserleben ist, d.h. eine bestimmte Form des phänomenalen Gegebenseins von Welt und Sprache. Ein Computer kann seiner Ansicht nach eine solche phänomenale Erlebnisperspektive niemals aufweisen. Er kann daher auch keine Intentionalität besitzen. Searle knüpft damit an eine Position an, wie sie schon zu Beginn der Geschichte des Intentionalitätsbegriffs in der Psychologie von Brentano vertreten und vor allem von der philosophischen Phänomenologie weiter ausgearbeitet worden ist: Intentionalität ist das *bewusste* Erleben eines Gerichtetseins auf etwas, bei dem perspektivisch Bestimmtes „,figurhaft'" hervor- und Anderes „,grundhaft'" zurücktritt (Graumann & Métraux, 1977, S. 43). Kern der Kritik am Computermodell des Geistes ist also die These, dass es einen inneren Zusammenhang zwischen Intentionalität und phänomenalen Erlebnisqualitäten in Form eines subjektiven Bedeutungserlebens gibt. Nun ist das ein Standpunkt, der momentan weder in der analytischen Philosophie des Geistes, noch in der Kognitionswissenschaft viele Anhänger hat. Aber auch bei der gegenwärtig attraktivsten Gegenposition, die glaubt, dass eine Naturalisierung der Intentionalität am erfolgversprechendsten im Rahmen eines externalistischen Ansatzes möglich ist, finden sich als Naturalisierungsanforderungen ganz selbstverständlich bestimmte Aspekte der Intentionalitätsrelation wieder, die nur aus der subjektiven Erlebnisperspektive stammen können.

Die Kritik des Computermodells des Geistes hat damit jene zwei Zusammenhänge herausgearbeitet, die ich der Diskussion als inhaltliche These vorangestellt habe: Da intelligentes Verhalten nicht ohne Intentionalität möglich ist und es zumindest fraglich ist, ob es Intentionalität gibt ohne subjektives phänomenales Erleben, sind die phänomenalen Erlebnisqualitäten die subjektiv-personale Seite der Intelligenz.

Betrachtet man die Diskussion um den Turingmaschinenfunktionalismus, die ich hier ausschließlich unter dem Aspekt der Eingliedergerbarkeit phänomenaler Erlebnisqualitäten in ein materialistisches Bild des Geistes geführt habe, so ergibt sich daraus vor allem eine methodologische Konsequenz. Zeigt das Wissensargument die Unvollständigkeit empirisch-naturwissenschaftlichen Wissens und die Unverzichtbarkeit phänomenalen Wissens und war daher ein Argument für die Nutzung einer Vielfalt methodischer Zugänge in der Psychologie, so macht das Argument der Erklärungskluft deutlich, dass phänomenale Erlebnisqualitäten der empirisch-naturwissenschaftlichen Herangehensweise gänzlich verschlossen bleiben. Denn zu phänomenalen Erlebnisqualitäten gibt es, solange ihr ontologischer Status nicht geklärt ist, keinen Zugang aus der Außensicht. Vielmehr können sie nur mit Hilfe eines Vorgehens für die Psychologie zugänglich gemacht werden, das ich in der Einführung als „geisteswissenschaftlich" bezeichnet habe. Trotz einer ganzen Reihe forschungslogischer und methodologischer Zweifel an der Notwendigkeit „geisteswissenschaftlicher" oder „qualitativer" Methoden in der Psychologie (Alisch, 1994, S. 33) ist also entgegen solchen Nichtnotwendigkeitsvermutungen an phänomenale Erlebnisqualitäten überhaupt nicht heranzukommen, wenn man auf ein qualitatives Vorgehen verzichtet. Die Eigentümlichkeit der Forschungsgegenstände der Psychologie erfordert dabei nicht nur eine Kombination oder Integration unterschiedlicher methodischer Vorgehensweisen, sondern auch einen echten methodischen Dualismus, bei dem für bestimmte Phänomenbereiche nur *eine* Vorgehensweise adäquat sein kann. So wird z.B. bei reflexhaftem Verhalten ein rein „naturwissenschaftliches" Vorgehen als sinnvoll erachtet, da man davon ausgehen kann, dass keine erklärungsrelevante Innensicht vorhanden ist (Groeben & Scheele, 1988, S. 35ff.). Interessanterweise sind phänomenale Erlebnisqualitäten dagegen Forschungsgegenstände, für die nur Methoden angemessen sind, die die Innensicht zu erheben suchen, denn es sind Gegenstände, die es bisher ausschließlich in der Innensicht gibt.

Durch die Verwendung unterschiedlicher methodischer Herangehensweisen in einer sozialwissenschaftlichen Psychologie wird nicht nur ganz allgemein die Möglichkeit eröffnet, Grundphänomene des Menschlichen für die Psychologie zurückzugewinnen und damit wissenschaftlicher (Er-)Forschung zugänglich zu machen. Es kommen auch ganz konkret inhaltlich und forschungspraktisch andere und neue Forschungsgegenstände in den Blick; so z.B. bei den phänomenalen Erlebnisqualitäten nicht nur Wahrnehmungserlebnisse, sondern subjektives Empfinden überhaupt, vom Emotionserleben über Stimmungen bis hin zur wechselnden gefühlsmäßigen Getöntheit unseres gesamten In-der-Welt-Seins. Ebenso wird die Intentionalität in ihrer gesamten Bandbreite zugänglich: sowohl im weiten Sinne als eine „spezifische Person-Umwelt-Beziehung" (Graumann & Métraux, 1977, S. 42) als auch im engeren Sinne in Form von Handlungsabsichten.

In welcher Weise eine solche Zurückgewinnung möglich ist, möchte ich an einem konkreten Forschungsbeispiel zeigen. In einer Untersuchung zum Zorn in Partnerschaften (Kapp, in Vorb.) wurden zum einen verschiedene methodische Vorgehensweisen miteinander kombiniert. Unterschiedliche Zornverarbeitungsstile (z.B. Zeigen vs. Unterdrücken) wurden sowohl quantitativ (in Form von Fragebögen; Schwenkmetzger, Hodapp & Spielberger, 1992) als auch qualitativ (in Form von Subjektiven Theorien; Scheele, Groeben & Christmann, 1992) erfragt, so dass die verschiedenen methodischen Vorgehensweisen in einander validierender, differenzierender und ergänzender Form ausgewertet werden können. Sehr viel interessanter in unserem Zusammenhang ist aber, dass zum anderen phänomenales Erleben und Intentionalität zusammen und aufeinander bezogen erfasst wurden. Es wurden Subjektive Theorien sowohl zur Beschreibung des Gefühls ‚Zorn' als auch zum Umgang mit Zorn in Partnerschaften erhoben. Damit konnte einerseits das phänomenale Erleben des Gefühls ‚Zorn' in seinen unterschiedlichen Komponenten zum Gegenstand der Befragung werden, andererseits wurde ebenso die Intentionalität des Zorns erfasst, und zwar nicht nur in Form der mit den verschiedenen Zornverarbeitungsstrategien verbundenen Absichten, sondern auch einschließlich der Reaktionen der Partnerin oder des Partners darauf und der negativen oder positiven Folgen für die Partnerschaft. Damit werden nicht nur Zornerleben und Zornverhalten in Partnerschaften in ihrer Komplexität und Vielschichtigkeit abgebildet, sondern die Daten erhalten gerade durch ihre Differenziertheit und Unreduziertheit bei gleichzeitiger Systematik eine besondere Praxisrelevanz. Neben allgemeinpsychologischen (Strukturen und Komponenten des Zornerlebens) und differentialpsychologischen Fragestellungen (Erlebens- und Zornverarbeitungsunterschiede bei Männern und Frauen, bei zufriedenen und unzufriedenen Paaren) kommen darüber hinaus therapeutisch-praktische Aspekte in den Blick wie etwa Diskrepanzen zwischen Denken und Handeln (z.B. negative Bewertung einer Zornverarbeitungsstrategie, die man dennoch häufig zeigt). Das gibt Anlass zu der Hoffnung, dass durch die Einbeziehung von Erlebnisqualitäten und Intentionalität in die psychologisch-wissenschaftliche Forschung nicht nur Grundphänomene des Menschlichen ihren Platz in der Psychologie finden, sondern psychologische Forschungsergebnisse auch eine größere praktische Wirkungskraft erhalten.

Darüber, dass phänomenale Erlebnisqualitäten und Intentionalität Grundphänomene des Menschlichen sind, ist man sich in der Auseinandersetzung um das Computermodell des Geistes im Grunde genommen einig gewesen. Man kann dem Computermodell des Geistes zwar reduktionistische Tendenzen vorwerfen (z.B. Erb 1997, S. 166), die Diskussionen um die funktionale Charakterisierbarkeit der Qualia (z.b. Block, 1980; 1990; Shoemaker, 1975; 1981), die letztendlich zu einem Unmöglichkeitseingeständnis geführt haben (Shoemaker, 1991, S. 507; vgl. auch Fodor, 1981, S. 17), sowie auch die Reaktionen auf das Argument von Searle, die in ihrer Fülle mittlerweile nahezu unüberschaubar sind, lassen sich jedoch auch so verstehen, dass die Herausforderungen, vor die das Computermodell des Geistes von seinen Kritikern gestellt worden ist, von seinen Vertretern durchaus ernst genommen worden sind. Wenngleich man die Versuche, diesen Herausforderungen gerecht zu werden, letztlich als nicht erfolgreich beurteilen muss, so war doch zumindest den meisten an der Auseinandersetzung Beteiligten klar, dass es sich bei den phänomenalen Erlebnisqualitäten und der Intentionalität um zentrale Gegenstandsdimensionen handelt, die das Computermodell modellieren können muss, soll es nicht scheitern. Uneinig war man sich darüber, ob die Modellierung gelingen kann bzw. ob die Vorschläge angemessen sind.

Interessanterweise sind dabei von der Diskussion gerade solche Phänomene in den Mittelpunkt gestellt worden, die auch von psychologisch-phänomenologischer und anthropologischer Seite (Erb, 1997; Graumann & Métraux, 1977) als gegenstandskonstituierende Merkmale des Menschen behauptet worden sind: mit den phänomenalen Erlebnisqualitäten die Körperlichkeit, phänomenologisch gesprochen: „die Leiblichkeit" des Menschen, mit der Intentionalität seine Umweltbezogenheit und mit der Lernfähigkeit die Historizität jeglichen Erlebens und Verhaltens (in individueller und auch in überindividueller Perspektive; vgl. Obliers, in diesem Band). Da Lernen immer auch interaktiver Umgang mit Umwelt und Mitmenschen ist, ist damit als weiteres Merkmal die Sozialität angesprochen, die ja – schon durch die Namensgebung offensichtlich – ebenfalls grundlegend für eine sozialwissenschaftliche Psychologie ist. Was daher in Auseinandersetzung mit dem Computermodell des Geistes herauskristallisiert worden ist und was im Rahmen einer sozialwissenschaftlichen Psychologiekonzeption für die Psychologie zurückgewonnen werden kann und muss, ist auf ganz allgemeiner Ebene der Subjektcharakter des Menschen. Dies ist zwar von der phänomenologischen Psychologie und der psychologischen Anthropologie immer schon behauptet und in der Binnenperspektive begründet worden, dass man jedoch auch in der Diskussion und Kritik eines Gegenmodells zu diesem Ergebnis kommt, macht deutlich, dass es sich offenbar um zentrale und unverzichtbare Charakteristika des Menschlichen handelt. Q.e.d.

für Kängurus, Eichhörnchen, Biber und all' die anderen Tiere

7. Literatur

Alisch, L.-M. (1994). Qualitative Analyse – unverzichtbar für die empirische Pädagogik und Pädagogische Psychologie? Wissenschaftliche Zeitschrift der Technischen Universität Dresden, 43, 30-35.

Anderson, J.R. (1988). Kognitive Psychologie. Heidelberg: Spektrum der Wissenschaft.

Armstrong, D.M. (1963). Is Introspective Knowledge Incorrigible? Philosophical Review, 72, 417-432.

Beckermann, A. (1977). Der funktionale Materialismus H. Putnams als Lösung des Problems der Vereinbarkeit intentionaler und mechanistischer Handlungserklärungen. In G. Patzig, E. Scheibe & W. Wieland (eds.), Logik, Ethik, Theorie der Geisteswissenschaften (pp. 293-300). Hamburg: Meiner.

Beckermann, A. (1988). Sprachverstehende Maschinen. Erkenntnis, 28, 65-85.

Beckermann, A. (1989). Bedeutungsverstehen als Kennzeichen des Mentalen. Zeitschrift für allgemeine Wissenschaftstheorie, 20, 132-145.

Beckermann, A. (1990). Semantische Maschinen. In Forum für Philosophie Bad Homburg (ed.), Intentionalität und Verstehen (pp. 196-211). Frankfurt/M.: Suhrkamp.

Bieri, P. (1981). Generelle Einführung. In P. Bieri (ed.), Analytische Philosophie des Geistes (pp. 1-28). Königstein: Hain.

Bieri, P. (1987). Intentionale Systeme: Überlegungen zu Daniel Dennetts Theorie des Geistes. In J. Brandtstädter (ed.), Struktur und Erfahrung in der psychologischen Forschung (pp. 208-252). Berlin: de Gruyter.

Bieri, P. (1988). Die Idee einer denkenden Maschine. In N. Oellers (ed.), Vorträge des Germanistentages Berlin 1987, Bd. IV (pp. 3-15). Tübingen: Niemeyer.

Block, N. (1978). Troubles with Functionalism. In C.W. Savage (ed.), Perception and Cognition. Issues in the Foundation of Psychology. Minnesota Studies in the Philosophy of Science, Vol. IX (pp. 261-325). Minneapolis, MN: University of Minnesota Press. [deutsche Übersetzung (1992). Schwierigkeiten mit dem Funktionalismus. In D. Münch (ed.), Kognitionswissenschaft (pp. 159-224). Frankfurt/M.: Suhrkamp.].

Block, N. (1980). Are Absent Qualia Impossible? Philosophical Review, 89, 257-274.

Block, N. (1990). Inverted Earth. In J.E. Tomberlin (ed.), Philosophical Perspectives, Vol. IV: Action Theory and Philosophy of Mind (pp. 53-79). Atascadero, CA: Ridgeview.

Block, N. (1995). A Confusion about a Function of Consciousness. Behavioral and Brain Sciences, 18, 227-287.

Block, N. & Fodor, J. A. (1972). What Psychological States are Not. Philosophical Review, 81, 159-181. [wiederveröffentlicht (1981). In J.A. Fodor, RePresentations (pp. 79-99). Cambridge, MA: MIT Press].

Boden, M.A. (1984). What is Computational Psychology? Proceedings of The Aristotelian Society, Supplementary Vol. LVIII, 17-35.

Boden, M.A. (1988). Computer Models of Mind. Cambridge: University Press.

Brentano, F. (1955). Psychologie vom empirischen Standpunkt, Bd. I. Hamburg: Meiner. [Erstveröffentlichung (1874).].

Churchland, P.M. (1981). Eliminative Materialism and the Propositional Attitudes. Journal of Philosophy, 78, 67-90.

Churchland, P.M. (1985). Reduction, Qualia, and the Direct Introspection of Brain States. Journal of Philosophy, 82, 8-28.

Churchland, P.M. (1988). Matter and Consciousness. Cambridge, MA: MIT Press.

Crane, T. (1992). The Nonconceptual Content of Experience. In T. Crane (ed.), The Contents of Experience. Essays on Perception (pp. 136-157). Cambridge: Cambridge University Press.

Davidson, D. (1989). The Myth of the Subjective. In M. Krausz (ed.), Relativism (pp. 159-172). Notre Dame, IN: Notre Dame University Press.

Dennett, D.C. (1971). Intentional Systems. Journal of Philosophy, 68, 87-106.

Dennett, D.C. (1981). True Believers: The Intentional Strategy and Why it Works. In A.F. Heath (ed.), Scientific Explanation (pp. 53-75). Oxford: University Press. [wiederveröffentlicht (1987). In D.C. Dennett, The Intentional Stance (pp. 13-35). Cambridge, MA: MIT Press.].

Dennett, D.C. (1985). Can Machines Think? In M. Shafto (ed.), How We Know (pp. 121-145). San Francisco, CA: Harper & Row.

Dennett, D.C. (1988). Quining Qualia. In A.J. Marcel & E. Bisiach (eds.), Consciousness in Contemporary Science (pp. 42-77). Oxford: Clarendon.

Dennett, D.C. & Haugeland, J. (1987). Intentionality. In R. Gregory (ed.), The Oxford Companion to the Mind (pp. 383-386). Oxford: Blackwell.

Dietrich, E. (1990). Computationalism. Social Epistemology, 4, 135-154.

Dretske, F. (1985). Machines and the Mental. Proceedings and Addresses of the American Philosophical Association, 59, 23-33. [wiederveröffentlicht (1990). In D.J. Cole, J.H. Fetzer & T.L. Rankin (eds.), Philosophy, Mind, and Cognitive Inquiry (pp. 75-88). Dordrecht: Kluwer.].

Dretske, F. (1988a). Explaining Behavior: Reasons in a World of Causes. Cambridge, MA: MIT Press.

Dretske, F. (1988b). The Explanatory Role of Content. In R.H. Grimm & D.D. Merrill (eds.), Contents of Thought (pp. 31-43). Tucson, AZ: University of Arizona Press.

Dretske, F. (1993a). Mental Events as Structuring Causes of Behaviour. In J. Heil & A. Mele (eds.), Mental Causation (pp. 121-136). Oxford: Clarendon.

Dretske, F. (1993b). Can Intelligence Be Artificial? Philosophical Studies, 71, 201-216.

Dretske, F. (1995). Naturalizing the Mind. Cambridge, MA: MIT Press.

Eckardt, B. von (1993). What is Cognitive Science? Cambridge, MA: MIT Press.

Eimer, M. (1990). Informationsverarbeitung und mentale Repräsentation. Berlin: Springer.

Erb, E. (1997). Gegenstands- und Problemkonstituierung: Subjekt-Modelle (in) der Psychologie. In N. Groeben (ed.), Zur Programmatik einer sozialwissenschaftlichen Psychologie, Bd. I: Metatheoretische Perspektiven, 1. Halbband: Gegenstandsverständnis, Menschenbilder, Methodologie und Ethik (pp. 139-239). Münster: Aschendorff.

Fodor, J.A. (1975). The Language of Thought. New York: Crowell.

Fodor, J.A. (1980). Methodological Solipsism Considered as a Research Strategy in Cognitive Psychology. Behavioral and Brain Sciences, 3, 63-109.

Fodor, J.A. (1981). Introduction: Something on the State of the Art. In J.A. Fodor, RePresentations (pp. 1-31). Cambridge, MA: MIT Press.

Fodor, J.A. (1987). Psychosemantics. Cambridge, MA: MIT Press.

Fodor, J.A. (1990). A Theory of Content, II: The Theory. In J.A. Fodor, A Theory of Content (pp. 89-136). Cambridge, MA: MIT Press.

Frank, M. (1991). Selbstbewußtsein und Selbsterkenntnis. Stuttgart: Reclam.

Freitag, B. (1995). Intentionalität, Qualia, Bewußtsein und das Computermodell des Geistes. Psychologisches Institut der Universität Heidelberg: Diplomarbeit.

Graumann, C.F. & Métraux, A. (1977). Die phänomenologische Orientierung in der Psychologie. In K.A. Schneewind (ed.), Wissenschaftstheoretische Grundlagen der Psychologie (pp. 27-53). München: Reinhardt.

Groeben, N. (ed.) (1981). Rezeption und Interpretation. Tübingen: Narr.

Groeben, N. (1986). Handeln, Tun, Verhalten als Einheiten einer verstehend-erklärenden Psychologie. Tübingen: Francke.

Groeben, N. (1999). Fazit: Die metatheoretischen Merkmale einer sozialwissenschaftlichen Psychologie. In N. Groeben (ed.), Zur Programmatik einer sozialwissenschaftlichen Psychologie, Bd. I: Metatheoretische Perspektiven, 2. Halbband: Theoriehistorie, Praxisrelevanz, Interdisziplinarität, Methodenintegration (pp. 311-404). Münster: Aschendorff.

Groeben, N. & Scheele, B. (1988). Was kann das FST lösen – und was nicht? In N. Groeben, D. Wahl, J. Schlee & B. Scheele (eds.), Forschungsprogramm Subjektive Theorien: Eine Einführung in die Psychologie des reflexiven Subjekts (pp. 30-125). Tübingen: Francke.

Gulick, R. van (1993). Understanding the Phenomenal Mind: Are We All Just Armadillos? In M. Davies & G.W. Humphreys (eds.), Consciousness: Psychological and Philosophical Essays (pp. 137-154). Oxford: Blackwell.

Gulick, R. van (1996). Was würde als eine Erklärung von Bewußtsein zählen? In T. Metzinger (ed.), Bewußtsein: Beiträge aus der Gegenwartsphilosophie (pp. 79-101). Paderborn: Schöningh.

Hardin, C. (1987). Qualia and Materialism: Closing the Explanatory Gap. Philosophy and Phenomenal Research, 48, 281-298.

Hardin, C. (1996). Reinverting the Spectrum. In M. Carrier & P. Machamer (eds.), Mindscapes: Philosophy, Science, and the Mind (pp. 99-112). Konstanz: Universitätsverlag.

Haugeland, J. (1987). Künstliche Intelligenz – programmierte Vernunft? Hamburg: McGraw-Hill.

Heckmann, H.-D. (1986). Was sind Sinnesdaten? – Überlegungen zum ontologischen Status und zur semantischen Repräsentation des sinnlichen Gehaltes des nichtkognitiven sinnlichen Bewußtseins. Grazer Philosophische Studien, 27, 125-154.

Heckmann, H.-D. (1998). Qualia-basierte Argumente gegen den Materialismus. In F. Esken & H.-D. Heckmann (eds.), Bewußtsein und Repräsentation (pp. 329-358). Paderborn: Schöningh.

Helmholtz, H. von (1867). Handbuch der physiologischen Optik. Leipzig: Voss.

Hildebrandt, H. & Scheerer, E. (1995). Is there Neuropsychological Evidence for a Theory of Intentional States? Gestalt Theory, 17, 260-292.

Hölscher, S. (1997). Monismus und Dualismus in der Psychologie. In N. Groeben, (ed.), Zur Programmatik einer sozialwissenschaftlichen Psychologie, Bd. I: Metatheoretische Perspektiven, 1. Halbband: Gegenstandsverständnis, Menschenbilder, Methodologie und Ethik (pp. 29-138). Münster: Aschendorff.

Holender, D. (1986). Semantic Activiation without Conscious Identification in Dichotic Listening, Parafoveal Vision, and Visual Masking. Behavioral and Brain Sciences, 9, 1-66.

Horgan, T. (1984). Jackson on Physical Information and Qualia. Philosophical Quarterly, 34, 147-151.

Husserl, E. (1913). Logische Untersuchungen, Bd. II: Untersuchungen zur Phänomenologie und Theorie der Erkenntnis. Halle an der Saale: Niemeyer [wiederveröffentlicht (1984). In Husserliana, Bd. XIX/1. The Hague: Nijhoff.].

Jackson, F. (1982). Epiphenomenal Qualia. Philosophical Quarterly, 32, 127-136.

Jackson, F. (1986). What Mary didn't know. Journal of Philosophy, 83, 291-295.

Johnson-Laird, P.N. (1988). The Computer and the Mind. Cambridge, MA: Harvard University Press.

Kapp, F. (in Vorb.). Zorn in Partnerschaften: Ein Vergleich des Ärger- und Konfliktverhaltens bei zufriedenen und unzufriedenen Paaren unter Berücksichtigung Subjektiver Theorien. Psychologisches Institut der Universität Heidelberg: Dissertation.

Lettvin, J.Y., Maturana, H.R., McCulloch, W.S. & Pitts, W.H. (1959). What the Frog's Eye Tells the Frog's Brain. Proceedings of the Institute of Radio Engineers, 47, 1940-1951.

Levin, J. (1986). Could Love be Like a Heatwave? Physicalism and the Subjective Character of Experience. Philosophical Studies, 49, 245-261. [wiederveröffentlicht (1990). In W.G. Lycan (ed.), Mind and Cognition (pp. 478-490). Oxford: Blackwell.].

Levine, J. (1983). Materialism and Qualia: The Explanatory Gap. Pacific Philosophical Quarterly, 64, 354-361.

Levine, J. (1993). On Leaving Out What It's Like. In M. Davies & G.W. Humphreys (eds.), Consciousness: Psychological and Philsophical Essays (pp. 121-136). Oxford: Blackwell.

Levine, J. (1996). Qualia: intrinsisch, relational – oder was? In T. Metzinger (ed.), Bewußtsein: Beiträge aus der Gegenwartsphilosophie (pp. 329-346). Paderborn: Schöningh.

Levine, J. (1997). Are Qualia Just Representations? A Critical Notice of Micheal Tye's „Ten Problems of Conciousness". Mind & Language, 12, 101-113.

Loar, B. (1990). Phenomenal States. In J.E. Tomberlin (ed.), Philosophical Perspectives, Vol. IV: Action Theory and Philosophy of Mind (pp. 81-107). Atascadero, CA: Ridgeview.

Lycan, W.G. (1990). What is the „Subjectivity" of the Mental? In J.E. Tomberlin (ed.), Philosophical Perspectives, Vol. IV: Action Theory and Philosophy of Mind (pp. 109-130). Atascadero, CA: Ridgeview.

Marcel, A.J. (1983). Conscious and Unconscious Perception: Experiments on Visual Masking and Word Recognition. Cognitive Psychology, 15, 197-237.

Münch, D. (1992). Computermodelle des Geistes. In D. Münch (ed.), Kognitionswissenschaft (pp. 7-53). Frankfurt/M.: Suhrkamp.

Nagel, T. (1974). What Is It Like to Be a Bat? Philosophical Review, 83, 435-450. [deutsche Übersetzung (1981). Wie ist es, eine Fledermaus zu sein? In P. Bieri (ed.), Analytische Philosophie des Geistes (pp. 261-275). Königstein: Hain.].

Nagel, T. (1986). The View from Nowhere. Oxford: University Press.

Nemirow, L. (1990). Physicalism and the Cognitive Role of Acquaintance. In W.G. Lycan (ed.), Mind and Cognition (pp. 490-499). Oxford: Blackwell.

Newell, A. (1981). Physical Symbol Systems. In D.A. Norman (ed.), Perspectives on Cognitive Science (pp. 37-85). Norwood, NJ: Ablex.

Newell, A. (1986). Allen Newell's Response. In Z.W. Pylyshyn & W. Demopoulos (eds.), Meaning and Cognitive Structure (pp. 169-175). Norwood, NJ: Ablex.

Newell, A. (1990). Unified Theories of Cognition. Cambridge, MA: Harvard University Press.

Newell, A. & Simon, H.A. (1976). Computer Science as Empirical Inquiry: Symbols and Search. Communications of the Association for Computing Machinery, 19, 113-126. [deutsche Übersetzung (1992). Computerwissenschaft als empirische Forschung: Symbole und Lösungssuche. In D. Münch (ed.), Kognitionswissenschaft (pp. 54-91). Frankfurt/M.: Suhrkamp.].

Nida-Rümelin, M. (1996). Was Mary nicht wissen konnte: Phänomenale Zustände als Gegenstände von Überzeugungen. In T. Metzinger (ed.), Bewußtsein: Beiträge aus der Gegenwartsphilosophie (pp. 259-282). Paderborn: Schöningh.

Nida-Rümelin, M. (1998). Vertauschte Sinnesqualitäten und die Frage der Erklärbarkeit von Bewusstsein. In F. Esken & H.-D. Heckmann (eds.), Bewußtsein und Repräsentation (pp. 299-324). Paderborn: Schöningh.

Nüse, R., Groeben, N., Freitag, B. & Schreier, M. (1991). Über die Erfindung/en des Radikalen Konstruktivismus. Weinheim: Deutscher Studienverlag.

Obliers, R. (1992). Die programmimmanente Güte der Dialog-Konsens-Methodik: Approximation an die ideale Sprechsituation. In B. Scheele (ed.), Struktur-Lege-Verfahren als Dialog-Konsens-Methodik (pp. 198-230). Münster: Aschendorff.

Penrose, R. (1990). Précis of „The Emperor's New Mind: Concerning Computers, Minds, and the Laws of Physics". Behavioral and Brain Sciences, 13, 643-705.

Penrose, R. (1991). Computerdenken: Des Kaisers neue Kleider oder die Debatte um Künstliche Intelligenz, Bewußtsein und die Gesetze der Physik. Heidelberg: Spektrum der Wissenschaft.

Posner, M.I. (ed.) (1989). Foundations of Cognitive Science. Cambridge, MA: MIT Press.

Pothast, U. (1987). Etwas über „Bewußtsein". In K. Cramer, H.F. Fulda, R.-P. Horstmann & U. Pothast (eds.), Theorie der Subjektivität (pp. 15-43). Frankfurt/M.: Suhrkamp.

Preußler, O. (1962). Der Räuber Hotzenplotz. Stuttgart: Thienemann.

Putnam, H. (1960). Minds and Machines. In S. Hook (ed.), Dimensions of Mind (pp. 138-164). New York: New York University Press. [deutsche Übersetzung (1994). Geist und Maschine. In W.C. Zimmerli & S. Wolf (eds.), Künstliche Intelligenz. Philosophische Probleme (pp. 146-183). Stuttgart: Reclam.].

Putnam, H. (1967). Psychological Predicates. In W.H. Capitan & D. D. Merrill (eds.), Art, Mind, and Religion (pp. 37-48). Pittsburgh, PA: University of Pittsburgh Press. [deutsche Übersetzung (1981). Die Natur mentaler Zustände. In P. Bieri (ed.), Analytische Philosophie des Geistes (pp. 123-135). Königstein: Hain.].

Putnam, H. (1975). The Meaning of 'Meaning'. In K. Gunderson (ed.), Language, Mind, and Knowledge. Minnesota Studies in the Philosophy of Science, Vol. VII (pp. 131-193). Minneapolis, MN: University of Minnesota Press.

Putnam, H. (1992). The Project of Artificial Intelligence. In H. Putnam, Renewing Philosophy (pp. 1-18). Cambridge, MA: Harvard University Press.

Pylyshyn, Z.W. (1980). Computation and Cognition: Issues in the Foundations of Cognitive Science. Behavioral and Brain Sciences, 3, 111-169.

Pylyshyn, Z.W. (1989). Computing in Cognitive Science. In M.I. Posner (ed.), Foundations of Cognitive Science (pp. 51-91). Cambridge, MA: MIT Press.

Raffman, D. (1996). Über die Beharrlichkeit der Phänomenologie. In T. Metzinger (ed.), Bewußtsein: Beiträge aus der Gegenwartsphilosophie (pp. 347-366). Paderborn: Schöningh.

Rheinwald, R. (1991). Können Maschinen eine Sprache verstehen? Sind Computerprogramme syntaktisch oder semantisch? Kognitionswissenschaft, 2, 37-49.

Rheinwald, R. (1992). Das „Chinesische Zimmer" als Test des Turing-Tests? Zur Frage, ob Maschinen denken können. Philosophische Rundschau, 39, 133-156.

Rorty, R. (1970). Incorrigibility as the Mark of the Mental. Journal of Philosophy, 67, 406-424. [Deutsche Übersetzung (1981). Unkorrigierbarkeit als das Merkmal des Mentalen. In P. Bieri (ed.), Analytische Philosophie des Geistes (pp. 243-260). Königstein: Hain.].

Russell, B. (1956). On the Nature of Acquaintance. In R.C. Marsh (ed.), Logic and Knowledge. Essays 1901-1950 (pp. 127-154). London: Allen & Unwin. [Erstveröffentlichung (1914).].

Rustemeyer, R. (1997). Die Erkenntnisrelation als Sozialrelation: Zur Spannung zwischen methodologischen und ethischen Zielperspektiven. In N. Groeben (ed.), Zur Programmatik einer sozialwissenschaftlichen Psychologie, Bd. I: Metatheoretische Perspektiven, 1. Halbband: Gegenstandsverständnis, Menschenbilder, Methodologie und Ethik (pp. 241-336). Münster: Aschendorff.

Ryle, G. (1949). The Concept of Mind. London: Barnes and Noble [deutsche Übersetzung (1969). Der Begriff des Geistes. Stuttgart: Reclam.].

Safranski, R. (1990). Wieviel Wahrheit braucht der Mensch? München: Hanser.

Scheele, B. & Groeben, N. (1988). Dialog-Konsens-Methoden zur Rekonstruktion Subjektiver Theorien. Tübingen: Francke.

Scheele, B., Groeben, N. & Christmann, U. (1992). Ein alltagssprachliches Struktur-Lege-Spiel als Flexibilisierungsversion der Dialog-Konsens-Methode. In B. Scheele (ed.), Struktur-Lege-Verfahren als Dialog-Konsens-Methodik (pp. 152-195). Münster: Aschendorff.

Schröder, J. (1991). Searles Kritik am Funktionalismus – eine Untersuchung des Chinesischzimmers. Zeitschrift für allgemeine Wissenschaftstheorie, 22, 321-336.

Schwenkmezger, P., Hodapp, V. & Spielberger, C.D. (1992). Das State-Trait-Ärgerausdrucks-Inventar (STAXI). Bern: Huber.

Searle, J.R. (1980). Minds, Brains, and Programs. Behavioral and Brain Sciences, 3, 417-458.

Searle, J.R. (1986). Geist, Hirn und Wissenschaft. Frankfurt/M.: Suhrkamp.

Searle, J.R. (1990). Ist der menschliche Geist ein Computerprogramm? Spektrum der Wissenschaft, März 1990, 40-47.
Searle, J.R. (1992). The Rediscovery of the Mind. Cambridge, MA: MIT Press.
Sellars, W. (1963). Empiricism and the Philosophy of Mind. In W. Sellars, Science, Perception, and Reality (pp. 127-196). London: Routledge & Kegan Paul.
Shoemaker, S. (1975). Functionalism and Qualia. Philosophical Studies, 27, 291-315.
Shoemaker, S. (1981). Absent Qualia Are Impossible – A reply to Block. Philosophical Review, 90, 581-599.
Shoemaker, S. (1991). Qualia and Consciousness. Mind, 100, 507-524.
Spoerl, H. (1994). Die Feuerzangenbowle. München: Heyne. [Erstveröffentlichung (1933).].
Stich, S.P. (1983). From Folk Psychology to Cognitive Science: The Case Against Belief. Cambridge, MA: MIT Press.
Stillings, N.A., Feinstein, M.H., Garfield, J.L., Rissland, E.L., Rosenbaum, D.A., Weissler, S.E. & Baker-Ward, L. (1987). Cognitive Science. An Introduction. Cambridge, MA: MIT Press.
Teller, P. (1992). Subjectivity and Knowing What It's Like. In A. Beckermann, H. Flohr & J. Kim (eds.), Emergence or Reduction? (pp. 180-200) Berlin: de Gruyter.
Tugendhat, E. (1979). Selbstbewußtsein und Selbstbestimmung. Frankfurt/M.: Suhrkamp.
Turing, A. (1936). On Computable Numbers, with an Application to the Entscheidungsproblem. Proceedings of the London Mathematical Society, 42, 230-265.
Turing, A. (1950). Computing Machinery and Intelligence. Mind, 59, 433-460.
Tye, M. (1986). The Subjective Qualities of Experience. Mind, 95, 1-17.
Tye, M. (1993). Blindsight, the Absent Qualia Hypothesis, and the Mystery of Consciousness. In C. Hookway & D. Peterson (eds.), Philosophy and Cognitive Science. Royal Institute of Philosophy, Supplement Vol. XXXIV (pp. 19-40). Cambridge: University Press.
Tye, M. (1995). Ten Problems of Consciousness. Cambridge, MA: MIT Press.
Velmans, M. (1991). Is Human Information Processing Conscious? Behavioral and Brain Sciences, 14, 651-726.

Vollmer, G. (1991). Was sind und was leisten Algorithmen? Algorithmen als Denkzeuge. In E.H. Graul (ed.), Medizin und Grenzgebiete, Bd. II (pp. 697-716). Iserlohn: Medice.

Weiskrantz, L. (1992). Introduction: Dissociated Issues. In A.D. Milner & M.D. Rugg (eds.), The Neuropsychology of Consciousness (pp. 1-10). London: Academic Press.

Weiss, T. (1990). Closing the Chinese Room. Ratio, 3, 165-181

Weizenbaum, J. (1977). Die Macht der Computer und die Ohnmacht der Vernunft. Frankfurt/M.: Suhrkamp.

Wessells, M.G. (1984). Kognitive Psychologie. New York: Harper & Row.

Wittgenstein, L. (1984). Philosophische Untersuchungen. Frankfurt/M.: Suhrkamp.

Rainer Obliers

KAPITEL 5

INDIVIDUELLE UND ÜBERINDIVIDUELLE HISTORIZITÄT: KONSTANZ, VERÄNDERUNG UND ZUKUNFT VON IDENTITÄTSENTWÜRFEN

1. ‚Selbst-Identität' im zeitgeschichtlichen Wandel: Von der ‚Projekt'- zur ‚Patchwork'-Identität?

„Die ‚Menschheit' nach der Globalisierung – das sind in der Mehrheit ... die Opfer des Standortnachteils Ich ... sie sind für sich selbst zu den Äußeren geworden – zu Wesen, die von draußen auf sich zurückkommen und nicht sicher sein können, daß jemand zu Hause ist, wenn sie bei sich eintreten" (Sloterdijk 1999a, S. 992).

„Wer einen Weg zu sich selbst sucht, träumt von einem Zustand, in dem er sich selbst ertrüge", schreibt Sloterdijk (1986, S. 72) und hält die „Sucht nach Identität" für eine der tiefsten menschlichen Programmierungen (1983, S. 156). ‚Identität' als Topik in der Psychologie hat recht unterschiedliche Konjunkturen erlebt und sieht sich einem ambivalenten Akzeptanzklima gegenübergestellt. Ist Identität der „Inflationsbegriff Nr. 1" (Brunner, 1987, S. 63) oder dokumentiert seine immerwährende Renaissance ein Bedürfnis nach Sichtung eines Problems, das sich immer wieder stellt und immer noch nicht ‚ad acta' gelegt werden kann? Als globales Konstrukt innerhalb der Psychologie mag ‚Identität' besonders aus der Perspektive methodischer Erfassbarkeit auf reservierte Zurückhaltung stoßen. Trotzdem gelingt es offenbar nicht, an dem mit diesem Begriff bezeichneten Reizfeld vorbeizukommen. Gerade in jüngerer Zeit lässt sich in einigen Bereichen der Psychologie und an Schnittstellen mit Soziologie und Anthropologie, aber mittlerweile auch im massenmedialen Raum ein neu erwachtes Interesse erkennen. Dies dürfte nicht zufällig sein: Wächst das Beschäftigungsbedürfnis mit der ‚Identität' immer dann, wenn es um sie problematisch geworden ist? Wird sie umso drastischer ‚innerlich gesucht', je härter das äußere Leben sie nicht zuläßt (Platta, 1998)?

Auf dem Hintergrund komplexer, mobiler und zunehmend undurchschaubarer Weltverhältnisse mit massiven gesellschaftlichen Umbrüchen wird das synchrone Entstehen neuer Identitätsmuster gesehen, die recht deutlich von älteren Vorstellungen, z.B. Eriksons (1946, 1968, 1973), abzurücken scheinen. Standen dort die Integration des subjektiven Erlebens, die Aufrechterhaltung innerer Einheitlichkeit und Kontinuität als sich lebenslang aufbauender Akkumulationsbestand im Vordergrund (vgl. Haußer, 1983, 1995; Krappmann, 1998), so wird genau diese Konzeption zunehmend zur Disposition gestellt. Das aktuelle Erleben einer diskontinuierlichen, beschleunigten Alltagswelt, die ein häufiges Umschalten auf unterschiedlichste Situationen und entsprechend unterschiedliche Personanteile fordert, lässt sich zunehmend schwerer in einen umfassenden alltagspsychologischen Welt- und Selbstentwurf integrieren (Guggenberger, 1987; Keupp, 1988, 1998; Keupp & Bilden, 1989; König, 1993). Eine derartige Weltkonzeption fordert eine Selbstkonzeption, die zunehmend lernen muss, sich nicht mehr auf „ehemalige Stabilisierungen" zu verlassen (Meyer-Drawe, 1990, S. 32): Die „Bindung an fixe Koordinaten der Lebensplanung (hat sich) gelockert" (Keupp, 1993, S. 373).

Erfahrungen und Erwartungen von Inkontingenzen in einer „Risikogesellschaft" (Beck, 1986) mit entsprechend unkalkulierbaren Lebensperspektiven formatieren plurale und mobile Identitäten, die sich in wechselnden Lebens- und Sinnsystemen bewegen können bzw. müssen. Ein „entkernter Mensch" mit „bevölkertem Ich" wird zum vorherrschenden Sozialtypus stilisiert: „Multiphrenie" (Ernst, 1991; Horx, 1993). In einer „polyperspektivisch zerborstenen Welt" (Sloterdijk, 1983, S. 18) scheint ein Subjekt gefordert zu sein, das Ambiguitäten aushalten und unterschiedlichste Alltagswelten ohne chronische Verwirrung leben kann: „postmoderne Hyperflexibilität" (Emrich, 1994; Lyotard, 1993). Lifton (1986) konzipiert in Analogie zu Proteus aus der griechischen Mythologie, der in jeder vorstellbaren Gestalt erscheinen konnte, ein proteisches, amöbenhaftes Subjekt, das sich in Erwartung schnell wechselnder und partikularisierter Lebensumstände auf keine bestimmte Form festzulegen trachtet.

Skizziert wird damit ein Lebensmodus, dessen ambivalente Bewertung zwischen der Trauer über den inneren Konstanzverlust und der Freude über eine mobile Möglichkeitsauslotung seiner selbst schwanken mag. Letztere wird einerseits eher als psychische Anpassung an beschleunigte, gesellschaftlich-übermächtige Veränderungsprozesse gewertet, als subjektives Pendant gesellschaftlicher Kinetik und Mobilisierung (vgl. Sloterdijk, 1989, 1990a, b). Mobil gewordene

Selbst-Identität steht dabei weniger ‚unter eigener Regie' des Subjekts, sondern unter der des ‚turbokapitalistischen Marktes', der eine Zwangsflexibilisierung des ‚menschlichen Potenzials' einfordert – mit allen denkbaren psychosozialen Kosten (vgl. Kieselbach, 2000; Vogel, 2000). Die jüngste Propaganda einer ‚neuen Beweglichkeit und mobilen Selbst-Identität' erscheint dann eher als ein täuschender Euphemismus, der die psychosozialen Kosten dieser bis auf die Individualebene durchschlagenden Marktimperative verstecken will. Andererseits wird in jenen Veränderungen psychischer Identitätsformierungen auch eine, allerdings riskante Chance zum „Zugewinn kreativer Möglichkeiten" (Keupp, 1988, S. 433) bzw. für manche das „beste Werkzeug für die Zukunftsbewältigung" (Gerken, 1989, S. 74) gesehen. Das auf individuelle Konsistenzbildung ausgerichtete Konzept traditioneller Identitätsvorstellungen, die Theorie des homogenen Subjekts, gilt als überholt (Haug & Hausser, 1985, S. 79ff.). Das „große geschlossene bürgerliche Subjekt, wie es prototypisch in Freuds Psychoanalyse behauptet wurde", sei „keine praktisch lebbare Gestalt mehr" (Heinze, 1987, S. 7). Identitätssuche wird zur „antiquierten Veranstaltung" (Keupp, 1988, S. 425) und Selbstsuche rückt in die Aura von „Tyrannei" (Ziehe, 1989): „die erbärmlichste aller Unternehmungen" (Mackensen & Schinzler, 1993, S. 86).

Psychische Flexibilitätssteigerung als erzwungene Anpassungsleistung im Rahmen einer neuen Synchronisation zwischen Individuum und Gesellschaft oder als psychischer Freiraumgewinn aus selbstkonzeptueller Verhaftetheit? Wie dem auch sei, das Verhältnis von ‚Innen' und ‚Außen', von Psychischem und Gesellschaftlichem ist erneut zur Reibungsfläche geworden und entwirft innerhalb der Diskursarena ‚Identität' neue Modelle eines ‚beweglicheren' Subjekts. In einem solchen Kontext postuliert Keupp (1988) die Idee einer „Patchwork-Identität", die „multiplen Realitäten" (Schütz, 1962) in der gesellschaftlichen Außenwelt „multiple Identitäten" in der psychischen Innenwelt ein- und desselben Subjekts entsprechen lässt, durchaus mit der Chance kreativer Lebensmöglichkeiten, eigenwilliger Kombinationen multipler Realitäten und durchaus noch mit einem, wenn auch anders gefassten inneren Kohärenzanspruch: „Kohärenz ohne Identitätszwang" (Keupp, 1988, S. 433). In den darauf folgenden zehn Jahren arbeitet Keupp, in Zusammenarbeit mit anderen, diese Konzeption erheblich aus, differenziert und korrigiert sie (Keupp, 1989, 1997, 2000; Keupp & Bilden, 1989; Keupp & Höfer, 1998). In dieser Zeitspanne haben erneut veränderte Weltverhältnisse mit zunehmenden global-gesellschaftlichen, ökonomischen und politischen

Umbrüchen auch den Identitätsdiskurs erheblich dynamisiert (zu seiner Rekonstruktion und einem aktuellen Ordnungsversuch vgl. Keupp, 1998, S. 12ff., 2000). In dem „ambivalenten Gefüge von Chancen und Risiken" der Patchwork-Diskussion scheinen heute mehr die „risikoreichen Wege" deutlich zu werden als vor 10 Jahren (Keupp, 1998, S. 12 u. 22). Fragen nach Voraussetzungen, Kompetenzen, sozialen Beziehungsnetzen und gesellschaftlichen Ressourcen, um Patchwork-Identitäten (mit variierenden Angst- und Souveränitätserlebnissen) überhaupt leben zu können, werden schärfer in Hinblick auf den machtbestimmten gesellschaftlichen Raum gestellt, der „aus dem Potential möglicher Identitätsentwürfe bestimmte behindert beziehungsweise andere favorisiert" (o.c., S. 34). Die ‚alltägliche Identitätsarbeit' als ‚riskante Chance' und Verknüpfungsarbeit verschiedener Teilidentitäten rückt in den Vordergrund und wird empirisch angegangen (Bilden, 1998; Keupp et. al., 1999; Straus & Höfer, 1998).

Diesem Bild einer riskanten, mobil-flexiblen und stärker dezentrierten Patchwork-Identität steht auf der anderen Seite die Konzeption von ‚Identitätsprojekten' (Harré, 1983; Siegert & Chapman, 1987) gegenüber bzw. auch zur Seite, die konstantere Faktoren von Subjektbildungsprozessen in den Fokus rücken: Thematisiert werden die sozialisatorisch vermittelten und in Eigenregie ausgearbeiteten Selbstdefinitionen und Erwartungskomplexe, die eine Person im Laufe ihrer Autobiographie als Identitätsprojekte konserviert und verfolgt. Dabei werden potentielle Konversions- und Wandlungsbedingungen der Projekte durchaus mitbedacht, bevorzugt aber als implizite Krisenpotenziale spezifischer Projektvarianten, wenn diese mit kritischen Lebensbedingungen konfrontiert werden. Beispielsweise impliziert eins der postulierten Projekte – ‚Identität als zukunftsorientierte Realisierung von Lebensplänen', das die autobiographische Gegenwart als Vorspiel für die Zukunft tendenziell unterbewertet – ein spezifisches Krisenpotenzial: wenn externe Umstände die für die Zukunft anvisierte persönliche Entwicklung verunmöglichen oder wenn die letztlich doch erreichten Zielvorgaben sich unerwartet nicht als tragfähig für eine als sinnvoll erlebte Identität erweisen (vgl. Siegert & Chapman, 1987, S. 146). Aus der Perspektive von Volitionspsychologie und Selbstergänzungsforschung wird dieses Problem des zielorientierten Projekt-Charakters von ‚Identität' mit dem Konzept des „Identitätsstrebens" und der Frage nach der Implementation von „Identitätsabsichten" diskutiert (Gollwitzer, 1987; Wicklund & Gollwitzer, 1982). In jüngerer Zeit wird durchaus von „offenen Identitätsprojekten" (Keupp, 1998, S. 19) gesprochen, bei denen die Offenheit der Patchwork-Konzeption, aber auch die Frage nach den notwendigen gesellschaftlichen Ressourcen und Voraussetzungen für projektierte Identitätskonzeptionen „in der alltäglichen Identitätsarbeit" mitgedacht werden (vgl. auch Straus & Höfer, 1998, S. 282ff.).

Das Verhältnis beider Konzeptionen – Patchwork- versus Projekt-Identität – ist nicht zwingend gegensätzlich, in der ‚alltäglichen Identitätsarbeit' wird es viele Mischformen geben. Es muss auch deswegen nicht zwingend gegensätzlich sein, weil selbst eine proteushafte, mobile Patchwork-Identität dann zu einem Projekt werden kann, wenn sie den programmatischen Charakter eines ‚Projektes der Projektlosigkeit' annimmt. Das, was eine mobile Patchwork-Konstruktion im besonderen Maße kennzeichnet, die Antizipation potentieller Selbstwandlungen, würde dann als Programm zur Vermeidung jeglicher Selbst-Festlegungen in die eigene Konzeption als invariantes Modul bereits eingebaut: gewissermaßen als Selbst-Prophylaxe in Erwartung ständig sich verändernder Welt-Verhältnisse.

Die sich hier anschließende Frage der empirischen Fassbarkeit dieser Patchwork- und Projekt-Identitätskonzeptionen soll im Folgenden aufgegriffen werden, und zwar ‚aus der Sicht des Subjekts' selber. Es geht um die Entwicklung einer Methodik auf dem Hintergrund eines zugehörigen theoretischen Hintergrunds, die das hier anvisierte Konstrukt – ‚Subjektive Identitätskonstruktionen' (mit den beiden Unterprototypen ‚Subjektive Identitätsprojekte' versus ‚Subjektive Patchwork-Identitäten') – in der angedeuteten Vielschichtigkeit erfassen kann: als mehr oder minder motivierte Sinnkonstruktionen eigener Lebensentwürfe in zeitgeschichtlichen und sozial-gesellschaftlichen Kontexten. Dabei sind sowohl unterschiedliche Kohärenz-Architekturen wie auch Projektmotivationen der beiden Unterprototypen methodisch einzufangen und in ihrer jeweiligen Stringenz bzw. Fragilität darzustellen. Darüber hinaus soll – und das fordert das Konstrukt als zentrale Aufgabe – die *subjektive* Seite derartiger Identitätskonzeptionen in den Fokus gerückt werden: wenn man so will, die Phänomenalidentität. Es soll versucht werden, Selbst-Identität weitgehend aus der ‚Innenperspektive' des Subjekts zu beleuchten.

In einem generellen Einbettungsversuch würde Identität im Prinzip zum paradigmatischen Fall sowohl für die individuelle als auch für die überindividuelle Historizitätsperspektive. Individuell, weil Identität zwar ein überdauerndes Selbstbewusstsein darstellt, das aber eine Genese hat, in der sich die individuelle Lebensgeschichte manifestiert. Überindividuell, weil in der Kontrastierung von Patchwork- und Projekt-Identitäten die historische Entwicklung von Identitätskonzepten gerade in der heutigen gesellschaftlichen Umbruchphase unvermeidlich thematisiert werden muss, was die Forschung zur Selbst-Identität zum klassischen Fall für die überindividuelle Historizitätsperspektive macht. Von daher gesehen erfordert die historisch-kulturelle Relativität sozialwissenschaftlicher Gesetzmäßigkeiten, die zwar immer behauptet, aber nur relativ wenig realisiert wird, immer wieder eine Überprüfung eben dieser Gesetzmäßigkeiten bzw. eigentlich die Entwicklung von Sukzessivgesetzmäßigkeiten über die Zeit. Dies alles lässt sich an dem Problembereich ‚Selbst-Identität', noch dazu in der Verschränkung von individueller und überindividueller Historizität, paradigmatisch aufarbeiten, was im Folgenden ansatzweise in Angriff genommen werden soll.

2. ‚Selbst-Identität' aus der Sicht des einzelnen Subjekts

Ein umfassender Ansatz in der Psychologie, der sich in besonderer Weise um die ‚Innenperspektive' des Subjekts in alltäglichen Handlungskontexten bemüht, ist das ‚Forschungsprogramm Subjektive Theorien (FST)'. Es hat sich dezidiert für die methodische Erfassung subjektiver Sinnsysteme (‚Subjektiver Theorien') und ihrer binnenstrukturellen Kohärenzarchitektur sowie das In-Beziehung-Setzen zum empirisch beobachtbaren Handeln stark gemacht. Wenn wir im Folgenden das von uns anvisierte Konstrukt ‚Subjektive Identitätskonstruktionen' mit dem zentralen Konstrukt des Forschungsprogramms ‚Subjektive Theorien' in Verbindung bringen, so ist Letzteres kurz zu erläutern.

2.1. ‚Selbst-Identität' im Kontext des Forschungsprogramms Subjektive Theorien (FST)

Das Konzept ‚Subjektive Theorien' zielt auf das Alltagswissen, auf die Welt- und Selbstsichten des Alltagsmenschen (Groeben, 1986, 1990, 1991; Groeben & Scheele, 1977; Groeben, Wahl, Schlee & Scheele, 1988; Scheele, 1990, 1992, 1996; Scheele & Groeben, 1984, 1988). Forschungsgegenstand sind somit komplexe Bedeutungs- und Sinnsysteme des Subjekts mit expliziten und impliziten Zusammenhangsannahmen. Sie werden als Subjektive Theorien gefasst, die als komplexe Aggregate von inhaltlichen Konzepten behandelt werden. Struktur und Funktion Subjektiver Theorien werden in prinzipieller Parallelität zu wissenschaftlichen Theorien vorgestellt, weniger was Gütekriterien wie Präzision, Widerspruchsfreiheit und Herleitungsstringenz, sondern mehr was die funktionellen Möglichkeiten wie Schlussfolgerungen, Erklärungen, Prognosen und Anwendungen betrifft. Subjektive Theorien müssen dem Subjekt nicht unbedingt direkt verfügbar sein. Sie können impliziten Charakter haben, werden aber prinzipiell als explizierbar und über das Medium Sprache als mitteilbar erachtet. Nach der gegenstandsbezogenen ‚Weite' werden Subjektive Theorien von geringer über mittlere bis zu großer Reichweite unterschieden. Beispielsweise werden Subjektive Theorien über Ironie als solche mittlerer Reichweite verstanden (vgl. Groeben & Scheele, 1984/86; Groeben, Seemann & Drinkmann, 1985). Subjektive Theorien großer Reichweite können ganze Welt- und Lebensentwürfe bis hin zu Lebensphilosophien umfassen (Scheele & Groeben, 1988, S. 47f.). Entsprechend verstehen wir die selbstbezogenen Reflexionen über die eigene ‚Identität' als ‚Subjektive Theorien großer Reichweite'.

Eins von mehreren Verfahren (zur Übersicht vgl. Dann, 1992), das die verbalisierten Introspektionen eines Individuums über die eigenen komplexen Wissens- und Meinungssysteme explizit zum Erhebungsziel macht, ist die Heidelberger Struktur-Lege-Technik (SLT) von Scheele & Groeben (1979, 1984, 1988). Sie stellt eine Kombination aus einem halbstandardisierten Interview und einem Legeverfahren dar. Das Interview – gewählt wird somit der sprachliche Zugang – dient der Erhebung des jeweiligen Gegenstandsbereiches (z.B. ‚Ironie', ‚Identität') der Subjektiven Theorie und der Erschließung ihrer zentralen Begriffe samt ihrer Verknüpfungen (vgl. im Detail Scheele & Groeben, 1988, S. 35ff.). Mit der Lege-Technik werden anschließend die zentralen, aus dem Interview-Text extrahierten Konzepte auf Kärtchen fixiert, mit weiteren definierten Relations-Kärtchen vernetzt und in ihrem Zusammenhangsgefüge präzisiert. In diesem Sinne wird die Subjektive Theorie ‚gelegt' und entsprechend visualisiert. Die gesamte Rekonstruktion wird von einem kommunikativ- bzw. konsensvalidierenden Verfahren begleitet. Dieses soll die Rekonstruktionsarbeit zwischen den beiden Kommunikationspartnern (Interviewer/in und Interviewte/r[1]) absichern, um hinreichend sicherzustellen, dass das jeweils ‚Gemeinte' auch adäquat verstanden und dargestellt wird. Der Alltagstheoretiker (Interviewter) teilt das von ihm ‚Gemeinte' als seine Subjektive Theorie dem Forscher (Interviewer) mit. Dieser rekonstruiert das von ihm Verstandene im Medium der SLT und legt dem Alltagstheoretiker diesen Vorentwurf zur Prüfung auf Rekonstruktionsadäquanz vor. Umgekehrt rekonstruiert der Alltagstheoretiker selber das von ihm ‚Gemeinte' im Medium der SLT als einen Vorentwurf, der durch den des Forschers stimuliert und präzisiert werden kann. Beide Vorentwürfe finden dann in einem von beiden Rekonstruktionspartnern konsensuell getragenen Endentwurf Eingang (vgl. Scheele, 1983, S. 6; Scheele & Groeben, 1984). Dieser soll letztlich das vom Alltagstheoretiker ‚Gemeinte', seine Subjektive Theorie, adäquater als die beiden Vorentwürfe widerspiegeln. Sinn dieses Verfahrens der wechselseitigen Rückversicherung bei der Explizierung der z. T. impliziten Subjektiven Theorie ist es, die Interpretationsspielräume zu verringern und über einen gemeinsam geteilten Begriffskonsens zu sichern (zur ausführlichen Darstellung der kommunikativen Validierung vgl. Scheele, 1988, S. 126ff.; Obliers, 1992).

Diese Eruierung der ‚Innensicht' des Subjekts über seine Subjektiven Theorien und deren kommunikative Validierung (‚Sinnkonstituierung' – ‚Verstehen') stellt in dem von Scheele & Groeben (1984, S. 5, 1988, S. 20) bzw. Groeben (1986, S. 326, 1991, S. 13) vertretenen Zwei-Phasen-Modell der Forschungsstruktur die vor- und untergeordnete Phase dar (Rekonstruktionsadäquanz). Die sich anschließende Frage nach der Realitätsadäquanz, inwieweit die so erhobenen Subjektiven Theorien tatsächlich handlungsleitend sind (kausale Effektivität, Handlungsvalidierung), wird durch kontrollierte Beobachtung in einer nach- und übergeordneten Phase falsifikationstheoretisch geprüft (‚Geltungsprüfung' – ‚Erklären'). Hermeneutische und klassisch-empirische Vorgehensweisen greifen so ineinander (zur ausführlichen wissenschaftstheoretischen Fundierung dieser Integration vgl. Groeben 1986, 1991).

Diese Vorgehensweise haben wir in ihrer Grundstruktur zur Folie der hier darzustellenden Untersuchung gemacht. Allerdings bedarf unsere Fragestellung nicht unwichtiger methodischer Erweiterungen auf der ‚Verstehens'- und Konkretisierungsbemühungen auf der ‚Erklärens'-Seite (Erstere werden im Folgenden detaillierter, Letztere hier nicht weiter dargestellt, vgl. Obliers, 1996, S. 102ff.).

2.2. Rekonstruktion auf individueller Ebene: Subjektive Selbst-Identität

„Ich träume oft davon, in den Kopf anderer Menschen zu schlüpfen – und umgekehrt ... Ich träume davon, Erfahrungen zu machen, die mir völlig fremd sind" (Crichton, 2000, S. 20).

In einem ersten Schritt übernehmen wir die theoretisch-methodische Grundsubstanz der SLT mit einer Adaptation an die Konstruktspezifik unseres Gegenstandsbereiches. Als erster Baustein zur Erhebung der subjektiven Identitätskonstruktionen (Phänomenalidentität) werden umfangreiche Interviews durchgeführt (Dauer: durchschnittlich 2 Stunden; 1. Untersuchungstermin). Die offene Eingangsfrage lautet: „Was verbindest Du mit dem Begriff ‚Identität'?" (absichtlich nicht

Eingangsfragen wie „Wer bist Du?" oder „Worin besteht Deine Selbst-Identität?"). Die Interviews sind im ersten Teil offen, um den Interviewten möglichst viel Freiraum zur Entfaltung ihrer idiosynkratischen Vorstellungswelten zu gewähren. Im zweiten Teil werden thematische Dimensionierungen zur Konstruktspezifik, die sich auf Grund von theoretischen Vorüberlegungen, Aspekten der Identitätsforschung sowie eigenen Voruntersuchungen als relevant erwiesen haben, halbstandardisiert exploriert, sofern sie nicht von den Interviewten im ersten Teil schon selber thematisiert worden sind. Damit soll ein Maximum an individueller Offenheit mit einer nachgeschalteten, interindividuell-thematischen Vergleichbarkeit angestrebt werden.

Die im Interview thematisierten Dimensionen zum Konstrukt ‚Subjektive Identitätskonstruktionen' folgen bestimmten Überlegungen (im Detail s. Obliers, 1996, S. 8ff.). Wenn der Projekt-Identitätsbegriff auf die Verfolgung einer Zielvorstellung über die Zeit anspielt, dann ist die Hintergrundfolie zu explizieren, auf der sich das Entfalten eben dieser Identitätsprojekte realisiert: das eigene Leben bzw. die eigene Lebenszeit. Aber auch eine Patchwork-Identität wird nicht in einem zeitlos-artifiziellen Raum gelebt, sondern ‚verläuft' über die eigene Lebenszeit, die als unbarmherzige Zeitbühne für alle Lebensmuster dahinrinnt. Die Gestaltung der eigenen Lebenszeit – durch welche Identitäts- und Lebensmuster auch immer – wird zum sensiblen Fokus. Damit rückt die Biographie-, genauer die Autobiographie-Perspektive in den Aufmerksamkeitsfokus, da hier ja die subjektive Sicht des Subjekts anvisiert wird (vgl. Keller, 1996; Obliers & Vogel, 1992). Zu thematisieren ist somit die „Phänomenalbiographie" als „vom Subjekt erfahrener Ausschnitt, Aspekt seiner Realbiographie" (Holzkamp, 1983, S. 337): die subjektive Repräsentation, Konstruktion und Rekonstruktion des eigenen Lebensverlaufs.

Das Interview enthält somit neben der Eruierung des aktuellen Identitätsverständnisses einen autobiographischen und darüber hinaus noch einen selbstutopisch-prospektiven Bereich (vgl. Abb. 1). Mit Letzterem sollen, über die autobiographische und aktuelle identitätstheoretische Selbstkonzeptualisierung hinaus, auch evtl. prospektive Projekte (möglicherweise als retro-prospektive Kombinationen mit „innerem Beschlusscharakter", Straus & Höfer, 1998, S. 283 u. 286) und utopische Entwürfe ‚seiner selbst' erhoben werden, in denen der Interviewte, jenseits aktueller und biographischer Rahmenbedingungen, Denkräume eigener Identitätsmöglichkeiten gestalten kann (vgl. auch die Diskussion um die ‚possible selves', o.c., S. 283ff.).

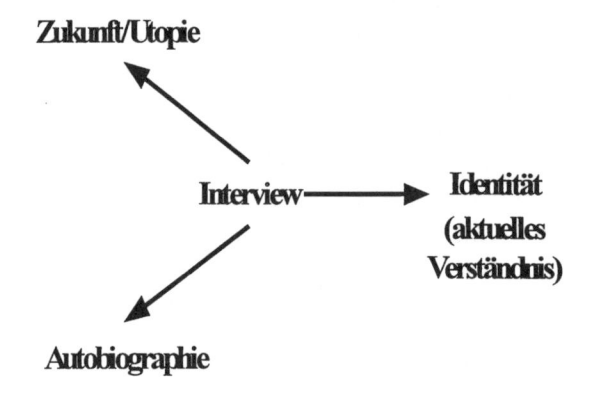

```
         Zukunft/Utopie
              ↑
              │
              │
Interview ────┼────→  Identität
              │       (aktuelles
              │       Verständnis)
              ↓
        Autobiographie
```

Abb. 1: Drei Frageperspektiven des Interviews

Derartige utopische Denkräume meinen hier, in Anlehnung an den wissenschaftlichen Utopie-Begriff, ‚Irrealität' im positiv-konstruktiven Sinne, als „Noch-Nicht-Realität eines Modellentwurfs zukünftiger Entwicklungsmöglichkeiten, nicht aber – wie in der Alltagssprache – die Abwertung dieser Irrealität als unrealistisch, d. h. als nicht verwirklichbar" (Groeben, 1979, S. 4; vgl. auch Groeben, 1981; Scheele & Groeben, 1986). Das variable Ausloten dieser Denkräume kann als Seismograph des Noch-Vorstellbaren verstanden werden. Inwieweit sind die „ungeborenen Utopien" (Jungk, 1980) des Noch-Vorstellbaren bereits durch die gewordenen Selbstkonzeptionen restringiert? Sind utopische Identitätsentwürfe Projektionsräume, in denen sich implizite selbstkonzeptuelle Axiomatiken des Hier-und-Jetzt in besonderer Weise aufdecken lassen? Sind sie sensible Früh-Indikatoren selbstkonzeptueller Verfestigungen? Oder werden sie gegebenenfalls ganz vermieden bzw. relativ unabhängig von den bisherigen eigenen, autobiographisch-selbstkonzeptuellen Entwürfen gesehen, weil ‚alles sowieso ganz anders wird als bisher'?

Um einer Beantwortung dieser Fragen näher zu kommen, gilt es zu prüfen, inwieweit die autobiographischen, aktuell identitätstheoretischen und prospektiv-utopischen Identitätsentwürfe konzeptuelle Stichproben eines Individuums darstellen, die wechselseitige Abhängigkeiten und Gemeinsamkeiten aufweisen bzw. nicht aufweisen.

Dabei wäre von einem eher impliziten Status derartiger Gemeinsamkeiten auszugehen. Dies basiert auf der Vermutung, dass Individuen sich möglicherweise in einem je individuellen konzeptuellen Horizont von Selbst-Vorstellungen bewegen, dessen Axiomatik für sie nicht unbedingt reflexiv greifbar ist und somit impliziten Charakter hätte. Diese Axiomatik methodisch zu fassen, gelänge möglicherweise dann, wenn aus mehreren selbstkonzeptuellen ‚Stichproben' ein- und derselben Person – und als solche können die drei identitätstheoretischen Perspektiven verstanden werden – sich übergreifende Gemeinsamkeiten herausfiltern ließen: Diese individuellen ‚Stichproben' wären dann ‚nicht unabhängig' voneinander. Ihre übergreifenden Gemeinsamkeiten würden als Hinweis auf eine gemeinsam geteilte ‚Grundgesamtheit' hypostasiert, die als konzeptueller, identitätstheoretischer Horizont eines Individuums verstanden werden könnte. Die methodische Erfassung eben jener stichprobenübergreifenden Invarianten wäre dann Hinweis auf die Axiomatik des selbstkonzeptuellen Horizontes. Dies ist im Folgenden methodisch und inhaltlich zu demonstrieren.

Die Interviews werden tonkonserviert und transkribiert (Länge: bis 30 DIN A-4 Seiten). Ein kleiner, beispielhafter Auszug aus einem derartigen Transkript ist der folgende (zur Eruierung des aktuellen Identitätsverständnisses der befragten Person):

„Identität ... ich merke, daß das für mich mehr so eine Erlebenssache ist ... spontanes Erleben ..., also Erleben, das jetzt so stehen bleiben kann ... und wenn ich das ausdrücken kann, auch ein anderer da ist, der das wahrnimmt ... Ja, wenn ich spüre, was jetzt direkt ist und wenn ich das ausdrücke, daß da jemand ist, der das aufnimmt. Das ist für mich so ein Gefühl, jetzt war ich da, so ein Hier-und-Jetzt-Sein. Diese Anwesenheit von sich selber fühlen, ja, das wäre für mich so der Inbegriff von Identität ...
Wo ich auch sehr denke, Identität vom Kopf her oder mir ‚Einen-ausdenken' ... also, als ob das mehr so eine kognitive Ebene wäre, wie man identisch ist oder nicht. Das habe ich überhaupt nicht, und ich denke auch, ich bin auch ziemlich davon überzeugt, daß das nicht geht – so vom Kopf, ich kann keine Identität ausdenken ... also ich denke so, das Erleben muß einfach der Ursprung sein. Wenn der Kopf dann ab und zu noch ein bißchen da 'mal anguckt und sich 'mal einen dazu denkt, dann meinetwegen. Aber der Kopf darf nicht die Ursache sein, also nicht der Anfang. Dann, meine ich, geht es immer schief – sondern der ist so etwas Zusätzliches, eher so wie ein Überbau. Aber wenn der Unterbau fehlt, dann nützt das überhaupt nichts ...
Ich denke sogar, daß gerade diese Wurzeln ..., daß das eigentlich eher einen Rahmen gibt, während das Denken hat keinen Rahmen. Das kann sich auch sonstwo aufhalten ... Das Denken kann beliebig werden, ... ohne sich dabei etwas zu denken (lacht). Das wäre dann so, ja irgend etwas, was so in so etwas wie das reine Denken 'reinginge ... Ja, ich denke, das Denken ist im Prinzip unverankert."

In zwei weiteren Verfahrensabschnitten (nach dem Interview) werden die zentralen inhaltlichen Konzepte aus dem Interviewtranskript extrahiert und ihre strukturellen Verknüpfungen rekonstruiert (zur Inhalts-Struktur-Trennung vgl. Groeben, 1992), beides im Dialog-Konsens-Verfahren (vgl. Birkhahn, 1992; Obliers, 1992; Scheele, 1988):

1. ***Interview*** (erster gemeinsamer Untersuchungstermin)
2. ***Konzept-Extraktion:***
   2.1. Der/die Interviewer/in als Erkenntnissubjekt (ES) und der/die Interviewte als Erkenntnis‚objekt' (EO; ‚Subjektive Theoretiker') extrahieren getrennt aus dem Interviewtext die für sie zentralen Begriffe bzw. inhaltlichen Konzepte.
   2.2. In einer darauf folgenden Sitzung offerieren sich beide die von ihnen für zentral erachteten Konzepte und einigen sich im Dialog-Konsens auf einen gemeinsam akzeptierten Begriffspool: Konsensvalidierung der Konzepte (zweiter gemeinsamer Untersuchungstermin).
3. ***SLT-Strukturierung:***
   3.1. In einem nächsten Arbeitsschritt legen ES und EO mit Hilfe der SLT getrennt jeweils einen ersten strukturellen Rekonstruktionsversuch, der die im Schritt (2.2.) gemeinsam akzeptierten Begriffe mit vorgegebenen Relationen zu einer Gesamtstruktur vernetzt (nach einem Training der SLT-Relationen für das EO: dritter gemeinsamer Untersuchungstermin).
   3.2. Diese beiden getrennt erstellten Rekonstruktionsentwürfe (aus Schritt 3.1.) werden in ein von ES und EO gemeinsam erarbeitetes Endmodell überführt: Konsensvalidierung des Strukturmodells (vierter gemeinsamer Untersuchungstermin).

Die genannten Verfahrensschritte werden nach dem Interview für jede der in Abb. 1 genannten Frageperspektiven getrennt durchlaufen, so dass drei perspektiv-bezogene Rekonstruktionsstrukturen pro Person entstehen, die in Form von Netzwerkstrukturen die jeweilige Subjektive Theorie der interviewten Person zu ihrer Autobiographie, ihrem (aktuellen) Identitätsverständnis und zu ihrer Zukunft/Utopie repräsentieren. Ein auf diesem Wege entstandenes Endprodukt wird ausschnitthaft in Abb. 2 veranschaulicht (zum Interviewausschnitt ‚aktuelles Identitätsverständnis'). Das Strukturbild bezieht sich mit den nummerierten Konzepten und den zwischen ihnen elaborierten Relationen auf den oben zitierten Textausschnitt des Interviews zur Rekonstruktion der subjektiven Identitätstheorie der befragten Person.

Rückübersetzt liest sich Abb. 2 folgendermaßen: ‚Erleben' (1), das die Interviewte als ‚spontan' (2) kennzeichnet (Qual. = Qualifikation eines vorgeordneten Konzepts durch zugeschriebene Attribute) und das jetzt ‚so stehen

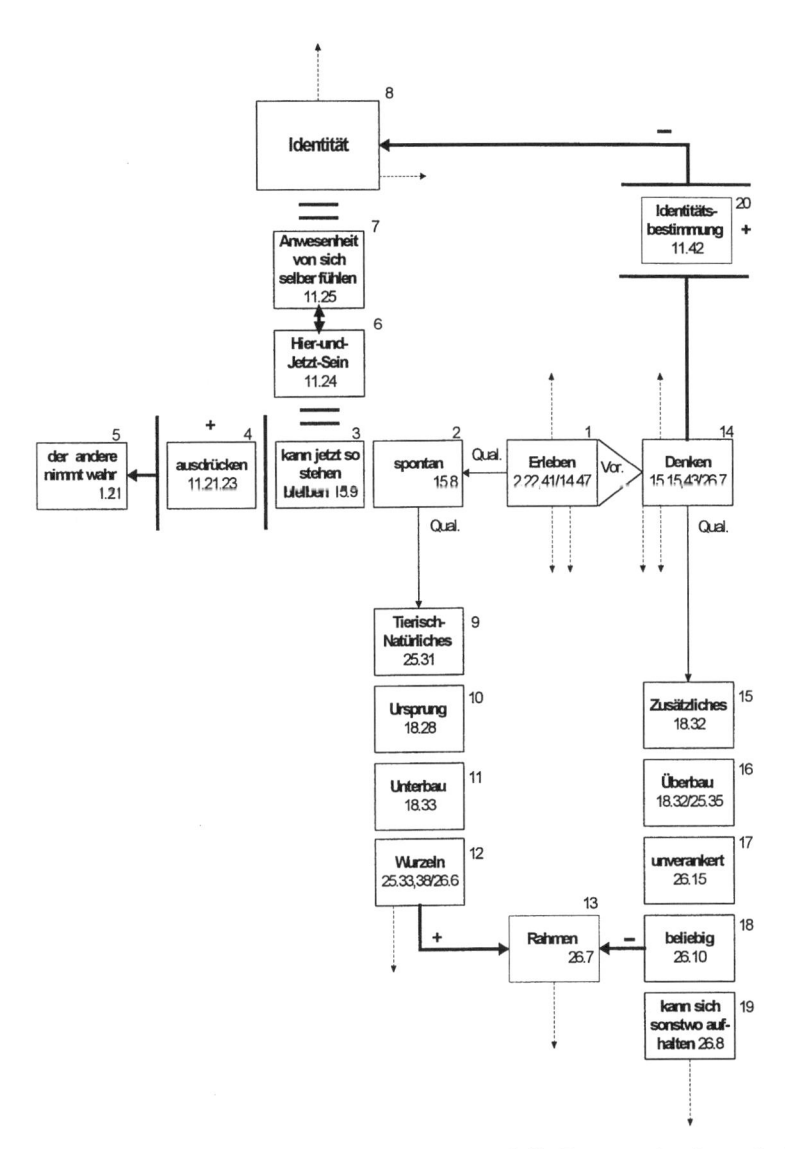

Abb. 2: Konsensvalidiertes Mikro-SLT-Modell (Person A; Ausschnitt aus ihrem Gesamtmodell mit 262 Konzepten. Gestrichelte Linien bedeuten weitere Anschluss-Stellen im Gesamtmodell, das hier aus Raumgründen nicht darstellbar ist. Die Zahlenangaben innerhalb der Kästchen verweisen auf die Konzeptstellen im transkribierten Interviewtext: z. B. bedeutet ‚18.33' Interviewseite 18, Zeile 33.)

bleiben kann' (3), sollte, wenn sie es ausdrückt (4) (zwei senkrechte Striche als Kennzeichnung einer moderierenden Wenn-Bedingung), auf einen anderen stoßen, der es auch wahrnimmt (5). Das ist für sie gleichbedeutend mit einem ‚Hier-und-Jetzt-Sein' (6), das mit einem ‚Gefühl der Anwesenheit von sich selber' (7) in Beziehung steht (beidseitiger Pfeil), was sie letztlich mit dem Identitätsbegriff gleichsetzt (8). Darüber hinaus qualifiziert die Interviewte ihr Konzept ‚spontanes Erleben' gegenüber dem ‚Denken' (14) als etwas ‚Tierisch-Natürliches' (9), als ‚Ursprung' (10), ‚Unterbau' (11) und als ‚Wurzeln' (12), worüber ein ‚Rahmen' (13) für sie abgegeben werden kann (Positiv-Pfeil zu 13). Demgegenüber kennzeichnet sie das ‚Denken' (14) als etwas ‚Zusätzliches' (15), als ‚Überbau' (16), als ‚unverankert' (17), als etwas, das sich ‚sonstwo aufhalten kann' (19) und als ‚beliebig' (18) – und insofern keinen ‚Rahmen' (Minus-Pfeil zu 13) hergeben kann. Eine vom Denken ausgehende ‚Identitätsbestimmung' (20) führe nicht zur ‚Identität' (8). (Regelwerke zur Notationsweise finden sich bei: Dann, 1992; Scheele & Groeben, 1984, 1988; Scheele, Groeben & Christmann, 1992. Für unser Vorgehen vgl. die Übersicht der von Scheele und Groeben (1984, 1988) übernommenen und verwendeten Relationen und die Begründung leichter Modifikationen in Obliers 1996, Anhang B, S. 306ff.).

So entsteht sukzessive ein, je nach Umfang des Interviews, recht komplexes Netzwerk. In diesem Beispielfall umfasste die gesamte SLT-Netzstruktur 262 als zentral aufgenommene Inhalts-Konzepte, wobei 155 auf den autobiographischen, 76 auf den aktuellen und 31 auf den prospektiv-utopischen Identitätsentwurf fielen. Der Auflösungsgrad der Einzelkonzepte ist hierbei relativ hoch, verändert sich aber bei den folgenden Komprimierungsschritten.

2.3. *Mikro-, Makro- und Super-Strukturen im Medium der SLT: ‚Idiographische Struktur-Aggregierung im Medium der SLT (ISA-SLT)'*

Entsprechend unserer Fragestellung (s. o. 2.2) nach den Unterschieden bzw. impliziten Gemeinsamkeiten zwischen (den im Interview erhobenen) autobiographischen, aktuell identitätstheoretischen und prospektiv-utopischen Identitätsentwürfen ein- und desselben Individuums gilt es jetzt auf methodischer Ebene zu prüfen: Lassen sich aus diesen drei Identitätsperspektiven im SLT-Medium implizite Gemeinsamkeiten herausfiltern, übergreifende Invarianten, die als Grundaxiomatik des selbstkonzeptuellen Horizontes eines Individuums zur eigenen Identität zu verstehen wären? Eine Grammatik der Selbstkonfiguration, die quasi als Folie allen drei Bereichen unterliegt und dem Individuum unter Umständen noch gar nicht reflexiv verfügbar und bewusst ist?

Diese nun anstehende methodische Problemstellung macht eine Erweiterung der klassischen SLT-Prozedur notwendig (vgl Obliers, 1996; Obliers & Vogel, 1992). War diese mit der Erstellung des konsensvalidierten SLT-Modells beendet, so wird Letzteres jetzt zur Informationsbasis für weitere bedeutungsverdichtende Prozesse, durch die es auf das ‚Wesentliche' konzentriert und in einer übergeordneten SLT-Struktur repräsentiert wird. Die SLT wird gewissermaßen rekursiv auf sich selbst angewendet. Dabei nennen wir – in Analogie zu texttheoretischen Ansätzen (etwa van Dijk, 1980; van Dijk & Kintsch, 1983) – das Ausgangs-SLT-Modell wegen seiner textnahen molekularen Struktur (vgl. Abb. 2) ‚Mikro-SLT-Modell', das darauf aufbauende ‚Makro-SLT-Modell' und letztlich das auf mehreren Makro-SLT-Modellen einer Person aufbauende und sie übergreifende Modell ‚Super-SLT-Modell'. Die klassische Prozedur der Konsensvalidierung bleibt für alle drei Ebenen erhalten (vgl. Abb. 3).

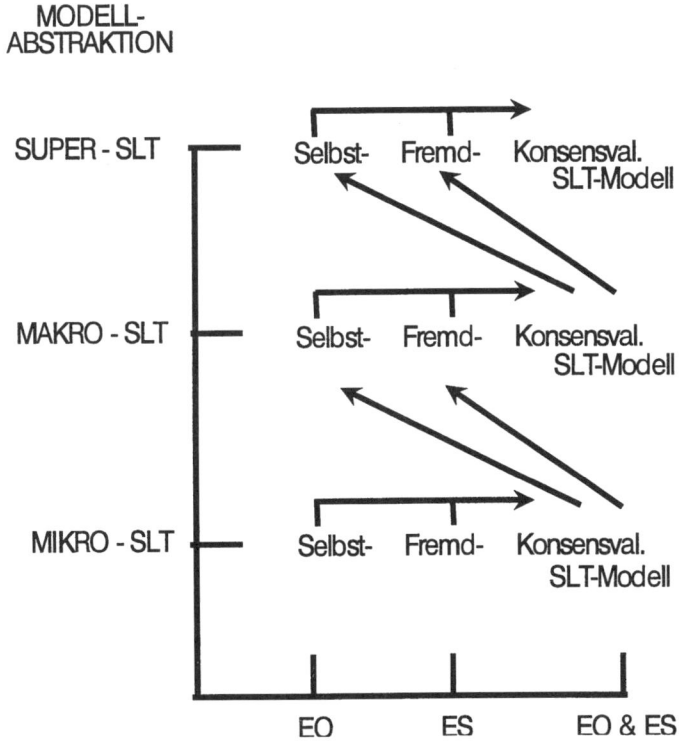

Abb. 3: Schema der Bedeutungsverdichtung in der Vorgehensweise der ISA-SLT unter Beibehaltung der Konsensvalidierung

Der Übergang vom Makro- zum Super-SLT-Modell bedarf einer Erläuterung. Während die drei Makro-SLT-Modelle jedes Individuums bedeutungsverdichtete Repräsentationen der drei identitätstheoretischen Perspektiven (autobiographische, aktuell identitätstheoretische und prospektiv-utopische Identitätsentwürfe) darstellen, soll das Super-SLT-Modell gerade perspektivübergreifend das ‚Gemeinsame' der drei Makro-SLT-Modelle synthetisieren, sofern eine übergreifende Invarianz vorliegt (was nicht sein muss – kein methodenartifizieller Kohärenzanspruch: vgl. die Diskussion bei Obliers, 1996, 167ff.). Demzufolge könnte sich das Super-SLT-Modell als ‚gemeinsamer Nenner' der drei (oder z. B. auch nur zwei) Mikro- bzw. Makro-SLT-Modelle erweisen.

Entsprechend gestaltet sich die Verfahrensprozedur: Die drei perspektivabhängigen Mikro-SLT-Modelle jeder Person werden zur Grundlage genommen und – unter der Instruktion, sie auf das ‚Wesentliche' zu verdichten – zunächst in drei Makro-SLT-Modelle überführt, jeweils wieder in dem klassischen SLT-Dreischritt: Selbst-, Fremd- und konsensvalidiertes SLT-Modell (vgl. Abb. 3). Diese Makro-SLT-Modelle wiederum werden in analoger Prozedur in ein noch weiter verdichtetes Super-SLT-Modell überführt. Wir nennen diese Vorgehensweise wegen ihrer aggregierenden Synthese mehrerer SLT-Strukturen ein- und derselben Person ‚*Idiographische Struktur-Aggregierung im Medium der SLT (ISA-SLT)* '.

Aus Raumgründen lassen sich hier weder die vollständigen Mikro-SLT-Modelle für alle drei identitätsrelevanten Perspektiven, noch deren komprimierte Makro-SLT-Modelle darstellen (s. im Detail Obliers, 1996, S. 31ff.). Das letztlich als übergreifende Invariante resultierte Super-SLT-Modell der hier eingangs präsentierten Person zeigt Abb. 4.

In dieser Struktur wird als Destillat des gesamten ISA-SLT-Verfahrens über verschiedene Abstraktionsebenen ein Modell zur Darstellung gebracht, was letztlich den gemeinsamen Nenner aus den Subjektiven Autobiographie-, Identitäts- und Utopie-/Zukunfts-Konstruktionen unserer Beispielperson ausmacht.

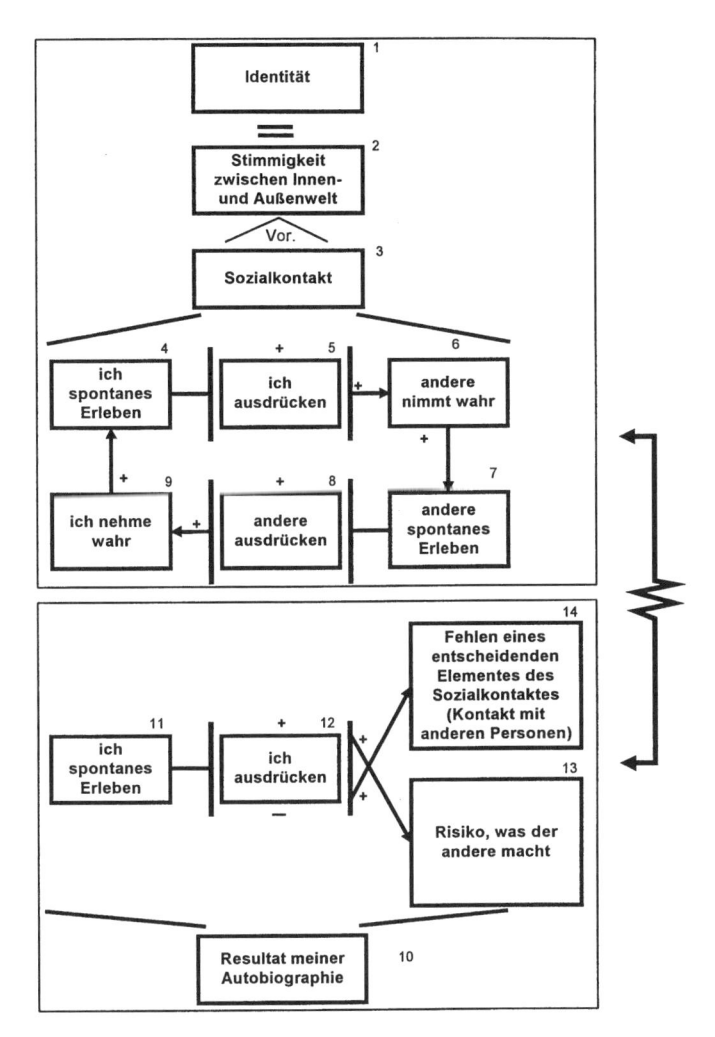

Individuelle und überindividuelle Historizität 223

Abb. 4: Konsensvalidiertes Super-SLT-Modell (Person A: Projekt-Identität)

Identität (1) wird als Stimmigkeit zwischen der Innen- und der Außenwelt konzipiert (2). Voraussetzung für diese Innen-Außen-Synchronisation ist ein Sozialkontakt (3), der sich als quasi-kybernetischer Sozialkreislauf darstellt (4 - 9): Eigenes spontanes Erleben (4) trifft, wenn es ausgedrückt wird (5), auf einen anderen, der es wahrnimmt (6), selber spontanes Erleben (7) äußert, das, wenn er es ausdrückt (8), von mir wahrgenommen wird (9), usw. Das Resultat ihrer bisherigen Autobiographie (10) (komprimiert aus 35 Konzepten im untergeordneten Makro- bzw. 155 Konzepten im zu Grunde liegenden

Mikro-SLT-Modell) umfasst aber nur ein destruiertes Fragment, nur den oberen Teil jenes Sozialkreislaufes, und den auch noch in Form eines ‚Patt'-Konfliktes: Wenn unsere Beispielperson ihr eigenes spontanes Erleben (11) ausdrückt (12+), sieht sie sich dem Risiko gegenübergestellt, was der andere damit macht (13). Drückt sie es aber nicht aus (12-), produziert sie selber das Fehlen eines entscheidenden Elementes des von ihr ersehnten Sozialkontaktes (14), nämlich den Kontakt zum ‚anderen' überhaupt. Mit dieser Patt-Struktur steht sie aber im grundsätzlichen Konflikt (gezackter Pfeil rechts) zu ihrer schon dargelegten generellen Konzeption von Identität (1 - 9).

Das eigene Identitätsverständnis wird von dieser Person somit im Horizont einer erlebnisorientierten Synchronisation zwischen der psychischen Innen- und der sozialen Außenwelt thematisiert: Die soziale Außenwelt ist mit der eigenen Innenwelt in Stimmigkeit zu bringen. Regelstruktur dieser Stimmigkeitsherstellung ist ein quasi-kybernetischer Sozialkreislauf, den die Interviewte als Kind mit einer entscheidenden Bezugsperson in gelungener Weise erlebt hat (Informationen aus dem detaillierten Mikro-SLT-Modell), in dem aber gewisse ‚Stellgrößen' im Laufe ihrer Autobiographie ‚ausgefallen' sind, so dass sie in einer ‚biographischen Sackgasse' als Fragment jenes Kreislaufes gelandet ist. Medium der Stimmigkeitsherstellung ist ‚spontanes Erleben', das in jener Regelstruktur des Sozialaustausches das entscheidende ‚Transportgut' darstellt. Das Gesamt-Modell dieses Kreislaufes wird auch in ihrem Utopieentwurf (31 Konzepte im detaillierteren Mikro-, 12 Konzepte im darauf aufbauenden Makro-SLT-Entwurf) als übergreifendes Identitätsprojekt verfolgt: Das Projekt eines stimmigen Lebens – als Synchronisation der psychischen ‚Innenwelt' mit der sozialen ‚Außenwelt' im Medium ‚spontanen Erlebens'.

Damit thematisiert sie in dem subjektiven Bild eines zirkulären Kreislaufprozesses zwischen ‚Außen' und ‚Innen' eine Identitäts-Perspektive, die auch von der ‚objektiven' Identitätsforschung diskutiert wird (vgl. Frey & Haußer, 1987, S. 17; Harré, 1983, S. 256ff.). Während dort allerdings von einem „dialektischen Kreislauf zwischen Individuum und Gesellschaft ... als Paradigma für die Identitätsforschung" (Frey & Haußer, 1987, S. 17) gesprochen wird, hebt unsere Beispielperson den unmittelbaren vis-à-vis-Kreislauf des emotionalen Austausches zwischen ihr und dem ‚anderen' mit dem Ziel einer Stimmigkeitsherstellung als entscheidende identitätskonstituierende Größe hervor.

Dem bisher dargestellten Identitätsprojekt eines stimmigen Lebens – als ersehnte Synchronisation der psychischen Innenwelt mit der sozialen Außenwelt im Medium ‚spontanen Erlebens' – soll nun die recht konträre Konstruktion einer anderen Person gegenübergestellt werden (aus Raumgründen nur das aus dem insgesamt 227 Konzepte umfassenden Mikro-SLT-Modell letztlich entstandene Super-SLT-Modell (21 Konzepte) (vgl. Abb. 5; zu einer ausführlichen Darstellung des Gesamtmodells dieser Person vgl. Obliers, 1996, S. 46ff.).

Unter dem Weltbild (1) ‚Die Welt ist ein Fluß' (2 - 4) wird eine generelle Erwartung ‚alles wird ganz anders' (5, 6) aufgebaut. Diese steht in Beziehung zu einem vagen Ichgefühl (7, 8), das nur im Umgang mit anderen Personen (9) die Notwendigkeit erfährt, sich über das Erzählen kleiner Geschichten (13), die kleine Ausschnitte der eigenen Person beschreiben (14), zu ‚entäußern', und so überhaupt ‚sich als einzelner' abgrenzen kann (15). Diese Form der Entäußerung in einer Sozialsituation mit einem Gegenüber führt gewissermaßen erst zu einem Konzept, sich als einzelne Identität abzugrenzen. Die in jenen ‚kleinen Geschichten' verpackten Selbst-Beschreibungen werden nur als ausschnitthaft erlebt (14), ebenso wie die Selbstdefinition (16) – auf der Basis des vagen Ichgefühls (7, 8) – nur ausschnittartig gelingt (17) und nicht mehr einer intrapsychischen Synthesemöglichkeit zugeführt werden kann (18). ‚Sprache' (19) erhält eine zentrale Bedeutung, sowohl hinsichtlich ihrer ‚Mitteilungsfunktion' (20) im geschichtenerzählenden ‚Umgang mit anderen' (9) wie auch hinsichtlich ihrer Funktion, trotz des vagen Ichgefühls (7, 8) eine ‚Selbstkonstruktion' (21) zu ermöglichen.

Also ein Modell ganz anderer Art als das in Abb. 4 dargestellte: eine sich – in einer flussartig sich ändernden Welt – nur noch als ‚ausschnittartig' erlebende Person, etwa im Sinne der Keuppschen ‚Patchwork-Identität', darüber hinaus aber sogar unter Verzicht auf eine intrapsychische Synthese der Ausschnitte (vgl. Abb. 5, Konzept 18) – also eher eine dezentrierte, widerspruchstolerante Patchwork-Identität. ‚Innen' und ‚Außen' werden wie bei unserer ersten Beispielperson (Person A; vgl. Abb. 4) zwar auch zum Thema, aber durchaus nicht mit einem derartigen Synchronisierungsanspruch. Nicht zwei disparate oder sogar kombattante Größen (psychische Innen- und soziale Außenwelt) werden in einem Regulierungskreislauf gegenübergestellt und auf Stimmigkeit eingeschliffen, sondern die Ich-Welt-Distanzierungen (Subjekt-Objekt-Grenze) sind verschwommen (detaillierter im Mikro-SLT-Modell), und das eigene vage und nur ausschnitthaft fassbare ‚Innen' wird erst in der Entäußerung durch ebenso ausschnitthafte narrative Fragmente in einem sozialen ‚Außen' zu einer ‚Identität' i. S. des ‚Sich-als-einzelner-Abgrenzen-Könnens' (vgl. einige Analogien zum Konzept des ‚Self-Narrative' bei Gergen und Gergen (1988) und die Ausführungen Lauckens (1995, 1998, S. 258ff.) zum lebensweltlich-sozialpsychologischen Verständnis von Identität in Abhängigkeit von den Geschichten, die man lebt). Darüber hinaus wird das ganz

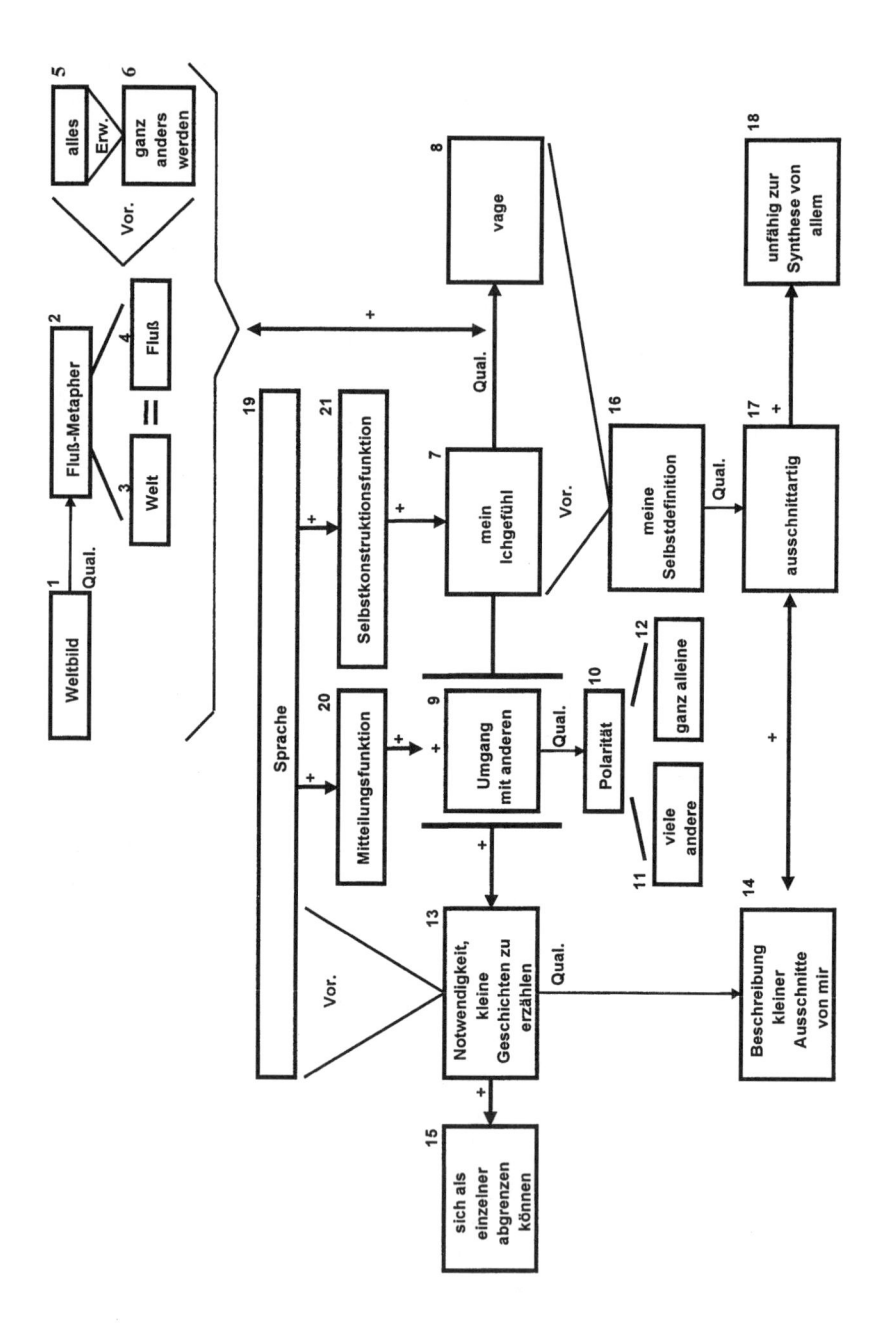

Abb. 5: Konsensvalidiertes Super-SLT-Modell (Person B: Patchwork-Identität)

große ‚Außen', die ‚Welt', zu einer ‚flussähnlichen' Größe, die nur noch Erwartungen des ‚Alles-wird-sowieso-ganz-anders' rechtfertigt und deswegen eine überraschungserwartende, vage, ebenso ‚flussähnlich'-bewegliche psychische Innenwelt angemessen erscheinen lässt: Psychische Konsistenz ist eher kontraindiziert. Entscheidende instrumentelle Hilfe erfahren die Entäußerungen und Selbstkonstruktionsversuche des ‚vagen Innen' durch die Sprache (vgl. Abb. 5, Konzept 19).

‚Geschichten-über-sich-selbst-Erzählen als Reflexionsarena einer dezentralisierten, mobilen und dissonanztoleranten Patchwork-Identität' (Abb. 5) ist eine ganz andere Identitätskonstruktion als das zuvor dargestellte ‚Projekt eines stimmigen Lebens als Synchronisation der psychischen Innenwelt mit der sozialen Außenwelt im Medium spontanen Erlebens' (Abb. 4). Nicht umfassende Stimmigkeit, sondern Selbstwidersprüchlichkeit als normalisierte Antizipation eigenen Funktionierens in einer sich ständig ändernden Welt ist in die eigene Selbst-Konzeption schon eingebaut. Aus einer distanzierteren Optik besteht allerdings auch hier eine Stimmigkeit, wenn auch etwas anderer Art: nämlich zwischen dem Weltentwurf, der das Design einer sich ständig ändernden, widersprüchlichen Welt malt, und einem Selbstentwurf, der eine sich darauf einstellende mobile, dissonanzbereite Psyche beschreibt. Stimmigkeit läge demzufolge in der ‚Adäquatheit' der außenweltlichen und der ‚entsprechend' intrapsychischen Inkohärenz. Sollte diese Konstruktion eigener Identität allerdings auch einen programmatischen Charakter annehmen, etwa als ‚Projekt der Projektlosigkeit', dann erhielte auch sie einen übergreifenden Projekt-Charakter. Die Invariante bestünde dann in dem ‚Programm' der weitgehenden Vermeidung jeglicher Festlegungen in Erwartung ständiger Veränderungen: Potentielle Selbstwandlungen werden im hohen Maße schon antizipatorisch – gewissermaßen als Selbst-Prophylaxe bei sich ständig verändernden Weltverhältnissen – in die eigene Konzeption eingebaut.

3. Rekonstruktion auf überindividueller Ebene: Subgruppenspezifische Modal-SLT-Modelle für Projekt- und Patchwork-Identitäten

Nach dem Aufweis der Rekonstruierbarkeit subjektiver Identitätskonstruktionen und ihrer Trennbarkeit in die beiden eingangs herausgestellten Prototypen (subjektive Projekt- versus Patchwork-Identitäten) an bisher zwei Individual-Beispielen stellt sich nun das Problem der überindividuellen Verallgemeinerbarkeit. Wie die beiden hier dargestellten Beispiele zeigen, haben die Super-SLT-Strukturen (vgl. Abb.

4 und 5) als Repräsentationen der Grundaxiomatik subjektiver Identitätskonstruktionen einen stark idiosynkratischen Charakter und können hinsichtlich ihrer thematischen Ausgestaltung und strukturellen Komplexität erheblich variieren. Diese (über die Mikro-Makro-Super-Komprimierung bereits erheblich reduzierte) Komplexität und idiosynkratische Varianz sind unter einer idiographischen Perspektive als Vorteil einer nicht-reduktionistischen Gegenstandsrekonstruktion zu werten. Unter einer nomothetisch-orientierten Optik bringen sie allerdings erhebliche methodische Schwierigkeiten bei der Aggregierung mehrerer individueller zu überindividuellen Modellen mit sich. Die entscheidende Problematik liegt in der überindividuellen Aggregierung nicht nur der Inhaltsaspekte – dies leisten bereits inhaltsanalytische Verfahren –, sondern auch der Struktur-Aspekte (vgl. Stössel & Scheele, 1989, S. 5). Mittlerweile liegt ein Verfahren vor, das dies leistet (Scheele, Groeben & Stössel, 1991; Stössel, 1989; Stössel & Scheele, 1989, 1992). Computerunterstützung für verschiedene Teilprozesse dieses Aggregierungsverfahrens leisten die von Oldenbürger entwickelten Netzwerkzeuge (Oldenbürger, 1992), u. a. auch zur zufallskritischen Beurteilung der nomothetischen Interpretierbarkeit qualitativer Daten (Oldenbürger, 1998, 2000). Letzteres soll im Folgenden zur Anwendung kommen.

Insgesamt haben 15 Personen an dem relativ aufwendigen ISA-SLT-Verfahren zur Rekonstruktion ihrer je individuellen subjektiven Identitätsentwürfe teilgenommen, 12 ‚hielten' bis zum Ende des Verfahrens ‚durch' (zur detaillierten Darstellung aller Individual-Modelle vgl. Obliers, 1996, S. 85ff.). Lassen sich nun diese 12 individuellen, in Form von Netzwerkmodellen repräsentierten Identitätsentwürfe überindividuell zu einem ‚mittleren Modell' aggregieren, etwa wie – im quantitativen Bereich – eine Reihe von Individualwerten zu einem Mittelwert? Lassen sich genauer, im Sinne unserer bisher geführten Diskussion zur Unterschiedlichkeit von Projekt- versus Patchwork-Identitäten, zwei Subgruppenmodelle aggregieren, die jeweils die ‚mittleren' Identitätsentwürfe der ‚Projekt-Identitätsler/innen' bzw. die der ‚Patchwork-Identitätsler/innen' repräsentieren? Ein diagnostischer Kategorienschlüssel zur Differenzierung von Projekt- versus Patchwork-Identitätsentwürfen in ISA-SLT-Modellen ist bei Obliers (1996, S. 75ff.) entwickelt worden und hilft bei der Modellzuordnung zu einer der beiden Subgruppen.

3.1. Entwicklung eines inhaltsanalytischen Kategoriensystems zur Kodierung der individuellen Super-SLT-Konzepte

Bei der überindividuellen Aggregierung werden zunächst aus den individuellen Super-SLT-Modellen (vgl. Abb. 4 und 5) nur die individuellen Inhaltskonzepte (unter vorläufiger Vernachlässigung ihrer Relationen untereinander) in überindividuelle Inhaltskategorien überführt (zu den einzelnen inhaltsanalytischen Arbeitsschritten vgl. Rustemeyer, 1992). Beispielhaft seien zwei Inhaltskategorien mit ihren Definitionen und Codierbeispielen genannt:

Selbstorientierte Mobilitätskonzepte (K1c): Konzepte, die Selbstaspekte als veränderbare, flexible, sich in Bewegung befindende, schwebende, nicht-fixierte usw. beschreiben.
Beispiele: „Sich-Lösen von ausgereizten Selbst-Vorstellungen" (Person H), „elastische Selbstform" (Person M), „Das Viele da drinnen ist nicht einzufrieden wie ein Zaun im Garten" (Person M)

Selbstorientierte Fixierungskonzepte (K1d): Konzepte, die Selbstaspekte als feste, fixierte, finalisierte, stabile usw. beschreiben.
Beispiele: „Meine Wertmaßstäbe sind gefestigt" (Person C), „Meine Identitätssuche wird zur Ruhe kommen" (Person H)

Das gesamte, für unseren Themenbereich entwickelte inhaltsanalytische Kategoriensystem zeigt Tab. 1 (in abgekürzter Form) samt der kategoriellen Häufigkeitsbelegung bei unseren 12 Subjektiven Identitäts-Theoretiker/n/innen. Die Kategorien erhalten für die weiteren Arbeitsschritte durchlaufende Kürzel: K 1, K 2, usw.

Tab. 1: Inhaltsanalytische Kategorienverteilung pro Subjektive/r Identitäts-Theoretiker/in

Überindividuelle Kategorien (K) für die Konzepte der individuellen Super-SLT-Modelle	Subjektive Theoretiker/innen											
	1	2	3	4	5	6	7	8	9	10	11	12
SELBST-ORIENTIERTE KONZEPTE (K 1)												
Allgemein (K 1a)	2	1	2	2	2	1	1	1	1	2	1	1
Innenwelt (K 1b)	3	2	8	2	1	5	1	5			5	2
Mobilität (K 1c)		1		4	1	3		5	6	1	1	6
Fixierung (K 1d)			2		1	2	2	1	1		1	
Selbstfindung (K 1e)					2		1	1	2	2		
Kohärenz (K 1f)			3				1	1	1	1		
Nicht-Kohärenz (K 1g)		3	1	3			1	2		1		
AUSSENWELT-ORIENT. KONZEPTE (K 2)												
Allgemein/umfassend (K 2a)		3			3			1	1			2
personal (K 2b)	2	2								6		
nicht-personal (K 2c)		1				2				3		
Mobilität (K 2d)		2			1	1						1
Fixierung (K 2e)				2								
Kohärenz (K 2f)										4		
Nicht-Kohärenz (K 2g)	1											
AUSSENWELT-SELBST-VERHÄLTNIS (K 3)												
Allgemein (K 3a)	1	1		1								1
Mediale Vermittlung (K 3b)	3	3	1		1			1	1			
Mobilität (K 3c)												2
Fixierung (K 3d)												
Kohärenz (K 3e)	1									1	2	
Nicht-Kohärenz (K 3f)	1	2				1						
AUSSERGEWÖHNLICHE EREIGNISSE, SITUATIVE MOMENTE, KONTEXTE (K4)						4	1					
ZEITANGABEN (K 5)						1		2				
Gesamt	14	21	16	12	14	19	9	16	15	23	11	15

3.2. Kategorien-Relations-Kombinationen (KRK) – Trennung von Projekt- und Patchwork-Identitäten

In einem nächsten Teilschritt sind die (zuvor vernachlässigten) Relationen zwischen den (nun kategorisierten) Inhaltskonzepten der individuellen Super-SLT-Modelle für die überindividuelle Aggregierung vorzubereiten. Da die Relationen, im Gegensatz zu den Inhaltskonzepten, in der Heidelberger Struktur-Lege-Technik definiert und somit bereits überindividuell vergleichbar sind, bedürfen sie keiner weiteren Kategorisierung und erhalten – für die weiteren Arbeitsschritte – lediglich jeweils ein Kürzel: R1, R2, ... (von R1: ‚ist gleich, identisch' über R11: ‚(logische) Voraussetzung' bis zu R 33: ‚differentielle Wirkung').

In einem dritten Arbeitsschritt werden alle in den individuellen Super-SLT-Modellen vorfindbaren trinären Konzept-Relations-Kombinationen aufgelistet, d.h. alle Kombinationen aus jeweils zwei Konzepten (allerdings nun in kategorial kodierter Form und als Kürzel aus dem ersten Arbeitsschritt, vgl. Tab. 1) mit der sie verbindenden Relation (als Kürzel aus dem zweiten Arbeitsschritt). Die Notationsweise dieser trinären Kategorien-Relations-Kombinationen erfolgt entsprechend als Kürzel kodiert: Beispielsweise erhält die Kombination aus einem Konzept (‚meine Selbstdefinition', vgl. Abb. 5, Konzept 16), das der Kategorie K1b (‚selbstorientierte Innenweltkonzepte') zugeordnet wird und über das Relationszeichen R 8 (‚Qualifikation') verbunden ist mit einem zweiten Konzept (‚ausschnittartig', vgl. Abb. 5, Konzept 17), zugeordnet der Kategorie K1g (‚nicht-kohärenzorientierte Selbstkonzepte'), die Kodierung ‚K1b R8 K1g'.

Alle so kodierten trinären Kategorien-Relations-Kombinationen werden aufgelistet und nach der Auftretenshäufigkeit pro Person (bzw. ihres Super-SLT-Modells) ausgezählt (vgl. Tab. 2). Dieser Aufstellung unterliegt ein ‚strenges Äquivalenzkriterium' (vgl. Schreier, 1997, S. 54f.): Nur die Konzept-Relations-Kombinationen aus den verschiedenen Super-SLT-Modellen gelten als ‚gleich', deren Konzepte im Vor- und Nachbereich derselben inhaltsanalytischen Kategorie zugehörig und durch dieselbe Relation verbunden sind. Position und Gewichtung der Konzepte in den initialen, individuellen Mikro-SLT-Modellen (bis 262 Konzepte) sowie den komprimierteren Makro- und Super-SLT-Modellen werden hier aus Komplexitätsgründen und auf Grund der kleinen Personenstichprobe vernachlässigt (vgl. die Diskussion bei Scheele & Groeben, 1988, S. 62; Stössel & Scheele, 1992, S. 384; Schreier, 1997, S. 55 u. 62f.).

Tab. 2: Absolute Häufigkeiten der Kategorien-Relations-Kombinationen pro Subjektive/r Identitäts-Theoretiker/in (Auszug)

Trinäre Kategorien-Relations-Kombinationen	Subjektive Identitäts-Theoretiker/innen											
	1	2	3	4	5	6	7	8	9	10	11	12
K1a R1 K1b					1		1					
K1a R1 K1d			1									
K1a R1 K1f											1	1
...												
K1a R6 K3b						1						
K1a R8 K1b				1								
K1a R8 K1c				3	1				1			1
K1a R8 K1d											1	
K1a R8 K1e									2			
K1a R8 K1f									1			
usw. (insg. 231 Zeilen)	...	...	...	...	...	...	...	...	...	...	...	...
Gesamt	30	49	35	21	17	27	13	27	37	35	16	43

Die letzte Zeile in Tab. 2 gibt die Gesamtzahl der pro Person vorkommenden trinären Kategorien-Relations-Kombinationen wieder und spiegelt somit in etwa die Größe des jeweiligen individuellen Super-SLT-Modells wider. Damit einzelne Subjektive Identitäts-Theoretiker/innen mit einer höheren Gesamtzahl nicht einzelne Kategorien-Relations-Kombinationen (KRK) bei den weiteren interindividuellen Aggregierungsschritten überproportional belegen, werden die individuellen Häufigkeiten (Zelleneinträge) pro KRK einer jeden Person an ihrer jeweiligen KRK-Gesamtzahl relativiert.

Darüber hinaus muss diese Tabelle für die von uns anvisierten Subgruppen (,Projekt-Identitäten' und ,Patchwork-Identitäten') subgruppenspezifisch geteilt werden. Nach dem bereits erwähnten diagnostischen Kategorienschlüssel zur Differenzierung von Projekt- versus Patchwork-Identitätsentwürfen in ISA-SLT-Modellen (Obliers, 1996, S. 75ff.) werden die Modelle der Subjektiven Identitäts-Theoretiker/innen 1, 3, 5, 7, 10 und 11 zur Subgruppe der ,Projekt-Identitäten' sortiert, die der Personen 2, 4, 6, 8, 9 und 12 zur Subgruppe der ,Patchwork-Identitäten'. Tab. 3 zeigt für beide Subgruppen die relativen Kategorien-Relations-Kombinationen.

Tab. 3: Relative und durchschnittliche Häufigkeiten der Kategorien-Relations-Kombinationen (in Prozent) bei den Subgruppen ‚Projekt-Identitäten' und ‚Patchwork-Identitäten' (Auszug)

Trinäre Kategorien-Relations-Kombinationen	Subjektive Theoretiker/innen (‚Projekt-Identitäten')							
	1	3	5	7	10	11	Σ	M
K1a R1 K1b			5,88	7,69			13,57	2,26
K1a R1 K1d		2,86					2,86	0,48
K1a R1 K1f					2,86	6,25	9,11	1,52
...								
K1a R6 K3b				7,59			7,59	1,27
K1a R8 K1b		2,86					2,86	0,48
K1a R8 K1c			5,88				5,88	0,98
K1a R8 K1d						6,25	6,25	1,04
K1a R8 K1e								
K1a R8 K1f								
usw. (insg. 99 Zeilen)	...	...	...	...	...			
Gesamt	100	100	100	100	100	100		

Trinäre Kategorien-Relations-Kombinationen	Subjektive Theoretiker/innen (‚Patchwork-Identitäten')							
	2	4	6	8	9	12	Σ	M
K1a R1 K1b								
K1a R1 K1d								
K1a R1 K1f								
...								
K1a R6 K3b								
K1a R8 K1b								
K1a R8 K1c		14,31			2,70	2,33	19,34	3,22
K1a R8 K1d								
K1a R8 K1e					5,40		5,40	0,90
K1a R8 K1f					2,70		2,70	0,45
usw. (insg. 132 Zeilen)	...	...	...	...	...	...		
Gesamt	100	100	100	100	100	100		

Diese personspezifisch-relativen Häufigkeiten der einzelnen Kategorien-Relations-Kombinationen werden anschließend über alle Subjektiven Identitäts-Theoretiker pro Subgruppe summiert und gemittelt (vgl. die jeweils letzten beiden, rechten Spalten jeder Subgruppe in Tab. 3), um die durchschnittliche relative Vorkommenshäufigkeit einer jeden Kategorien-Relations-Kombination (pro Subgruppe) zu erhalten. Die obersten 30% dieser durchschnittlichen KRK-Häufigkeiten werden in die Rekonstruktion der Modal-SLT-Modelle aufgenommen (zur Diskussion der Aufnahmekriterien vgl. Schreier, 1997, S. 55f.; Stössel & Scheele, 1992, S. 372).

3.3. Rekonstruktion der aggregierten Modal-SLT-Modelle von Projekt- und Patchwork-Identitäten: Darstellung und Vergleich

Aus den bisherigen Arbeitsschritten lassen sich nun durch eine (Rück-) Übersetzung („Zusammenbau') der selegierten Kategorien-Relations-Kombinationen aus der Listenform (Tab. 3) in eine Strukturform letztendlich die gesuchten, interindividuell-aggregierten Modal-SLT-Modelle für beide Subgruppen erstellen. Die so erhaltenen beiden Modal-SLT-Modelle repräsentieren somit die ‚durchschnittlichen' subjektiven Identitätskonstruktionen der beiden Subgruppen ‚Projekt-' bzw. ‚Patchwork-Identitäten'. Das Modal-SLT-Modell für die Subgruppe der ‚Projekt-Identitäten' zeigt Abb. 6, das für die Subgruppe der ‚Patchwork-Identitäten' Abb. 7.

Um den Transfer der Kategorien-Relations-Kombinationen aus der Listen- in die Strukturform nachvollziehbarer zu machen, werden zusätzlich zur inhaltlichen Kategorien- und Relationsdarstellung deren Kürzelkodierungen (K1, K2 usw; R1, R2 usw.) mit übernommen. Die Prozentangaben in der Strukturform (Abb. 6 und 7) stellen die relativen Häufigkeiten der Kategorien-Relations-Kombinationen aus Tab. 3 dar.

Ein Vergleich der Modal-SLT-Modelle der Projekt-Identitäten (vgl. Abb. 6) und der Patchwork-Identitäten (vgl. Abb. 7) zeigt schon in der modellhinführenden Tabelle rund 30% mehr trinäre Kategorien-Relations-Kombinationen zu Gunsten der Patchwork-Identitäten (99 versus 132 Zeilen, vgl. Tab. 3). Nach dem subgruppenspezifischen Abgriff der jeweils oberen 30% der trinären Kategorien-Relations-Kombinationen (für die Rekonstruktion der vernetzten Modal-SLT-Modelle) verteilen sich diese bei den Projekt-Identitäten auf 10 Inhaltskonzepte samt der sie verbindenden Relation (vgl. Abb. 6), bei den Patchwork-Identitäten hingegen auf 15 Inhaltskonzepte samt der sie verbindenden Relationen (vgl. Abb. 7).

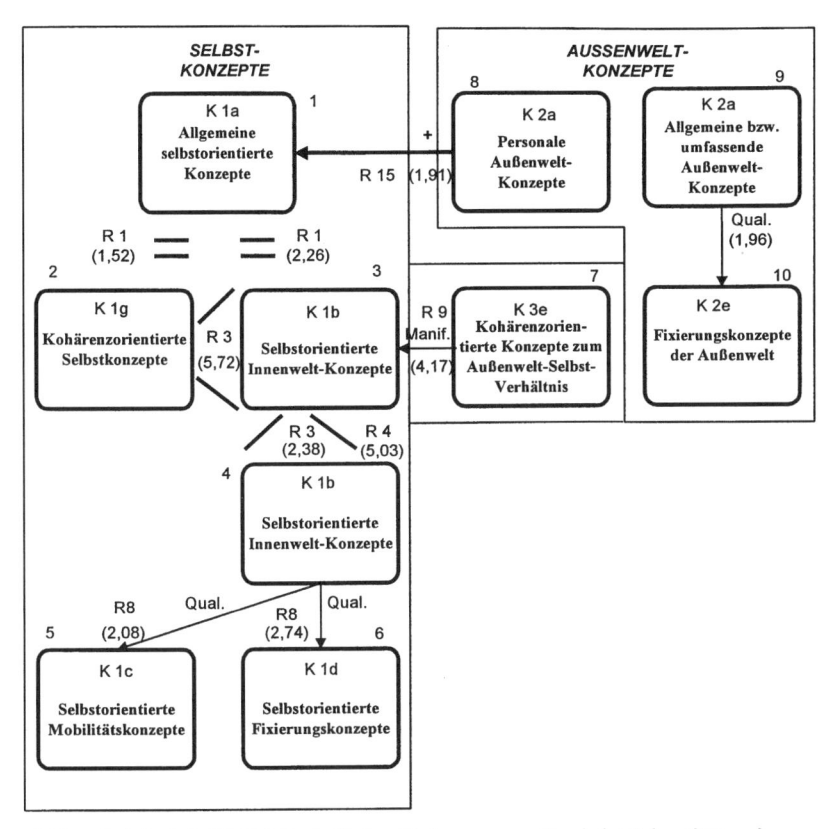

Abb. 6: Modal-SLT-Modell der Subgruppe ‚Projekt-Identitäten'

Hinsichtlich der Relationen zeigt das Modal-SLT-Modell der Projekt-Identitäten, bis auf eine Ausnahme, vorrangig ‚statische' Relationsvarianten (definitorische, subordinierende, qualifizierende und manifestierende), das der Patchwork-Identitäten hingegen stärker ‚dynamische' Relationen (Wechselwirkungen, Bewirkungen, Absichten, Erwartungen).

Entsprechend ist auch die selbst-orientierte Konzeptwelt der Projekt-Identitäten (vgl. Abb. 6, Konzepte 1 - 6) ausschließlich definitorisch, subordinierend und qualifizierend vernetzt und steht mit der Außenwelt kohärenzorientiert in Beziehung (Konzept 7) sowie direkt unter dem personalen Einfluss der Außenwelt (Konzept 8). Hingegen ist die selbst-orientierte Konzeptwelt der Patchwork-Identitäten (vgl. Abb. 7, Konzepte 1 - 11) stärker dynamisch vernetzt (Wechselwirkungen, Bewirkungen, Absicht, Erwartung) und steht mit der Außenwelt über mediale Vermittlungen in Beziehung (Konzept 13).

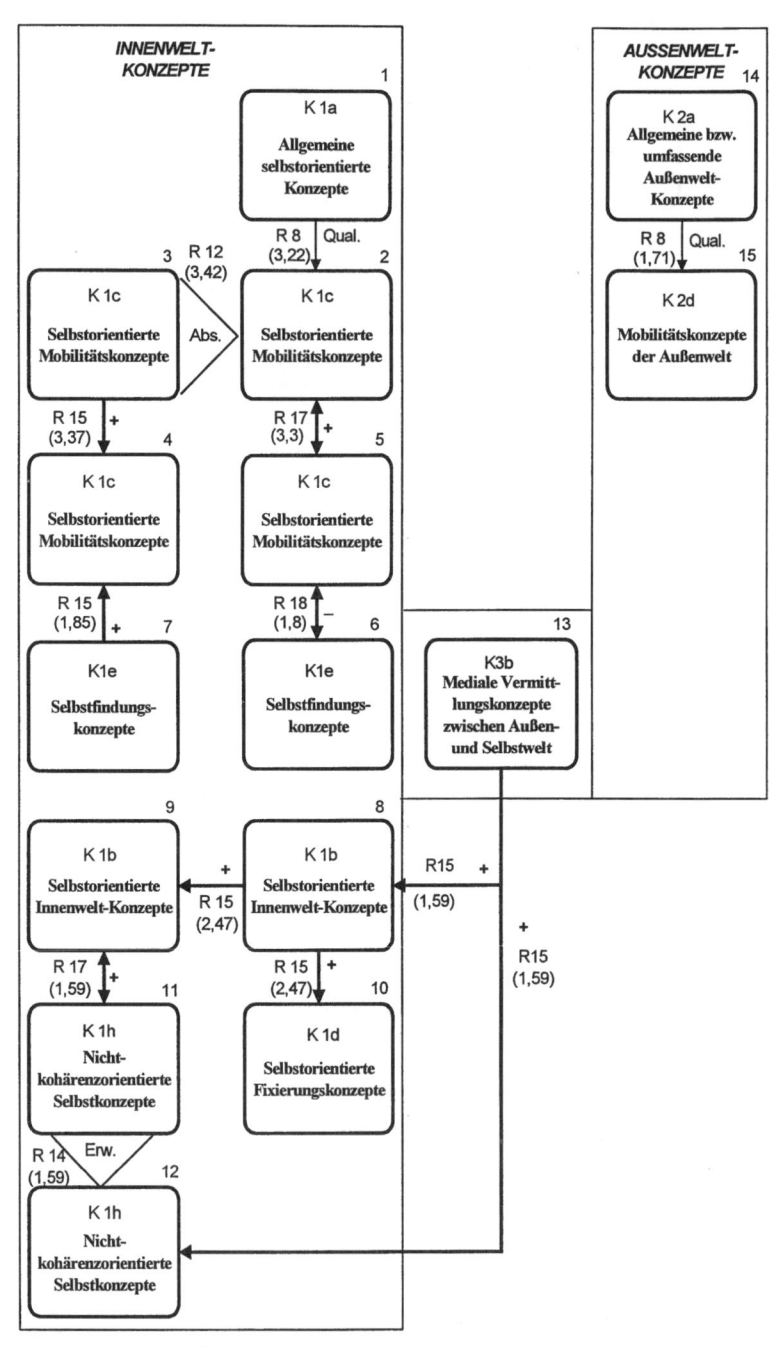

Abb. 7: Modal-SLT-Modell der Subgruppe ‚Patchwork-Identitäten'

Kohärenzorientierung sowie fixierend-festschreibende Konzepte kennzeichnen sowohl die Selbst- als auch die Außenwelt-Konzepte der Projekt-Identitäten (vgl. Abb. 6, Konzepte 2, 6, 7 und 10). Die intrapsychischen Selbstkonzepte werden der Kohärenzorientierung untergeordnet und als Manifestation eines kohärenzorientierten Außenwelt-Selbst-Verhältnisses verstanden (Konzepte 2, 3 und 7, mit rund 10% die stärkste Konzeptgruppe der abgegriffenen obersten 30% der trinären Kategorien-Relations-Kombinationen), wobei die Außenwelt selber eher als ‚fixe' qualifiziert wird (Konzepte 9, 10).

Nicht-Kohärenzorientierungen und Mobilitätskonzepte hingegen charakterisieren die Selbst- sowie die Außenwelt-Konzepte der Patchwork-Identitäten (vgl. Abb. 7, Konzepte 2 - 5, 11, 12 und 15). Ihre Selbstkonzepte sind vorrangig mobil konzipiert und als solche stark und unterschiedlich miteinander vernetzt (Konzepte 2 - 5, mit rund 10% die stärkste Konzeptgruppe der abgegriffenen obersten 30% der trinären Kategorien-Relations-Kombinationen). Nicht-kohärenzorientierte Selbstkonzepte ‚erwarten' weitere nicht-kohärenzorientierte Selbstkonzepte (Konzepte 11, 12). Die intrapsychischen und nicht-kohärenzorientierten Selbstkonzepte stehen unter dem Einfluss eines medial-vermittelt vorgestellten Außenwelt-Selbst-Verhältnisses (vgl. Bewirkungspfeile von Konzept 13 zu den Konzepten 8 und 12), wobei die Außenwelt selber eher als ‚mobil' qualifiziert wird (Konzepte 14, 15).

Die Modal-SLT-Modelle der Projekt- vs. Patchwork-Identitäten zeigen somit deutliche Schwerpunkte im Sinne der eingangs entwickelten modell-prototypischen Hypothesen zu den unterschiedlichen Identitätsentwürfen dieser beiden Subgruppen, sind aber keine ‚Monokulturen': Beide Modelle zeigen auch, allerdings in geringem Maße, Elemente des jeweils kontroversen Modells – die Projekt-Identitäten somit auch selbstorientierte Mobilitätskonzepte (vgl. Abb. 6, Konzept 5), die Patchwork-Identitäten auch selbstorientierte Fixierungs- und Selbstfindungskonzepte (vgl. Abb. 7, Konzepte 6, 7 und 10).

4. Interpretationsperspektiven: Subjektive Selbst-Identität im Spannungsfeld von individueller und überindividueller Geschichte wie Zukunft

4.1. Subjektive Selbst-Identität: Von der idiographischen Methodik zur theoretischen Modellierung überindividueller Identitätstypen und deren historischen Genese

Mit Hilfe der Heidelberger Struktur-Lege-Technik (SLT) und der darauf aufbauenden Idiographischen Struktur-Aggregierung im Medium der SLT (ISA-SLT) konnten zunächst individuelle Identitätskonstruktionen ‚aus der Sicht des Subjekts' rekonstruiert und als subjektive Projekt- vs. Patchwork-Identitäten getrennt werden. Diese Individualmodelle ließen sich anschließend zu überindividuellen Modal-SLT-Modellen methodisch aggregieren, die die ‚durchschnittlichen' subjektiven Identitätskonstruktionen der beiden Subgruppen Projektversus Patchwork-Identitäten repräsentieren. Dies demonstriert zunächst die methodische Möglichkeit, in diesem Themenbereich mit qualitativ-orientierten Verfahren sowohl individuell als auch überindividuell ‚fündig' zu werden.

Das dialog-konsensuale Erarbeiten unserer ISA-SLT-Strukturmodelle stellt – aus der Optik des methodisch-konzeptuellen Vorgehens – zunächst das Schaffen eines Verständigungsraumes mit Hilfe eines Mediums dar, das dem interviewten und dabei sich-selbst-explizierenden Erkenntnis-Objekt in Kooperation mit einem explorierenden Erkenntnis-Subjekt eine Kommunizierbarkeit ohne wesentliche Komplexitätsreduktion erlaubt. Der methodische Weg der auf das ‚Wesentlichste' zielenden Super-SLT-Modell-Erarbeitung geht dabei über die aggregierende Analyse der verschiedenen Mikro- und Makro-SLT-Modelle einer Person.

Ob das letztlich entstehende Super-SLT-Modell höhere Erkenntnisqualitäten für den Interviewten offeriert, dürfte davon abhängen, ob es für ihn emergente Qualitäten entwickelt, ob also mit ihm Informationskonstellationen deutlich werden, die in den verschiedenen Mikro- und Makromodellen noch nicht erkennbar waren. Im Sinne eines solchen Emergenzgewinns kann in den resultierenden Super-SLT-Strukturen durchaus etwas deutlich werden, was der Explorierte vorher ‚über sich' nicht kannte und jetzt – mit unterschiedlich affektiver ‚Überraschung' bzw. Betroffenheit – zwar als das ‚Seinige' und möglicherweise sogar als etwas sehr Wesentliches über sich erkennt und konsensvalidiert, aber zuvor – zumindest nicht ‚bewusst' – ‚meinen' konnte, weil die strukturelle Grammatik des sich jetzt offenbarenden ‚Meinens' ihm noch nicht reflexiv verfügbar war. Darauf deuten die Ergebnisse unserer Skalen zur Selbsteinschätzung des persönlichen Erkenntnisgewinns und des Bewusstwerdens selbst-bezogener Themen und Strukturen über das gesamte ISA-SLT-Verfahren hin (vgl. Obliers, 1996, S. 103ff.). Auf diesen Skalen wird die dialog-konsensuale Erarbeitung der Super-SLT-Modelle als deutlicher persönlicher Erkenntnisgewinn eingeschätzt.

Interventionstheoretisch wäre dabei noch interessant, ob derartige übergreifende, selbstkonfigurierende Muster, wenn sie durch die ISA-SLT als individualdiagnostische Methode reflexiv gemacht werden können, wenn nötig, sich im Sinne einer Selbstentwicklungskompetenz (Sieland, 1988) mobilisieren bzw. flexibilisieren lassen? Fördert die Aufdeckung des Impliziten eine Chance zur Änderung, sofern diese als Gewinn einer größeren Lebensvariabilität gewertet wird – die Frage nach der eigenen Individualfuturistik?

Diese so erfassten Individualmodelle zur subjektiven Selbst-Identität ließen sich anschließend zu überindividuellen Modal-SLT-Modellen methodisch aggregieren, die die ‚durchschnittlichen' subjektiven Identitätskonstruktionen der beiden Subgruppen der ‚Projekt'- versus ‚Patchwork'-Identitäten repräsentieren. Dies demonstriert zunächst die methodische Möglichkeit, in diesem Themenbereich auch mit qualitativ-orientierten Verfahren ein Analogon zum Mittelwert bei quantitativ-orientierten Verfahren zu schaffen (vgl. Oldenbürger, 2000; Scheele et al., 1991; Schreier, 1997; Stössel & Scheele, 1992).

Als methodisches Problem muss – bei den in dieser Untersuchung vorliegenden sehr kleinen Stichproben – die Gefahr von z.T. relativ inhaltsleeren aggregierten Modalstrukturen genannt werden. Bei der vorausgehenden inhaltsanalytischen Kategorisierung (vgl. Tab. 1) zwang die Kleinheit unserer Stichproben zu relativ breit angelegten Kategorien, um eine überindividuelle Vergleichbarkeit zu erzielen. Dies allerdings erhöht die Wahrscheinlichkeit von Konzept-Relations-Kombinationen, bei denen zwei durch eine Relation verbundene Konzepte derselben inhaltsanalytischen Kategorie zugehören (z. B. der Kategorienkomplex K1c und K1h in Abb. 7; zu diesem Problem vgl. die Diskussion bei Schreier, 1997, S. 58f.). Dies ist aber dem Verfahren nicht prinzipiell anzulasten, sondern verweist zunächst auf ein Problem bei sehr kleinen Stichproben. Damit in Verbindung steht allerdings das grundsätzliche Problem der ‚optimalen Kategorienbreite' der involvierten Inhaltsanalyse: „Je differenzierter einerseits die inhaltsanalytischen Kategorien angelegt sind, ... desto mehr interindividuelle Unterschiedlichkeit bleibt erhalten, desto ‚magerer' muß aber notwendig auch die Modalstruktur ausfallen; je breiter andererseits die inhaltsanalytischen Kategorien gewählt werden, desto mehr

Vergleichbarkeit ist gegeben, ... desto geringer aber auch die abgebildete Individualität" (Schreier, 1997, S. 58).

Inhaltlich sind die resultierenden Ergebnisse als Beitrag für eine umfassende und zeitaktuelle Identitätsforschung zu verstehen, die in Ergänzung zu sozial-gesellschaftlichen ‚Außen'faktoren auch Identitätskonstruktionen aus der ‚Innen'sicht des Subjekts umfasst. So scheinen unsere Befunde erste Hinweise dafür zu liefern, dass schnell-lebige ‚Außen'faktoren der ‚Um'welt ihr Pendant in einer Flexibilisierung und Mobilisierung der personalen ‚Innen'welt finden.

Mobilitätskonzepte charakterisieren sowohl die Selbst- als auch die Außenwelt-Konzepte unserer Subgruppe mit Patchwork-Identitäten. Die Erwartung selbstkonzeptueller Nicht-Kohärenz wird unter dem Einfluss eines medial-vermittelt verstandenen Außenwelt-Selbst-Verhältnisses gesehen, wobei die Außenwelt deutlich unter dem Mobilitätsgesichtspunkt thematisiert wird. Hinsichtlich der konzeptuellen Vernetzungen zeigen die Patchwork-Identitäten vorrangig ‚dynamische' Relationen (Wechselwirkungen, Bewirkungen, Absichten, Erwartungen).

Die Subgruppe mit Projekt-Identitäten weist hingegen eher statische konzeptuelle Vernetzungen (definitorische, subordinierende, qualifizierende und manifestierende Relationen) auf. Ihre selbstorientierte Konzeptwelt ist definitorisch, hierarchisch und qualifizierend gebaut. Sie ist der Kohärenzorientierung untergeordnet und versteht sich als Manifestation einer kohärenzorientierten Außenwelt-Selbst-Beziehung, insbesondere unter dem direkten Einfluss der personalen Außenwelt. Insgesamt wird die Außenwelt deutlich unter einem statischen Gesichtspunkt thematisiert.

Die Modal-SLT-Modelle der Projekt- vs. Patchwork-Identitätsgruppen zeigen somit deutliche Schwerpunkte im Sinne der eingangs dargelegten identitätstheoretischen Hypothesen zu den unterschiedlichen Identitätsentwürfen dieser beiden Subgruppen, sind aber keine ‚Monokulturen': Beide Modelle zeigen auch, allerdings in geringem Maße, Elemente des jeweils kontroversen Modells.

Es lassen sich somit empirisch in den subjektiven Identitätskonstruktionen der hier interviewten Personen Aspekte finden, die in der identitätstheoretischen Literatur unter Topics wie „flexibel-variable Verbindung zwischen den Teil-Selbsten" (Bilden, 1998, S. 243), „Kohärenz in der Vielfalt" (o.c., S. 245), „Person als offener Prozeß" (o.c., S. 236), „Person als dynamisches System vielfältiger Teil-Selbste" (o.c., S. 233) u.a. diskutiert werden.

Diese gewachsene selbstkonzeptuelle Gestaltungsplastizität bedeutet aber nicht nur, im Sinne eines Lastenabwurfs, eine Befreiung aus der schwerfüßigen Gravitation klassischer Identitätskonzepte, sondern stellt umgekehrt auch „hohe Ansprüche an die Subjekte" (Bilden, 1998, S. 247) als ein störungsanfälliges, krisenträchtiges Unterfangen, das „je nach den äußeren gesellschaftlichen Bedingungen und inneren subjektiven Bedingungen der einzelnen" auch zur Zerreißprobe werden kann (l.c.). Die selbstkonzeptuelle Syntheseelastizität unter zunehmenden gesellschaftlichen Mobilitätsanforderungen zu erhöhen, heißt auch, „personale Infragestellungen, Gefährdungen, Herausforderungen als Entwicklungsbedingungen der eigenen Biographie zu integrieren" (Bialas, 1998, S. 47).

In diesem Kontext lässt sich das vorgestellte ISA-SLT-Verfahren als individual-diagnostische Methode mit deutlich selbst-reflexiven Anteilen zur prophylaktischen Biographie- und Identitätsberatung diskutieren. Zu diesem Zweck kann es verschiedene Varianten und Typen von subjektiven Identitätskonstruktionen ‚im Einzelfall' sichtbar machen, die für den künftigen Lebensverlauf möglicherweise nicht gesehene Entwicklungspotenziale, aber auch spezifische Krisenpotenziale mittransportieren und antizipatorisch ‚verhandelbar' werden lassen. Wenn hier abschließend der individual gelebte ‚Identitätsentwurf' mit Blick auf die eigene personale Zukunft unter prophylaktischen Gesichtspunkten angesprochen wird, dann sollten darüber hinaus auch ‚modal' gelebte Identitätsentwürfe mit Blick auf die kollektive Zukunft andiskutiert werden.

4.2. Zukunft von Selbst-Identität(en) und Identitätsforschung

„Das Fernziel ist ‚Automorphing' ... sich in ein Paket Information zu verwandeln ... Als ‚posthumane Informorphe' werden wir ‚unsere Identität so frei wählen wie Kleidung', verkündet Max More" (Steinmüller & Steinmüller über die Extropier, 1999, S. 257).

Menschliche Selbst-Identität, wo geht sie hin – übermorgen? Aktuelle Delphi- und andere Prognose-Studien fragen nicht danach, sie haben eher operative Möglichkeiten der künftigen Welt-Gestaltung, Technik- und Ressourcenentwicklung im Sinn oder prognostizieren mahnend bedrohliche terrestische Entwicklungen, Rohstoffverknappungen, Klimaentgleisungen und explosives Bevölkerungswachstum (vgl. u.a. Bundesministerium für Forschung und Technologie, 1993; Bundesministerium für Bildung, Wissenschaft, Forschung und Technologie, 1998a, b; Cuhls, Blind & Grupp, 1998; die Berichte des Club of Rome, vgl. Meadows, Meadows, Randers & Behrens, 1972). So wichtig dieses Prognosespektrum ist, die Frage nach der *psychischen* und selbstkonzeptuellen Beschaffenheit von Menschen, die künftig in derartig vorhergesagten Lebensszenarien leben werden, sie gestalten und/oder auch erleiden, ist aber offenbar kein explizites Thema. Dabei dürfte auch die ‚psychische Welt' ähnlich drastische Veränderungen erfahren wie die ‚physische' – sie sind nicht voneinander ‚unabhängige Variablen'.

Massive, künftige Veränderungen des ‚Menschseins' werden entlang futuristisch als relevant erachteter Wahrscheinlichkeitspfade prognostiziert („Projektionslinien", „Themenlinien", „Sphären", „Megatrends", usw.), durch die künftige Entwicklungen thematisch und perspektivisch sichtbar gemacht werden sollen (Horx, 2000; Steinmüller & Steinmüller, 1999, S. 546ff).

In der *Projektionslinie ‚Internetgesellschaft'* werden zunehmend größere Anteile des Alltagslebens ‚netzabhängig' gesehen: ‚Teleshopping', ‚Teledemokratie', ‚intelligente Häuser' usw. Computer- und netzunterstütztes Alltagsleben wird mit einer zunehmenden Fülle von Sensoren, Chips und Microcomputern ausstaffiert, die in die normale Alltagswelt integriert und erlebnismäßig weitgehend unauffällig werden (Steinmüller & Steinmüller, 1999). Der ‚virtuelle' Datenraum und die ‚reale' Welt verwachsen zunehmend, ebenso wie die zur Jahrtausendwende mittlerweile rund 270 Millionen Internet-Nutzer untereinander (geschätzte 2 Milliarden bis zum Jahr 2007; Castells, 2000, S. 148) – nach nur 10 Jahren World Wide Web (vgl. Berners-Lee, 1999). Wie wird sich das Verhältnis zwischen realen „Subjekt-Objekt-Beziehungen" und relativ flüchtigen „Selbstvirtualisierungen" im Netz gestalten (vgl. Bialas, 1998, S. 56f.; Döring 1999)?

Dazuzudenken ist die *Projektionslinie ‚Evolution des Computers',* der nach dem offenbar absehbaren Erreichen der Miniaturisierungsgrenzen von elektronischen Prozessoren die Elektronik-Schwelle überschreiten und wahrscheinlich eine ganz andere Klasse von Zukunftsrechnern erobern wird: Computer, die mit Eiweißmolekülen, Licht oder mit Quantenteilchen rechnen – DNA-, Photonen- oder Quantencomputer, deren konzeptuelle und grundlagenorientierte Schwierigkeiten bereits in den Entwicklungslabors von ATT, IBM, MIT usw. bearbeitet werden und die die Reizvisionen für das begonnene 21. Jahrhundert darstellen (Blum, 1997; Kurzweil, 1999, S. 136ff.; Rink, 1997; Schwartz & Leyden, 1997). Sie sollen gewaltige Rechenleistungen auf kleinstem Raum in einem Verhältnis realisieren, das mit derzeitigen elektronischen Prozessoren unvorstellbar ist (Jacobs, 1997; Scriba, 2000). Schon wird aus dem exponentiellen Wachstum der maschinellen Rechenleistung ihr künftiges Überschreiten der „Rechenleistung" eines menschlichen Gehirns für das Jahr 2019 mit einem 4000 Dollar-Rechner abgeleitet, das der „Rechenleistung" aller menschlichen Gehirne für den Zeitraum um das Jahr 2060 (Kurzweil, 1999, S. 168 u. 449ff.).

Außerdem tauchen *Visionen nach Synergismus- und Emergenz-Effekten* auf – und natürlich auch kritische Diskussionen, die eine Mystik der neuen Medien zwischen Utopie und Paranoia diagnostizieren (Lau, 1997): Könnte das Internet, das derzeit alle 100 Tage seine durchlaufende Datenmenge verdoppelt und inzwischen Meta-Suchmaschinen erforderlich macht, in Verbindung mit der Evolution des Computers ungeahnte Synergismus-Effekte und eine emergente Metamorphose in so etwas wie ‚einen' superintelligenten Gesamtrechner erfahren? Manche sprechen von einem „planetaren Nervensystem", einem „globalen Gehirn", andere visionieren einen kollektiven „Hyperkortex" (Kelly & Reiss, 1998; Lévy, 1997), dessen ‚Nervenzellen' (das Wort ‚Computer' wird es vielleicht künftig nicht mehr geben) zunehmend biologisiert werden: „self-configuring, self-monitoring, and self-tuning ... the network will be evolutionary ... a kind of organism" (Kelly & Reiss, 1998, S. 1ff.). Zunächst einmal wird aber an der virtuellen, vernetzten Welt nur etwa ein Drittel der Weltbevölkerung teilhaben, zwei Drittel nicht, die ausgeschlossene ‚vierte Welt'.

Was wäre, wenn in der *biotechnologischen Projektionslinie* – erst 50 Jahre seit der DNA-Entschlüsselung durch Francis Crick und 22 Jahre nach dem ersten Retortenbaby – die derzeit diskutierte Formel „Therapeutisches Klonen ja, reproduktives Klonen nein" (vgl. Fischer, Hoffritz, Niejahr & Sentker, 2000, S. 12) „für viele, die davon etwas verstehen, lediglich eine vorübergehende Einschränkung (ist), die in zehn Jahren Makulatur sein dürfte" (Krönig, 2000, S. 13; vgl. auch Bundesministerium für Bildung und Forschung, 2001)? Was wäre, wenn die Debatte um die prophylaktische Reflexion künftiger ‚Anthropotechniken' (Sloterdijk, 1999b; c, S. 42; vgl. auch Dworkin, 1999; Franke & Grolle, 1999) längst Vergangenheit geworden ist – Techniken, die biotechnologisch möglicherweise bis zu einer ‚expliziten Merkmalsplanung' des Menschen vordringen (was auf psycho-edukativer Ebene, wenn auch mit anderer Stringenz und anderen Modalitäten, durch Schule und Erziehung von alters her schon immer betrieben wurde)? Was wäre, wenn diese Entwicklung, natürlich flankiert von moralisch heiß diskutierten Codexmutationen und prinzipiell vergänglichen Gesetzen, sich letztlich doch durchsetzt? Was wäre, wenn sich dann möglicherweise Silvers These (1998) der gentechnologischen Zweiklassen-Gesellschaft bewahrheiten würde, derzufolge sich die Menschheit langfristig in die „GenReichen" und in die „Naturbelassenen" aufspalten würde – die Genoptimierung des Nachwuchses eine Frage des Geldes wird („genoptimierte Designer-Kinder", vgl. Steinmüller & Steinmüller, 1999, S. 376ff.)? Während die ärmere Bevölkerung als „Naturbelassene" bei ihrer Standardausstattung von 46 Chromosomen bliebe (so wie wir heute noch alle), könnten die Reicheren sich als „GenReiche" generationsübergreifend exponentiell beschleunigten Genoptimierungen unterziehen, langfristig mit zunehmenden Chromosomenpaaren, extrem verlangsamten Alterungsprozessen, sehr viel weiter entwickelten Gehirnen, exponentiell körperlich optimierten Ausstattungen zum Bewohnen drastisch anderer Lebenswelten, was letztlich in die Entwicklung verschiedener Menschen„arten" münden müsste, die mit den ursprünglichen „Naturbelassenen" nur noch wenig gemein haben. Die Vision des genmanipulierten Menschen, der sich zunehmend der „Freiheit" des „Zufall(s) der Kombinationen des elterlichen Erbguts ... der genetischen Lotterie (entzieht)" (Honnefelder in Emcke & von Festenberg, 1999, S. 317) und die Gestaltungplastizität des genetischen Designs an sich ziehen will.

Was wäre, wenn in der *neurobionischen Projektionslinie* durch zunehmende Transplantier- und Substituierbarkeit menschlicher Organe, durch Hybridtechnologien zur Verbindung von Mikroelektronik und organischem Gewebe Konzeptionen vom ‚natürlichen, einmaligen Individuum' zunehmend reflexions- und modifikationsbedürftig würden? Wenn nach Cochlea- und Netzhautimplantaten, Neuroprothesen und Neurochips – auf lange futuristische Sicht – technobiologische Mischwesen möglich würden, Cyborgs, in die technische Komponenten integriert sind (vgl. Steinmüller & Steinmüller, 1999, S. 538)? Was wäre, wenn dann das Konzept des *‚hybriden Lebens'* – das Zusammenwachsen von Biosphäre und Technosphäre – zunehmend Realität würde (o. c., S. 407f.)?

Was wäre, wenn in der *Projektionslinie ‚Nanotechnologie'* Mikrosystemtechnik und nanotechnologische Fortschritte in immer kleinere Dimensionen vorstoßen und Materie auf atomarer Ebene formbar wird (Drexler, 1992; Kouwenhoven, 2000; Kurzweil, 1999, S. 218ff.)? Wenn somit nanotechnologisch die physische Welt in einem Maße ‚umbaubar' würde, dass derzeit Fixes futuristisch Gestaltbares wird – und letztlich „die Konkurrenz zwischen virtueller und realer Wirklichkeit (entfallen würde)" (Horx, 2000, S. 43)? Wird es in irgendeinem Ausmaß möglich werden, Organe und Körperteile Molekül für Molekül zu reparieren und umzubauen?

Wenn somit die Gestaltungsplastizität von Materie, Organismen, technobiologischen Hybridmöglichkeiten möglicherweise drastisch wachsen wird, wie lange trägt das *Konzept des ‚Individuums als einmaliges, unteilbares Subjekt'* mit den derzeit vorstellbaren Identitätskonzeptionen noch – oder bekommt es ‚konzeptuelle Fransen' und wird zunehmend ‚fuzzy'? Wenn die Gestaltungsplastizität des materiellen und genetischen Designs ‚des Menschen' explodiert, was ist dann mit der psychischen, selbstkonzeptuellen Gestaltungsplastizität? Sind die gegenwärtig diskutierten ‚Patchwork-Identitäten' ein erster Anfang einer solchen Plastizität? Oder steht diese mehrheitlich gar nicht ‚unter eigener Regie' und ist eher eine derzeit ‚vom Markt' erzwungene: der Arbeitnehmer als ‚zwangsflexibilisierte, projekt-getriggerte Ich-AG'? Der alte Proletarier-Begriff gewinnt völlig neue Konturen und sieht sich ganz anderen Fronten (mit durchaus alten Substanzanteilen) gegenübergestellt. Auch er wird sich weiterhin mutieren und weist doch auf die alte, gleichwohl sich futuristisch fortschreibende Wunde der gesellschaftlichen Menschheitsentwicklung hin: Was ist also mit der *Projektionslinie ‚Arm – Reich'*, der zunehmend ‚gespaltenen Gesellschaft', in der z. B. 5% der privaten BRD-Haushalte mehr als ein Drittel, die unteren 50% weniger als ein Zehntel des gesamten privaten Vermögens besitzen und die Zahl der Sozialhilfeempfänger prozentual vergleichbar mit der Zahl der Vermögensmillionäre wächst (Der Spiegel, 1997, S. 86ff.) – der öffentlich verdrängten „neu-alten Klassengesellschaft" (Nolte, 2001, S. 7)? Wenn z.B. auf drei Viertel der Weltbevölkerung nur 20 Prozent des Handelsvolumens entfallen, dafür rund 80% auf das Dreieck USA, Japan und EU (Walther, 1998), wenn in den USA die Verpackung von Waren so viel wie die Grundversorgung mit Nahrungsmitteln in ganz Indien kostet (Sigusch, 1997, S. 862), dann mögen dies nur einige Hinweise auf höchst unterschiedliche Grundgefährdungen und Überlebenschancen für verschiedene Menschen und Völker sein. Was wird sein mit den durch Langzeitarbeitslosigkeit sozial Ausgegrenzten (Vogel, 2000), den Benachteiligten, ‚Zurückbleibenden', den „Naturbelassenen" (bei Silver), den nicht mit neuronalen Implantaten aufgerüsteten „VOMs" („Vorwiegend Originalsubstrat-Menschen" bei Kurzweil) oder wie sie auch heißen mögen, und schlichtweg den Armen, die möglicherweise zunehmend die Mehrheit der Menschheit darstellen werden (die Hinterbliebenen des ‚Total-Augments')? Die, die in ihrem Leben noch nicht einmal die Chance haben, wenn auch nur ‚eine', aber zumindest mehr oder minder ‚eigene' Identität zu entwickeln, die noch nicht einmal am turbokapitalistischen Flexibilitätszwang, der die Negativ-Variante der Patchwork-Identität einfordert, teilnehmen dürfen und als Hungernde weder einen Internetzugang, noch eine Börsenkurve, noch ein gentechnisch optimiertes Ersatzorgan ‚essen' können?

Wird das klassische Ideal des ‚Individuums als einmaliges, unteilbares Subjekt' zum „Standortnachteil Ich" (s. Eingangszitat), das selbst für die Armen, Naturals, VOMs usw. nur noch eine antiquierte Reizvision darstellen kann und für die Reichen, per Kapital ‚Aufbruchfähigen', sich genetisch-neurobionisch-nanotechnologisch Entwickelnden, allemal nicht mehr gilt? Oder wird die so gesehene Zwei-Klassen-Front sich futuristisch ‚entschärfen' und doch die Mehrheit der Menschen die Entwicklungsstrecke ‚Individuum – Dividuum (Sigusch, 1997) – Multividuum' mit allen notwendigen trans- und intraindividuellen Erweiterungen und Mutationen ‚homogener' als befürchtet gehen?

Was könnte eine futuristisch-orientierte Psychologie dazu beitragen? Eine *Projektionslinie ‚Psychologie'* – wird es sie überhaupt geben (vgl. Solso & Massaro, 1995)? Wer aber sonst sollte einen Beitrag zur psychischen Gestaltungsplastizität künftiger Menschen und ihrer subjektiven Identitätskonzeptionen leisten? Vielleicht erfordert diese gegenstandsbezogene Aufgabenstellung eine künftige selbstbezogene Aufgabe der Psychologie, ihre eigene theoretisch-konzeptuell-methodische Gestaltungsplastizität zu erweitern. Reicht es, die theoretischen und empirischen Bemühungen auf den ‚neuesten empirisch vorgefundenen Stand' des hier infragestehenden Gegenstandes zu bringen, zu ‚beobachten, was ist' – oder liegt in diesem Vorgehen eine zu reaktive Auslegung des sich in diesem Bereich bewegenden Wissenschaftsunternehmens? Rückt Wissenschaft hier in die Rolle eines hinterherhinkenden Reporters mit analytischer Wiederaufbereitungsanlage? Im ungünstigen Fall würde die Psychologie bei der Frage nach künftigen subjektiven Identitätskonzeptionen selber, unter empiristischem Diktat (vgl. auch Alisch, 1999, S. 157), erst an den futuristischen Veränderungen ihres Gegenstandes ‚Mensch' wachsen, wenn diese ‚empirisch fassbar' und somit gegenwärtig geworden sein werden. Im günstigeren Fall verliefe die konzeptuelle Selbsterweiterung umgekehrt: Durch ihr eigenes prophylaktisches ‚Wachsen' (Erweiterung ihrer empirischen Hauptlinie durch eine futuristisch-sensible Antizipationslinie) *in Erwartung* des sich verändernden ‚Gegenstandes' könnte die Psychologie antizipatorisch Reflexionspotenziale bereitstellen, um die Ferneffekte jetzigen menschlichen „Tuns" möglicherweise früher in ein „reflektiertes Handeln" zu überführen (vgl. die Handeln-Tun-

Verhalten-Diskussion bei Groeben, 1986) – die Vision einer „fernfolgenbedenkenden Vernunftkultur" (Sloterdijk, 1999a, S. 996).

Unabhängig davon, ob sich die genannten Prognosen und Projektionslinien realisieren, möglicherweise ganz andere die Oberhand gewinnen (ökologische, politische, gesellschaftlich-soziale ...) oder ob sich im ‚Kartenspiel der Zukunft' unter dem Einfluss von unerwarteten ‚wild cards' das futuristische Gesamtszenario völlig anders gestalten wird, die menschliche ‚Umwelt' wird ‚sich' drastisch ändern und ihren menschlichen Veränderer mit. Wenn „der Mensch sich in der Umgestaltung seiner Lebensverhältnisse selbst tiefgreifend verändert" (Guggenberger, 1990, S. 549) – vom Faustkeil über das Internet bis zu nur ahnbaren Nachfolgeszenarien –, sollte „am Ende ... nicht schicksalhafte Ergebenheit vor den ‚Megatrends' stehen, sondern eine neue Form der Zukunftsverantwortung, in der wir uns wieder als handelnde Subjekte wahrnehmen können" (Horx, 2000, S. 13). Eine Psychologie, die Reflexivität und Handeln sowie dessen Ferneffekte konzeptuell zusammendenkt und in ihre Methodik einbaut, könnte einer von vielen Startpunkten einer solchen Entwicklung sein, in der reflexives Handeln in Erwartung einer für uns derzeit kaum vorstellbar wachsenden Gestaltungsplastizität des materiellen, des genetischen und des psychischen Designs ‚des Menschen' im Kontext einer konfliktreichen Gesamtwelt antizipierend vorweg modelliert wird.

5. Die Verschränkung von individueller und überindividueller Historizität unter sozialwissenschaftlicher Perspektive

An dem hier vorgestellten Themenbereich zur Veränderung und Weltbezogenheit von Identitätsentwürfen lassen sich mehrere Aspekte als Beitrag für die Programmatik einer sozialwissenschaftlichen Psychologie (Groeben, 1997, 1999) herausheben:

Individuelle Historizität und Sozialität, soweit sie hier am Beispiel der individuellen Identitätsentwürfe deutlich wurden, gehören zu den konstitutiven anthropologischen Merkmalen des Menschen unter sozialwissenschaftlicher Perspektive (vgl. Erb, 1997; Groeben, 1996, S. 25ff.). Für den Menschen als ein soziales ‚Wesen in progress' ist ein ahistorisches und asoziales Denkmilieu gegenstandsinadäquat. Dazu gehört auch, dass die Perspektive der Selbst-Identität nicht nur in der Rückschau als ‚autobiographisches Gedächtnis' wie in der heutigen mainstream-Psychologie (Rubin, 1996; Conway & Pleydell-Pearce, 2000) thematisiert wird, sondern auch in der Vorausschau hinsichtlich der positiven Entwicklungsmöglichkeiten, d.h. zunächst einmal als individuelle Selbstutopie, wie wir es mit der hier dargestellten Untersuchung versucht haben.

Daran schließen sich die Gesichtspunkte der **überindividuellen Historizität und historischen Relativität sozialwissenschaftlicher Gesetzmäßigkeiten** an. Die theoretische Modellierung von Identitätsentwürfen des Subjekts muss historische Veränderungen in diesem Gegenstandsbereich berücksichtigen. Als Beispiel mag die hier diskutierte Verschiebung von Projekt- zu Patchwork-Identitäten im Rahmen der Umschichtung der Postmoderne gelten. Derartige historische Entwicklungen des Gegenstandsbereichs wiederum sind durch entsprechende sozialwissenschaftliche Entwicklungsgesetzmäßigkeiten bzw. -wahrscheinlichkeiten und möglichst theoriehistorische Kontinuität (vgl. Scheele, 1999) abzudecken, was als ein zentraler Aspekt sozialwissenschaftlicher Theoriebildung zu werten ist.

Letztlich ist die **Verschränkung dieser Historizität mit gesellschaftlichen Entwicklungen** herauszustellen. Sowohl die individuelle als auch die überindividuelle Historizität sind, gerade bei den hier diskutierten Identitätskonzepten, mit den mehrfach angesprochenen gesellschaftlichen Umbrüchen und Beschleunigungsprozessen verwoben. Diese Verbindungen zwischen soziologischen, ökonomischen, ökologischen usw. Charakteristika einer sich beschleunigt ändernden Gesellschaft und den psychologischen Konstrukten zu explizieren, wird zur Aufgabenstellung einer ‚interdisziplinären Methodik', die jenes ‚cross referencing' unter prognostischen Gesichtspunkten leisten können muss (vgl. Horx, 2000, S. 12). Eine hier auch anzusiedelnde und zu entwickelnde sozial-kulturwissenschaftliche Methodik müsste diverse Probleme methodologisch umsetzen, wie z.B. in der Konzeption des Ko-Konstruktivismus, der Personen als ‚personal-kulturelle' Mikroeinheiten innerhalb einer ‚kollektiv-kulturellen' Makroeinheit mit bi-direktionalen Transformationen versteht (vgl. Vorderer & Valsiner, 1999, S. 138ff.). Die Explikation der Transformationsschritte, das Ineinandergreifen von mikro- und makroskopischen Beschreibungen und Erklärungen bei ‚begrenzter Unabhängigkeit' der beiden Ebenen, die Berücksichtigung der Komplexität und Eigendynamik psychologischer Explananda, die zwar sozial und biologisch, aber auch mehr als beides sind und insofern eine reduktionistische Biologisierung oder Soziologisierung der Psychologie verbieten, stellen Arbeitsanforderungen an eine sozial-kulturwissenschaftliche Methodik dar.

Psychologische Theorien zur zukünftigen Entwicklung ‚des Menschen' letztlich müssten die permanente Änderung der Relation zwischen Individuum und Gesellschaft bzw. die künftigen Mutationen der Mikro-Makro-Transformationen thematisieren. Es bedarf einer forcierten Diskussion, inwieweit die Psychologie, wie bereits in 4.2. angesprochen, derartigen zukünftigen Entwicklungen sozusagen nur deskriptiv hinterherhinkt (als Reporter, der feststellt, was ‚gerade empirisch ist') oder Bezug nehmend auf die oben genannten futuristischen Projektionslinien künftige psychische Verhältnisse extrapoliert und antizipatorisch Reflexionspotenziale bereitstellt oder vielleicht auch selber Zukunftsentwürfe kreiert, um auf die Art und Weise die Entwicklung mitbeeinflussen zu können und sie nicht nur anderen Zukunftsmodellen, z.B. naturwissenschaftlichen Technikfolge-Abschätzungen, zu überlassen.

In diesem Kontext hat Groeben (1988) Futurologie als Utopieforschung mit Blick auf die Psychologie thematisiert. In der herrschenden Psychologiekonzeption diagnostiziert er „ein Utopievakuum bzw. zumindest ... eine Utopieschwäche" (S. 193): Durch die Prävalenz der Methodologieebene über die Gegenstandsebene wird die Beschäftigung mit utopieorientierten Problemstellungen verhindert. Groeben plädiert für die Relevanz einer psychologischen Utopie-Forschung sowohl auf der Gegenstands- wie auf der Theorieebene, wobei der Utopie-Begriff nicht im alltagssprachlichen Gebrauch ‚Illusion', ‚Nicht-Realität' usw. meint, sondern im wissenschaftlichen Utopie-Verständnis einen „angestrebten, denkbaren Realitätsentwurf" (S. 190). Utopisches Denken wird dabei als ein „Sich-Freidenken von den gesellschaftlichen Determinationen der Wissenskontrolle und -erweiterung" verstanden, als ein „schwebendes Gleichgewicht zwischen Realitätstranszendenz und Realitätsbezug" (S. 191), bei dem weder der Idealitäts-, noch der Realitätsfaktor verselbstständigt werden, sondern in einer „polaren Integration" (Groeben, 1981; 1988, S. 199) miteinander verbunden sind und sich korrelativ korrigieren.

Für eine in die Zukunft weisende *Projektionslinie ‚Psychologie'* müsste sich der ‚Realitätsfaktor' unter anderem auch mit der bisherigen Gewordenheit des Unternehmens ‚Psychologie' in den wesentlichen Entwicklungslinien auseinandersetzen, um auch von dort her künftige Entwicklungswahrscheinlichkeiten ‚realitätstranszendent' abzuleiten. In diesem Sinne diskutiert Groeben (1996) die „Zukunft der Psychologie als Bewußtsein ihrer Geschichte und Vergangenheit". Dabei begründet er die Geschichte der Psychologie als Beleg für die Daseinsberechtigung unterschiedlicher Methodologien und Anthropologien mit der „anthropologischen Spannbreite des Gegenstandes der Psychologie und damit der in diesem Gegenstand ('menschliches Subjekt') vorhandenen Spannungen: dem Gegenstand des sozialen(,) Sinn generierenden Organismus" (S. 6), der nun einmal sowohl Organismus- als auch sinngenerierende Merkmale aufweist. Von daher erscheint nur ein pluralistisches Bewusstsein von der Geschichte des Faches ‚Psychologie' mit seinen drei großen Traditionen (verhaltenstheoretische Tradition, psychoanalytische Tradition, verstehenstheoretische Handlungstheorie) als gegenstandsadäquat, woraus notwendigerweise ein institutionalisierter Pluralismus folgt.

Ein solcherart visioniertes innerfachliches ‚cross referencing' der drei großen Psychologie-Traditionen bedürfte ferner eines ‚cross referencing' mit der künftigen Entwicklung der außerpsychologischen Welt, wie sie oben in einigen Projektionslinien skizziert worden ist. Für eine derartige ‚Zusammenarbeit' dürften, auf der Gegenstandsebene, die hier diskutierten ‚Identitätskonzeptionen' ein prototypisches Arbeitsfeld darstellen. Die Antizipation und Reflexion künftiger menschlicher Selbst-Identitätsentwürfe muss mit Blick auf die Vielschichtigkeit einer zu prognostizierenden Welt – und umgekehrt – vollzogen werden. So wichtig die aktuelle Debatte um die ‚neuen' Patchwork-Identitäten in der gegenwärtigen Welt sein mag – sie werden nur das präsentische Vorspiel für ein futuristisches Hauptspiel sein. Eine zu entwickelnde *Zukunftspsychologie* hätte dies in Angriff zu nehmen.

[1]Im Bewusstsein des Genus-Sexus-Problems (vgl. Scheele & Groeben, 1997) werden im Folgenden trotzdem aus Lesbarkeitsgründen weitgehend nur eine Geschlechtsform genannt, beide Geschlechter aber gedacht.

6. Literatur

Alisch, L.-M. (1999). Psychologie und Pädagogik. In N. Groeben (ed.), Zur Programmatik einer sozialwissenschaftlichen Psychologie. Band I: Metatheoretische Perspektiven. 2. Halbband: Theoriehistorie, Praxisrelevanz, Interdisziplinarität, Methodenintegration (pp. 151-191). Münster: Aschendorff.

Beck, U. (1986). Risikogesellschaft. Auf dem Weg in eine andere Moderne. Frankfurt/M.: Suhrkamp.

Berners-Lee, T. (1999). Der Web-Report. München: Econ.

Bialas, W. (1998). Kommunitarismus und neue Kommunikationsweise. Versuch einer Kontextualisierung neuerer philosophischer Diskussionen um das Identitätsproblem. In H. Keupp & R. Höfner (eds.), Identitätsarbeit heute: Klassische und aktuelle Perspektiven (2. Aufl.) (pp. 40-65). Frankfurt/M.: Suhrkamp.

Bilden, H. (1998). Das Individuum – ein dynamisches System vielfältiger Teil-Selbste. Zur Pluralität in Individuum und Gesellschaft. In H. Keupp & R. Höfner (eds.), Identitätsarbeit heute: Klassische und aktuelle Perspektiven (2. Aufl.) (pp. 227-249). Frankfurt/M.: Suhrkamp.

Birkhan, G. (1992). Die (Un-)Brauchbarkeit der klassischen Testgütekriterien für Dialog-Konsens-Verfahren. In B. Scheele (ed.), Struktur-Lege-Verfahren als Dialog-Konsens-Methodik: Ein Zwischenfazit zur Forschungsentwicklung bei der rekonstruktiven Erhebung Subjektiver Theorien (pp. 231-293). Münster: Aschendorff.

Blum, W. (1997, 30. Mai). Quanten & Computer. Wie Rechner sich in parallelen Welten bewegen können. Die Zeit, p. 35.

Brunner, K.M. (1987). Zweisprachigkeit und Identität. Psychologie und Gesellschaftskritik, 44(4), 57-75.

Bundesministerium für Bildung und Forschung (ed.). (2001). Humane Stammzellen. Perspektiven und Grenzen in der regenerativen Medizin. Stuttgart/New York: Schattauer.

Bundesministerium für Bildung, Wissenschaft, Forschung und Technologie (ed.). (1998a). Delphi-Befragung 1996/1998. Potentiale und Dimensionen der Wissensgesellschaft – Auswirkungen auf Bildungsprozesse und Bildungsstrukturen. Endbericht. Basel: Prognos.

Bundesministerium für Bildung, Wissenschaft, Forschung und Technologie (ed.). (1998b). Delphi-Befragung 1996/1998. Potentiale und Dimensionen der Wissensgesellschaft – Auswirkungen auf Bildungsprozesse und Bildungsstrukturen. Integrierter Abschlußbericht: Zusammenfassung von Delphi I ‚Wissensdelphi' und Delphi II ‚Bildungsdelphi'. Basel/München: Prognos/Infratest Burke Sozialforschung.

Bundesministerium für Forschung und Technologie (ed.). (1993). Deutscher Delphi-Bericht zur Entwicklung von Wissenschaft und Technik. Karlsruhe: H. Grupp, Fraunhofer Institut für Systemtechnik und Innovationsforschung

Castells, M. (2000, 3. April). Überleben im Netzwerk. Der Spiegel, pp. 148-154.

Conway, M.A. & Pleydell-Pearce, C.W. (2000). The Construction of Autobiographical Memories in the Self-memory System. Psychological Review, 107(2), 261-288.

Crichton, M. (2000, 23. März). Ich habe einen Traum. Die Zeit, p. 20.

Cuhls, K., Blind, K. & Grupp, H. (1998). Delphi '98-Umfrage. Studie zur globalen Entwicklung von Wissenschaft und Technik. Karlsruhe: Fraunhofer-Institut für Systemtechnik und Innovationsforschung (ISI).

Dann, H.-D. (1992). Variation von Lege-Strukturen der Wissensrepräsentation. In B. Scheele (ed.), Struktur-Lege-Verfahren als Dialog-Konsens-Methodik. Ein Zwischenfazit zur Forschungsentwicklung bei der rekonstruktiven Erhebung Subjektiver Theorien (pp. 3-41). Münster: Aschendorff.

Der Spiegel (1997, 29. September). Die gespaltene Gesellschaft. Der Spiegel, pp. 86-100.

Döring, N. (1999). Sozialpsychologie des Internets. Göttingen: Hogrefe.

Drexler, E. (1992). Nanosystems: Molecular Machinery, Manufacturing and Computation. New York: Wiley Interscience.

Dworkin, R. (1999, 16. September). Die falsche Angst, Gott zu spielen. Die Zeit, pp. 15-17.

Emcke, C. & von Festenberg, N. (1999, 27. September). Der Mensch droht zu stolpern. Interview mit dem Philosophen und Bio-Ethiker Ludger Honnefelder über Moral und Naturwissenschaften. Der Spiegel, pp. 317-318.

Emrich, H.M. (1994). Postmoderne Hyperflexibilität, der Konstruktivismus und seine Kritik. In P. Buchheim, M. Cierpka & Th. Seifert (eds.), Neue Lebensformen – Zeitkrankheiten – und Psychotherapie (pp. 264-282). Berlin etc.: Springer.

Erb, E. (1997). Gegenstands- und Problemkonstituierung: Subjekt-Modelle (in) der Psychologie. In N. Groeben (ed.), Zur Programmatik einer sozialwissenschaftlichen Psychologie. Band I: Metatheoretische Perspektiven. 1. Halbband: Gegenstandsverständnis, Menschenbilder, Methodologie und Ethik (pp. 139-239). Münster: Aschendorff.

Erikson, E.H. (1946). Ich-Entwicklung und geschichtlicher Wandel. In E.H. Erikson (ed.). (1973). Identität und Lebenszyklus (pp. 11-54). Frankfurt/M.: Suhrkamp.

Erikson, E.H. (1968). Identity: Youth and Crisis. New York: Norton.

Erikson, E.H. (1973). Identität und Lebenszyklus. Frankfurt/M.: Suhrkamp.

Ernst, H. (1991). Das Ich der Zukunft. Psychologie heute, 18(12), 20-26.

Fischer, A., Hoffritz, J., Niejahr, E. & Sentker, A. (2000, 24. August). Ehrfurcht vor dem Leben. Bundesministerin Fischer sieht die Forschung an Embryonen mit Skepsis. Die Zeit, p. 12.

Franke, K. & Grolle, J. (1999, 27. September). Zucht und deutsche Ordnung. Philosophenstreit über die Menschenzucht. Der Spiegel, pp. 300-316.

Frey, H.P. & Haußer, K. (eds.) (1987). Identität. Stuttgart: Enke.

Gergen, K.J. & Gergen, M.M. (1988). Narrative and the Self as Relationship. Advances in Experimental and Social Psychology, 21, 17-56.

Gerken, G. (1989, 1. Dezember). Das Borderline-Syndrom: Die beste Krankheit des Jahrzehnts. Wiener, 12, 74-81.

Gollwitzer, P.M. (1987). Suchen, Finden und Festigen der eigenen Identität. In H. Heckhausen, P.M. Gollwitzer & F.E. Weinert (eds.), Jenseits des Rubikon: Der Wille in den Humanwissenschaften (pp. 176-189). Berlin etc.: Springer.

Groeben, N. (1979). Entwurf eines Utopieprinzips zur Generierung psychologischer Konstrukte. (Bericht aus dem Psychologischen Institut der Universität Heidelberg Nr. 15).

Groeben, N. (1981). Zielideen einer utopisch-moralischen Psychologie. Zeitschrift für Sozialpsychologie, 12, 104-133.

Groeben, N. (1986). Handeln, Tun, Verhalten als Einheiten einer verstehend-erklärenden Psychologie. Tübingen: Francke.

Groeben, N. (1988). Die Utopie der Sehnsucht der Utopie. In N. Groeben, W. Keil & U. Piontkowski (eds.), Zukunfts-Gestalt-Wunsch-Psychologie. Zur Gestalt psychologischer Forschung von Manfred Sader (pp. 189-208). Münster: Aschendorff.

Groeben, N. (1990). Subjective Theories and the Explanation of Human Action. In G.R. Semin & K.J. Gergen (eds.), Everyday Understanding: Social and Scientific Implications (pp. 19-44). London etc.: Sage Publications.

Groeben, N. (1991). Zur Konzeption einer verstehend-erklärenden Psychologie und ihren ethischen Implikationen. Ethik und Sozialwissenschaften: Streitform für Erwägungskultur, 2(1), 7-22.

Groeben, N. (1992). Die Inhalts-Struktur-Trennung als konstantes Dialog-Konsens-Prinzip?! In B. Scheele (ed.), Struktur-Lege-Verfahren als Dialog-Konsens-Methodik: Ein Zwischenfazit zur Forschungsentwicklung bei der rekonstruktiven Erhebung Subjektiver Theorien (pp. 42-89). Münster: Aschendorff.

Groeben, N. (1996). Die Zukunft der Psychologie als Bewußtsein ihrer Geschichte und Vergangenheit. Kölner Psychologische Studien, 1, 1-39.

Groeben, N. (1997). Zur Programmatik einer sozialwissenschaftlichen Psychologie. Band I: Metatheoretische Perspektiven. 1. Halbband: Gegenstandsverständnis, Menschenbilder, Methodologie und Ethik. Münster: Aschendorff.

Groeben, N. (1999). Zur Programmatik einer sozialwissenschaftlichen Psychologie. Band I: Metatheoretische Perspektiven. 2. Halbband: Theoriehistorie, Praxisrelevanz, Interdisziplinarität, Methodenintegration. Münster: Aschendorff.

Groeben, N. & Scheele, B. (1977). Argumente für eine Psychologie des reflexiven Subjekts. Darmstadt: Steinkopf.

Groeben, N. & Scheele, B. (1984/86). Produktion und Rezeption von Ironie, Bd. I: Pragmalinguistische Beschreibung und psycholinguistische Erklärungshypothesen (2. verb. Aufl. 1986). Tübingen: Francke.

Groeben, N., Seemann, H. & Drinkman, A. (1985). Produktion und Rezeption von Ironie, Bd. II: Empirische Untersuchungen zu Bedingungen und Wirkungen ironischer Sprechakte. Tübingen: Francke.

Groeben, N., Wahl, D., Schlee, J. & Scheele, B. (1988). Forschungsprogramm Subjektive Theorien: Eine Einführung in die Psychologie des reflexiven Subjekts. Tübingen: Francke.

Guggenberger, B. (1987). Sein oder Design. Zur Dialektik der Abklärung. Berlin: Rotbuch.

Guggenberger, B. (1990). Zwischen Postmoderne und Präapokalyptikon: Zurück in die Zukunft oder Nach uns die Maschine? Zur Dialektik von Arbeitsorganisation und Daseinsgestaltung. In P. Sloterdijk (ed.), Vor der Jahrtausendwende: Berichte zur Lage der Zukunft (pp. 546-599). Frankfurt/M.: Suhrkamp.

Harré, R. (1983). Identity Projects. In E. Breakwell (ed.), Threatened Identities (pp. 31-51). New York: Wiley.

Haug, F. & Hausser, F. (1985). Probleme mit weiblicher Identität. In F. Haug & C. Hausser (eds.), Subjekt Frau: Kritische Psychologie der Frauen, Bd. 1 (pp. 14-98). Berlin: Argument.

Haußer, K. (1983). Identitätsentwicklung. New York: Harper & Row.

Haußer, K. (1995). Identitätspsychologie. Berlin: Springer.

Heinze, Th.T. (1987). „Weitermachen wie ich begonnen habe?" – Vom Übergang der Identität zur Intensität. Psychologie & Gesellschaftskritik, 11(4), 5-19.

Holzkamp, K. (1983). Grundlegung der Psychologie. Frankfurt etc.: Campus.

Horx, M. (1993). Trendbuch. Düsseldorf etc.: Econ.

Horx, M. (2000). Die acht Sphären der Zukunft. Ein Wegweiser in die Kultur des 21. Jahrhunderts. Wien: Signum.

Jacobs, L. (1997, 21. März). Trend zum tragbaren Zweithirn. Die Zeit, p. 78.

Jungk, R. (1980). Zukunftsforschung und Imagination. München: O.K. Flechtheim.

Keller, B. (1996). Rekonstruktion von Vergangenheit. Opladen: Westdeutscher Verlag.

Kelly, K. & Reiss, S. (1998). One Huge Computer. Wired Archive, 8, 1-8.

Keupp, H. (1988). Auf dem Weg zur Patchwork-Identität? Verhaltenstherapie & Psychosoziale Praxis, 4, 425-438.

Keupp, H. (1989). Auf der Suche nach der verlorenen Identität. In H. Keupp & H. Bilden (eds.), Verunsicherungen – Das Subjekt im gesellschaftlichen Wandel (pp. 47-69). Göttingen etc.: Hogrefe.

Keupp, H. (1993). Die (Wieder-)Gewinnung von Handlungskompetenz: Empowerment in der Psychosozialen Praxis. Verhaltenstherapie & Psychosoziale Praxis, 3, 365-381.

Keupp, H. (1997). Psychosoziales Handeln in der postmodernen Gesellschaft: von den schicksalsmächtigen Meta-Erzählungen zu den eigenwilligen Geschichten vom aufrechten Gang. Verhaltenstherapie & Psychosoziale Praxis, 29(1), 41-66.

Keupp, H. (1998). Diskursarena Identität: Lernprozesse in der Identitätsforschung. In H. Keupp & R. Höfner (eds.), Identitätsarbeit heute: Klassische und aktuelle Perspektiven (2. Aufl.) (pp. 11-39). Frankfurt/M.: Suhrkamp.

Keupp, H. (2000). Eigensinn und Selbstsorge: Subjektsein in der Zivilgesellschaft. Verhaltenstherapie & Psychosoziale Praxis, 32(1), 73-83.

Keupp, H. & Bilden, H. (eds.) (1989). Verunsicherungen – Das Subjekt im gesellschaflichen Wandel. Göttingen etc.: Hogrefe.

Keupp, H. & Höfner, R. (eds.) (1998). Identitätsarbeit heute: Klassische und aktuelle Perspektiven (2. Aufl.). Frankfurt/M.: Suhrkamp.

Keupp, H., Ahbe, T., Gmür, W., Höfer, R., Kraus, W., Mitzscherlich, B. & Straus, F. (1999). Identitätskonstruktionen. Das Patchwork der Identitäten in der Spätmoderne. Reinbek: Rowohlt.

Kieselbach, Th. (2000). Zukunftsperspektiven eines Umgangs mit beruflichen Transitionen: Sozialer Konvoi und nachhaltige Beschäftigungsfähigkeit. Verhaltenstherapie & Psychosoziale Praxis, 32(3), 415-423.

König, J. (1993). Brüche erleben lernen. Ansätze einer entwicklungspsychologischen Erwerbsbiographieforschung. Weinheim: Deutscher Studienverlag.

Kouwenhoven, L. (2000). Nanotechnology: Bouncing a C_{60} Ball. Nature, 407, 35-36.

Krappmann, L. (1998). Die Identitätsproblematik nach Erikson aus einer interaktionistischen Sicht. In H. Keupp & R. Höfer (eds.), Identitätsarbeit heute. Klassische und aktuelle Perspektiven der Identitätsforschung (2. Aufl.) (pp. 66-92). Frankfurt/M.: Suhrkamp.

Krönig, J. (2000, 24. August). Erben des Empire. Die Zeit, p. 13.

Kurzweil, R. (1999). Homo S@piens (Orig.: The Age of Spiritual Machines, 1999). Köln: Kiepenheuer & Witsch.

Lau, J. (1997, 31. Oktober). Mystik der neuen Medien. Die Phantasien über das Internet schlingern zwischen Utopie und Paranoia. Die Zeit, pp. 57-58.

Laucken, U. (1995). Eine semantische Sozialpsychologie: Aspekte einer Neuausrichtung. (Berichte aus dem Institut zur Erforschung von Mensch-Umwelt-Beziehungen, Nr. 25). Universität Oldenburg, Fachbereich 5 – Psychologie.

Laucken, U. (1998). Sozialpsychologie. Geschichte – Hauptströmungen – Tendenzen. Oldenburg: Bibliotheks- und Informationssystem der Universität Oldenburg.

Lévy, P. (1997). Die kollektive Intelligenz. Eine Anthropologie des Cyberspace. Mannheim: Bollmann.

Lifton, R.J. (1986). Der Verlust des Todes. München: Hanser.

Lyotard, J.F. (1993). Das postmoderne Wissen: Ein Bericht. Wien: Passagen.

Mackensen, C. & Schinzler, P. (1993, 1. Februar). Limer: Viel Spaß mit wenig Geld. Wiener, 2, 82-84.

Meadows, D.H., Meadows, D.L., Randers, J. & Behrens, W.W. (1972). The Limits to Growth: A Report for the Club of Rome's Project on the Predicament of Mankind. New York: Universe Book.

Meyer-Drawe, K. (1990). Illusionen von Autonomie. Diesseits von Ohnmacht und Allmacht des Ich. München: Kirchheim.

Nolte, P. (2001, 4. Januar). Unsere Klassengesellschaft. Die Zeit, p. 7.

Obliers, R. (1992). Die programmimmanente Güte der Dialog-Konsens-Methode: Approximation an die ideale Sprechsituation. In B. Scheele (ed.), Struktur-Lege-Verfahren als Dialog-Konsens-Methodik: Ein Zwischenfazit zur Forschungsentwicklung bei der rekonstruktiven Erhebung Subjektiver Theorien (pp. 198-230). Münster: Aschendorff.

Obliers, R. (1996). Subjektive Welten. Rekonstruktion subjektiver Identitätsmodelle und Extrapolationen (Habilationsschrift). Universität Köln.

Obliers, R. & Vogel, G. (1992). Subjektive Autobiographie-Theorien als Indikatoren mentaler Selbstkonfiguration. In B. Scheele (ed.), Struktur-Lege-Verfahren als Dialog-Konsens-Methodik: Ein Zwischenfazit zur Forschungsentwicklung bei der rekonstruktiven Erhebung Subjektiver Theorien (pp. 296-332). Münster: Aschendorff.

Oldenbürger, H.-A. (1992). Netz-Werk-Zeug-1: Zählwerk für beliebige Variablen-kombinationen. Version α-z. Göttingen: Seminar für Wirtschaftspädagogik.

Oldenbürger, H.-A. (1998, Februar). Netz-Werk-Zeuge als Konzept und Mittel strukturaler Analyse (Version 2.5). Symposium ,Forschungsprogramm Subjektive Theorien (FST)', Universität Leipzig.

Oldenbürger, H.-A. (2000, Februar). Netz-Werk-Zeuge als Konzept und Mittel struktureller Analyse (Version 2.9). Symposium, Forschungsprogramm Subjektive Theorien (FST)', Universität Oldenburg.

Platta, H. (1998). Identitäts-Ideen. Zur gesellschaftlichen Vernichtung unseres Selbstbewußtseins. Gießen: Psychosozial-Verlag.

Rink, J. (1997). Geschüttelt, aber nicht gerührt! DNA-Computer empfehlen sich als Parallelrechner mit großen Speicherkapazitäten. C't – Magazin für Computer Technik, 7, 112-117.

Rubin, D.C. (ed.) (1996). Remembering our Past. Studies in Autobiographical Memory. Cambridge: Cambridge University Press.

Rustemeyer, R. (1992). Praktisch-methodische Schritte der Inhaltsanalyse. Eine Einführung am Beispiel der Analyse von Interviewtexten. Münster: Aschendorff.

Scheele, B. (1983). Mittelsensibilität als indirekter Indikator für die Handlungsleitung subjektiver (selbsttherapeutischer) Theorien. In R. van Queckelsberghe & N. van Eickels (eds.), Handlungstheorie und psychotherapeutische Problemanalyse. Landau: Erziehungs wissenschaftliche Hochschule Rheinland-Pfalz.

Scheele, B. (1988). Rekonstruktions-Adäquanz: Dialog-Hermeneutik. In N. Groeben, D. Wahl, J. Schlee & B. Scheele, Forschungsprogramm Subjektive Theorien: Eine Einführung in die Psychologie des reflexiven Subjekts (pp. 126-179). Tübingen: Francke.

Scheele, B. (1990). Emotionen als bedürfnisrelevante Bewertungszustände: Grundriß einer epistemologischen Emotionstheorie. Tübingen: Francke.

Scheele, B. (ed.). (1992). Struktur-Lege-Verfahren als Dialog-Konsens-Methodik: Ein Zwischenfazit zur Forschungsentwicklung bei der rekonstruktiven Erhebung Subjektiver Theorien. Münster: Aschendorff.

Scheele, B. (1996). Emotion – Reflexion – Rationalität. Grundpostulate einer epistemologischen Emotionspsychologie. Ethik und Sozialwissenschaften. Streitforum für Erwägungskultur, 7(2/3), 283-297.

Scheele, B. (1999). Theoriehistorische Kontinuität: Lernen von Aggression oder Möglichkeiten zur Katharsis?! In N. Groeben (ed.), Zur Programmatik einer sozialwissenschaftlichen Psychologie. Band I: Metatheoretische Perspektiven. 2. Halbband: Theoriehistorie, Praxisrelevanz, Interdisziplinarität, Methodenintegration (pp. 1-84). Münster: Aschendorff.

Scheele, B. & Groeben, N. (1979). Zur Rekonstruktion von Subjektiven Theorien mittlerer Reichweite. (Bericht aus dem Psychologischen Institut der Universität Heidelberg, Diskussionspapier Nr. 18).

Scheele, B. & Groeben, N. (1984). Die Heidelberger Struktur-Lege-Technik (SLT). Weinheim/Basel: Beltz.

Scheele, B. & Groeben, N. (1986). Methodological Aspects of Illustrating the Cognitive-reflective Function of Aesthetic Communication. Employing a Structure-Formation Technique with Readers of (Positive) Literary Utopias. Poetics, 12, 527-554.

Scheele, B. & Groeben, N. (1988). Dialog-Konsens-Methoden zur Rekonstruktion Subjektiver Theorien. Tübingen: Francke.

Scheele, B. & Groeben, N. (1997). Das Genus-Sexus-Problem: Theorieentwicklung, empirische Überprüfungsergebnisse, Forschungsdesiderata. Kölner Psychologische Studien II (1), 1-34.

Scheele, B., Groeben, N. & Christmann, U. (1992). Ein alltagssprachliches Struktur-Lege-Spiel als Flexibilisierungsversion der Dialog-Konsens-Methodik. In B. Scheele (ed.), Struktur-Lege-Verfahren als Dialog-Konsens-Methodik: Ein Zwischenfazit zur Forschungsentwicklung bei der rekonstruktiven Erhebung Subjektiver Theorien (pp. 152-195). Münster: Aschendorff.

Scheele, B., Groeben, N. & Stössel, A. (1991). Phänomenologische Aspekte von Dialog-Konsens-Methoden und ihr Beitrag zur Verbindung von Idiographik/Nomothetik. In M. Herzog & C.F. Graumann (eds.), Sinn und Erfahrung: Phänomenologische Methoden in den Humanwissenschaften (pp. 103-132). Heidelberg: Asanger.

Schreier, M. (1997). Die Aggregierung Subjektiver Theorien: Vorgehensweise, Probleme, Perspektiven. Kölner Psychologische Studien, 1, 37-71.

Schütz, A. (1962). On Multiple Realities. The Hague: Nijhoff.

Schwartz, P. & Leyden, P. (1997). The Long Boom: A History of the Future, 1980-2020. [On-line]. Wired, verfügbar unter http://www.wired.com/wired/5.07/longboom.html [27.4.2001].

Scriba, J. (2000, 19. Juni). Rosinen im Wackelpudding. Was kommt nach dem Siliziumchip? Der Spiegel, pp. 144-151.

Siegert, M.T. & Chapman, M. (1987). Identitätstransformationen im Erwachsenenalter. In H.P. Frey & K. Haußer (eds.), Identität (pp. 138-150). Stuttgart: Enke.

Sieland, B. (1988). Selbstentwicklung – Ein programmatisches Modell zur Analyse und Förderung von Selbstentwicklungskompetenzen. In N. Groeben, W. Keil & U. Piontkowski (eds.), Zukunfts-Gestalt-Wunsch-Psychologie (pp. 173-187). Münster: Aschendorff.

Sigusch, V. (1997). Metamorphosen von Leben und Tod. Ausblick auf eine Theorie der Hylomatie. Psyche, 51(9/10), 835-874.

Silver, L.M. (1998). Das geklonte Paradies. Künstliche Zeugung und Lebensdesign im neuen Jahrtausend (Orig.: Remaking Eden: Cloning and beyond in a brave new world, 1997). München: Droemer.

Sloterdijk, P. (1983). Kritik der zynischen Vernunft. Frankfurt/M.: Suhrkamp.
Sloterdijk, P. (1986). Der Denker auf der Bühne. Nietzsches Materialismus. Frankfurt/M.: Suhrkamp.
Sloterdijk, P. (1989). Eurotaoismus: Zur Kritik der politischen Kinetik. Frankfurt/M.: Suhrkamp.
Sloterdijk, P. (ed.). (1990a). Vor der Jahrtausendwende: Berichte zur Lage der Zukunft. Frankfurt/M.: Suhrkamp.
Sloterdijk, P. (1990b). Ist der Zivilisationsprozeß noch steuerbar? Versuch über die Lenkung von Nicht-Fahrzeugen. In H.G. Haberl, W. Krause & P. Strasser (eds.), Auf, und, davon. Eine Nomadologie der Neunziger (pp. 41-63). Graz: Droschel.
Sloterdijk, P. (1999a). Sphären, Bd II: Globen. Frankfurt/M.: Suhrkamp.
Sloterdijk, P. (1999b, 9. September). Die Kritische Theorie ist tot. Peter Sloterdijk schreibt an Thomas Assheuer und Jurgen Habermas. Die Zeit, pp. 35-36.
Sloterdijk, P. (1999c). Regeln für den Menschenpark. Ein Antwortschreiben zu Heideggers Brief über den Humanismus. Frankfurt/M.: Suhrkamp.
Solso, R.L. & Massaro, D.W. (1995). The Science of Mind: 2001 and Beyond. New York/Oxford: Oxford University Press.
Steinmüller, A. & Steinmüller, K. (1999). Visionen 1900 – 2000 – 2100. Eine Chronik der Zukunft. Hamburg: Rogner & Bernhard bei Zweitausendeins.
Stössel, A. (1989). Subjektive Theorien von Patienten mit Morbus Crohn und Colitis ulcerosa über ihre Krankheit. Unveröff. Diplomarbeit. Ruprecht-Karls-Universität Heidelberg.
Stössel, A. & Scheele, B. (1989). Nomothetikorientierte Zusammenfassung Subjektiver Theorien zu übergreifenden Modalstrukturen. (Bericht aus dem Psychologischen Institut der Universität Heidelberg Nr. 63).
Stössel, A. & Scheele, B. (1992). Interindividuelle Integration Subjektiver Theorien zu Modalstrukturen. In B. Scheele (ed.), Struktur-Lege-Verfahren als Dialog-Konsens-Methodik: Ein Zwischenfazit zur Forschungsentwicklung bei der rekonstruktiven Erhebung Subjektiver Theorien (pp. 333-385). Münster: Aschendorff..
Straus, F. & Höfer, R. (1998). Entwicklungslinien alltäglicher Identitätsarbeit. In H. Keupp & R. Höfner (eds.), Identitätsarbeit heute: Klassische und aktuelle Perspektiven (2. Aufl.) (pp. 270-307). Frankfurt/M.: Suhrkamp.

van Dijk, T.A. (1980). Macrostructures: An Interdisciplinary Study of Global Structures in Discourse, Interaction, and Cognition. Hillsdale, N.J.: Lawrence Erlbaum Ass.

van Dijk, T. & Kintsch, W. (1983). Strategies of Discourse Comprehension. New York etc.: Academic Press.

Vogel, B. (2000). Am Rande der Arbeitsgesellschaft. Neue Befunde zu Arbeitslosigkeit und sozialer Ausgrenzung. Verhaltenstherapie & Psychosoziale Praxis, 32(3), 359-367.

Vorderer, P. & Valsiner, J. (1999). (Sozial-)Psychologie und Soziologie – Oder: Das Mikro-Makro-Problem(-Bewusstsein). In N. Groeben (ed.), Zur Programmatik einer sozialwissenschaftlichen Psychologie. Band I: Metatheoretische Perspektiven. 2. Halbband: Theoriehistorie, Praxisrelevanz, Interdisziplinarität, Methodenintegration (pp. 115-149). Münster: Aschendorff.

Walther, R. (1998, 23. September). Weltbürger, gebt den Staat nicht auf!, Die Zeit, p. 35.

Wicklund, R.A. & Gollwitzer, P.M. (1982). Symbolic Self Completition. Hillsdale, N.J.: Erlbaum.

Ziehe, T. (1989). Die Tyrannei der Selbstsuche. Überlegungen zu Richard Sennetts Zeitdiagnose. In M.B. Buchholz (ed.), Intimität. Über die Veränderung des Privaten (pp. 129-145). Weinheim: Beltz.

Ursula Christmann & Brigitte Scheele

KAPITEL 6

KOGNITIVE KONSTRUKTIVITÄT AM BEISPIEL VON IRONIE UND METAPHER

1. Vorstrukturierung: Figurative Sprache und die potenziellen Dimensionen kognitiver Konstruktivität

Seit der kognitiven Wende auch in der naturwissenschaftlich-experimentellen Psychologie Ende der 60er Jahre ist die kognitive Konstruktivität der menschlichen Informationsverarbeitung theoretisch wie empirisch eine übergreifende Kernannahme aller psychologischer Theorierichtungen (vgl. Erb, 1997). Allerdings kann und muss man unter der historischen Perspektive feststellen, dass die naturwissenschaftliche Psychologie-Tradition sich sozusagen nur gezwungener Maßen, nämlich auf Grund der empirischen Erklärungslücken und Falsifikationen des behavioristischen Paradigmas, zu dieser Kernannahme hin entwickelt hat. Für die sozialwissenschaftliche Tradition dagegen stellt die kognitive Konstruktivität seit jeher, auch und gerade von der theoretisch-anthropologischen Konzeption des Subjektmodells aus, ein zentrales Merkmal des Menschen als „sozialen(,) sinngenerierenden Organismus" (Groeben, 1991) dar.

Dieser Unterschied zwischen natur- und sozialwissenschaftlicher Tradition in der Psychologie manifestiert sich auch und gerade im Umgang mit der Sprache, d.h. demjenigen Merkmal, das anthropologisch weithin als das zentrale Unterscheidungskriterium zwischen Mensch und Tier angesehen wird. Während für die sozialwissenschaftliche Richtung die Rezeption und Produktion von Sprache immer von zentralem Interesse war, hat man mit naturwissenschaftlichen Theorien diesen Gegenstandsbereich lange Zeit nur bearbeitet, um nachzuweisen, dass sie auch für diesen Phänomenbereich Erklärungskraft beanspruchen können (s. z.B. die Lerntheorien von Pawlow bis Skinner). Dementsprechend waren für sozialwissenschaftliche Ansätze gerade immer hochkomplexe Sprachphänomene von besonderer Relevanz, während sich der naturwissenschaftliche Informationsverarbeitungsansatz auch nach der kognitiven Wende entsprechend dem klassischen Elementarismus erst langsam von sehr einfachen Phänomenen z.B. des verbalen Lernens auf Silben-, Wort- und Satzebene bis hin zu komplexeren Texten vorgearbeitet hat (vgl. Groeben, 1982). Und das zu einer Zeit, als die sozialwissenschaftliche Instruktionspsychologie (z.B. in der Form des sinnorientierten Rezeptionslernens nach Ausubel (1963)) diesen Gegenstandsbereich auch mit längeren Texten empirisch-experimentell längst untersucht hatte (vgl. zur Konvergenz der beiden Traditionen: Christmann, 1989). Während also die naturwissenschaftliche Tradition beim verbalen Lernen von molekularen zu molaren Einheiten fortgeschritten ist, hat die sozialwissenschaftliche frühzeitig bei den komplexen molaren Gegenstandseinheiten (hier Texten) mit ihrer Forschung eingesetzt.

Für gesprochene Sprache stellen verschiedene Formen sog. „figurativer" Sprache vergleichbar komplexe Phänomene dar, die deshalb gerade aus sozialwissenschaftlicher Perspektive für das Verständnis der menschlichen Sprachproduktion und -rezeption besonders zentral sind. Der vorliegende Beitrag soll deshalb an den beiden prominentesten Manifestationen figurativer Sprache, nämlich Metapher und Ironie, ansetzen und deren Beitrag zum Verständnis der kognitiven Konstruktivität des Menschen herausarbeiten.

Das Konzept der kognitiven Konstruktivität ist vor allem an der Sprachrezeption analysiert worden, weil es hier wegen des Kontrasts zum naiven Alltagsverständnis besonders eindrücklich deutlich wird. Im naiven Selbstverständnis der Sprachbenutzer/innen wird bei der Sprachrezeption die übermittelte Information – passiv – aufgenommen und – möglichst adäquat – abgebildet. Demgegenüber zeigt die psychologische (und psycholinguistische) Forschung, dass beim Verstehen von Sprache mit der Rezeption auch immer eine Konstruktion von Information verbunden ist – mit den klassischen Worten von Hörmann: „Wir *erfassen* im Vorgang des Verstehens nicht nur Information, wir *schaffen* auch Information, nämlich jene Information, die wir brauchen, um die Äußerung in einen sinnvollen Zusammenhang stellen zu können." (Hörmann, 1980, S. 27) Und dieses Schaffen von Information wiederum wird besonders deutlich, wenn das sprachlich Geäußerte sozusagen im ersten Anlauf des Verstehens keinen oder keinen plausiblen Sinn ergibt, wie es z.B. bei Metaphern und Ironie der Fall ist. Dann wird hörerseitig so lange Information *re*konstruiert, bis ein mit dem Weltwissen kohärenter Sinn gefunden ist (Hörmann, 1976, S. 179ff.); in Parallelität zu Phänomenen der Wahrnehmungskonstanz lässt sich diese Suche nach einem ausgezeichneten Zustand der Sinnhaftigkeit mit Hörmann als „Sinnkonstanz" bezeichnen (1976, S. 187). Das Verstehen von Ironie und Metaphern kann wegen des Auseinanderfallens von Geäußertem und Gemeintem bei diesen hochkomplexen figurativen Sprachäußerungen als paradigmatischer Fall für die kognitive Konstruktivität im Sinne der Sinnkonstanz angesehen werden.

Interessanterweise wird bisher aber die Ausdifferenzierung des Konstrukts der kognitiven Konstruktivität nicht an dieser Art von komplexen Sprachphänomenen vorgenommen, sondern vor allem unter Rückgriff auf die – normale – Text- bzw. Diskursrezeption. Dabei wird die (Re-)Konstruktion von Information vor allem als das Generieren von Schlussfolgerungen (Inferenzen) über die unmittelbar geäußerte Information hinaus operationalisiert (vgl. Singer, 1994). In Bezug auf die Art und Struktur dieser Inferenzen ist eine Fülle von z.T. sich auch überlappenden Unterscheidungen vorgelegt worden, die unterschiedliche Dimensionen des Schlussfolgerns zu Grunde legen. So kann man etwa in der Dimension der Inferenzweite zwischen sehr engen, logisch zwingenden Inferenzen (logischen Implikationen) auf der einen Seite und relativ weit darüber hinausgehenden elaborativen Inferenzen, die bis hin zum Aufbau eines situationalen (Vorstellungs-) Modells reichen, unterscheiden (o.c., S. 479ff.); sogenannte Brücken-Inferenzen, die Einzelinformationen sinnvoll miteinander verbinden (sei es rückwärts zu schon gegebenen Informationen oder vorwärts zu erwartbaren), nehmen hier eine Mittelposition ein (o.c., S. 487f.). Auf dieser Dimension gibt es dann auch kontroverse theoretische Schwerpunktsetzungen wie z.B. die minimalistische Position, die nur das Ziehen von unbedingt notwendigen Schlussfolgerungen postuliert, die zum Aufbau eines kohärenten Textsinns notwendig sind, versus der maximalistischen Position, für die sich die kognitive Konstruktivität auch gerade in dem Generieren von elaborativen Inferenzen zum Aufbau von Scripts, Szenarios, mentalen Modellen etc. manifestiert (vgl. Rickheit & Strohner, 1993, S. 29).

Unabhängig von dieser Dimension, aber durchaus mit ihr theoretisch verbindbar, ist die Unterscheidung zwischen automatischen versus strategischen Inferenzen, bei der nur für die strategischen Inferenzen eine eher bewusste kognitive Aktivität modelliert wird (Schiefele, 1996, S. 107), dabei sind die minimalistischen (logischen und Brücken-Inferenzen) vermutlich als automatische anzusetzen, die maximalistischen Elaborationen eher als strategisch-bewusste Inferenzen. Entsprechend dürfte auch die Unterscheidung zwischen intendierten und elaborativen Inferenzen (o.c., S. 101f.) mit den vorhergehenden

Unterscheidungen kombinierbar sein: Intendierte Inferenzen sind solche, die sprecherseitig von den Hörern/innen als zum Verständnis des kohärenten Textsinns erwartet werden (also prototypisch automatische Inferenzen), während elaborative Inferenzen die Verbindung dieses kohärenten Textsinns mit dem Vorwissen der Rezipienten/innen realisieren und damit weitgehend strategisch-bewusst sein dürften. Interessanterweise müsste man aber vom Gegenstandsvorverständnis her in Abweichung von diesen in der Regel bei der Textrezeption unterstellten Zusammenhängen annehmen, dass bei Metapher und Ironie, zumindest in ihren komplexen Ausprägungsformen, die elaborativen Inferenzen sprecherseitig intendiert sind und überdies nicht nur die Elaboration, sondern auch die sprecherseitige Intention den Hörern/innen bewusst sein sollte. Von diesen für die bisherige theoretische Modellierung eher ungewöhnlichen Kombinationen von Inferenzformen und -dimensionen aus lässt sich die Erwartung rechtfertigen, dass die Analyse der komplexen Sprachphänomene Ironie und Metapher einen nicht uninteressanten Beitrag, ja eine Erweiterung für die Explikation des Konzepts der kognitiven Konstruktivität leisten kann. Diese Erwartung wird nicht zuletzt dadurch bestärkt, dass bei der Analyse von figurativer Sprache merkwürdigerweise die Verbindung zur Explikation des Konstrukts der kognitiven Konstruktivität anhand „normaler" Sprach- und Textrezeption bisher fast überhaupt nicht gezogen wird.

Unser Beitrag soll also die bei den Sprachphänomenen von Ironie und Metapher relevanten Perspektiven und Manifestationen der kognitiven Konstruktivität auf einer konkreteren Ebene herausarbeiten und zu den bisherigen Explikationen dieses Konstrukts in Beziehung setzen. Dies soll geschehen, indem wir für beide Phänomene (Ironie und Metapher) einen komprimierten Forschungsüberblick (in Anlehnung an die beiden aktuellsten Überblicksarbeiten: Groeben & Christmann, 2001; Groeben & Scheele, 2001) geben, und zwar nach einem vergleichbaren Raster. Dieses Raster besteht darin, dass zunächst (jeweils im ersten Unterkapitel) die Diagnose des Auseinanderfallens von Geäußertem und Gemeintem als Voraussetzung für strategisch-elaborative Inferenzen auf Rezipienten/innen-Seite diskutiert wird. Im zweiten Unterkapitel werden die bisher theoretisch diskutierten und empirisch gesicherten Formen, Inhalte etc. der elaborativen Inferenzen für die beiden thematischen Sprachphänomene herausgearbeitet. Da für ein sozialwissenschaftliches Verständnis von kognitiver Konstruktivität entsprechend den konstitutiven Menschenbildannahmen (vgl. Erb, 1997) auch die Sozialität eine zentrale Rolle spielen sollte und dürfte, wird im jeweils dritten Unterkapitel nach den sozialen Rahmenbedingungen gefragt, und zwar sowohl nach den vorauslaufenden Bedingungen für die Diagnose der Inkongruenz zwischen Geäußertem und Gemeintem als auch nach der Art der Elaborationen sowie nach den (sozialen) Wirkungen ironischer bzw. metaphorischer Sprechakte. Im letzten Unterkapitel soll dann die prozessuale Flexibilität und die ästhetische Offenheit dieser beiden Sprachphänomene analysiert werden. Im Anschluss an die so strukturierte Darstellung der bisherigen Theorienentwicklung und des empirischen Forschungsstandes fassen wir abschließend die berichteten Ergebnisse unter der generellen Frageperspektive dieser Einleitung zusammen und versuchen zu beantworten, welchen Beitrag die Analyse von Metaphern und Ironie zur Explikation des Konzepts der kognitiven Konstruktivität leisten kann bzw. welche Desiderata für die zukünftige Forschungsentwicklung daraus folgen.

2. Ironie

Die Komplexität des Sprachphänomens ‚Ironie' zeigt sich u.a. schon darin, dass die Definition von Ironie schwierig und seit jeher umstritten ist. Bereits in der klassischen (griechischen und lateinischen) Rhetorik gibt es dazu ausführliche Diskussionen (vgl. Groeben & Scheele, 1986, S. 2ff.; Hartung, 1998, S. 11ff.; Lapp, 1997, S. 18ff.). Dabei wurde Ironie sowohl als ‚Wort'- wie auch als ‚Gedankenfigur' verstanden, und zwar mit einem Schwergewicht auf der (sprachlichen) Alltagskommunikation (so vor allem in der lateinischen Rhetorik: Cicero, Quintilian). Für die sprach- und denkpsychologische Forschung ist es sinnvoll, diese Konzentration zu übernehmen, d.h. das Phänomen der sogenannten literarischen Ironie nicht zu berücksichtigen, das – besonders seit der Romantik – eine verfremdend gebrochene Grundhaltung des Erzählens bezeichnet (vgl. Japp, 1983; Muecke, 1983). Im Mittelpunkt des alltagskommunikativen Sprachphänomens steht dementsprechend die mündliche Kommunikation, nicht die schriftliche – auch nicht, wenn es sich um die Produktion nichtliterarischer Texte handelt (vgl. dazu Kohvakka, 1997). Es geht also um eine Form der spontanen, pointierten, situationsbezogenen Kommunikation, was dann auch die sogenannte Ironie des Schicksals (englisch: *event* oder *situational irony*, z.T. auch *irony of fate*) an den Rand drängt, mit der eine zumeist zufällige Inkohärenz zwischen Zuständen, Ereignissen, Objektmerkmalen etc. bezeichnet wird (vgl. Gibbs, 1994b, S. 362f.; Kreuz & Roberts, 1993; verschiedene Kategorien von Situationsironie finden sich bei Lucariello, 1994).

Für diese alltagskommunikative, mündliche Ironie lassen sich schon in der klassischen Rhetorik vier Bedeutungspostulate herausarbeiten (vgl. Knox, 1973), nämlich: 1. das Gegenteil von dem sagen, was man meint; 2. etwas Anderes sagen, als man meint; 3. tadeln durch falsches Lob und loben durch vorgeblichen Tadel; 4. jede Art des Sich-Lustig-Machens und Spottens. In dieser Bandbreite der Definitionsversuche sind bereits zentrale Problemperspektiven enthalten, die auch die heutige Diskussion durchaus noch weitgehend (mit-)bestimmen. Dazu gehört zunächst die Existenz von zwei Ebenen, nämlich dem Gesagten (Geäußerten) und dem Gemeinten, die auseinanderfallen. Dieses Auseinanderfallen von Gesagtem und Gemeintem wird also bereits in der klassischen Rhetorik, wie die Definitionsversionen zeigen, sehr unterschiedlich konzeptualisiert. Zum einen wird eine Gegensatzrelation behauptet (inversio oder contrarium: vgl. Hartung, 1998, S. 20ff.), zum anderen eine Form der Verstellung, und zwar entweder als Vorspiegelung von Falschem (simulatio) oder als Verbergen von Wahrem (dissimulatio: Müller, 1989, S. 189). Worin sich allerdings bereits die Explikationen der klassischen Rhetorik einig waren, ist das Merkmal, dass dieses Auseinanderfallen von Geäußertem und Gemeintem für alle Beteiligten durchschaubar ist und sein soll (Hartung, 1998, S. 28f.; Müller, 1989, S. 200). Es handelt sich daher also um eine Art ‚offener Verstellung', als deren intendierte Wirkung die Abwertung des ironisierten Gegenübers bzw. die Erheiterung der Hörer/innen postuliert wurde (Hartung, 1998, S. 29).

Das Zukunftsweisende der rhetorischen Analysen bestand darin, dass sie vor allem auf Grund ihrer Praxisorientierung auf den Sprach*gebrauch* ausgerichtet waren – eine auch im semiotischen Sinne pragmatische Perspektive, die im 20. Jahrhundert erst wieder von der Pragmalinguistik aufgenommen worden ist. Die strukturalistische Linguistik, die in der Sprachwissenschaft bis Ende der 60er Jahre dominierend war und sich auf grammatikalische bzw. semantische Phänomene konzentrierte, konnte dem komplexen pragmatischen Phänomen der Ironie nicht gerecht werden (vgl. das Konzept der Ironiesignale bei Weinrich, 1966; Gieszmann, 1977; Müller, 1989; s. im Einzelnen u. 2.3.). Allerdings hat auch die pragmalinguistische Forschung methodologisch zunächst Beschränkungen aufgewiesen, die denen der klassischen Rhetorik vergleichbar sind, indem von dem jeweils individuellen Sprachgefühl der Forschenden und von eher unsystematisch herangezogenen Beispielen ausgegangen wurde. Die zentralen offenen Fragen, nämlich ob das Verhältnis zwischen Geäußertem und Gemeintem eher eine Gegensatz- oder eine Kontrast-Relation darstellt, auf welche Art und Weise die Hörenden zur Rekonstruktion des Gemeinten kommen und welche Kategorien solcher elaborativen Rekonstruktionen bei Ironie feststellbar sind – diese Fragen konnten erst unter Einbeziehung einer systematisch-empirischen Forschung von Seiten der Sprach- und Denkpsychologie mit zureichender Erfolgsaussicht angegangen werden. Wenn man Psycholinguistik als diese Verbindung von pragmalinguistisch-sprachwissenschaftlichen mit sprach- und denkpsychologischen Forschungstraditionen ansieht, dann wird es im Folgenden also darum gehen, die bisher erarbeiteten Antworten auf diese klassischen, aus der Rhetorik stammenden Frage- und Problemperspektiven darzustellen. Und wie die bisherige Forschungsgeschichte deutlich gemacht hat, ist auch erst nach Kenntnis dieser systematisch-empirischen Analysen eine Festlegung der wichtigsten definitorischen Merkmale sinnvoll – eine Definition also, die zwar nicht empirisch determiniert ist (vgl. generell wissenschaftstheoretisch zum Verhältnis von Definieren und empirischer Prüfung: Groeben, 1999, S. 315ff.), die aber unter Bezug auf die empirische Befundlage als – möglichst – brauchbar gelten kann.

2.1. *Die Diagnose des Auseinanderfallens von Geäußertem und Gemeintem*

Die ‚offene Verstellung', mit der ironische Sprechakte geäußert werden, ist in der pragmalinguistischen Tradition vor allem unter Rückgriff auf die Konversationsmaximen nach Grice (1975) rekonstruiert worden. Grice setzt für sprachliche Kommunikation generell ein Kooperationsprinzip an, das fordert, jeden Konversationsbeitrag entsprechend der von den Gesprächsteilnehmer/innen realisierten Ausrichtung und Zweckbestimmung des Gesprächs zu gestalten (im Einzelnen Levinson, 1990, S. 103ff.). Aus diesem Kooperationsprinzip folgen die Konversationsmaximen der Qualität, Quantität, Relevanz und Modalität, wobei für die Ironie die Maxime der Qualität zentral ist; darin wird gefordert, nichts zu sagen, was man für falsch hält bzw. wofür eine zureichende Evidenz fehlt (vgl. z.B. Lapp, 1997, S. 64f.). Gegen diese Maxime der Qualität wird nun beim ironischen Sprechakt auf der Äußerungsebene (oberflächlich) verstoßen; zugleich wird aber trotzdem von allen am Gespräch Beteiligten die Geltung und Erfüllung des Kooperationsprinzips weiterhin unterstellt. Daraus folgt die Notwendigkeit, auf etwas Gemeintes zu schließen, das vom Gesagten/Geäußerten abweicht. Es handelt sich hier nicht um eine logisch zwingende Schlussfolgerung – Implikation –, sondern um eine vom Konversationskontext ausgehende Inferenz, die Grice (1975) deshalb mit dem Begriff der *konversationellen Implikatur* belegt. Die konversationelle Implikatur bezeichnet also sowohl die Verletzung der Aufrichtigkeitsbedingung als auch die Offenheit dieser Verletzung; damit wird unterstellt, dass es bei jeder gelingenden ironischen Kommunikation ein (auf die Äußerung bezogenes) gemeinsames und das heißt geteiltes Wissen zwischen S (für Sprecher/in) und H (Hörer/in) gibt; dies besteht zumindest darin, dass S das Geäußerte nicht glaubt, H dies auch weiß und S will, dass H es weiß (vgl. Groeben & Scheele, 1986, S. 5f.; Levinson 1990, S. 115f.).

Das Konzept der konversationellen Implikatur wird häufig den sogenannten Substitutionstheorien der Ironie zugeordnet (vgl. z.B. Lapp, 1997, S. 71), weil ausgehend von dem Maximenverstoß (hier gegen die Qualität) das Geäußerte durch das Gemeinte ersetzt wird. Dem werden Beispiele ironischer Äußerungen entgegengehalten, in denen die *Qualitäts*maxime nicht verletzt ist; wenn etwa eine Mutter beim Anblick des unaufgeräumten Zimmers ihrer Tochter sagt: „Ich liebe Kinder, die ihr Zimmer sauber halten" (Giora, 1995, S. 247), dann wird hier das (ironisch) Gemeinte der wörtlichen Bedeutung, die durchaus aufrichtig ist, hinzugefügt (Lapp, 1997, S. 73). Nach einem Vorschlag von Sperber und Wilson (1981) lässt sich diese Ironie-Variante als *additive Implikatur* bezeichnen. Man könnte an dieser Stelle eine pragmalinguistische Diskussion darüber beginnen, ob nicht zumindest eine Verletzung der *Quantitäts*maxime vorliegt, doch das ist in unserem Zusammenhang nicht relevant; entscheidend ist die Feststellung, dass auch das Konzept der konversationellen Implikatur bereits die Flexibilität des ironischen Sprechakts verdeutlicht, insofern als eine Variabilität von Substitutionsbis Additionsrelation zwischen Geäußertem und Gemeintem besteht. Diese Variabilität wird von der sogenannten *pretense theory* (Clark & Gerrig, 1984) unter dem Oberbegriff der „Vorspiegelung" integriert. Danach gibt ein Sprecher vor, in Bezug auf den Gegenstand der Äußerung eine uninformierte oder unverständige Person zu sein (o.c., S. 122), was sogar das Phänomen der konventionalisierten Ironie (englisch: *stable irony*, vgl. Barbe, 1995) abdeckt. Allerdings ist mit dieser Abstraktion dann letztlich auch nicht mehr gewonnen als mit dem klassischen Rhetorik-Konzept der „durchschaubaren Verstellung" (Williams, 1984). Was fehlt, ist die genauere Bestimmung der Art und Weise, in der Geäußertes und Gemeintes auseinanderfallen.

Zumindest von den formalen Kategorien her bietet das sprechakttheoretische Rahmenmodell (vgl. Harras, 1983; Maas & Wunderlich, 1972; Searle, 1969) eine erste Antwort auf diese Frage. Wenn man von der „offenen Verletzung der Aufrichtigkeitsbedingung" (*sincerity con-*

dition nach Searle: vgl. Amante, 1981, S. 86ff.; Glucksberg, 1995, S. 52f.) ausgeht, stellt sich zunächst das Problem, auf welche Ebene des Sprechakts sich die Dissoziation zwischen Gesagtem und Gemeintem bezieht. Die Sprechakttheorie unterscheidet dabei zwischen den Ebenen des Aussage- und des Handlungsgehalts (vgl. Polenz, 1985, S. 101ff.); der Aussagegehalt wird als propositionale Ebene bezeichnet und umfasst Referenz und Prädikation; der Handlungsgehalt als illokutive Ebene umfasst Sprechhandlung, propositionale Einstellung etc. (vgl. o.c., S. 194ff.). Sprechakttheoretisch liegt es zunächst einmal nahe, Ironie in Parallelität zu anderen indirekten Sprechakten zu modellieren; bei indirekten Sprechakten handelt es sich um solche Äußerungen, in denen abweichend von der grammatikalisch indizierten Illokution (z.B. FRAGEN als sogenannte Basisillokution: s. Sökeland, 1980) kommunikativ eine andere (illokutive) Funktion erfüllt wird (z.B. AUFFORDERN: „Könnten Sie mir mal das Salz reichen?"). Diese Struktur ist auch bei – manchen – ironischen Sprechakten realisiert; wenn z.B. eine Professorin bei der Rückmeldung zu einer Hausarbeit den Studenten, der ohne ein Exemplar seiner Arbeit in der Sprechstunde erscheint, fragt: „Gehören Sie zu den Genies, die alles auswendig im Kopf behalten können?", dann ist dies – u.a. – als Aufforderung zu verstehen, demnächst mit einer solchen Kopie aufzutauchen, in die sich der Studierende auch Notizen eintragen kann etc.

Solche und andere Beispiele haben Wunderlich (1975) und Haverkate (1990, S. 86f.) dazu bewogen, die Dissoziation auf der Illokutionsebene als das entscheidende (sprechakttheoretische) Merkmal für Ironie zu postulieren. Das ist allerdings u.E. zu kurz gegriffen, weil selbst in solch einfachen Fällen des Tadels durch Lob auf jeden Fall auch eine Dissoziation auf propositionaler Ebene vorliegt (hier z.B.: „Sie haben keine guten Arbeitsstrategien!"). Diese Beobachtung, die auch von Berg (1978), Ehrich und Saile (1975), Groeben und Scheele (1986, S. 46ff.) sowie Hartung (1998, S. 38f.) herausgestellt wird, haben Ehrich und Saile bereits früh (1975) zu dem Vorschlag geführt, Ironie wegen dieser Dissoziation auf der propositionalen Ebene als „implikative Proposition" zu bezeichnen. Berg hat (1978) wegen der Verwechselbarkeit mit dem oben angesprochenen umfassenderen Begriff der Implikatur statt dessen gefordert, von „uneigentlichem Sprechen" zu reden. Diese Argumentation, die uns überzeugend erscheint, ist noch zu ergänzen durch die Feststellung, dass es ironische Äußerungen gibt, in denen keine Dissoziation auf der illokutiven Ebene vorliegt (z.B. bei Behauptungen wie „Wer's glaubt, wird selig!"). Daraus folgt für die Bestimmung des Auseinanderfallens von Geäußertem und Gemeintem bei der Ironie: Es liegt immer eine Dissoziation auf der Propositionsebene vor, die Dissoziation auf der Illokutionsebene kann vorkommen, muss es aber nicht (Groeben & Scheele, 1986, S. 47f.). Wenn man die Dissoziation auf Illokutionsebene als indirekten und die auf Propositionsebene als uneigentlichen Sprechakt benennt, dann stellt Ironie also immer ein uneigentliches Sprechen dar, das auch indirekt (mit Illokutionswechsel) sein kann, aber nicht zu sein braucht (l.c.; vgl. Katz & Lee, 1993).

Gegen diese Festlegung lässt sich allerdings einwenden, dass damit u.U. eine zu enge Konzentration auf die Sprechaktklasse der – wahrheitsfunktionalen – BEHAUPTUNGEN vorgenommen wird. Für die Rekonstruktion von Ironie sollten andere Sprechakttypen (z.B. Direktiva, Kommissiva und Expressiva; vgl. Haverkate, 1990) nicht ausgeschlossen werden, was Fälle berücksichtigt wie den Ausruf „Danke!", wenn einem jemand auf die Ferse tritt. Nach Rosengren (1986) und Lapp (1997) ist damit vor allem eine Inkohärenz zwischen geäußerter und vorhandener propositionaler Einstellung ausgedrückt, wobei die propositionale Einstellung die Attitüde von S zum propositionalen Gehalt der Äußerung darstellt (vgl. Polenz, 1985, S. 212). Dagegen lässt sich nun wieder anführen, dass auch in einem solchen Beispiel sehr wohl ein bestimmter propositionaler Gehalt (mit-)gemeint ist (wie z.B. „Kannst Du nicht aufpassen?"). Dann ist damit nur die Möglichkeit realisiert, dass sowohl eine Dissoziation des propositionalen Gehalts als auch der propositionalen Einstellung vorliegt – und das heißt, wenn man die propositionale Einstellung der illokutiven Ebene zuschlägt (wie es Polenz, 1985, S. 212 tut), dass damit ein uneigentlicher und indirekter Sprechakt vorliegt (entsprechend der Rekonstruktion von Groeben & Scheele, 1986, S. 47f.). Gleichwohl lassen sich aus diesen (und ähnlichen) Kontroversen zwei Konseqenzen ableiten: Zunächst einmal wird daran klar, dass es wegen der Komplexität und Plastizität des betrachteten Sprachphänomens außerordentlich schwierig ist, definitorisch abgrenzende Merkmale (im Sinne des Attributenmodells der Begriffsbildung: vgl. Wessells, 1984, S. 213ff.) festzulegen, weswegen man die Explikation des Ironie-Begriffs doch eher auf charakteristische, prototypische Merkmale ausrichten sollte (s.u. 2.2.). Zum zweiten wird deutlich, dass es sich bei der Diagnose von Geäußertem und Gemeintem (auf propositionaler bzw. gegebenenfalls auch illokutiver Ebene) nur um die notwendige Voraussetzung handelt, von der aus das Gemeinte hörerseitig im Sinne elaborativer Inferenzen rekonstruiert werden muss.

2.2. Formen und Inhalte der Elaboration des ironisch Gemeinten

Das bekannteste psycholinguistische Modell, das die Struktur dieser elaborativen Inferenzen zu rekonstruieren versucht, ist die *echoic mention*-Theorie von Sperber und Wilson (1981; Sperber, 1984). Danach handelt es sich bei ironischen Äußerungen nicht um einen normalen, einfachen Sprach*gebrauch*, sondern um die Erwähnung bzw. Zitation („mention") einer früheren Äußerung, also eine echoartige Erwähnung („echoic mention"). Allerdings verdeutlichen schon die von den Autoren selbst vorgebrachten Beispiele, dass dabei ein sehr weites Konzept von echoartiger Erwähnung angesetzt wird. Die ironische Äußerung „Tolles Wetter!" an einem Regentag unterstellt z.B. eine – nur gedachte – positive Wetterprognose, auf die sich die ‚Zitation' bezieht (Carston, 1981). Dieses Problem des (zu) weiten Begriffs von echoartiger Erwähnung zeigt sich auch in den empirischen Untersuchungen, z.B. bei Jorgensen, Miller und Sperber (1984): Darin wurden Szenarios, in denen sich ein abschließender – ironischer – Satz auf eine vorher vorgekommene Äußerung bezog, häufiger als ironisch verstanden im Vergleich zu einem Satz ohne diesen Zitationsbezug (vgl. auch Gibbs, 1994a: zum schnelleren Verstehen ironischer Sätze). Von den Äußerungen ohne einen solchen Zitationsbezug wird gleichwohl ein erheblicher Anteil ebenfalls als ironisch verstanden, weswegen die echoartige Erwähnung keinesfalls als notwendiges Merkmal von Ironie gelten kann (vgl. Auwera & Rombouts, 1982; Barbe, 1995, S. 48; Hartung, 1998, S. 45f.; Lapp, 1997, S. 78f.). Außerdem sind auch echoartige Erwähnungen von Äußerungen zu beobachten, die nicht ironisch, sondern z.B. zustimmend gemeint sind (vgl. Lapp, 1997, S. 79f.). Die konterkarierende Erwähnung von Äußerungen stellt also *eine* Möglichkeit dar, in welcher Weise sich das Gemeinte vom Geäußerten unterscheiden kann – eine Möglichkeit, die aber nicht übergeneralisiert werden darf (so auch Gibbs, 1994b, S. 138).

Eine konkretere, differenziertere und zugleich umfassendere Rekonstruktion der Elaborationsrichtung(en) des vom Geäußerten abweichenden Gemeinten ist vor allem von der Linguistik aus unter Rückgriff auf die sprachlichen Realisierungsmuster versucht worden. Es lassen sich unterschiedliche Realisierungsebenen wie Wort, Teilsatz (*clause*), Äußerung und Kontext unterscheiden (vgl. Barbe, 1995, S. 29f.), wobei die Inkongruenz innerhalb wie zwischen diesen Ebenen auftreten kann. Unter eher inhaltlicher Fragestellung hat Hartung (1998, S. 79ff.) zwischen narrativen Bewertungen, Perspektivenübernahmen und Rückmeldeverhalten unterschieden – Kategorien, die wiederum in Unterkategorien ausdifferenziert werden können. Bei Perspektivenübernahme handelt es sich z.B. um die nur scheinbare Identifikation mit einer Fremdperspektive, die dann in dem ironisch Gemeinten konterkariert, abgelehnt wird; das ironische Dementi kann sich dabei konkret auf eine Rollenübernahme beziehen, auf fiktive Redewiedergabe oder Perspektiven-Paraphrase etc. Beim Rückmeldeverhalten werden als Unterkategorien Bestätigung, Wiederholung, inhaltliche Wiedergabe mit eigenen Worten, syntaktische Vollendung, inhaltliche Ergänzung oder Bewertung angeführt (Hartung, l.c.).

Bezieht man diese linguistischen Analysen zurück auf die abstrakt-generelle Frage nach der Relation von Gesagtem und Gemeintem, so wird auch hier häufig das klassische Konzept der Gegenteil-Relation unterstellt, allerdings in den beiden zentralen Varianten der konträren Gegensätzlichkeit (warm – kalt; gut – schlecht) und der kontradiktorischen Gegensätze (gut – nicht gut; vgl. Lapp, 1997, S. 24f.). Dabei lassen schon die bislang diskutierten Beispiele vermuten, dass die Gegensatz-Relation vor allem für jene Ironie anzusetzen sein dürfte, die von der Wortebene ausgeht; auf der Aussagenebene dagegen ist neben der Negation des Wahrheitswertes (Katz & Lee, 1993) auch eine Negation möglich, die sich auf einzelne Satzglieder, auf Mitgemeintes oder ästhetische bzw. nicht-logische Äußerungsdimensionen bezieht (so z.B. Giora, 1995; Kaufer, 1983; vgl. Polenz, 1985, S. 215ff.). Wenn man zu diesen Möglichkeiten noch die ‚additiven Implikaturen' (s.o.: „Ich liebe Kinder, die ihr Zimmer aufräumen.") hinzunimmt, bei denen keine Veränderung des Wahrheitswertes vorliegt, kann man solche Manifestationsversionen als Ausdifferenzierung und präzisierende Rekonstruktion der zweiten klassisch-rhetorischen Relationsthese auffassen, nämlich des Etwas-Anderes-Sagens.

Auf abstrakter Ebene ist auch die dritte Begriffsdefinition der klassischen Rhetorik für Ironie („Tadeln durch Lob") von der neueren Linguistik ausgearbeitet worden, und zwar in Richtung auf eine negative Bewertung als Strukturmerkmal ironischer Äußerungen. Vor allem Hartung (1998) hat dieses Merkmal als Ergebnis einer Gesprächsanalyse von „Frühstücksgesprächen" durch informelle Kleingruppen (die zu Hause oder im Café zusammensitzen und dabei „small talk" treiben; o.c., S. 59ff.) postuliert. Dabei kann die ausgedrückte und eigentlich gemeinte Bewertung einmal im entgegengesetzten Wertbereich liegen (was der Gegenteil-Relation unter präskriptiver Perspektive entspricht), zum anderen auch im gleichen Wertbereich (was sich ggf. als Intensitätsunterschied manifestiert, der dem Etwas-Anderes-

Sagen unter präskriptiver Perspektive entspricht: o.c., S. 79). Im Prinzip wird damit vor allem das Konzept der konversationellen Implikatur auf eine inhaltlich negative Variante eingeschränkt, da nach Hartung bei Ironie eine eigentlich abgelehnte Fremd-Perspektive vorgeblich positiv übernommen wird (o.c., s. 90f.). Diese Einschränkung auf Grund einer einzigen (relativ speziellen) Gesprächssituation (hier: Frühstücksgespräche) erscheint aber allein schon in Anbetracht der Fälle von „positiver" Ironie („Lob durch Tadel") wenig plausibel. So wurden z.B. in der entsprechenden Untersuchung von Kreuz und Glucksberg (1989) positive Äußerungen über negative Ereignisse zwar als ironischer eingeschätzt im Vergleich zu negativen Äußerungen über positive Geschehnisse, aber letztere doch z.T. durchaus auch als ironische Sprechakte verstanden. Insofern ist die Konsequenz zu ziehen, dass eine negative Bewertung bei ironischen Sprechakten zwar die größere Häufigkeit (im Vergleich zur positiven als eigentlich gemeinten Bewertung) aufweist, dass aber die negative Bewertung nicht notwendiges Merkmal ironischer Kommunikation ist. Im Übrigen erklären Kreuz und Glucksberg (o.c., S. 381) diese größere Häufigkeit der negativen Bewertung damit, dass es mehr positive gesellschaftliche Normen gibt, die ironisch relativiert bzw. negiert werden.

Die verschiedenen Akzentuierungen der angeführten linguistischen und pragmalinguistischen Ansätze sind anhand der systematischen Inhaltsanalyse von 140 alltagskommunikativen Ironiebeispielen durch Groeben und Scheele (1986, S. 30ff.) u.E. am besten integriert worden. Groeben und Scheele haben deduktiv-induktiv vier Oberkategorien unterschieden: Präskription (I), Deskription (II), Metakommunikation über andere und deren Beziehung zum Sprecher (III) sowie Metakommunikation über sich selbst und die Beziehung zu anderen (IV), wobei für jede Oberkategorie wiederum vier Unterkategorien expliziert wurden. Das resultierende 16-Kategorien-System des ironischen Dementis sieht folgendermaßen aus:

I. **Präskription: Bewertung von Objekten, Personen, Normen, Zielen**
I.1. Abwertung durch Aufwertung (in Bezug auf Objekte, Ereignisse, Phänomene)
I.2. Tadel durch Lob (in Bezug auf Verhaltensweisen, Personen, Institutionen etc.)
I.3. Aufforderung zum Handlungswechsel durch Aufforderung zur Handlungsfortführung (in Bezug auf Handlungsintentionen/ -entscheidungen)

I.4. Ablehnen durch Propagieren (in Bezug auf Ziele, Grundwerte, Ideen, Argumentationen, Ideologien etc.)
II. Deskription: Beschreibung von Sachverhalten; Erklärung; Prognose; Problemstellung
II.5. Abstreiten durch Behaupten (in Bezug auf Sachverhalte, Ereignisse etc.)
II.6. Alternative Ursachenattribution durch Attributionsbekräftigung (in Bezug auf erklärende Ursachen, Antezedensbedingungen, determinierende Variablen)
II.7. Alternative Konsequenzenprognose durch Konsequenzenexplikation (in Bezug auf Konsequenzen, Sukzedensbedingungen, abhängige Variablen)
II.8. Problemersetzung durch Problemlösung (in Bezug auf Problem-, Fragestellungen generell)
III. Metakommunikation: über andere und deren Beziehung zum Sprecher
III.9. Distanzierung durch Nachahmung
III.10. Zurückweisung durch Akzeption
III.11. Angriff durch Verteidigung
III.12. Fremdvorwurf durch Selbstvorwurf
IV. Metakommunikation: über sich selbst (und die Beziehung zu anderen)
IV.13. Gegenteilige Expression durch Ausdrucksbenennung
IV.14. Intentionsabrede durch Absichtserklärung
IV.15. Weigerung durch Verpflichtung
IV.16. Schädigungsankündigung durch Unterstützungsankündigung

Die Einkategorisierung der 140 aus den unterschiedlichsten Bereichen stammenden alltagskommunikativen Ironiebeispiele ergab, dass alle Kategorien besetzt waren und alle Beispiele eingeordnet werden konnten (s. zu den Anforderungen an die Saturiertheit und Erschöpfung eines Kategoriensystems: Merten, 1983; Rustemeyer, 1992). Die deskriptiv-statistische Analyse zeigt eine besonders starke Besetzung der Präskriptions-(Ober-)Kategorie, gefolgt von der Deskriptions-Kategorie und den beiden Metakommunikations-Kategorien. Durch die Oberkategorie der Präskription sind im Prinzip alle Inhalte abgedeckt, die klassischerweise als Angriffspunkte für Ironie angesetzt werden (religiöse, philosophische etc. Überzeugungen; vgl. oben und Amante, 1980, S. 16f.). Die häufigste Unterkategorie wird in der Tat von „Tadel durch Lob" gebildet, so dass durch dieses Kategoriensystem die wichtigsten Begriffsexplikationen für Ironie von Seiten der klassischen Rhetorik präzisiert und in ihrer ganzen Bandbreite verständlich werden. „Tadel durch Lob" stellt die häufigste konkrete Elaborationsrichtung dar, auf mittlerem Abstraktionsniveau gibt es sowohl die Gegenteils-Relation zwischen Geäußertem und Gemeintem als auch die darüber hinaus gehende Kontrast-Relation im Sinne des Etwas-Anderes-Sagens. Groeben und Scheele fassen daher – unter Rückgriff auf die eingangs diskutierte sprechakttheoretische Modellierung – Ironie als uneigentlich-kontrastives Sprechen auf (1986, S. 53ff.); dabei subsumiert der Kontrastbegriff sowohl die Gegenteils-Relation als auch die Relation des Etwas-Anderes-Sagens und deckt auch die empirische Häufigkeit der negativen Bewertung ab.

Damit bildet der empirische Forschungsstand mittlerweile die Flexibilität und Plastizität des hochkomplexen Sprachphänomens ‚Ironie' besser ab und legt sehr stark die Konsequenzen nahe, für die Begriffsdefinition vom Attributenmodell abzugehen, das Merkmale mit festen, ausschließenden Grenzen anzugeben versucht (s.o. 2.1.: Wessells, 1984). Statt dessen sollte man auf das Prototypenmodell der Begriffsbildung übergehen, das prototypische Merkmale zusammenstellt, die im Sinne der „Familienähnlichkeit" (Wittgenstein, 1953) Beispiele, die möglichst viele dieser Merkmale auf sich vereinen, als prototypischen Kern ansetzen und bei der Erfüllung von weniger dieser Merkmale fließende Grenzen zu anderen Begriffen kennt (vgl. Eckes, 1991). Unter dieser Perspektive lässt sich mit Groeben und Scheele (2001) folgender Satz von prototypischen Merkmalen für die Konzeptexplikation von Ironie postulieren:

- „Es liegt ... eine offene Verletzung der Aufrichtigkeit vor, die zu einer konversationellen Implikatur führt, d.h. es gibt bei allen Kommunikationsbeteiligten ein gemeinsames Wissen über die Dissoziation von Geäußertem und Gemeintem.
- Diese Inkohärenz bzw. Inkongruenz zwischen Geäußertem und Gemeintem umfasst die propositionale Ebene oder auch die des Handlungsgehalts, und hier neben der Illokution vor allem die propositionale Einstellung (Sprechereinstellung).
- Dabei wird (von der ironischen Person) eine Fremdperspektive scheinbar übernommen, die aber eigentlich dementiert, konterkariert wird – nicht selten in expliziter oder impliziter Zitation/Erwähnung.
- Das konterkarierende Dementi stellt zumeist eine negative Bewertung dar, in der sich der Kontrast zwischen Geäußertem und Gemeintem als Gegensatz-Relation oder als Etwas-Anderes-Sagen manifestieren kann.

– Ironie betrifft damit idealtypisch komplexe Wissensbestände (auf die angespielt wird), weswegen die sprachliche Realisierung sowohl von der Wort- als auch der Satzteil- und Satzebene wie der des Diskurses ausgehen kann."

Dieses (prototypische) Modell der Begriffsexplikation wird der Komplexität und Plastizität des sprachlichen Phänomens ‚Ironie' besser gerecht, erlaubt zugleich aber auch durchaus die Abgrenzung zu benachbarten Phänomenen. So grenzt das Merkmal der offenen Verletzung der Aufrichtigkeit die Ironie z.B. eindeutig von der Lüge als verdeckter Verletzung ab (vgl. Berg, 1978; Lapp, 1997). Die Dissoziation von Gesagtem und Gemeintem liegt bei den direkteren Formen negativer Bewertung wie Sarkasmus und Zynismus nicht vor (Groeben & Scheele, 1986, S. 30ff.), obwohl es hier durchaus auch fließende Übergänge qua Kombinationen wie sarkastische Ironie geben kann (weswegen von manchen anglo-amerikanischen Autoren/innen „sarkastisch" und „ironisch" auch synonym gebraucht wird: vgl. Kreuz & Glucksberg, 1989). Das Merkmal der Kontrast-Relation bildet die zentrale Unterscheidung zur Metapher, bei der – ebenfalls seit der klassischen Rhetorik – die Ähnlichkeitsbeziehung im Mittelpunkt steht (vgl. dazu 3.).

2.3. Der soziale Kontext: Bedingungen der Produktion und Wirkung ironischer Sprechakte

Ironie stellt, wie wir eingangs bereits im Zusammenhang mit der klassischen Rhetorik festgehalten haben, eine Form der Alltags*kommunikation*, d.h. ein soziales Phänomen dar. Dementsprechend ist der soziale Kontext als konstitutiver Teilbereich der theoretischen Modellierung von Ironie anzusehen, und zwar sowohl in Bezug auf die Genese (Produktion) als auch die Rezeption (einschließlich Wirkung) von Ironie.

Eine erste Manifestation für diese konstitutive Sozialität von Ironie liegt bereits in dem idealtypischen Interaktionsmodell, das die Sprechakttheorie herausgearbeitet hat (Amante, 1981; Stempel, 1976); es handelt sich um eine Drei-Personen-Konstellation (triadisches Interaktionsmodell), wonach sich S (Sprecher/in) gegenüber H (Hörer/in) vor einem Publikum (H') ironisch äußert; dabei ist H zumeist auch das Objekt des ironischen ‚Angriffs', muss es aber nicht sein. Diese Drei-Personen-Konstellation ist jedoch nur im Sinne von Funktionsinstanzen aufzufassen, die sich im konkreten Einzelfall höchst unterschiedlich auf reale Personen verteilen können – bis hin zur Konzentration aller Funktionen in einer Person bei Selbst-Ironie ohne Publikum (vgl. Groeben & Scheele, 1986, S. 174ff.; Hartung, 1998, S. 182f.; Lapp, 1997, S. 31f.).

Allerdings werden die (motivationalen) Bedingungen der Ironieproduktion ebenso wie die Wirkungseffekte von Ironie in der vollständig realisierten Drei-Personen-Konstellation am deutlichsten, so dass dieses triadische Interaktionsmodell eben als prototypische Realisierung der ironischen Kommunikation angesehen werden kann.

Wenn man die Drei-Personen-Konstellation mit dem sprechakttheoretisch rekonstruierten gemeinsamen Wissen zwischen den Beteiligten (s.o.) zusammenbringt, dann manifestiert sich die soziale Kontextdynamik sozusagen ex negativo vor allem auch in dem Problem der sogenannten Ironiesignale. Für die eher strukturalistische (auf Grammatik, bestenfalls noch Semantik ausgerichtete) Linguistik der 50er und 60er Jahre des 20. Jahrhunderts stellten die Ironiesignale ein konstitutives, definierendes Merkmal ironischer Äußerungen dar (so z.B. vor allem Weinrich, 1966); die pragmatische Wende – auch innerhalb der Linguistik in Richtung auf Pragmalinguistik – hat aber über das Konzept des gemeinsamen, geteilten Wissens schon theoretisch wahrscheinlich gemacht, dass Ironiesignale keineswegs immer auftreten (müssen). Dies ist nun von der psycholinguistisch-sprachpsychologischen Empirie eindeutig bestätigt worden, und zwar gerade für den Fall einer kontextuell-situationalen Eindeutigkeit (vgl. Gibbs & O'Brien, 1991; Groeben & Scheele, 1986, S. 58ff.; Hartung, 1998, S. 172ff.). Das heißt: Wenn die Situation und das gemeinsame Wissen so eindeutig sind, dass das Auseinanderfallen von Geäußertem und Gemeintem allen Beteiligten von vornherein klar ist, dann sind Ironiesignale psychologisch völlig unnötig; umgekehrt erfüllen sie also vor allem die Funktion, in Fällen, in denen die situative Stützung für ein adäquates Verstehen u.U. zu schwach ist (Warning, 1976, S. 419), die Offenheit der „Verstellung" (Verletzung der Aufrichtigkeitsbedingung etc.) herzustellen.

Daraus folgt konzeptuell wie empirisch, dass im Prinzip alle sprachlichen und nicht-sprachlichen Charakteristika als Ironiesignale eingesetzt werden können (vgl. Barbe, 1995, S. 43ff.; Hartung, 1998, S. 173ff.). Allerdings ist als allgemeines Prinzip für die „Konstruktion" solcher Ironiesignale wiederum festzuhalten, dass – parallel zur Ironiestruktur – eine Inkongruenz generiert wird, die sich ebenfalls außerordentlich flexibel manifestieren kann: innerhalb wie zwischen den Ebenen des Verbalen, Paraverbalen (Tonhöhe, Melodieverlauf: Berger, 1985) und Nicht-Verbalen (Mimik, Gestik). Die Forschung hat es gerade wegen dieser funktionalen Flexibilität gereizt, das auch hier waltende Inkongruenzprinzip zu verschiedenen Kategorien von Ironiesignalen auszudifferenzieren. Diesbezüglich ist zunächst einmal das System von Clyne (1974) zu nennen, der primär semantikorientiert vorgeht und Kategorien wie Übertreibung, gemischte Soziolekte, Archaismen, Nominalkonstruktionen, lange Komposita, Untertreibung, Wortspiele etc. unterscheidet. Das differenzierteste Kategorisierungssystem haben Willer und Groeben (1980) vorgelegt, die sprachlich manifeste Kontraste bzw. Unvereinbarkeiten auf sechs Ebenen beschreiben; die Ebenen (qua Oberkategorien) sind: phonologisch/graphemisch; morphologisch-syntaktisch; intensional; Sprechakte; feldspezifische und situationsaffine Konventionen; Konversationsmaximen (vgl. auch Groeben & Scheele, 1986, S. 62ff.). Dieses Kategoriensystem ist ebenfalls auf die schon erwähnten 140 Beispiele alltagskommunikativer Ironie (Groeben & Scheele, 1986) angewendet worden, wobei die Hypothese der situationalen Vereindeutigung bestätigt werden konnte; das heißt, es gab sehr wohl ironische Äußerungen ohne jegliche (sprachliche) Signalisierung wie ebenso Äußerungen mit mehreren Signalen, wodurch auch hier wieder die Flexibilität von Ironieproduktion und –rezeption deutlich wird.

Diese Kontextrelevanz lässt vermuten, dass auch bei der motivationalen Genese der Ironieproduktion der Situationsfaktor ein stärkeres Gewicht haben könnte als der Personenfaktor. Die linguistische Theorienbildung hat – verständlicherweise – keine Hypothesen zu personalen Faktoren der Ironieproduktion entwickelt. Aber auch die systematische psychologische Untersuchung (Groeben & Scheele, 1986; Groeben, Seemann & Drinkmann, 1985) ergibt in der Tat ein relativ geringes Gewicht der Person-Merkmale. Die Arbeitsgruppe um Groeben hat ein komplexes Netzwerk von Persönlichkeitsfaktoren auf ihre empirische Relevanz für die Produktion von Ironie untersucht, nämlich Rollendistanz und soziale Intelligenz, Ambiguitätstoleranz, Risikobereitschaft, Konsistenzbedürfnis und kognitives Affiliationsbedürfnis, Implizitätsdekodierung, Kontrollmotivation und Ich-Engagement sowie Affektkontrolle und Acting-Out. Als empirisch relevant erwiesen sich aber nur Aspekte der kognitiven Strukturiertheit (insbesondere das Konsistenzbedürfnis und die Stringenz der Implizitätsdekodierung: Groeben et al., 1985, S. 100ff.), was auch bedeutet, dass das komplexe hypothetische Netzwerk der postulierten kognitions- und motivationspsychologischen Variablen nicht gesichert werden konnte. Außerdem waren die Persönlichkeitsvariablen insgesamt deutlich weniger wichtig als die situationalen Antezendensbedingungen (o.c., S. 161ff.).

In Bezug auf diese situationalen Bedingungen der Ironie-Produktion haben Groeben und Scheele (1986) die linguistischen und psycholinguistischen Erklärungsansätze mit kognitions- und motivationspsychologischen Theoriemodellen verbunden (insbesondere die Theorie der Kontrolle, die Überlegenheits-Theorie, die Theorie der Kognitiven Stile etc.) und auf diese Weise drei zentrale Situationsbedingungen als hypothetisch relevant herausgearbeitet: einmal, dass sich eine Person in der jeweiligen Situation dem Gegenüber vom Wissenssystem her subjektiv überlegen fühlt, dass sie zum anderen aber keine Möglichkeit sieht, die Situation in ihrem Sinne zu kontrollieren, und dass sie drittens von der gesellschaftlichen Position her unterlegen ist. Wenn diese Situationsmerkmale gegeben sind, sollten häufiger ironische Äußerungen produziert werden als in Situationen ohne diese Merkmale. Die empirische Überprüfung dieser Hypothese erfolgte mit Hilfe schriftlich präsentierter Szenarios (in einem komplexen Design: drei ausbalancierte Lateinische Quadrate) und ergab, dass in der Tat die Kombination von subjektiver Wissensüberlegenheit und mangelnder Situationskontrolle die entscheidende Bedingung für die Genese ironischer Äußerungen darstellt (Groeben et al., 1985, S. 12ff.); der Faktor der gesellschaftlichen Position hatte für die Ironieproduktion keine Bedeutung, sondern lediglich Relevanz für die differenzierte Wirkung von ironischen Sprechakten (als Moderatorvariable: o.c., S. 227ff.).

In Bezug auf diese Wirkung(en) ironischer Sprechakte enthält schon das triadische Interaktionsmodell (s.o.) die Hypothese, dass mit Ironie der Effekt beabsichtigt ist, eine Solidarisierung der Zuhörenden mit dem/der ironischen Sprecher/in gegen die angegriffene Person, Instanz etc. zu erreichen. Für den Kontext von Strafverfahren ist diese spezielle Hypothese von Wolff und Müller (1995) empirisch validiert worden. Von linguistischer Seite ist auch die These aufgestellt worden, dass wegen der Nicht-Direktheit der negativen Bewertung Ironie eine Form „gesichtswahrender Kritik" sei (so unter Rückgriff auf das Prinzip der Höflichkeit nach Leech (1983): Barbe, 1995, S. 89; Hartung, 1998, S. 43). Diese beiden (Hypo-)Thesen stehen nun allerdings – zumindest partiell – im Widerspruch zueinander, weil die auf Solidarisierung abzielende Kritik mittels nur vorgeblicher Akzeptanz des Gegenübers u.U. eine eher noch drastischere Form der Ablehnung darstellt, vor allem wenn man den Rückgriff auf das gemeinsame, geteilte Wissen berücksichtigt. Dementsprechend hat auch die explizite systematische Überprüfung (ebenfalls durch Groeben et al., 1985) eher eine Bewährung der Solidarisierungsthese ergeben.

Dazu wurden zunächst vier prototypische Varianten unterschieden und empirisch validiert: neben der „liebevollen Ironie" (als positiver Stellungnahme durch vorgebliche Kritik) vor allem die „sich wehrende, schützende Ironie", die als prototypische Variante aus der oben beschriebenen Situation der (machtmäßigen) Unterlegenheit und mangelnden Kontrolle bei gleichzeitiger kognitiver Überlegenheit eine negative Bewertung von Einstellungen, Normen etc. mit dem Ziel der Solidarisierung von Unterlegenen realisiert (Groeben & Scheele, 1986, S. 157ff.; Groeben et al. 1985, S. 234ff.); darüber hinaus die „konstruktiv-kritische Ironie", die zwischen gleichrangigen Personen, die sich eher sympathisch sind, vorkommt und deshalb auch bei der kritisierten Person Einsicht (als eine spezifische Form der Solidarisierung mit der Kritik) bewirkt; und schließlich die „arrogante Ironie", durch die das Gegenüber aus einer machtmäßig überlegenen Position heraus lächerlich gemacht wird.

Für die drei „negativen" Ironie-Typen konnten die postulierten Wirkungseffekte empirisch gesichert werden, und zwar Solidarisierung von Seiten des Auditoriums bei sich-wehrender Ironie, Einsicht auch auf Seiten der „angegriffenen" Person bei der konstruktiv-kritischen Ironie und eine Art umgekehrte Solidarisierung (d.h. mit der angegriffenen Person) bei arroganter Ironie (o.c., S. 242ff.). Parallel zur Solidarisierung ist auch die Bewertung des jeweiligen ironischen Sprechaktes als legitim oder illegitim ausgeprägt; das heißt, hier spielt die gesellschaftliche Position als Moderatorvariable eine Rolle, und zwar in der Form, dass Ironie aus der überlegenen Position heraus als nicht-legitim empfunden wird (o.c., S. 257ff.). Dementsprechend kann man also eine Gesichtswahrung höchstens beim Typ der konstruktiv-kritischen Ironie vermuten, ansonsten steht die Solidarisierungsdynamik (wenn auch mit wechselnden Vorzeichen) im Mittelpunkt.

Abgesehen von dieser Solidarisierungsdynamik sind die ironischen Äußerungen wegen ihrer Komplexität und Uneigentlichkeit (bzw. gegebenenfalls auch Indirektheit; s.o. 2.1.) im Vergleich zu nicht-ironischen Äußerungen deutlich auffälliger mit den entsprechenden Wirkeffekten: Sie werden besser behalten (Micham, 1984), sie gelten als amüsanter (Dews, Kaplan & Winner, 1995), als sprachlich interessanter, auflockernd und der kommunikativen Problemlösung förderlich (Groeben et al., 1985, S. 269ff.) – wenn auch zugleich als aggressiver im Vergleich zu parallelen nicht-ironischen Äußerungen (l.c.). Insgesamt kann man also von einer besonderen ästhetischen Qualität ironischer Sprechakte ausgehen (so auch Hartung, 1996, S. 136f.; 1998, S. 168f.).

2.4. Ästhetische Offenheit und prozessuale Flexibilität

Gerade diese ästhetische Qualität stellt einen zentralen Aspekt der Komplexität und Plastizität des sprachlichen Kommunikationsphänomens ‚Ironie' dar. Ironie ist letztlich als eine Form von (Klein-)Kunst anzusehen und weist wie diese alle Merkmale einer Semantikentgrenzung auf: von der Polysemie bis zur Polyfunktionalität (Schmidt, 1971a; 1971b). Das heißt, ironische Sprechakte haben wegen des Auseinanderfallens von Geäußertem und Gemeintem und in Form der verschiedenen Elaborationsinferenzen (vgl. o. 2.2.: das 16-Kategorien-System des ironischen Dementis) eine Dynamik von Polyinterpretabilität: angefangen vom Spiel mit der Mehrdeutigkeit auf Wortebene bis hin zu dem möglichen, wenn auch nicht notwendigen Wechsel von Illokutionen (zwischen Geäußertem und Gemeintem; s.o. 2.2.). Nicht zuletzt ist dabei zu erwähnen, dass ironische Sprechakte quasi mehrere Schritte enthalten können, das heißt verschiedene Kategorien des ironischen Dementis miteinander verbinden können, so dass auch mehrere kommunikative Funktionen realisiert werden (vgl. im Einzelnen Groeben & Scheele, 1986, S. 45ff.).

Darin manifestiert sich noch einmal in paradigmatischer Form die kognitive Konstruktivität der menschlichen Sprachverwendung, insofern als diese aus einer Integration der sprachlichen Information mit dem Textwissen (Kohvakka, 1997), dem Weltwissen (Groeben & Scheele, 1986; Hartung, 1998) und das heißt auch insbesondere dem Interaktionswissen besteht; letzteres ist als Voraussetzung auf sozialkognitiver Ebene vor allem durch entwicklungspsychologische Arbeiten zu den Bedingungen des Ironieverständnisses nachgewiesen worden (Lapp, 1997, S. 124f.). All dies sind Einzelmanifestationen der eingangs angesprochenen Offenheit von Ironie als Sprach- wie Denkfigur (so auch Gibbs, 1994b, S. 365f.) mit allen oben ausdifferenzierten Varianten des substitutiven, additiven etc. Kontrastes zwischen Geäußertem und Gemeintem. Wie bei Kunst generell bleibt also auch bei Ironie die Bedeutung der Äußerung im Prinzip immer unabgeschlossen, sie kann situations-, kontextspezifisch etc. weiter ausdifferenziert, ergänzt, modifiziert werden ...

Diese ästhetische Offenheit ist dementsprechend verbunden mit einer enormen prozessualen Flexibilität, die wiederum in der Forschung für kontroverse Befunde und Diskussionen gesorgt hat – und zwar generell für figurative Sprache (vgl. Gibbs, 1994a; 1994b). Dabei geht es insbesondere um die Rolle der wörtlichen Bedeutung, für die aus dem sprechakttheoretischen Modell der konversationellen Implikatur folgt, dass sie zunächst verstanden, dann als inadäquat diagnostiziert und in das Gemeinte „übersetzt" werden muss (s.o. 2.1. und generell die Literal-First-These s.u. 3.4.). Diese direkte Übersetzung des sprechakttheoretischen Strukturmodells in ein Prozessmodell würde bedeuten, dass für das Verstehen von Ironie und figurativer Sprache generell eine längere Zeit nötig ist als zum Verstehen von wörtlicher Rede (vgl. Gibbs, 1994b, S. 383). Genau diese Konsequenz hat Gibbs in einer Fülle von Untersuchungen (z.B. 1986a; 1986b; 1989) zu falsifizieren versucht; und dabei ist ihm seiner Ansicht nach der Nachweis gelungen, dass figurative Sprachphänomene nicht mehr Zeit zum – adäquaten – Verstehen benötigen als nicht-figurative Äußerungen, woraus er ableitet, dass figurative Sprache unmittelbar (ohne den Umweg über das Verstehen der wörtlichen Bedeutung) verarbeitet wird (vgl. Gibbs, 1994b, S. 421).

Diese These hat eine intensive Diskussion hervorgerufen (vgl. vor allem auch unten 3.4.); speziell für das Phänomen der Ironie hat z.B. Giora in einer Reanalyse der Daten von Gibbs doch eine längere Verarbeitungszeit für ironische Äußerungen errechnet (1995, S. 250f.). Außerdem kann man konzeptuell anführen, dass Gibbs u.U. vor allem sehr stark vom Kontext determinierte Ironieformen (bis hin zur konventionalisierten Ironie) untersucht hat (vgl. Hartung, 1998, S. 49); und es lässt sich fragen, ob nicht die Kenntnis der wörtlichen Bedeutung – quasi analytisch – notwendig ist, um die semantisch-pragmatische Richtung des eigentlich Gemeinten adäquat zu rekonstruieren (d.h. die angemessene elaborative Inferenz zu ziehen). In Verbindung mit der skizzierten ästhetischen Offenheit ist auf jeden Fall darauf hinzuweisen, dass die bisherige Forschung den Effekt des ästhetischen Gefallens viel zu wenig berücksichtigt hat. Gerade bei figurativer Sprache (und das heißt beim Auseinanderfallen von Geäußertem und Gemeintem) könnte das Gefallen nicht zuletzt damit zusammenhängen, dass – zumindest – beide Bedeutungsmuster (die wörtliche und die implikatierte Bedeutung) gleichzeitig kognitiv gegenwärtig sind und die entsprechende Spannung bzw. Spannungslösung (wie beim Witz: Groeben & Scheele, 2001) emotional anregend sind (vgl. auch Groeben, 1993; Graesser, Long & Mio, 1989).

Giora hat versucht, diese z.T. gegenläufigen Befunde und Argumente in ihrer Salienz-Theorie des Ironieverstehens zu integrieren (vgl. auch unten 3.4.). Danach läuft das Verstehen gemäß dem Sprach- und Weltwissen ab, das in dem jeweiligen Kontext am hervorstechendsten (salient) ist. Bei konventionalisierter Ironie (vgl. z.B. „Das hat uns gerade noch gefehlt!") ist dies die quasi im Lexikon eingetragene ironische Bedeutung; dementsprechend dauert das Verstehen selbstverständlich auch nicht länger als bei wörtlichen Äußerungen. Bei unkonventioneller, durch den Kontext nicht eindeutig determinierter (und entsprechend z.b. durch Signale angezeigter – s.o. 2.3.) Ironie dagegen ist das Verstehen und Verwerfen der wörtlichen Bedeutung ein notwendiger Zwischenschritt. Giora hat dieses Modell – durch Reaktionszeitexperimente – auch in den Grundzügen empirisch bestätigen können (vgl. Giora, 1997; Giora & Fein, 1999a; 1999b; Giora, Fein & Schwartz, 1998), wobei für besonders komplexe, aparte, ironische Sprechakte die kognitive Repräsentierung beider (oder mehrerer, s.o.) Bedeutungsrahmen durchaus plausibel ist.

Diese ästhetische Offenheit und prozessuale Flexibilität von Ironie dürfte auch der Grund dafür sein, warum eine präzise Algorithmisierung des Produktionsprozesses schwierig, wenn nicht gar unmöglich ist. Es liegt bisher u.W. nur ein einziger Versuch eines derartigen algorithmischen Prozessmodells vor (nämlich von Littman & Mey, 1991), das sich lediglich auf die Situationsironie bezieht, also gerade die zentralen sprachlichen Probleme auf semantischer und pragmatischer Ebene vermeidet. Eine zureichende Prozessmodellierung für die semantisch, pragmatisch und ästhetisch offene Sprachform der Ironie steht also insgesamt zu einem großen Teil noch aus und wird weitere, bisher kaum thematisierte Aspekte der kognitiven Konstruktivität (s. zusammenfassend unten 4.) einbeziehen müssen – wenn nicht gar an die Grenzen der empirischen Festlegbarkeit stoßen.

3. Metapher

Die Vielschichtigkeit des Phänomens ‚Metapher' manifestiert sich bereits darin, dass sie als Sprach- und Denkfigur das Interesse ganz unterschiedlicher Disziplinen (Rhetorik, Philosophie, Sprachwissenschaft, Literaturwissenschaft und Psychologie) ausgelöst und eine kaum noch überschaubare Flut von Forschungsarbeiten stimuliert hat (Bibliographien: van Noppen, de Knop & Jogen, 1985; van Noppen & Hols, 1990). Dabei zeigt die Geschichte der Metaphernforschung von der Antike bis zur Neuzeit (Überblick: Nieraad, 1977; Bertau, 1996), dass von jeher Uneinigkeit darüber bestanden hat, welche Bestimmungsstücke für die Metapher konstitutiv sind und welche Kriterien geeignet sind, metaphorische von nicht-metaphorischen Äußerungen zu unterscheiden. Der Blick in die Literatur enthüllt eine ganze Bandbreite von Definitionsversuchen, in denen die Metapher je nach disziplinärer und theoretischer Verankerung als verkürzter Vergleich, als

Regelverstoß, als Abweichung, als Anomalie, als Filter, als Apriori, als Modell, als Schema etc. konzipiert worden ist (vgl. Schöffel, 1989). Trotz aller Heterogenität lassen sich drei große Theorietraditionen unterscheiden, die in der zeitgenössischen Diskussion der Metapher eine tragende Rolle spielen: die Substitutionstheorie der klassischen Rhetorik, die Abweichungstheorien der neueren Linguistik und Pragmalinguistik (Überblick: Levin, 1977) sowie die Interaktionstheorien der Denk- und Sprachpsychologie (Überblick: Mooij, 1976).

Nach der antiken Rhetorik gehört die Metapher neben Metonymie, Synekdoche, Ironie etc. zu den Tropen, stellt also eine Sprachfigur dar, bei der das eigentliche Wort (verbum proprium) durch ein anderes Wort ersetzt wird. Dementsprechend wird in der berühmten auf Aristoteles, Cicero und Quintilian zurückgehenden Substitutions- bzw. Vergleichstheorie der Metapher diese als Übertragung eines Wortes von einem Gegenstandsbereich, den es eigentlich bezeichnet, auf einen Gegenstandsbereich, den es uneigentlich bezeichnet, definiert. Die Übertragung erfolgt mittels Ähnlichkeit, Analogie oder Vergleich, weshalb die Metapher bei Quintilian auch als verkürzter Vergleich definiert wird (vgl. die Diskussion bei Nieraad, 1977; Schöffel, 1989; Bertau, 1996). Das heißt die Metapher wird anstelle eines bedeutungsäquivalenten wörtlichen Ausdrucks gebraucht bzw. ist durch einen solchen ersetzbar. Sie hat gegenüber der eigentlichen Sprache den Vorzug der Kürze, Klarheit und Anschaulichkeit und gilt wie alle Tropen primär als Ornament der Rede, als Mittel zur Erzeugung stilistischer Eleganz.

Diese klassische Konzeption der Metapher ist vor allem deshalb nicht unkritisiert geblieben, weil mit dem Konzept der Substitution impliziert ist, dass jede Metapher ohne Bedeutungsverlust durch ihre wörtliche Entsprechung ersetzt werden kann und dass Ähnlichkeit und Vergleich als a priori im Sprachsystem vorfindbare Strukturmerkmale aufzufassen sind (zusammenfassend: Moore, 1982; Black, 1954; 1993; Searle, 1969) – beides Annahmen, die leichthin widerlegt werden können. Darüber hinaus bleibt die zentrale Frage unbeantwortet, wie die Ähnlichkeit hörerseitig rekonstruiert und sprecherseitig produziert wird; die klassische Rhetorik beruft sich hier lediglich auf die ‚Begabung' der Sprachnutzer/innen, Ähnliches zu erkennen (Bertau, 1996, S. 66f.). Trotz dieser Kritik sind einige Elemente der klassischen Konzeption bis in die heutige Zeit erhalten geblieben, haben Eingang in gängige Metapherntheorien gefunden und dort z.T. eine Ausarbeitung erfahren.

Dazu gehört zunächst die Auffassung von der Metapher als einer Form der Abweichung von der eigentlichen Sprache, die insbesondere von der neuen Rhetorik und der (Pragma-)Linguistik aufgegriffen wurde, also von jenen Ansätzen, die sich schlagwortartig mit dem Begriff der Anomalie-Theorien zusammenfassen lassen. Für die moderne Rhetorik (wie sie z.b. von der Lütticher Gruppe vertreten wird), die um eine präzise Bestimmung rhetorischer Figuren bemüht ist, stellt die Metapher eine semantische Deviation dar, die nach Art der zu Grunde liegenden Substitution auf morphologischer, syntaktischer, semantischer und textologischer Ebene beschrieben und klassifiziert werden kann (vgl. z.B. das Klassifikationsmodell von Plett, 1975). Die Metapher wird bestimmt als „Ersetzung einer primären semantischen Texteinheit durch eine sekundäre, die zu jener in eine Abbild- oder Ähnlichkeitsrelation gesetzt wird" (Plett, 1985, S. 79). Die strukturalistische Linguistik behandelt die Metapher primär als semantisches Phänomen und beschreibt sie in Nachfolge von Chomsky als anomale Sprachfigur, bei der Wörter mit inkompatiblen semantischen Merkmalen aufeinandertreffen (vgl. Hörmann, 1972). Die metaphorische Bedeutung wird auf der Grundlage eines Merkmalsvergleichs rekonstruiert, bei dem nicht-passende Merkmale unterdrückt und passende Merkmale hervorgehoben werden (z.B. Katz & Fodor, 1963; Weinrich, 1963; 1967). Die Pragmalinguistik führt dann zum ersten Mal die Unterscheidung zwischen dem, was ein Sprecher meint (Äußerungsbedeutung), und dem, was er sagt (Satzbedeutung), ein und fragt danach, wie es den Hörenden gelingt, hinter das Gemeinte zu kommen (Searle, 1969). Die Feststellung einer Abweichung motiviert die Suche nach einer metaphorischen Bedeutung, wobei die Kluft zwischen Gesagtem und Gemeintem mit Hilfe pragmatischer Inferenzen überbrückt wird, die über den logischen und semantischen Gehalt einer Äußerung hinausgehen.

Gegen den Abweichungsbegriff wendet sich die dritte große Theorienklasse: Die sogenannte Interaktionstheorie, die auf Stählin (1913), Bühler (1934), Richards (1936) und Black (1954; 1993) zurückgeht, bestimmt die Metapher als Interaktion zwischen zwei Vorstellungen, die von Black (1954) als Topic (auch: Tenor bzw. Primärgegenstand oder bildempfangender Bereich) und Vehikel (auch: Sekundärgegenstand oder bildspendender Bereich) bezeichnet wurden. Topic und Vehikel wurden dabei als Implikationssysteme im Sinne kulturell geteilter Assoziationen präzisiert (Black, 1954). Die Interaktion zwischen den beiden Implikationssystemen lässt sich allerdings nicht auf eine Vergleichs- oder Ähnlichkeitsaussage reduzieren, sie verlangt die simultane Wahrnehmung beider Implikationssysteme. Übertragen werden nicht einzelne Merkmale, sondern das Implikationssystem des Vehikels wird auf das Topic projiziert und bewirkt eine Reorganisation seines Implikationssystems. Mithin ein kreativer Akt, bei dem Ähnlichkeit weniger vorgefunden als geschaffen wird. Die Metapher wird darüber hinaus nicht länger als Schmuck der Rede aufgefasst, ist nicht länger eine dem begnadeten Redner vorbehaltene Sprachfigur, sondern ist ein allgegenwärtiges Prinzip der Alltagssprache, ist konstitutiv für das Verstehen von Sprache überhaupt – eine Vorstellung, die sich bereits bei Bréal (vgl. Weinrich, 1967) findet und von der neueren (Psycho-)Linguistik weitergeführt wird (Gibbs, 1994a; 1994b) bis hin zu der Annahme, dass unser ganzes Denken metaphorisch strukturiert ist (vgl. Lakoff & Johnson, 1980; Lakoff, 1993). Was jedoch beibehalten wird, ist die Vorstellung, dass die Metapher, in welcher Form auch immer, eine Ähnlichkeits- oder Vergleichsaussage enthält, ohne jedoch – im Unterschied zur klassischen Rhetorik – darauf reduzierbar zu sein. Denn die Ähnlichkeit zwischen Substitut und Substituent ist kein a priori im Sprachsystem vorgefundenes Strukturmerkmal mehr, sondern muss mit Hilfe bestimmter Interpretationsstrategien (re-)konstruiert werden.

Die grundlegende Frage danach, wie die Hörenden hinter das Gemeinte kommen, wird in den skizzierten Theorieansätzen unterschiedlich beantwortet. Grundsätzlich offen bleibt bei allen Ansätzen, ob die Rekonstruktion der metaphorischen Bedeutung im konkreten Verstehensprozess tatsächlich den skizzierten theoretischen Prinzipien folgt und was die jeweiligen Theorieansätze zur Erklärung des Metaphernverstehens beitragen. Eine Behandlung dieser Fragen wurde erst unter Einbeziehung der empirisch arbeitenden Sprach- und Denkpsychologie möglich. Entsprechend wird es im Folgenden primär darum gehen, die von der empirischen Psychologie bislang erarbeiteten Antworten auf die offenen theoretisch-konzeptuellen Fragen zu skizzieren.

3.1. Die Diagnose des Auseinanderfallens von Gesagtem und Gemeintem – oder: Wie erkennt man eine Metapher?

Jede Behandlung der Metapher schließt mehr und minder explizit die Frage nach ihrem Erkennen bzw. die Frage nach der Unterscheidung von metaphorischer und nicht-metaphorischer Sprache mit ein. Dabei haben insbesondere Vertreter der strukturalistischen Linguistik und Pragmalinguistik versucht, Kriterien zur Identifikation von Metaphern zu spezifizieren, die über die häufig anzutreffenden relativ vagen Bestimmungsmerkmale wie ‚Erwartungsbruch', ‚Überraschung', ‚Konflikt' oder ‚Fremdheit' (vgl. Mooij, 1976) hinausgehen. Als entscheidendes Identifikationskriterium für das Vorliegen einer Metapher galt für die strukturalistische Linguistik das Auftreten einer semantischen Anomalie, die sich auf die semantische Unverträglichkeit von Wörtern in einem Satz bezieht. Die Generative Grammatik musste für jene Fälle, in denen die Entscheidung über die Wohlgeformtheit von Sätzen nicht mehr allein von der Syntax getroffen werden kann, zusätzliche Regeln zur Vermeidung unzulässiger oder mehrdeutiger Wortkombinationen einführen, die sog. Selektionsrestriktionen, die angeben, in welchen syntaktischen Kontexten die Wörter der Sprache auftreten dürfen (Chomsky, 1965). Diesen Gedanken hat Matthews (1971) genutzt und die Metapher als Abweichung definiert, die durch den regelhaften Verstoß gegen die Selektionsrestriktionen der Transformations-Grammatik zustande kommt. Die Metapher lässt sich demzufolge an der Verletzung von Selektionsrestriktionen erkennen.

In Nachfolge von Chomsky wurde das Konzept der semantischen Anomalie insbesondere durch die Generative Semantik weiter verfolgt. Ein semantisch anomaler Satz liegt danach vor, wenn in ihm Wörter kombiniert sind, deren semantische Merkmale einander ausschließen. Zwar wird nach Katz und Fodor (1963) in solchen Fällen die Satzinterpretation abgebrochen (zur Kritik dieser Konzeption vgl. Hörmann, 1972), gleichwohl wurde von anderen Theoretikern versucht, das Konzept der semantischen Merkmalsunverträglichkeit als Metaphorizitätsindikator zu nutzen und zu zeigen, wie die Unverträglichkeit durch eine metaphorische Lesart aufgelöst werden kann (z.B. Weinreich, 1970; Abraham & Braunmüller, 1971; van Dijk, 1975). Dies geschieht in der Regel dadurch, dass bestimmte (nicht-passende) Merkmale z.B. des Verbs, die eine Auswahlbeschränkung für das Subjekt implizieren, auf dieses übertragen werden. So wird in dem Satz „Der Wald schläft ein" das nicht passende Merkmal des Verbs (‚belebt') auf das Subjekt (Wald) übertragen. Die anderen Merkmale von Wald werden getilgt und das übertragene Merkmal bestimmt jetzt die Interpretation (Abraham & Braunmüller, 1971; kritisch: Berg, 1978).

Allerdings ist mit dieser Konzeptualisierung eine Reihe von Problemen verbunden, die hier zumindest angedeutet werden sollen. Unter theoretischer Perspektive ist eine Anbindung an die semantischen Merkmalstheorien schon allein deshalb problematisch, weil diese von einem finiten Inventar semantischer Merkmale ausgehen, so dass neue und kreative Metaphern keine Berücksichtigung finden können. Selbst eine Revision des Modells von Katz und Fodor, die vorsieht, die Lexikoneinträge der Wörter um das jeweilige metaphorische Merkmal zu erweitern (Weinreich, 1970) führt nicht aus diesem Dilemma, denn es müssen natürlich Bedingungen angegeben werden, unter denen ein Lexikoneintrag erweitert werden darf. Da als Kriterium nur der tatsächliche Gebrauch in Frage kommt, werden auch hier neue Metaphern ausgeblendet (Berg, 1978). Darüber hinaus bleibt unklar, wie zu bestimmen ist, welche Merkmale getilgt und welche übertragen werden.

Die hervorstechende Schwäche des Anomalie-Begriffs der strukturalistischen Linguistik – gleichgültig ob die Anomalie über die Verletzung von Selektionsrestriktionen oder als semantische Merkmalsunverträglichkeit konzipiert ist – besteht allerdings darin, dass die Feststellung einer semantischen Anomalie rein unter sprachstrukturellen Gesichtspunkten erfolgt und den sprachlichen und situativen Kontext außer Acht lässt (zur Kritik: Hörmann, 1972). Da jede Anomalie in einen Kontext gestellt werden kann, in dem sie nicht-metaphorisch interpretiert werden muss, und jeder nicht-abweichende Satz in Kontexten auftreten kann, die eine metaphorische Interpretation nahelegen (Berg, 1978), ist die semantische Anomalie kein verlässlicher Indikator für Metaphorizität (Loewenberg, 1975; Berg, 1978; Cacciari & Glucksberg, 1994). Hinzu kommt, dass im Falle von Äußerungen, die in Abhängigkeit vom Kontext sowohl metaphorisch als auch nicht-metaphorisch verstanden werden können (z.B. „The old rock has become brittle with age"; Ortony, 1980), eine metaphorische Lesart nicht verlässlich identifiziert werden kann. Darüber hinaus wird kein Kriterium bereitgestellt, das es erlaubt, eine interpretierbare Anomalie von einer nicht-interpretierbaren Unsinns-Äußerung abzugrenzen. Dementsprechend besteht heute weitgehend Übereinstimmung, dass bei der Identifikation einer Metapher der sprachliche und nicht-sprachliche Kontext mitzuberücksichtigen ist, dass die Behandlung der Metapher nicht ohne die Pragmatik auskommt.

Vor diesem Hintergrund hat beispielsweise Ortony (1980) als Bedingung für Metaphorizität die kontextuelle Anomalie eingeführt. Sie liegt dann vor, wenn eine sprachliche Einheit, gleichgültig ob Wort, Phrase oder Satz, nicht zum sprachlichen oder nicht-sprachlichen Kontext passt. Damit wird es möglich, auch Äußerungen zu identifizieren, die in Abhängigkeit vom Kontext sowohl metaphorisch als auch nicht-metaphorisch gebraucht werden können. Um Metaphern und Unsinns-Äußerungen unterscheiden zu können, wird als weitere Bedingung postuliert, dass die durch die kontextuelle Anomalie verursachte Spannung auflösbar sein muss.

Kennzeichnend für die pragmatische Behandlung der Metapher ist, dass sie von der Existenz einer wörtlichen Bedeutung ausgeht und die Metapher als Abweichung von dieser wörtlichen Bedeutung beschreibt. Dabei wird systematisch zwischen Äußerungsbedeutung (dem Gemeinten) und Satzbedeutung (dem Gesagten) unterschieden (s. auch oben 2.1.) und die Metapher als eine Abweichung des Gemeinten vom Gesagten (Searle, 1969) bestimmt. Als Kriterium für die Identifikation einer Metapher gilt die wörtliche Falschheit einer Äußerung. Wenn eine Äußerung wörtlich genommen nicht wahr sein kann, sie also irgendeinen Defekt aufweist, stellt das für die Hörenden einen Hinweis dar, nach einer metaphorischen Bedeutung zu suchen. Allerdings ist die wörtliche Falschheit, wenngleich sie auch die verbreitetste Bedingung darstellt, keine notwendige Bedingung für Metaphorizität. Dies wird wiederum an Sätzen deutlich, die sowohl metaphorisch als auch wörtlich wahr sind (z.B. „No man is an island"; Black, 1993).

Als weitere Hinweise können die Hörenden ihr Wissen über den/die Sprecher/in sowie den nicht-sprachlichen Äußerungskontext heranziehen. Die Auffassung der Metapher als Verletzung von Wahrheitsbedingungen lässt sich dabei als Spezialfall einer Verletzung des Kooperationsprinzips von Grice (1975) rekonstruieren, das von den Gesprächsteilnehmern/innen fordert, ihren Gesprächsbeitrag nach dem jeweiligen Zweck sowie der Richtung des Gesprächs zu gestalten (s. auch oben 2.1.). Aus dem allgemeinen Konversationsprinzip wurden vier Konversationsmaximen abgeleitet (Qualität, Quantität, Relevanz und Modalität). Nach Grice stellt insbesondere die Verletzung der Maxime der Qualität („Sage nichts, was du für falsch hältst") einen Indikator für das Vorliegen einer Metapher dar, wobei allerdings in jüngerer Zeit darauf aufmerksam gemacht wurde, dass eine Metapher auch eine Verletzung der Relevanz- oder der Modalitätsmaxime implizieren kann (Levinson, 1990). Das Erkennen einer Metapher wird dadurch möglich, dass die Hörenden bei einer Verletzung der Konversationsmaximen auf einer tieferen Ebene weiter annehmen, dass der Sprecher sich kooperativ verhält und die fragliche Äußerung einen Zweck hat. Sie versuchen daher, den Verstoß aufzulösen, indem sie vom Gesagten auf das dahinter liegende Gemeinte mittels einer pragmatischen Inferenz (der sog. konversationellen Implikatur) schließen. Der Verstoß gegen die Konversationsmaximen stellt somit für den Hörenden sowohl Hinweis als auch Anlass für die Suche nach einer metaphorischen Bedeutung dar. Offen bleibt bei Grice allerdings, wie die Hörer die Verletzung der Konversationsmaximen erkennen und mit Hilfe welcher Prinzipien sie hinter das Gemeinte kommen (s. aber Searle, 1969).

Zusammenfassend lässt sich festhalten, dass keiner der skizzierten Theorieansätze in der Lage ist, notwendige und hinreichende Kriterien für das Erkennen einer Metapher anzugeben. Offensichtlich gibt es keine unfehlbaren Indikatoren für Metaphorizität (Black, 1993), sondern es gibt eine Reihe von Bedingungen, die das Vorliegen einer Metapher wahrscheinlich machen. Dazu gehören vor allem die wörtliche Falschheit, die Banalität der wörtlichen Wahrheit, die Irrelevanz der wörtlichen Wahrheit in einem Kontext, das Nicht-Passen zum sprachlichen Kontext und das Nicht-Passen zum nicht-sprachlichen Kontext (Black, 1993). Die Vielfalt dieser Metaphorizitätsindikatoren verdeutlicht nicht nur die Flexibilität und Dynamik der Sprachfigur ‚Metapher', sondern sie verdeutlicht auch die hörerseitig geforderte Flexibilität im Denken bzw. im Diagnostizieren – eine Flexibilität, die bei der Rekonstruktion des metaphorisch Gemeinten in Form elaborativer Inferenzen manifest wird (s. auch oben 2.4.).

3.2. Die Rekonstruktion des metaphorisch Gemeinten

Die psycholinguistischen Modelle zur Rekonstruktion des Gemeinten lassen sich mehr oder minder explizit den drei eingangs skizzierten Theorierichtungen zuordnen, wobei die Interaktionstheorie eine deutlich intensivere Ausarbeitung erfahren hat als die Vergleichs- und die Abweichungstheorie. Im Mittelpunkt steht jeweils die Frage, wie zwischen den beiden Termen einer Metapher, dem Topic und dem Vehikel, eine Relation hergestellt wird und wie bekannte Konzepte genutzt werden, um neue Kategorien aufzubauen.

Ausgehend von der klassischen Vergleichstheorie wurde die Relation zwischen Topic und Vehikel zunächst über einen Attributen- bzw. Merkmalsvergleich bestimmt (z.B. Johnson & Malgady, 1979; Malgady & Johnson, 1980). Dabei wird angenommen, dass Topic und Vehikel jeweils durch Merkmalssets in einem semantischen Raum beschrieben werden können. Zur Rekonstruktion des Gemeinten wird die Metapher zuerst in eine Vergleichsaussage umformuliert, bevor die Merkmalssets gegeneinander abgeglichen und die Menge der gemeinsamen Merkmale bestimmt werden. Die Ähnlichkeit von Topic und Vehikel basiert hier also auf der Menge gemeinsamer Merkmale, die dann das metaphorisch Gemeinte ausmachen (Beispiel: „Dew is a veil"; Malgady & Johnson, 1980). Empirisch konnte gezeigt werden, dass der Grad der Merkmalsüberlappung der beiden Metaphernterme mit der Interpretierbarkeit und der Metapherngüte positiv korreliert (Malgady & Johnson, 1980; Marschark, Katz & Paivio, 1983).

Ungeachtet dessen weist das Modell des Attributenvergleichs eine Fülle von Problemen auf (kritisch: Glucksberg, Manfredi & McGlone, 1997; Ortony, Vondruska, Foss & Jones, 1985). Dazu gehört zunächst, dass metaphorische Vergleiche („Eine Predigt ist wie eine Schlaftablette") grundsätzlich anders behandelt werden müssen als wörtliche Vergleiche („Kupfer ist wie Zinn"), weil sie im Unterschied zu ersteren nicht reversibel sind, ohne dass es zu wesentlichen Bedeutungsveränderungen kommt (Tversky, 1977; Camac & Glucksberg, 1984). Außerdem sind bei einem wörtlichen Vergleich die Vergleichsmerkmale in beiden Termen hoch-salient, während sie bei einem metaphorischen Vergleich nur im Vehikel hervorstechend sind (z.B. Cacciari & Glucksberg, 1994). Unklar bleibt darüber hinaus, auf Grund welcher Kriterien die Gemeinsamkeit bzw. Ähnlichkeit von Merkmalen festgestellt wird, weshalb nicht alle gemeinsamen Merkmale bzw. sogar nicht-gemeinsame Merkmale zur Interpretation herangezogen werden (zur Kritik: Gentner & Wolff, 1997; Glucksberg, Manfredi & McGlone, 1997); dabei ist es häufig so, dass nicht die definierenden Merkmale, sondern kulturelle oder stereotype Attribute eines Begriffs für den metaphorischen Vergleich relevant werden (Tourangeau & Sternberg, 1981). Auch gehen Vergleichstheorien implizit von a priori vorgefundenen Merkmalsüberlappungen aus; zumindest bei unvertrauten Metaphern muss die Ähnlichkeit im Verarbeitungsprozess jedoch erst aktiv konstruiert werden, d.h. zwischen den Metapherntermen ist eine neue Verbindung herzustellen (empirisch: z.B. Camac & Glucksberg, 1984; Tourangeau & Rips, 1991). Ähnlich weist Ortony (1980) daraufhin, dass ein Merkmalsvergleich in all jenen Fällen sinnlos ist, in denen dem Topic über den metaphorischen Ausdruck ein neues Merkmal zugeschrieben werden soll (s.o. „No man is an island").

Solche Probleme haben dazu geführt, die Rekonstruktion des Gemeinten nicht als einen Merkmalsvergleich, sondern als eine Merkmalsübertragung zu spezifizieren. Für die metaphorische Interpretation sind jene Merkmale relevant, die (anders als bei wörtlichen Vergleichen) eine hohe Salienz im Vehikel und eine niedrige Salienz im Topic haben. Dabei werden die hoch-salienten Merkmale des Vehikels auf das Topic übertragen. Das Ausmaß des Ungleichgewichts bestimmt dann den Grad der Metaphorizität („*salience-imbalance*-Ansatz'; Ortony, 1979; empirischer Beleg: Ortony et al., 1985). Vor diesem Hintergrund lässt sich die Rekonstruktion des metaphorisch Gemeinten eher als

Merkmalsselektion denn als Merkmalsvergleich präzisieren, wobei jedoch nicht nur ein salientes Merkmal selegiert wird, sondern alle salienten Merkmale übertragen werden (Ortony, 1980).

Allerdings hat sich auch das Kriterium der Selektion salienter Merkmale als nicht unproblematisch erwiesen, denn die Salienz von Merkmalen kann sprachstrukturell nicht ein für alle Mal festgelegt werden, sondern ist kontext-sensitiv, ist somit keine stabile, sondern eher eine variable Eigenschaft, die von dem gemeinsamen Wissen der Sprechenden und Hörenden in einer konkreten Interaktionssituation abhängt (Gibbs, 1987). Eine weitere Präzisierung bietet hier das den Interaktionstheorien zuzuordnende Klassen-Inklusions-Modell (Glucksberg & Keysar, 1990), bei dem nur solche Merkmale selegiert werden, die bezüglich des Topics informativ sind, wobei zur Bestimmung des Informationsgehalts der sprachliche und nicht-sprachliche Kontext herangezogen wird (s. u.).

Nach Searle (1969) besteht die zentrale Schwäche der Vergleichstheorie darin, dass sie letztlich nicht erklären kann, wie der/die Hörer/in die metaphorische Bedeutung rekonstruiert, da sie nicht angibt, welches die relevanten Merkmale sind, die Topic und Vehikel gemeinsam haben oder in welcher Hinsicht sich die beiden ähnlich sind. Zur Rekonstruktion des Gemeinten müssen die Hörenden zum einen über Strategien verfügen, die es ihnen erlauben, hinter die mögliche Bedeutung des Gesagten zu kommen, und sie brauchen Strategien, mit deren Hilfe sie die möglichen Bedeutungen wieder einschränken und entscheiden, welche der Bedeutungen der/die Sprecher/in vermutlich intentional gemeint hat. Für Äußerungen der Form S ist P, mit denen der/die Sprecher/in meint, dass S R ist, formuliert Searle eine Reihe von (teils überlappenden) Strategien, mit denen es dem/der Hörer/in gelingt, den P-Ausdruck mit möglichen Werten von R zu assoziieren (o.c., S. 129ff.). Die wichtigsten Strategien sind: (1) „P-Dinge sind per definitionem R" („Sam ist ein Gigant". Giganten sind per definitionem groß); das Gemeinte ist ein hervorstechendes Definitionsmerkmal des Vehikels. (2) „P-Dinge sind kontingentermaßen R"; das Gemeinte ist eine „hervorstechende oder wohlbekannte Eigenschaft" des Gesagten („Sam ist ein Affe"). (3) P-Dinge sind konventionell R; das Gemeinte ist ein Merkmal, das dem Vehikel konventionell anhaftet, obgleich dies in Wahrheit gar nicht zutrifft. „Richard ist ein Gorilla" mag die Bedeutung haben „Richard ist gewalttätig", obwohl Gorillas in Wahrheit scheu und sensibel sind. (4) P ist assoziativ mit R verbunden: („Sally ist ein Eisklotz"; Temperaturgrade werden assoziativ mit Gefühlsbereichen verbunden). (5) Die Lage von etwas, das P ist, gleicht der Lage von etwas, das R ist („Du gehörst jetzt zum Adel"). (6) P und R sind fast bedeutungsgleich, aber P trifft nicht wörtlich auf S zu („Ihr Blick war eisern"). (7) P-Beziehungen sind ähnlich zu R-Beziehungen („Sam verschlingt Bücher"). Mit Hilfe solcher Strategien erschließen sich Sprecher/innen verschiedene Alternativen des Gemeinten, um sich dann angesichts dieser Kenntnis der Bedeutung des Topics im nächsten Schritt auf eine Alternative festzulegen. Das tatsächlich Gemeinte muss dabei eine mögliche Eigenschaft des Topics sein. Diese Prinzipien enthalten mögliche Typen elaborativer Inferenzen, die beim Verstehen von Metaphern unter Einbeziehung des sprachlichen und nicht-sprachlichen Wissens vollzogen werden können. Welche der erschlossenen Bedeutungsalternativen die gemeinte ist, muss unter Rückgriff auf die Intention des/der Sprechers/in erfolgen; d.h.: Hinzu kommt also auf alle Fälle die Inferenz auf die Sprecherintention (Boswell, 1986; Gibbs, 1987).

Ebenso wie die Pragmalinguistik wendet sich auch die klassische Interaktionstheorie gegen die Annahme, dass die metaphorische Interpretation von der Suche nach gemeinsamen Merkmalen geleitet wird, und zwar deshalb, weil Merkmals- bzw. Attributenvergleiche der Plastizität von Sprache nicht gerecht werden. Die beiden Metaphernglieder sind danach nicht von vorneherein durch Merkmalsähnlichkeit verbunden, vielmehr muss eine solche Ähnlichkeit aktiv hergestellt werden, indem für das Topic und das Vehikel Implikationssysteme konstruiert und zueinander in Beziehung gesetzt werden. Das Implikationssystem des Vehikels wird dabei auf das Topic angewandt, was zu einer Restrukturierung seines Implikationssystems führt. Die konstruierte (metaphorische) Lesart lässt sich daher nicht auf Ähnlichkeits- oder Vergleichsaussagen über die beiden Gegenstände der Metapher reduzieren, sondern das Topic wird im Lichte des Vehikels neu gesehen (Black, 1954; 1993). Die Interaktionstheorien zeichnen sich somit dadurch aus, dass zwischen Topic und Vehikel auf höherem Abstraktionsniveau eine Verbindung geschaffen wird, die zu einer neuen Bedeutung führt. Einen empirischen Beleg für diese Annahme haben erstmals Verbrugge und McCarrell (1977) erbracht. Sie konnten zeigen, dass das implizit Gemeinte eine signifikant bessere Erinnerungshilfe für den Abruf einer zuvor gehörten Metapher darstellt als Erinnerungshilfen, die direkt entweder mit dem Topic oder mit dem Vehikel assoziativ verknüpft sind. So funktioniert beispielsweise für die Metapher „Baumstämme sind Strohhalme für durstige Blätter" der Hinweisreiz „Wasserleitungsrohr" besser als „Baumstämme" (Topic) oder „Strohhalme" (Vehikel). Die Autoren werten diesen Befund als Indikator dafür, dass beim Verstehen einer Metapher eine Relation höherer Ordnung gebildet wird, die zugleich eine funktionale Gedächtniseinheit darstellt. Die Verbindung zwischen Topic und Vehikel ist nicht als eine Verbindung zwischen Begriffen zu konzeptualisieren, sondern als eine Verbindung zwischen Domänen oder Schemata. Bei der Rekonstruktion aktiviert das Vehikel ein Schema, dessen Strukturen auf das durch das Topic aktivierte Schema übertragen werden, was eine Reorganisation des Topic-Schemas erforderlich macht. Die Aktivierung der jeweils korrekten Topic- und Vehikel-Schemata wird durch den sprachlichen Kontext gestützt.

Die generell verbreitete Annahme, dass das Vehikel für die Verarbeitung eine bedeutsamere Rolle spielt als das Topic, konnte zwischenzeitlich ebenfalls empirisch belegt werden. So erweist sich beispielsweise die Rekonstruktion der metaphorischen Bedeutung als besonders leicht, wenn das Vehikel einen hohen Grad an Anschaulichkeit aufweist, während die umgekehrte Relation zu Interpretationsproblemen führt (Paivio & Clark, 1986). Darüber hinaus konnte gezeigt werden, dass tatsächlich im Topic eine größere konzeptuelle Veränderung stattfindet als im Vehikel, und zwar sowohl für den Topic-Begriff als auch für den Topic-Bereich (Kelly & Keil, 1987). Schließlich hat Becker (1997) nachgewiesen, dass eine Manipulation des Vehikels zu größeren Veränderungen bei den zu konstruierenden emergenten Merkmalen führt als eine Veränderung des Topics, was als Indikator dafür angesehen wird, dass die metaphorische Interpretation in höherem Maße von der kognitiven Repräsentation des Vehikels als von der des Topics abhängt.

Eine sprachpsychologische Präzisierung des interaktionstheoretischen Grundgedankens haben insbesondere Tourangeau und Sternberg (1981; 1982) mit ihrer Domänen-Interaktions-Theorie versucht. Danach gehören Topic und Vehikel verschiedenen Domänen (kategorialen Bereichen) an, was den Grund dafür darstellt, dass sie keine gemeinsamen Merkmale aufweisen können. Die Domänen oder Bereiche bestehen aus Konzepten, die durch deren Dimensionen und Merkmale strukturiert werden. Bei der Interpretation einer Metapher werden diese Dimensionen sowohl beim Vehikel als auch beim Topic reorganisiert, wobei die Domäne des Vehikels als Schablone fungiert, durch die das Topic in einem neuen Licht gesehen wird. Welche Domänen jeweils für das Topic bzw. Vehikel relevant sind, muss aus dem sprachlichen und nicht-sprachlichen Kontext inferiert werden. Die Domänen haben dabei eine zweifache Funktion: Sie spezifizieren, welche Merkmale für die Interpretation der Metapher relevant sind, und sie bestimmen bzw. begrenzen, in welcher Hinsicht und in welchem Ausmaß eine Parallele zwischen Topic und Vehikel hergestellt werden kann. Bei der Rekonstruktion des metaphorisch Gemeinten geht es dann wesentlich darum, Korrespondenzen zwischen den Domänen zu entdecken oder zu konstruieren, was häufig eine Umstrukturierung der Merkmale in den Domänen erforderlich macht. Die Konstruktion von Korrespondenzen heißt vor allem, Ähnlichkeit zu schaffen und nicht nur (wie in der Vergleichstheorie) bereits im Sprachsystem vorhandene Ähnlichkeiten oder gemeinsame Merkmale aufzudecken.

Dementsprechend konnte empirisch gezeigt werden, dass für die Metapherninterpretation weder gemeinsame, noch saliente, noch relationale Merkmale entscheidend sind, sondern eher emergente Merkmale, die weder für das Topic noch für das Vehikel auf Anhieb charakteristisch sind (Tourangeau & Rips, 1991). Die Herstellung solcher Korrespondenzen zwischen Topic und Vehikel stellt das Herzstück der Metapherninterpretation dar, für die verschiedene Strategien angeführt werden (Tourangeau & Sternberg, 1982, S. 221): (a) Finden gemeinsamer Merkmale; (b) Bildung übergeordneter gemeinsamer Merkmale durch Abstraktion; (c) Nutzung korrelativer, assoziativer oder statistischer Relationen zwischen den beiden Domänen; (d) Verortung der Merkmale beider Bereiche auf einer gemeinsamen absoluten Skala; (e) Verbindung durch ein gemeinsames Etikett; (f) Konstruktion einer vermittelnden dritten Dimension; (g) Verbindung über ähnliche semantische Netzwerkstrukturen. Insgesamt müssen die Hörenden beim Verstehen einer Metapher folgende Schritte sequentiell durchlaufen (o.c., S. 223): (1) Enkodierung der Metaphernterme; (2) Inferieren der relevanten Domänen von Vehikel und Topic unter Rückgriff auf den Kontext; (3) Auffinden oder Konstruieren von Korrespondenzen bzw. parallelen Strukturen zwischen den beiden Termen; (4) Übertragung dieser Relation auf den neu zu bildenden Bereich; (5) Vergleich dieses neuen Bereichs mit den beiden vorhandenen Domänen der Metapher.

Das Verstehen einer Metapher läuft somit auf zwei Ebenen ab – auf der Ebene der spezifischen Konzepte, die die Metapher verbindet, und auf der Ebene der semantischen Bereiche, der die Metaphernglieder angehören. Zur Bestimmung der Güte einer Metapher werden zwei Arten von Ähnlichkeiten unterschieden: die Ähnlichkeit innerhalb der Domänen als Ausmaß, in dem Topic und Vehikel in ihren jeweiligen Domänen ähnliche Positionen einnehmen, und die Ähnlichkeit zwischen Domänen als Grad der inhaltlichen Nähe der Domänen. Empirisch konnte nachgewiesen werden, dass Metaphern umso angemessener bewertet werden, je größer die Ähnlichkeit innerhalb der Domänen (d.h. je größer die Ähnlichkeit zwischen Topic und Vehikel) und je kleiner die Ähnlichkeit zwischen den Domänen ist (Tourangeau & Sternberg, 1981). Die besten Metaphern sind danach solche, bei denen die beiden Metaphernterme einen hohen Grad an Ähnlichkeit aufweisen und gleichzeitig aus möglichst unterschiedlichen semantischen Bereichen stammen (auch Prinzip poetischer Metaphernkonstruktion: Kittay, 1987).

In Abgrenzung zu Tourangeau und Sternberg präzisieren Glucksberg und Keysar (1990) die Relation zwischen Topic und Vehikel als Klasseninklusion. Die Rekonstruktion des Gemeinten wird danach als ein Kategorisierungsvorgang aufgefasst, bei dem zu entdecken ist, welcher Kategorie Topic und Vehikel angehören. Dabei ist zunächst zu bestimmen, welche Kategorien prototypisch für das Vehikel sind. Im Beispielfall „Sermons are like sleeping pills" vertritt das Vehikel prototypisch die Kategorie „Einschlafmittel". Im nächsten Schritt wird das Topic als Mitglied der neu geschaffenen Kategorie klassifiziert und erhält das gesamte Merkmalsset dieser Kategorie. Die Güte einer Metapher hängt davon ab, ob das Vehikel ein prototypisches oder ideales Exemplar einer Kategorie darstellt („Ideen sind Gold wert" vs. „Ideen sind Platin wert": Gold ist prototypischer für wertvolle Dinge als Platin; Glucksberg & Keysar, 1993). Kennzeichnend für den Prozess ist, dass zwei unähnliche Begriffe durch Klassen-Inklusion miteinander verbunden werden und dass die übergeordnete Kategorie häufig nicht lexikalisiert ist (z.B. „My surgeon is a butcher"), d.h. bei neuen Metaphern neu geschaffen werden muss (o.c., 1993). Zur Bezeichnung der neuen Kategorie kann das prototypische Exemplar verwendet werden, das dann auf eine ganze Klasse von Ereignissen, Objekten, Personen verweist, die dem Exemplar ähnlich sind. Ein komplexes Konzept hat keinen Namen und erbt den Namen der Kategorie (literarische Beispiele: „auf den Steinen sitzen" als Metapher für Langweile und Vereinsamung in Thomas Manns „Buddenbrooks", „Cattleya spielen" als Metapher für die erotisch-sexuelle Vereinigung in Prousts „Auf der Suche nach der verlorenen Zeit"; vgl. Leisi, 1978).

Im Unterschied zu dem Klassen-Inklusions-Modell wird nach dem *Structure-Mapping*-Modell (Struktur-Vergleichs-Modell) das Gemeinte nicht über einen Kategorisierungs-Prozess rekonstruiert, sondern es werden relationale Strukturen verglichen, um eine gemeinsame relationale Struktur für das Topic und das Vehikel zu finden (Gentner & Clement, 1988). Dabei werden von der Anzahl möglicher Strukturen jene zur Interpretation herangezogen, die die gesamte repräsentationale Struktur am vollständigsten abdecken, d.h. am informativsten und gehaltvollsten sind (Systematisierungs-Prinzip). Empirisch zeigt sich, dass Personen bei der Paraphrasierung von Metaphern wie „Eine Wolke ist ein Schwamm" in der Tat mehr relationale, bei der Beschreibung der einzelnen Metaphernterme hingegen sowohl attributive als auch relationale Informationen verwenden. Außerdem korreliert die Metapherngüte positiv mit dem Grad der Relationalität, nicht aber mit dem Grad der Attributivität: Je mehr relationale Informationen Personen bei der Rekonstruktion des Gemeinten entdecken, desto positiver bewerten sie die Metapher.

Die Erklärungskraft des Structure-Mapping-Modells und des Klassen-Inklusions-Modells wurde in einer umfangreichen Vergleichsstudie überprüft (Gentner & Wolff, 1997). Belegt werden konnte, dass bei neuen Metaphern der Interpretationsprozess immer mit einem Strukturvergleich beginnt; nur bei konventionalisierten Metaphern kann der Struktur-Vergleich durch einen Kategorisierungsprozess ersetzt werden. Allerdings vermag (auch) das Struktur-Vergleichs-Modell letztlich nicht zu erklären, weshalb bestimmte Relationen selegiert, andere unterdrückt werden und wie die konzeptuellen Bereiche von Topic und Vehikel strukturiert sein müssen, damit relationale Vergleiche möglich werden (zur Kritik: Chiappe, 1998).

Generell sind die diskutierten Modelle zur Rekonstruktion des metaphorisch Gemeinten nicht als streng konkurrierende Modelle aufzufassen. Sie unterscheiden sich lediglich darin, welchen Merkmalen, Attributen und Relationen für die Metapherninterpretation eine dominierende und leitende Rolle zugeschrieben wird. Becker (1997) hat die Vorhersage von drei Modellen überprüft: (a) Klassen-Inklusions-Modell (auch *interactive property attribution*; Annahme: Das Topic stellt die Dimensionen bereit, die durch Werte des Vehikels gefüllt werden; die metaphorische Interpretation sollte daher mehr Merkmale des Vehikels enthalten); (b) Salienz-Ungleichgewichts-Modell (Annahme: Die Interpretation wird durch gemeinsame Merkmale geleitet, nämlich solche, die eine hohe Salienz im Vehikel und eine niedrige im Topic haben); (c) Domänen-Interaktionsmodell (Annahme: Für die Metapherninterpretation sind sog. emergente Merkmale und Relationen entscheidend, also Merkmale, die nicht Teil der üblichen Repräsentation von Topic und Vehikel sind). Die Ergebnisse der Vergleichsstudie zeigen, dass bei der Metapherninterpretation zwar alle Merkmalstypen eine Rolle spielen, dass aber Merkmale des Vehikels und emergente Merkmale signifikant häufiger in den Metapherninterpretationen auftreten als gemeinsame Merkmale und Merkmale des

Topics. Gemeinsame Merkmale werden jedoch für die Metapherninterpretation subjektiv als bedeutsamer erachtet im Vergleich zu emergenten Merkmale. Darüber hinaus konnte erneut die differentielle Bedeutsamkeit (asymmetrische Rolle) von Vehikel und Topic bei der Rekonstruktion des Gemeinten belegt werden. Eine Veränderung des Vehikels führt danach zu größeren Verschiebungen im emergenten Gehalt als eine Veränderung des Topics.

Vor dem Hintergrund dieser Untersuchung wird noch einmal deutlich, dass es sich bei den unter 3.1. und 3.2. skizzierten Modellen nicht um konkurrierende, sondern eher um einander ergänzende Modelle handelt. Das bedeutet, dass keines der Modelle für alle Metapherntypen Geltung beanspruchen kann. Für die begriffliche Bestimmung der Metapher bedeutet dies, dass jede Definition mit fest umrissenen Grenzen nur für bestimmte Fälle gelten kann und in je anderen Fällen zusammenbrechen muss. Wie bei der Ironie (s.o. 2.2.) liegt es daher auch für die Metapher nahe, keine Begriffsdefinition nach dem Attributenmodell, sondern nach dem Prototypenmodell zu versuchen und einen Satz prototypischer Merkmale für die Konzeptexplikation der Metapher zusammenzustellen. Metaphern, die möglichst viele dieser Merkmale aufweisen, gehören dann zum prototypischen Kern, während Metaphern, die nur wenige dieser Merkmale aufweisen, im Randbereich angesiedelt sind und den Übergang zu anderen Sprachphänomenen markieren. Folgende Merkmale erachten wir als prototypisch für die Begriffsexplikation der Metapher:

— Es liegt ein Auseinanderfallen von Gesagtem und Gemeintem vor.
— Dieses Auseinanderfallen manifestiert sich sprachlich als Abweichung von der konventionellen Bedeutung.
— Die Abweichung besteht darin, dass die betreffende Äußerung (häufig) wörtlich defekt ist oder nicht zum sprachlichen bzw. nicht-sprachlichen Kontext passt.
— Die Abweichung ist von dem/der Sprecher/in intendiert und muss von den Hörenden als intendiert erkannt werden. Damit dies möglich ist, müssen alle Beteiligten über ein gemeinsames Hintergrundwissen verfügen.
— Die beiden Terme einer Metapher und die semantischen Bereiche, die sie vertreten, sind durch Korrespondenzen verbunden. Dabei handelt es sich (zumeist) um eine Ähnlichkeitsrelation, die entdeckt oder konstruiert werden muss. Dies geschieht mit Hilfe verschiedener Strategien wie Merkmalsselektion, Merkmalsübertra-

gung, Kategorisierung, Vergleich relationaler Strukturen, Vergleich semantischer Netzwerke etc.
- Die Relation zwischen den beiden Termen ist grundsätzlich instabil und variabel und muss immer relativ zum gemeinsamen Wissenshintergrund der Kommunikationsteilnehmer/innen bestimmt werden. Dies trifft gleichermaßen für nominale, prädikative und Satzmetaphern zu, wobei bei letzteren das Vehikel aus dem sprachlichen oder nicht-sprachlichen Kontext erschlossen werden muss.

Diese Merkmalsliste wird u.E. der Vielschichtigkeit des Phänomens ‚Metapher' eher gerecht als eine fest umrissene Definition. Sie erlaubt beispielsweise, sog. ‚tote' Metaphern mit fest umschriebener Bedeutung in den Randbereich zu drängen, sie erlaubt aber auch umgekehrt, tote Metaphern in den Kernbereich aufzunehmen, wenn diese in einem neuen Kontext eine neue Bedeutung erhalten, also ‚wiederbelebt' werden.

3.3. Soziale Rahmenbedingungen und Wirkungen metaphorischer Sprechakte

Die hier skizzierten Theorien zur Rekonstruktion des metaphorisch Gemeinten sind primär darauf konzentriert, den Prozess der Ähnlichkeits(re)konstruktion näher zu beschreiben und empirisch zu überprüfen. Da Ähnlichkeit als grundsätzlich instabile Relation anzusetzen ist (vgl. Goodman, 1972; Chiappe, 1998), wird – außer bei den klassischen Merkmalsvergleichsmodellen – mehr oder minder explizit unterstellt, dass das Verstehen von Metaphern bzw. die Feststellung, welche Merkmale, Relationen, semantische Bereiche für die Interpretation der Metapher relevant sind, unter Rekurs auf den sprachlichen und nicht-sprachlichen Kontext und die Intention des/der Sprechers/in erfolgen muss. Kontext und Sprecher/innen-Intention stellen dabei Instanzen dar, die der Art und dem Ausmaß der metaphorischen Inferenzen Grenzen setzen, d.h. den Interpretationsrahmen abstecken (Gibbs, 1987). Nur diejenigen Inferenzen, die sprecherseitig autorisiert sind, führen zur Rekonstruktion des Gemeinten (zur Unterscheidung von ‚authorized' und ‚unauthorized' inferences vgl. Clark & Carlson, 1981). Die Hörenden müssen somit auch die kommunikative Intention des/der Sprechers/in („Bedeutungen-nn" nach Grice, 1975; s.o. 2.1.) inferieren, um zu einer adäquaten Interpretation des Gemeinten zu gelangen (empirischer Nachweis: Clark & Gerrig, 1983; Boswell, 1986). Voraussetzung dafür ist, dass Sprechende und Hörende ein gemeinsames Hintergrundwissen haben (‚Common Ground'), das sich nach Clark und Carlson (1981) zusammensetzt aus (a) der linguistischen Kopräsenz (Repräsentation der bisherigen Konversation zwischen S und H), (b) der physikalischen Kopräsenz (gemeinsame Erfahrungen von S und H) sowie (c) der Mitgliedschaft in einer Gemeinschaft (Teilhabe am universell geteilten Wissen einer Gemeinschaft, deren sprachlichen und nicht-sprachlichen Konventionen). Die Bedeutsamkeit der Rekonstruktion der Sprecherintention zeigt sich dabei insbesondere in jenen Fällen, in denen ein/e Sprecher/in einen Satz in mehr als nur einer Hinsicht nicht-wörtlich gebraucht (Berg, 1978); bei ironisch gemeinten metaphorischen Sätzen muss z.B. für ein adäquates Verständnis neben der metaphorischen auch die ironische Intention rekonstruiert werden.

Dementsprechend konzipieren die neueren sprach- und denkpsychologischen Metapherntheorien die Metapher heute übereinstimmend als Phänomen der Alltagssprache und damit zugleich als ein soziales Phänomen. Die vollständige Bedeutung einer Metapher erschließt sich erst durch den Rekurs auf den sozialen Kontext. Damit ist sowohl das von Sprecher/in und Hörer/in geteilte Wissen als auch die Intention des Sprechers gemeint. Eine Metapher ist erst dann verstanden, wenn der/die Hörer/in unter Rekurs auf den ‚Common Ground' die Intention(en) des Sprechers und die von ihm autorisierten Inferenzen erkennt. Damit wird die Metapher nicht mehr als ausschließlich semantisches, sondern vor allem auch als pragmatisches Phänomen aufgefasst.

Die Sozialität metaphorischer Sprechakte zeigt sich jedoch nicht nur bei der Rekonstruktion des Gemeinten, sondern manifestiert sich auch in den kommunikativen Funktionen, die die Metapher in der Alltagssprache erfüllt. Dazu gehören zunächst die Möglichkeit, Gedanken und Gefühle auszudrücken, die wörtlich nicht ausdrückbar sind (Funktion der Expressivität), sowie die anschauliche Vermittlung subjektiver Erfahrungen (Funktion der Lebendigkeit) (Ortony, 1975). Diese beiden Funktionen betreffen in erster Linie den verbalen Ausdruck von Emotionen, sie betreffen jedoch auch die Möglichkeit, subjektive Perspektiven, Einstellungen und Werthaltungen auf indirektem Wege zu vermitteln. Bezüglich des verbalen Ausdrucks von Emotionen konnte empirisch gesichert werden, dass Beschreibungen eigener emotionaler Zustände signifikant mehr Metaphern aufweisen als Beschreibungen von Handlungen, die als Folge dieser Emotionen ausgeführt wurden; dabei steigt die Anzahl der Metaphern mit der Intensität der emotionalen Erfahrung (Fainsilber & Ortony, 1987). Diese expressive Funktion von Metaphern wird z.B. bevorzugt in therapeutischen Kontexten zur Herstellung einer produktiven Therapeut-Klient-Beziehung, zur Selbst-Erklärung und zum Verständlich-Machen emotionaler Zustände genutzt (Bock, 1983; Angus, 1996). Die Analyse rekurrenter Metaphernthemen und deren Neustrukturierung im Therapieverlauf stellen Strategien der therapeutischen Intervention dar, die insbesondere bei der Bearbeitung interpersoneller Probleme vielversprechend erscheinen (vgl. Angus, 1996).

Als weitere Funktionen der Metapher kommen das Verständlichmachen schwieriger Inhalte sowie die Vermittlung komplexer Informationen mit wenigen Worten hinzu (Funktion der Kompaktheit; Ortony, 1975). In diesen Funktionen werden Metaphern vor allem als didaktische Mittel eingesetzt, um unvertrautes Wissen und neue Perspektiven zu vermitteln, Problemlöseprozesse und den Aufbau mentaler Modelle zu erleichtern, zentrale Gedanken zu verdeutlichen sowie die Aufmerksamkeit zu steuern (z.B. Petrie & Oshlang, 1993; Sticht, 1993). In den Natur- und Geisteswissenschaften gelten sie als konstitutive Elemente der Theoriebildung (für den Bereich der Psychologie vgl. z.B. die Computer-Metapher des menschlichen Geistes, die Speicher-Metapher des Gedächtnisses; Überblick und Analyse der Metaphernverwendung in Beiträgen der Zeitschrift *Psychological Review*: Gentner & Grudin, 1985).

Darüber hinaus wird der Metapher auch eine genuin soziale Funktion zugeschrieben, nämlich die Herstellung von Vertrautheit und Intimität in interpersonalen Beziehungen (Cohen, 1978), der Aufbau von Gruppenzugehörigkeit, die (indirekte) Vermittlung von affektiven Einstellungen und Werthaltungen (z.B. Perrin, 1987). In der Politik werden sie beispielsweise in Verbindung mit Fakten und Argumenten zur subtilen Beeinflussung der öffentlichen Meinung genutzt (Überblick: Gibbs, 1994a; 1994b), und in bestimmten Subgruppen werden Metaphern gezielt eingesetzt, um den sozialen Status eines/r Sprechers/in zu etablieren oder zu erhöhen (vgl. z.B. die ritualisierten ‚Beleidigungen' in Jugendgruppen und ethnischen Minoritäten; o.c.). Als weitere genuin interaktive Funktion kommt u.E. hinzu, dass Metaphern eine kommunikative Erleichterungsfunktion in dem Sinne haben können, dass sie es erlauben, in interaktiven Problemsituationen Kritik an unberechtigten Angriffen und Ansprüchen indirekt und damit weicher zu „verpacken" und dem/der Sprecher/in damit Spielraum für unauffällige Erläuterungen und Korrekturen zu lassen (‚Konzilianzeffekt'; vgl. Christmann, Groeben & Schute, 2000).

Die skizzierten Funktionen verdeutlichen, dass die Metapher untrennbar mit dem alltäglichen Sprachgebrauch verbunden ist. Ein Indikator für diese Omnipräsenz in der Alltagssprache ist bereits die Häufigkeit ihrer Verwendung. Eine quantitative Analyse von therapeutischen Interviews, Essays und politischen Debatten ergab beispielsweise, dass Personen in einer Konversation pro Minute 4,08 konventionelle und 1,8 neue Metaphern produzieren (Pollio, Barlow, Fine & Pollio, 1977). Diese Zahlen werden durch Häufigkeitsbestimmungen auf der Grundlage von Fernseh-Debatten gestützt, in denen etwa alle 25 Wörter eine neuartige Metapher auftaucht (Graesser, Mio & Mills, 1989).

Die Wirkaspekte metaphorischer Sprechakte sind insbesondere im pädagogischen Bereich und für Dimensionen der politischen Einflussnahme empirisch überprüft worden. Im pädagogischen Bereich wird die Wirkung von Metaphern in der Initiierung von Lernprozessen gesehen, wobei sie zur Aufmerksamkeitslenkung beitragen sowie den Aufbau einer kohärenten Textstruktur und die Integration neuer Informationen in die bestehende Wissensstruktur erleichtern sollen (Mayer, 1993). Empirisch konnte beispielsweise nachgewiesen werden, dass Metaphern das Erlernen technischer Prozeduren begünstigen und förderlich für die eigenständige Entwicklung von Lösungen im Umgang mit technischen Problemen sind (Bovair & Kieras, 1984). Außerdem konnte gezeigt werden, dass sie im Sinne eines konzeptuellen Rahmens oder Schemas wirksam werden, das die Verarbeitung der nachfolgenden Information erleichtert (Albritton, 1995; Albritton, McKoon & Gerrig, 1995; Überblick: Gibbs, 1996). Neben dieser Organisationsfunktion wird ihnen aber auch eine Rolle bei der elaborativen Verarbeitung von Textinhalten beigemessen. Reynolds und Schwarz (1983) konnten beispielsweise sichern, dass zusammenfassende metaphorische Sätze am Ende von Textpassagen zu einem besseren Behalten der Textinformation führen als zusammenfassende wörtliche Paraphrasierungen; sie interpretieren diesen Effekt primär als Elaborationseffekt. Dieses Ergebnis wurde von Whitney, Budd und Mio (1996) repliziert und präzisiert. Danach haben Metaphern nur bei schlechten und durchschnittlichen, nicht aber bei guten Lesern einen verarbeitungserleichternden Effekt, und sie sind nur dann wirksam, wenn sie zu einer relationalen, d.h. propositionsübergreifenden Elaboration einladen und in der Lage sind, die Beziehung zwischen Textteilen zu verdeutlichen. Da gute Leser/innen solche propositionsübergreifenden Beziehungen ohnehin selbst herstellen, erleichtert bei ihnen das Einfügen von Metaphern die Verarbeitung nicht – ein Effekt, der aus der Instruktionspsychologie bekannt ist und im Prinzip für alle Verstehenshilfen gilt. Metaphern stimulieren offensichtlich auf relationaler Ebene elaborative Inferenzen und führen dadurch zu besserem Behalten, effektiveren Problemlösungen sowie zur eigenständigen Generierung von Beispielen, was auch bei der mündlichen Vermittlung von Informationen (Statistik-Vorlesung) nachgewiesen werden konnte (Evans, 1998).

Auf politischem Gebiet gelten Metaphern als kondensierte Symbole zur Vermittlung von Einstellungen, Werthaltungen, Emotionen und Ideologien. Entsprechend ist insbesondere die Überzeugungswirkung von Metaphern überprüft worden, wobei die Ergebnisse allerdings uneinheitlich sind. Teils wurde nur bei politisch sophistizierten Personen ein solcher Effekt nachgewiesen (Johnson & Taylor, 1981), teils nur bei politisch nicht sophistizierten Personen (z.B. Bosman, 1987), teils hatte die Intensität des Metapherngebrauchs in politischen Debatten keinen Einfluss auf die Überzeugungskraft der Argumente (Graesser et al., 1989). Mio (1996) konnte zwar eine generelle Überzeugungswirkung von Metaphern gegenüber wörtlichen Paraphrasierungen demonstrieren, aber nur für solche Metaphern, die von einem Kommunikationspartner aufgegriffen und erweitert werden („*metapher-extension-hypothesis*").

Für den Bereich argumentativer Sprechakte wurde nachgewiesen, dass in Argumentationsepisoden eingebettete semiotisch abweichende Äußerungen (u.a. über die Stilfigur der Metapher operationalisiert) als ästhetischer beurteilt werden und in der Lage sind, die Überzeugungswirkung integrer Argumente zu steigern (Mischo, Groeben & Christmann, 1997). Darüber hinaus konnte ebenfalls für die Textsorte ‚Argumentation' belegt werden, dass metaphorisch verpackte Reaktionen auf Integritätsverletzungen, sofern sie erkannt und als ästhetisch erlebt werden, gegenüber nicht-metaphorischen Reaktionen signifikant zur Wahrung einer positiven Gesprächsatmosphäre beitragen und sich positiv auf den Reaktionserfolg und die Solidarisierung mit dem Reagierenden auswirken (Christmann et al., 2000). Die Befunde aus dieser Untersuchung demonstrieren sehr eindrücklich, dass die Wirkung von Metaphern im interaktiven Bereich durch das ‚ästhetische Gefallen' moderiert wird – ein Effekt, der bei bisherigen Untersuchungen mit instruktionalen Metaphern noch gar nicht berücksichtigt worden ist.

Arbeiten zur Funktion und Wirkung der Metapher im kommunikativen Austausch sind sehr selten. Eine Ausnahme bildet hier Hülzer-Vogt (1991), die aus linguistischer Perspektive zeigt, dass Metaphern wegen ihrer hohen Verdichtung und ihrer Elliptizität sowie auf Grund ihrer häufig einander widersprechenden Funktionen des Illustrierens, Argumentierens und Tabuisierens auch eine zerstörende Funktion haben können. Zu Kommunikationskonflikten kann es insbesondere dann kommen, wenn der/die Hörer/in die intendierte Bedeutung der Metapher nicht deutlich genug erkennt.

Insgesamt ist die Forschung zur Wirkung metaphorischer Sprechakte noch eher in den Anfängen. So liegen z.B. für den sozial-interaktiven Bereich noch kaum sprach- und denkpsychologische Untersuchungen vor. Sowohl die empirische Erforschung ihrer kommunikativen Erleichterungs- als auch ihrer kommunikativen Erschwerungsfunktion stellen zukünftige Forschungsaufgaben dar. Die Uneinheitlichkeit der Befunde im instruktionalen und politischen Bereich könnten u.U. damit zusammenhängen, dass das subjektiv ‚ästhetische Erleben' als potenzielle Moderatorvariable bislang noch kaum erkannt, geschweige denn überprüft worden ist.

3.4. Ästhetische Offenheit und prozessuale Flexibilität

Ähnlich wie bei der Ironie (s.o. 2.4.) bleibt auch bei der Metapher die Bedeutung der Äußerung grundsätzlich unabgeschlossen (Bertau, 1996, S. 215f.; Gibbs, 1994a; 1994b). In Abhängigkeit von der Situation, dem Kontext und der Sprecher/innen-Intention können Bedeutungselemente hinzukommen, differenziert oder modifiziert werden. So sind beispielsweise sog. ‚tote' Metaphern, also Metaphern, denen konventionellerweise eine fixe Bedeutung zugeordnet wird, in Kontexten möglich, in denen sie eine völlig neue Bedeutung erhalten. Oder durch die Hinzunahme bestimmter Informationen über die Person, die eine Äußerung macht (Angabe des Berufs, des Sprechers), durch Annahmen über die Kompetenz des Sprechers in einem bestimmten Inhaltsbereich bzw. durch das Wissen über den Grad der Konventionalität bestimmter Sprachformen kann es dazu kommen, dass eine Äußerung nicht mehr als Metapher, sondern als Ironie verstanden wird (Katz, 1996). Die Relevanz dieser Offenheit zeigt sich dabei auch darin, dass die Anzahl der Interpretationen, die Personen zu einer Metapher generieren, ein signifikanter Prädiktor des Behaltens der betreffenden Metapher ist (Marschark & Hunt, 1985), der zudem positiv mit der subjektiv empfundenen ästhetischen Qualität der Metapher korreliert (Marschark et al., 1983).

Nicht zuletzt manifestiert sich die ästhetische Offenheit auch darin, dass metaphorische Äußerungen in unterschiedlicher Weise verarbeitet werden können. Dies betrifft insbesondere die intensiv diskutierte Frage, ob die Verarbeitung metaphorischer Äußerungen notwendigerweise zunächst das Verstehen der wörtlichen Bedeutung erfordert, oder ob die metaphorische Bedeutung unmittelbar, ohne Umweg über eine wörtliche Bedeutung, verstanden wird. Ausgangspunkt der insbesondere zwischen Gibbs (1984; 1989) und Dascal (1987; 1989) vehement geführten Debatte zur Rolle der wörtlichen Bedeutung für das Verstehen von figurativer Sprache im Allgemeinen und Metaphern im Besonderen ist die von Searle (1969; vgl. aber bereits Clark & Lucy, 1975; Clark & Clark, 1977) im Rahmen seines pragmalinguistischen Modells vertretene Position, dass das Verstehen einer Metapher auf drei Stufen erfolgt: Auf der ersten Stufe wird die wörtliche Bedeutung der Äußerung bestimmt, auf der zweiten Stufe wird das Nicht-Passen der wörtlichen Bedeutung zum Kontext festgestellt, bevor auf der dritten Stufe die metaphorische Bedeutungsgenerierung unter Rückgriff auf den sprachlichen und nicht-sprachlichen Kontext einsetzt. Daraus wurde von der empirischen Psychologie zum einen die Annahme abgeleitet, dass (1) das Verstehen von Metaphern verarbeitungs- und zeitaufwändiger sein müsse als das Verstehen wörtlicher Bedeutungen, zum anderen, dass (2) die wörtliche Bedeutung primär und unumgänglich sei, d.h. dass sie immer aktiviert werden muss, und zwar bevor die figurative Bedeutung konstruiert wird.

Eine empirische Überprüfung dieser als *Literal-First*-These bekannt gewordenen Annahmen ist vor allem im Rahmen des Reaktionszeitparadigmas (z.B. Leseaufgabe, Satzverifikationsaufgabe, lexikalische Entscheidungsaufgabe, Kategorisierungsaufgabe) versucht worden (Überblick: Hoffmann & Kemper, 1987). Dabei wurde zunächst deutlich, dass Metaphern ebenso schnell verarbeitet werden wie ihre wörtlichen Entsprechungen (z.B. Tannhauser, 1978, zit. n. Hoffmann & Kemper, 1987), vorausgesetzt sie sind in einen hinreichend langen Kontext eingebunden (Ortony, Schallert, Reynolds & Antos, 1978; Inhoff, Lima & Caroll, 1984; Pollio, Fabrizi, Sills & Smith, 1984). Ein Ergebnis, das im Übrigen auch für andere Formen figurativer Sprache, nämlich Ironie (s.o. 2.4.), indirekte Sprechakte, Sarkasmus und Sprichwörter repliziert werden konnte (Überblick: Hoffmann & Kemper, 1987; Gibbs, 1994b; Giora, 1997). In einer weiteren Serie von Experimenten wurde die zweite Annahme des klassischen pragmalinguistischen Modells mit Hilfe von Verifikationsaufgaben überprüft. Dabei war die wörtliche Wahrheit von metaphorischen Sätzen, metaphorisch leeren Sätzen sowie wörtlich wahren und wörtlich falschen Sätzen zu beurteilen. Wenn es eine Auslösebedingung gibt, die dem Verstehen der figurativen Bedeutung vorgeordnet ist, sollte die wörtliche Falschheit von Metaphern sehr leicht und schnell erkannt werden. Wenn es keine Auslösebedingung gibt und die figurative Bedeutung sofort verstanden wird, sollte es bei der Beurteilung der Metapher zu einem Konflikt, d.h. einer Interferenz zwischen ‚richtig' und ‚falsch' kommen. Entsprechend müssten die Verifikationszeiten für Metaphern erhöht sein, was sich in der Tat nachweisen ließ (Gildea & Glucksberg, 1983; Glucksberg, Gildea & Bookin, 1982; Glucksberg, 1989; Camac & Glucksberg, 1984; Glucksberg & Keysar, 1993). Daraus wurde geschlossen, dass das Verstehen der metaphorischen Bedeutung unvermeidbar war und mit der Beurteilung der wörtlichen Wahrheit/Falschheit interferierte. Dieser Metapherinterferenzeffekt zeigt sich bei Priming-Studien, in denen ein Prime-Wort und ein metaphorisches Target vorgegeben wird und anschließend so schnell wie möglich die wörtliche Akzeptabilität des metaphorischen Satzes zu beurteilen ist. Dabei ergibt sich, dass selbst bei unvertrauten Metaphern ein durch das Prime-Wort gesetzter minimal disambiguierender Kontext ausreicht, um solche Metaphern unmittelbar, d.h. ohne Umweg über die wörtliche Bedeutung zu verstehen (Shinjo & Myers, 1987; Keysar, 1989).

Die aus solchen Untersuchungen abgeleitete Schlussfolgerung, dass die wörtliche Bedeutung bei der Verarbeitung von Metaphern keine Rolle spielt (z.B. Gibbs, 1989), hat sich jedoch als nicht haltbar erwiesen. Die Verlässlichkeit der Befunde hängt nämlich sowohl von der Angemessenheit der jeweiligen Reaktionszeitmessungen als auch von dem Grad der Konventionalität der untersuchten Metaphern ab. So haben Janus & Bever (1985) bei einer Replikation der Untersuchung von Ortony et al. (1978) eine längere Verarbeitungszeit für Metaphern gegenüber wörtlichen Entsprechungen nachweisen können, wenn die Lesezeit am Schluss des Vehikels und nicht am Ende des gesamten Satzes gemessen wird. Die Autoren schließen aus ihren Befunden, dass beim Verstehen metaphorischer und wörtlicher Äußerungen die ‚inference machinery' zwar die gleiche ist, dass die Anforderungen an diese ‚machinery' jedoch beim Verstehen von Metaphern sehr viel höher sind. Darüber hinaus liegen auch Untersuchungen vor, die die Verarbeitung von konventionellen und neuen Metaphern vergleichend untersuchen (Blasko & Connine, 1993; vgl. auch Gregory & Mergler, 1990). Danach wird bei neuen Metaphern (z.B. „Loneliness is a desert") die wörtliche Bedeutung vor der metaphorischen Bedeutung verarbeitet, während bei vertrauten Metaphern (z.B. „The family is a rock") die wörtliche und metaphorische Bedeutung parallel aktiviert werden (Blasko & Connine, 1993). Überdies wird bei neuen Metaphern der Effekt durch die subjektiv empfundene Metapherngüte moderiert: Die wörtliche Bedeutung wird danach immer aktiviert, während die metaphorische Bedeutung nur bei guten, nicht bei schlechten Metaphern konstruiert wird.

Gerrig und Healey (1983) haben innerhalb dieses theoretischen Rahmens spezifischer untersucht, an welchem Punkt des Verstehensprozesses die wörtliche Bedeutung erfasst und verworfen wird; und zwar haben sie Sätze vorgegeben, bei denen die Position der beiden Metaphernglieder Topic und Vehikel variiert wurde; einmal erschien das Topic am Satzanfang, einmal am Satzende. Dabei zeigte sich erwartungsgemäß, dass die Lesezeiten und Verstehenszeiten bei vorangestelltem Vehikel signifikant länger waren als bei vorangestelltem Topic. Die Autoren schließen daraus, dass bei vorangestelltem Vehikel zunächst eine wörtliche Lesart erwartet wird, und erst dann eine metaphorische Lesart versucht wird, wenn es der weitere Satzverlauf nahelegt.

Eine Integration der unterschiedlichen Ergebnisse zur Literal-First-These bietet Giora (1997; Giora & Fein, 1999a; 1999b) mit ihrer Hypothese der abgestuften Salienz (vgl. auch oben 2.4.). Danach unterliegt sowohl das Verstehen figurativer als auch nicht-figurativer Sprache einem allgemeinen Salienzprinzip: Saliente, d.h. häufige, konventionelle, vertraute Bedeutungen werden zuerst verarbeitet. Dem Kontext wird innerhalb dieses Modells nur eine begrenzte Rolle zugesprochen. Er kann die Aktivierung einer Bedeutung erleichtern, aber die Aktivation einer salienten Bedeutung nicht unterdrücken. Aus diesem Grundgedanken leitet Giora drei Prinzipien ab: (1) Die saliente Bedeutung hat Priorität vor der nicht-salienten Bedeutung und wird immer aktiviert. Mit diesem Prinzip kann erklärt werden, weshalb ‚tote' und konventionelle Metaphern ebenso wie konventionelle Ironie oder Idiome schneller verarbeitet werden, wenn sie figurativ, dagegen langsamer, wenn sie wörtlich gebraucht werden; denn die figurative Bedeutung ist die salientere. (2) Neue figurative Äußerungen oder der neue Gebrauch konventioneller figurativer Äußerungen erfordern einen sequentiellen Verarbeitungsprozess, bei dem die saliente Bedeutung zuerst verarbeitet und als intendierte Bedeutung verworfen und dann die Äußerung neu interpretiert wird. Damit lässt sich erklären, weshalb innovative Metaphern eine längere Verarbeitungszeit aufweisen: Bei ihnen ist zunächst die wörtliche Bedeutung salient, die figurative Bedeutung wird erst nach der Feststellung des Nicht-Passens der salienten wörtlichen Bedeutung rekonstruiert. (3) Bei vertrauten figurativen Äußerungen sind figurative und wörtliche Bedeutung gleich salient. Damit kann erklärt werden, weshalb konventionelle Metaphern in einem metaphorischen Kontext ebenso schnell verarbeitet werden wie in einem wörtlichen.

Giora hat dieses Modell zunächst am Beispiel ironischer Sprechakte überprüft (s.o. 2.4.), für die sie im Rahmen von Reaktionszeitexperimenten u.a. nachweisen konnte, dass Äußerungen in einem ironischen Kontext mehr Verarbeitungszeit benötigen als die gleiche Äußerung in einem wörtlichen Kontext, die saliente wörtliche Bedeutung auch in einem ironischen Kontext zuerst aktiviert wird und für einen Zeitraum von ca. 2 msek aktiviert bleibt (vermutlich weil sie zur Interpretation der ironischen Bedeutung benötigt wird), während die ironische Bedeutung erst nach 2 msek aktiviert ist (Giora & Fein, 1999a). Für metaphorische Sprechakte (und Idiome) liegen mittlerweile vergleichbare Befunde vor. Überprüft wurde die Verarbeitung von vertrauten, wenig-vertrauten und innovativen Metaphern, allerdings nicht im Rahmen von Reaktionszeitexperimenten, sondern mit Hilfe eines Wortergänzungstests (Ergänzung von Wortfragmenten, die sich sowohl auf die figurative als auch die wörtliche Bedeutung beziehen; Giora & Fein, 1999b). Die Ergebnisse zeigen, dass im Falle von vertrauten Metaphern die wörtliche und die metaphorische Bedeutung aktiviert werden, und zwar sowohl in einem wörtlichen als auch in einem metaphorischen Kontext. Das Ergebnis widerspricht eindeutig den oben skizzierten früheren Untersuchungen zur Literal-First-These, nach denen die wörtliche Bedeutung überhaupt nicht verarbeitet wird. Darüber hinaus zeigen die Ergebnisse, dass die Verarbeitung der wörtlichen und der metaphorischen Bedeutung nicht identisch ist. Die metaphorische Bedeutung wird zwar in einem wörtlichen Kontext aktiviert, steht aber weniger lange zur Verfügung als in einem metaphorischen Kontext, d.h. die mit dem betreffenden Kontext inkompatible Bedeutung wird unterdrückt. Dies bedeutet, dass die Beobachtung gleicher Lesezeiten für metaphorische Äußerungen und ihre wörtlichen Entsprechungen, wie sie sowohl in dieser Untersuchung als auch in früheren Untersuchungen festgestellt wurden (z.B. Ortony et al., 1978), nicht den Schluss auf gleiche zu Grunde liegende Prozesse erlaubt. Bei weniger vertrauten Metaphern zeigte sich erwartungsgemäß, dass die salientere wörtliche Bedeutung sowohl im wörtlichen als auch im metaphorischen Kontext gleich stark aktiviert war. Die wenig-saliente metaphorische Bedeutung war – im Unterschied zu vertrauten Metaphern – nur im metaphorischen, nicht im wörtlichen Kontext aktiviert. Insgesamt verdeutlichen die Befunde, dass entgegen früherer Auffassungen die wörtliche Bedeutung von Metaphern immer mit verarbeitet wird und dass bei der Verarbeitung wörtlicher und metaphorischer Äußerungen unterschiedliche Prozesse beteiligt sind: Während bei der Rekonstruktion der metaphorischen Bedeutung die wörtliche Bedeutung beteiligt ist und aktiviert bleibt, wird bei der Verarbeitung der wörtlichen Bedeutung die metaphorische Bedeutung unterdrückt.

Vor dem Hintergrund dieser Ergebnisse erscheint es sehr wahrscheinlich, dass zumindest an irgendeinem Punkt der Verarbeitung sowohl die wörtliche als auch die metaphorische Bedeutung im Bewusstsein vorhanden ist – eine Annahme, die bereits bei Stählin (1913) als „Bewußtseinslage der doppelten Bedeutung" auftaucht und in der neueren Kognitionspsychologie als „kognitives Nebeneinander" (Long & Graesser, 1988) oder als „metasprachliches Bewußtsein" (Winner & Gardner, 1993) bezeichnet wird. Das gleichzeitige ‚Bewusstsein' zweier, vielleicht sogar mehrerer Bedeutungen verdeutlicht die grundsätzliche Unabgeschlossenheit metaphorischer Bedeutungen sowie die Flexibilität und Konstruktivität menschlichen Denkens im Umgang mit dieser Unabgeschlossenheit.

4. Zentrale Dimensionen kognitiver Konstruktivität unter sozialwissenschaftlicher Perspektive

Der gemeinsame Ausgangspunkt für die kognitive Konstruktivität bei den figurativen Sprachformen der Metapher und Ironie ist – wie dargestellt – das Auseinanderfallen von Gesagtem und Gemeintem, das sprecherseitig intendiert ist und hörerseitig den Anlass dafür darstellt, die Lücke mit Hilfe von pragmatischen Inferenzen, d.h. unter Rückgriff auf das gemeinsame Sprach-, Kontext- und Weltwissen zu schließen. Damit sind bereits ansatzweise die zentralen Dimensionen benannt, die die beiden Sprachformen zur Explikation des Konstrukts der kognitiven Konstruktivität beitragen können.

Die Komplexität der Sprachformen Ironie und Metapher manifestiert sich nicht zuletzt darin, dass bei ihnen die elaborativen Inferenzen – also solche, die deutlich über den vorgegebenen sprachlichen Input hinausgehen – den prototypischen Kern der kognitiven Konstruktivität darstellen. Diese elaborativen Inferenzen sind, mit Ausnahme von stark konventionalisierten Formen der Ironie und Metapher, bei der Rekonstruktion des Gemeinten immer beteiligt. Die Kontroverse zwischen minimalistischer und maximalistischer Position (s.o. 1.) ist also von den figurativen Sprachformen aus ganz eindeutig zu entscheiden. Für die kognitive Konstruktivität (bei der Sprachverwendung) sind nicht die unbedingt notwendigen Schlussfolgerungen prototypisch (Minimalismus), sondern im Gegenteil die weit(er)reichenden elaborativen Inferenzen (Maximalismus). Um es pointiert zuzuspitzen: Für Metapher und Ironie stellt die maximalistische Position (in der bisherigen Theorieentwicklung zur Sprachverarbeitung) das Minimum dar.

Dabei hat der Überblick über die Ironie- und Metaphernforschung deutlich gemacht, dass für diese Rekonstruktion eine außerordentliche Bandbreite verschiedener elaborativer Inferenzarten anzusetzen ist. Auf der Ebene der Deskription lassen sich für die Metapher beispielsweise inhaltliche Inferenzen, relationale und strukturelle Inferenzen, Inferenzen salienter Merkmale, emergenter Merkmale, semantischer Bereiche und prototypischer Kategorien unterscheiden (s.o. 3.). Bei der Ironie sind bisher (s.o. 2.) vor allem deklarative, prognostische, attributive und problemdefinierende Inferenzen herausgearbeitet worden. Wie leicht erkennbar, sind damit erhebliche Überschneidungen zu gedächtnis- und kognitionspsychologischen Modellen gegeben. Ein fruchtbares Forschungsdesiderat dürfte hier darin bestehen, die jeweiligen Schwerpunktebenen sozusagen über Kreuz auszuarbeiten, d.h. für die Ironie die Binnendifferenzierung der deklarativen Inferenzen zu elaborieren, für die Metapher entsprechend die kognitionsattributionstheoretische Perspektive.

Das impliziert z.B. das Postulat explanativer Inferenzen und deren Analyse für die Metaphernverwendung, wie es bei der wissenschaftlichen Theorieentwicklung schon geleistet worden ist (vgl. Scheele, 1999, 54f.; Gentner, 1978; Hoffmann, 1980; Leary, 1990). Man denke etwa an das Speichermodell des Gedächtnisses oder die Computer-Metapher des menschlichen Geistes, um zwei prominente Beispiele aus der Psychologie anzuführen. Wenn man die Rolle der Metapher in der Wissenschaft als Heuristik für die Alltagssprache nimmt, lassen sich hier sicherlich ebenfalls Metaphern mit Erklärungskraft dingfest machen. Insbesondere bei der Aufarbeitung der Ironie-Modelle hat sich die Bewertungsebene (Präskription) als außerordentlich zentral erwiesen, was die Annahme evaluativer Inferenzen impliziert, die in Bezug auf ganz unterschiedliche Instanzen wie Personen, Verhaltensweisen, Handlungen, Objekte, Institutionen, Normen, Ideologien etc. nachgewiesen werden konnten (s.o. 2.). Hier ist zu erwarten, dass die Thematisierung solcher evaluativer Inferenzen auch bei Metaphern zu einem bedeutsamen Forschungsfortschritt führen kann. Überhaupt ist mit den evaluativen Inferenzen eine Inferenz-Klasse angesprochen, die in der bisherigen kognitionspsychologischen Forschung (auch und gerade zur Informationsverarbeitung von Texten) noch höchst unzureichend analysiert worden ist. Als ein spezieller Fall werden innerhalb von kausalen (Brücken-)Inferenzen gerade noch epistemologische Bewertungen (für wahr, wahrscheinlich, unmöglich halten) berücksichtigt (und zwar z.B. von Singer, 1995). Die Modellierung der gesamten Bandbreite evaluativer Inferenzen, deren konstitutive Relevanz für die kognitive Konstruktivität am Beispiel von Ironie und Metapher deutlich wird, steht aber noch aus. Sie stellt (unter sozialwissenschaftlicher Perspektive) ein zentrales Forschungsdesiderat dar, das noch durch die Einbeziehung metakommunikativer Inferenzen zu ergänzen ist, also solche Schlussfolgerungen, die das Verhältnis des Sprechenden zu anderen sowie zur eigenen Person betreffen, wie es insbesondere für die Ironie ausgearbeitet wurde (s.o. 2.).

Der Fülle möglicher Inferenzen, die bei der Rekonstruktion des ironisch bzw. metaphorisch Gemeinten gezogen werden können, sind nun allerdings Grenzen gesetzt, und zwar durch die Intention des Sprechers. Nur Inferenzen, die sprecherseitig intendiert und autorisiert sind, führen zum Gemeinten. Das bedeutet, dass die Hörenden die sprecherseitige Intendiertheit elaborativer Inferenzen reflexiv abbilden müssen. Damit kommt als zweite zentrale Dimension der kognitiven Konstruktivität die Reflexivität ins Spiel, die bislang von der Forschung weder konzeptuell postuliert noch empirisch elaboriert worden ist. Ausgehend von der Analyse figurativer Sprache stellt die Erforschung elaborativer Inferenzen als sprecherseitig intendierte Inferenzen somit eines der wichtigsten Forschungsdesiderata im Bereich der kognitiven Konstruktivität dar. Die Vorstellung, dass nur oder vor allem automatische, inferenzenge Schlussfolgerungen (sprecherseitig) intendierte Inferenzen darstellen (s.o. 1.), unterschätzt also die Komplexität und Bewusstheit der kognitiven Konstruktivität (bei der Sprachverwendung) erheblich. Vielmehr ist mit der Produktion wie Rezeption figurativer Sprachformen ein Wissen um diese Sprechweisen verbunden, das es nützlich erscheinen lässt, die Modellierung der kognitiven Konstruktivität in einen größeren Theorierahmen mit Berücksichtigung der Reflexivität einzubetten, sei es z.B. die Metakognitionsforschung (vgl. Weinert & Kluwe, 1984) oder das Forschungsprogramm Subjektive Theorien (Groeben, Wahl, Schlee & Scheele, 1988).

Zugleich kommt damit auch die Sozialität der kognitiven Konstruktivität ins Blickfeld, die als weiteres konstitutives Merkmal anzusetzen ist. Denn die reflexive Abbildung der sprecherseitigen Intendiertheit greift auf das gemeinsame Sprach- und Weltwissen (‚Common Ground') zurück. Dabei wird am Beispiel figurativer Sprache paradigmatisch die Verbindung bzw. Vernetztheit von Sprach- und Weltwissen deutlich und zwar schon bei der Diagnose des Auseinanderfallens von Gesagtem und Gemeintem. Die Metaphernforschung geht hier primär vom Sprachwissen aus, kommt dabei aber nicht ohne

Weltwissen aus, während umgekehrt die Ironieforschung vom Weltwissen ausgeht, aber nicht ohne Sprachwissen auskommt. Die Vernetztheit von Sprach- und Weltwissen differenzierter zu modellieren, ist ebenfalls eine Forschungsanregung, die sich mit Nachdruck aus der theoretischen Elaboration figurativer Sprache ergibt. Dies führt im letzten Schritt zu einer Einbettung der kognitiven Konstruktivität in eine kulturpsychologische Erforschung gemeinsamer Weltsichten und Weltbilder, auch und gerade bei Subkulturen, lokalen Kulturen sowie ethnischen und sozialen Minoritäten.

Mit der Sozialität sind außerdem auch die sozialen Auslöser, die Funktionen und Wirkungen von figurativer Sprache thematisch, durch die die kognitive Konstruktivität im Dienst der kommunikativen Funktion von Sprache modelliert wird. Entsprechend den unterschiedenen Typen (s.o. 2.3.) sind bei Ironie z.B. als Auslösefunktionen anzusetzen: das Bedürfnis, sich in Situationen der machtmäßigen oder gesellschaftlichen Unterlegenheit sowie der mangelnden Kontrolle zu wehren und zu schützen; das Bedürfnis, gleichrangige und eher sympathische Personen in konstruktiver Weise zu kritisieren; das Bedürfnis, durch vorgebliche Kritik eine positive Stellungnahme abzugeben; das Bedürfnis, in einer Situation der gesellschaftlich-machtmäßigen Überlegenheit andere lächerlich zu machen. Für die Metapher konnten als Auslösebedingungen und Funktionen (s.o. 3.3.) gesichert werden: das Bedürfnis, Gedanken und Gefühle auszudrücken, die wörtlich nicht ausdrückbar sind (Expressivität); das Bedürfnis, subjektive Erfahrungen anschaulich zu vermitteln (Lebendigkeit); das Bedürfnis, komplexe Informationen verständlich zu vermitteln; das Bedürfnis, Vertrautheit und Intimität in interpersonalen Situationen herzustellen; das Bedürfnis, in interaktiven Problemsituationen Kritik in indirekter Weise zu äußern. Dabei schlagen diese Bedürfnisexplikationen den Bogen von den Auslösebedingungen über die (potenziellen) Funktionen bis hin zu den (intendierten) Wirkungen. Die weitere Forschung wird diese Relationen im Einzelnen auszudifferenzieren und empirisch zu überprüfen haben, und zwar nicht nur für die spezifischen Fälle figurativer Sprachformen, sondern für die Sprachverwendung generell. Die umfassende Modellierung der kognitiven Konstruktivität wird dann auch die Funktionen in Relation zu den verschiedenen elaborativen Inferenzen zu setzen haben; und nicht zuletzt müsste auch die Relation zwischen elaborativen Inferenzen und den Wirkungen sozial-kognitiver Konstruktivität näher bestimmt werden.

Wenn man sich die damit verbundenen Forschungsbemühungen verdeutlicht, dann zeigt sich noch einmal die fast unbegrenzte Komplexität und Plastizität der menschlichen Sprache sowie der damit verbundenen kognitiven Konstruktivität. Daraus lässt sich eine Konsequenz ziehen, die sich bei der inhaltlichen Darstellung schon angedeutet hat: Die verschiedenen Theorien zur Verarbeitung figurativer Sprache stehen nicht in echter Konkurrenz zueinander, sondern sie spezifizieren verschiedene Manifestationen von Ironie und Metapher. Die Beschreibung dieser Spezifizierungen stellt wiederum ein Forschungsdesiderat dar, dessen Erfüllung auch die Flexibilität der kognitiven Konstruktivität weiter verdeutlichen wird.

Ein wichtiger Schritt in diese Richtung dürfte die Einbeziehung des ästhetischen Gefallens darstellen, das mit Aspekten von Bedeutungsoffenheit verbunden ist. Eine sprecherseitig intendierte und hörerseitig rekonstruierte Bedeutungsvielfalt, wie sie für die komplexen Formen von Ironie und Metapher gesichert werden konnte, markiert dabei den Übergang zu literarischem Sprechen und literarischer Sprachverarbeitung. Damit sind Ironie und Metapher letztlich als quasi-literarische Formen ästhetischer Alltagskommunikation anzusetzen, die eine Verbindung emotionaler, motivationaler und kognitiver Aspekte für die Konstruktexplikation der kognitiven Konstruktivität nahe legen.

Aus sozialwissenschaftlicher Perspektive lassen sich daraus folgende Forschungsanregungen für die theoretische und empirische Konzeptualisierung der kognitiven Konstruktivität formulieren:

– Das Konstrukt der Konstruktivität im Sinne eines Schaffens neuer Informationen kann unter Rückgriff auf die Forschung zu elaborativen Inferenzen, wie sie bei der Verarbeitung von Ironie und Metapher manifest werden, konkretisiert und operational definiert werden. Das Ausmaß an kognitiver Konstruktivität sollte dabei nach der Weite und Tiefe der einzubeziehenden Inferenztypen bestimmt werden.
– Die beiden Sprachformen Ironie und Metapher zeichnen sich durch eine große Bandbreite elaborativer Inferenzen aus, die noch weiter ausdifferenzierbar sind. Für die Ironie ergibt sich als Desiderat die Ausarbeitung deklarativer, für die Metapher die Ausarbeitung explanativer Inferenzen.
– Einen zentralen Teilbereich der elaborativen Inferenzen stellen die evaluativen Inferenzen dar, die von der bisherigen kognitionspsychologischen Forschung noch kaum analysiert worden sind. Eine entsprechende Modellierung kann und sollte unter Rückgriff auf die beiden Sprachformen Ironie und Metapher erfolgen, für die dieser Inferenztypus einschlägig ist.

- Ein weiteres Bestimmungsstück der kognitiven Konstruktivität stellt die sprecher- und hörerseitige Reflexivität dar. Insbesondere ist dabei von Interesse, welche Inferenzen sprecherseitig intendiert sind und welche dieser Inferenzen hörerseitig reflexiv abgebildet werden. Eine entsprechende Ausarbeitung sollte in einem größeren Theorierahmen, z.B. der Metakognitionsforschung oder dem Forschungsprogramm Subjektive Theorien erfolgen, der explizit die Modellierung von Reflexivität vorsieht.
- Grundlage für die Abbildung der sprecherseitig intendierten elaborativen Inferenzen ist das gemeinsame Sprach- und Weltwissen, dessen Vernetztheit differenzierter zu modellieren ist. Vor diesem Hintergrund ist unter kulturpsychologischer Perspektive nach den Gemeinsamkeiten und Unterschieden in den Wissensbeständen sozialer bzw. ethnischer Gruppierungen innerhalb und zwischen Gesellschaften bzw. Kulturen zu fragen. Entsprechende Analysen können Aufschlüsse geben über Voraussetzungen und Bedingungen des Verstehens sowie Ursachen und Gründe des Nicht-Verstehens.
- Die sozialen Auslösefunktionen kognitiver Konstruktivität sind in Beziehung zu setzen zu den Funktionen und den (intendierten) Wirkungen. Dabei wird auch die Relation zwischen den Funktionen und der Art der elaborativen Inferenzen näher zu analysieren sein, um auf diese Weise zu bestimmen, welche Inferenztypen für welche sozial-kommunikativen Funktionen zielführend sind. Darüber hinaus ist ebenso die Relation zwischen den elaborierten intendierten Inferenzen und den Wirkungen zu thematisieren; damit wird es möglich, Aufschluss über die sozial-interaktive Funktionalität solcher Inferenzen zu erhalten.
- Unter der Perspektive des ästhetischen Gefallens kognitiv-konstruktiver Sprachäußerungen ist zum einen die Relation zwischen ästhetischem Gefallen und Bedeutungsoffenheit zu erforschen; zum anderen sollte das ästhetische Gefallen als bedeutsame Moderatorvariable bei der Erforschung postulierter Wirk- und Folgeaspekte explizit einbezogen werden.

5. Literatur

Albritton, D.W. (1995). When Metaphors Function as Schemas: Some Cognitive Effects of Conceptual Metaphors. Metaphor and Symbolic Activity, 10, (1), 33-46.

Albritton, D.W., McKoon, G. & Gerrig, R.J. (1995). Metaphor-based Schemas and Text Representations: Making Connections through Conceptual Metaphors. Journal of Experimental Psychology: Learning, Memory and Cognition, 21, (3), 612-625.

Abraham, W. & Braunmüller, K. (1971). Stil, Metapher und Pragmatik. Lingua, 28, 1-47.

Amante, D.J. (1980). Ironic Language: A Structuralist Approach. Language and Style, XIII (1), 15-25.

Amante, D.J. (1981). The Theory of Ironic Speech Acts. Poetics Today, 2 (2), 77-96.

Angus, L.E. (1996). An Intensive Analysis of Metaphor Themes in Psychotherapy. In J.S. Mio & A.N. Katz (eds.), Metaphor. Implications and Applications (pp. 73-84). Mahwah, N.J.: Erlbaum.

Ausubel, D.P. (1963). The Psychology of Meaningful Verbal Learning. New York: Grune & Stratton.

Auwera, J. v.d. & Rombouts, J. (1982). Sperber and Wilson on Irony. Grazer Linguistische Studien, 17/18, 17-30.

Barbe, K. (1995). Irony in Context. Amsterdam: Benjamins.

Becker, A.H. (1997). Emergent and Common Features Influence Metaphor Interpretation. Metaphor and Symbolic Activity, 12, (4), 243-259.

Berg, W. (1978). Uneigentliches Sprechen. Tübingen: Narr.

Berger, L. (1985). Zum Sprechausdruck von Ironie. In I. Schweinsberg-Reichart (ed.), Performanz (pp. 161-172). Frankfurt/M.: Scriptor.

Bertau, M.C. (1996). Sprachspiel Metapher. Opladen: Westdeutscher Verlag.

Black, M. (1954/1983). Die Metapher. In A. Haverkamp (ed.). Theorie der Metapher (pp. 55-79). Darmstadt: Wiss. Buchgesellschaft.

Black, M. (1979/1993). More about Metaphor. In A. Ortony (ed.), Metaphor and Thought. (2nd ed., pp. 19-41). Cambridge: University Press.

Blasko, D. & Connine, C. (1993). Effects of Familiarity and Aptness on Metaphor Processing. Journal of Experimental Psychology: Learning, Memory, and Cognition, 19, 295-308.

Bock, H. (1983). Metaphorik: Bildersprache als therapeutisches Werkzeug? Psychologische Beiträge, 25, 94-111.

Bosman, J. (1987). Persuasive Effects of Political Metaphors. Metaphor and Symbolic Activity, 2, 97-113.

Boswell, D.A. (1986). Speaker's Intentions: Constraints on Metaphor Comprehension. Metaphor and Symbolic Activity, 1, (3), 153-170.

Bovair, S. & Kieras, D. (1984). The Role of a Mental Model in Learning to Operate a Device. Cognitive Science, 8 (3), 255-273.

Bühler, K. (1934). Sprachtheorie: Die Darstellungsfunktion der Sprache. Jena: Fischer.

Cacciari, C. & Glucksberg, S. (1994). Understanding Figurative Language. In M. Gernsbach (ed.), Handbook of Psycholinguistics (pp. 447-477). San Diego: Academic Press.

Camac, M.K. & Glucksberg, S. (1984). Metaphors do not Use Associations between Concepts, They are Used to Create Them. Journal of Psycholinguistic Research, 13, 443-455.

Carston, R. (1981). Irony and Parody and the Use-Mention Distinction. Nottingham Linguistic Circular, 10, 24-35.

Chiappe, D.L. (1998). Similarity, Relevance, and the Comparison Process. Metaphor and Symbolic Activity, 13, (1), 17-30.

Chomsky, N. (1965). Aspects of the Theory of Syntax. Cambridge, MA: MIT Press.

Christmann, U. (1989). Modelle der Textverarbeitung: Textbeschreibung als Textverstehen. Münster: Aschendorff.

Christmann, U., Groeben, N. & Schute, E. (2000). Zur Ästhetik sprachlicher Verteidigung: Reaktionen auf argumentative Unintegrität. SPIEL (Siegener Periodikum zur Internationalen Empirischen Literaturwissenschaft) 19 (2), 275-299.

Clark, H.H. & Carlson, T. (1981). Context for Comprehension. In T.E.J. Long & A. Baddeley (eds.), Attention and Performance IX (pp. 313-330). Hillsdale, N.J.: Erlbaum.

Clark, H.H. & Clark, E.V. (1977). Psychology and Language. New York: Harcourt Brace Jovanovich.

Clark, H.H. & Gerrig, R.J. (1983). Understanding Old Words with New Meanings. Journal of Verbal Learning and Verbal Behavior, 22, 591-608.

Clark, H.H. & Gerrig, R.J. (1984). On the Pretense Theory of Irony. Journal of Experimental Psychology: General, 113 (1), 121-126.

Clark, H.H. & Lucy, P. (1975). Understanding What is Meant from What is Said: A Study in Conversationally Conveyed Requests. Journal of Verbal Learning and Verbal Behavior, 14, 56-72.

Clyne, M. (1974). Einige Bemerkungen zu einer Linguistik der Ironie. Zeitschrift für deutsche Philologie, 93, 344-355.

Cohen, T. (1978). Metaphor and the Cultivation of Intimacy. Special Issue on Metaphor, 5 (1), 3-12.

Dascal, M. (1987). Defending Literal Meaning. Cognitive Science, 11, 259-281.

Dascal, M. (1989). On the Roles of Context and Literal Meaning in Understanding. Cognitive Science, 13, 253-257.

Dews, Sh., Kaplan, J. & Winner, E. (1995). Why not Say it Directly? The Social Functions of Irony. Discourse Processes, 19, 347-367.

Dijk, T.A. van (1975). Formal Semantics of Metaphorical Discourse. Poetics, 4, 173-198.

Eckes, Th. (1991). Psychologie der Begriffe. Strukturen des Wissens und Prozesse der Verarbeitung. Göttingen: Hogrefe.

Erb, E. (1997). Gegenstands- und Problemkonstituierung: Subjektmodelle (in) der Psychologie. In N. Groeben (ed.), Zur Programmtik einer sozialwissenschaftlichen Psychologie, Bd. I: Metatheoretische Perspektiven. 1. Halbbd.: Gegenstandsverständnis, Menschenbilder, Methodologie und Ethik (pp. 139-239). Münster: Aschendorff.

Ehrich, V. & Saile, G. (1975). Über nicht-direkte Sprechakte. In D. Wunderlich (ed.), Linguistische Pragmatik (pp. 255-287). Wiesbaden: Athenaion.

Evans, G.E. (1998). Metaphors as Learning Aids in University Lectures. The Journal of Experimental Education, 56, (2), 91-99.

Fainsilber, L. & Ortony, A. (1987). Metaphorical Uses of Language in the Expression of Emotions. Metaphor and Symbolic Activity, 2 (4), 239-250.

Gentner, D. (1978). The Role of Analogical Models in Learning Scientific Topics. Cambridge, Mass.: Bolt, Beranek and Newman Report.

Gentner, D. & Clement, C.A. (1988). Evidence for Relational Selectivity in the Interpretation of Analogy and Metaphor. In G.H. Bower (ed.), The Psychology of Learning and Motivation, Advances in Research and Theory (Vol. 22, pp. 307-358). New York: Academic Press.

Gentner, D. & Grudin, J. (1985). The Evolution of Mental Metaphors in Psychology: A 90-Year Retrospective. American Psychologist, 40, (2), 181-192.

Gentner, D. & Wolff, P. (1997). Alignment in the Processing of Metaphor. Journal of Memory and Language, 37, 331-355.

Gerrig, R.J. & Healy, A.F. (1983). Dual Processes in Metaphor Understanding. Comprehension and Appreciation. Journal of Experimental Psychology: Memory and Cognition, 9, 667-675.

Gibbs, R.W. (1984). Literal Meaning and Psychological Theory. Cognitive Science, 8, 275-304.

Gibbs, R.W. (1986a). Comprehension and Memory for Nonliteral Utterances: The Problem of Sarcastic Indirect Requests. Acta Psychologica, 62, 41-57.

Gibbs, R.W. (1986b). On the Psycholinguistics of Sarcasm. Journal of Experimental Psychology: General, 115 (1), 3-15.

Gibbs, R.W. (1987). What Does it Mean to Say that a Metaphor has been Understood? In R. Haskell (ed.), Cognition and Symbolic Structures: The Psychology of Metaphoric Transformation (pp. 31-48). Norwood, N.J.: Ablex.

Gibbs, R.W. (1989). Understanding and Literal Meaning. Cognitive Science, 13, 243-251.

Gibbs, R.W. (1994a). Figurative Thought and Figurative Language. In M.A. Gernsbacher (ed.), Handbook of Psycholinguistics (pp. 411-446). San Diego: Academic Press.

Gibbs, R.W. (1994b). The Poetics of Mind. Cambridge: University Press.

Gibbs, R.W. (1996). Metaphor as Constraint on Text Understanding. In B.K. Britton & A.C. Graesser (eds.), Models of Understanding Text (pp. 215-239). Mahwah, N.J.: Erlbaum.

Gibbs, R.W. & O'Brien, J.E. (1991). Psychological Aspects of Irony Understanding. Journal of Pragmatics, 16, 523-530.

Gieszmann, U. (1977). Ironie in sprachwissenschaftlicher Sicht. In R. Schützeichel (ed.), Sprachwissenschaft, Bd. 2 (pp. 411-421). Heidelberg: Winter.

Gildea, P. & Glucksberg, S. (1983). On Understanding Metaphor: The Role of Context. Journal of Verbal Learning and Verbal Behavior, 22, 577-590.

Giora, R. (1995). On Irony and Negation. Discourse Processes, 19, 239-264.

Giora, R. (1997). Understanding Figurative and Literal Language: The Graded Salience Hypothesis. Cognitive Linguistics, 8 (3), 183-206.

Giora, R. & Fein, O. (1999a). Irony: Context and Salience. Metaphor and Symbolic Activity, 14 (4), 241-257.

Giora, R. & Fein, O. (1999b). On Understanding Familiar and Less-familiar Figurative Language. Journal of Pragmatics, 31, 1601-1618.

Giora, R., Fein, O. & Schwartz, T. (1998). Irony: Graded Salience and Indirect Negation. Metaphor and Symbolic Activity, 13 (2), 83-101.

Glucksberg, S. (1989). Metaphors in Conversation: How are They Understood? How are They Used? Metaphor and Symbolic Activity, 4 (3), 125-143.

Glucksberg, S. (1995). Commentary on Nonliteral Language: Processing and Use. Metaphor and Symbolic Activity, 10 (1), 47-57.
Glucksberg, S. & Keysar, B. (1990). Understanding Metaphorical Comparisons: Beyond Similarity. Psychological Review, 97, 3-18.
Glucksberg, S. & Keysar, B. (1993). How Metaphors Work. In A. Ortony (ed.), Metaphor and Thought (2nd ed., pp. 401-424). Cambridge: University Press.
Glucksberg, S., Gildea, P. & Bookin, H. (1982). On Understanding Non-literal Speech: Can People Ignore Metaphors? Journal of Verbal Learning and Verbal Behavior, 1, 85-96.
Glucksberg, S., Manfredi, D.A. & McGlone, M.S. (1997). Metaphor Comprehension: How Metaphors Create New Categories. In T.B. Ward, S.M. Smith & J. Vaid (eds.), Creative Thought: An Investigation of Conceptual Structures and Processes (pp. 327-350). Washington: American Psychological Association.
Goodman, N. (1972). Seven Strictures on Similarity. In N. Goodman (ed.), Problems and Projects (pp. 437-447). New York: Bobbs-Merrill.
Graesser, A.C., Long, D.L. & Mio, J.S. (1989). What are the Cognitive and Conceptual Components of Humorous Text? Poetics, 18, 143-163.
Graesser, A.C., Mio, J.S. & Mills, K. (1989). Metaphors in Persuasive Communication. In D. Meutsch & R. Viehoff (eds.), Comprehension and Literary Discourse: Results and Problems of Interdisciplinary Approaches (pp. 131-154). Berlin: De Gruyter.
Gregory, M.E. & Mergler, N.L. (1990). Metaphor Comprehension: In Search of Literal Truth, Possible Sense, and Metaphoricity. Metaphor and Symbolic Activity, 5 (3) 171-173.
Grice, H.P. (1975). Logic and Conversation. In P. Cole & J.L. Morgan (eds.), Syntax and Semantics, Vol. 3: Speech Acts (pp. 41-58). New York: Academic Press.
Groeben, N. (1982). Leserpsychologie: Textverständnis – Textverständlichkeit. Münster: Aschendorff.
Groeben, N. (1991). Zur Konzeption einer verstehend-erklärenden Psychologie und ihren ethischen Implikationen. Ethik und Sozialwissenschaften 2 (1), 7-21.
Groeben, N. (1993). Nicht-/Wörtlichkeit als Ästhetik von Alltagskommunikation. SPIEL (Siegener Periodikum zur Internationalen Empirischen Literaturwissenschaft) 12 (2), 252-275.
Groeben, N. (1999). Fazit: Die metatheoretischen Merkmale einer sozialwissenschaftlichen Psychologie. In N. Groeben (ed.), Zur Programmatik einer sozialwissenschaftlichen Psychologie. Bd. I: Metatheoretische Perspektiven. 2. Halbbd.: Theoriehistorie, Prax-

isrelevanz, Interdisziplinarität, Methodenintegration (pp. 311-404). Münster: Aschendorff.

Groeben, N. & Scheele, B. (1986). Produktion und Rezeption von Ironie, Bd. I: Pragmalinguistische Beschreibung und psycholinguistische Erklärungshypothesen (2. Aufl.). Tübingen: Narr.

Groeben, N., Seemann, H. & Drinkmann, A. (1985). Produktion und Rezeption von Ironie, Bd. II: Empirische Untersuchungen zu Bedingungen und Wirkungen ironischer Sprechakte. Tübingen: Narr.

Groeben, N., Wahl, D., Schlee, J. & Scheele, B. (1988): Das Forschungsprogramm Subjektive Theorien. Eine Einführung in die Psychologie des reflexiven Subjekts. Tübingen: Francke.

Groeben, N. & Christmann, U. (2001). Verstehen von Sprecherintentionen: Witz, Metapher, Ironie. In G. Rickheit et al. (eds.), Handbuch Psycholinguistik. Berlin: De Gruyter.

Groeben, N. & Scheele, B. (2001). Die Produktion von Ironie. In Enzyklopädie der Psychologie. Themenbereich C, Serie III, T. Herrmann & J. Grabowski (eds.), Sprachproduktion. Göttingen: Hogrefe (im Druck).

Harras, G. (1983). Handlungssprache und Sprechhandlung. Berlin: De Gruyter.

Hartung, M. (1996). Ironische Äußerungen in privater Scherzkommunikation. In H. Kotthoff (ed.), Scherzkommunikation. Beiträge aus der empirischen Gesprächsforschung (pp. 109-143). Opladen: Westdeutscher Verlag.

Hartung, M. (1998). Ironie in der Alltagssprache. Opladen: Westdeutscher Verlag.

Haverkate, H. (1990). A Speech Act Analysis of Irony. Journal of Pragmatics, 14, 77-109.

Hoffman, R.R. (1980). Metaphor in Science. In R. Honek & R.R. Hoffman (eds.), Cognition and Figurative Language (pp. 393-423). Hillsdale, N.J.: Erlbaum.

Hoffman, R.R. & Kemper, S. (1987). What Could Reaction-time Studies be Telling Us about Metaphor Comprehension? Metaphor and Symbolic Activity, 2, 149-186.

Hörmann, H. (1972). Semantische Anomalie, Metapher und Witz oder: „Schlafen farblose grüne Ideen wirklich wütend?". Folia Linguistica 5, 310-330.

Hörmann, H. (1976). Meinen und Verstehen. Grundzüge einer psychologischen Semantik. Frankfurt/M.: Suhrkamp.

Hörmann, H. (1980). Der Vorgang des Verstehens. In W. Kühlwein & A. Raasch (eds.), Sprache und Verstehen (Bd. 1, pp. 17-29). Tübingen: Narr.

Hülzer-Vogt, H. (1991). Kippfigur Metapher – metaphernbedingte Kommunikationskonflikte in Gesprächen. Ein Beitrag zur empirischen Kommunikationsforschung. (Studium Sprachwissenschaft, Beiheft 16). Münster: Nodus.

Inhoff, A.W., Lima, S.D. & Carroll, P.J. (1984). Contextual Effects on Metaphor Comprehension in Reading. Memory and Cognition, 2, 558-567.

Janus, R.A. & Bever, T.G. (1985). Processing of Metaphoric Language: An Investigation of the Three-stage Model of Metaphor Comprehension. Journal of Psycholinguistic Research, 14 (5), 473-487.

Japp, U. (1983). Theorie der Ironie. Frankfurt/M.: Klostermann.

Johnson, M.G. & Malgady, R.G. (1979). Some Cognitive Aspects of Figurative Language: Association and Metaphor. Journal of Psycholinguistic Research, 8, 249-265.

Johnson, J.T. & Taylor, S.E. (1981). The Effect of Metaphor on Political Attitudes. Basic and Applied Social Psychology, 2, 305-316.

Jorgensen, J., Miller, G.A. & Sperber, D. (1984). Test of the Mention Theory of Irony. Journal of Experimental Psychology: General, 113 (1), 112-120.

Katz, A.N. (1996). On Interpretating Statements as Metaphor or Irony: Contextual Heuristics and Cognitive Consequences. In J.S. Mio & A.N. Katz (eds.), Metaphor. Implications and Applications (pp. 1-22). Mahwah, N.J.: Erlbaum.

Katz, J.J. & Fodor, J.A. (1963). The Structure of Semantic Theory. Language 39, 170-210.

Katz, A.N. & Lee, Ch.J. (1993). The Role of Authorial Intent in Determining Verbal Irony and Metaphor. Metaphor and Symbolic Activity, 8 (4), 257-279.

Kaufer, D.S. (1983). Irony, Interpretive Form, and the Theory of Meaning. Poetics Today, 4 (3), 451-464.

Kittay, E.F. (1987). Metaphor: Its Cognitive Force and Linguistic Structure. Oxford: Clarendon.

Kelly, M. & Keil, F. (1987). Metaphor Comprehension and Knowledge of Semantic Domains. Metaphor and Symbolic Activity, 2, 33-52.

Keysar, B. (1989). On the Functional Equivalence of Literal and Metaphorical Interpretation in Discourse. Journal of Memory and Language, 28, 375-385.

Knox, N. (1973). Die Bedeutung von ‚Ironie': Einführung und Zusammenfassung. In H.E. Hass & G.A. Mohrlüder (eds.), Ironie als literarisches Phänomen (pp. 332-344). Köln: Kiepenheuer & Witsch.

Kohvakka, H. (1997). Ironie und Text. Frankfurt/M.: Lang.

Kreuz, R.J. & Glucksberg, S. (1989). How to Be Sarcastic: The Echoic Reminder Theory of Verbal Irony. Journal of Experimental Psychology: General, 118 (4), 374-386.

Kreuz, R.J. & Roberts, R.M. (1993). On Satire and Parody: The Importance of Being Ironic. Metaphor and Symbolic Activity, 8 (2), 97-109.

Lakoff, G. & Johnson, M. (1980). Metaphors We Live by. Chicago: University Press.

Lakoff, G. (1993). The Contemporary Theory of Metaphor. In A. Ortony (ed.), Metaphor and Thought (2nd ed., pp. 202-251). Cambridge: University Press.

Lapp, E. (1997). Linguistik der Ironie (2. Aufl.) Tübingen: Narr.

Leary, D.E. (1990). Metaphors in the History of Psychology. Cambrigde: University Press.

Leech, G. (1983). Principles of Pragmatics. New York: Longman.

Littman, D.C. & Mey, J.L. (1991). The Nature of Irony: Toward a Computational Model of Irony. Journal of Pragmatics, 15, 131-151.

Leisi, E. (1978). Paar und Sprache. Heidelberg: Quelle & Meyer.

Levin, S.R. (1977). The Semantics of Metaphor. Baltimore: John Hopkins University Press.

Levinson, St.C. (1990). Pragmatik. Tübingen: Niemeyer.

Loewenberg, I. (1975). Identifying Metaphors. Foundations of Language, 12, 315-338.

Long, D.L. & Graesser, A.C. (1988). Wit and Humor in Discourse Processing. Discourse Processes, 11, 35-60.

Lucariello, J. (1994). Situational Irony: A Concept of Events Gone Awry. Journal of Experimental Psychology: General, 123 (2), 129-145.

Maas, U. & Wunderlich, D. (1972). Pragmatik und sprachliches Handeln. Frankfurt/M.: Athenäum.

Malgady, R.G. & Johnson, M.G. (1980). Measurement of Figurative Language: Semantic Feature Models of Comprehension and Appreciation. In R. Honeck & R. Hoffman (eds.), Cognition and Figurative Language (pp. 239-258). Hillsdale, N.J.: Erlbaum.

Marschark, M. & Hunt, R. (1985). On Memory for Metaphor. Memory and Cognition, 13, 193-201.

Marschark, M., Katz, A.N. & Paivio, A. (1983). Dimensions of Metaphor. Journal of Psycholinguistic Research, 12, 17-39.

Matthews, R.J. (1971). Concerning a „Linguistic Theory" of Metaphor. Foundations of Language, 7, 413-425.

Mayer, R.E. (1993). The Instructive Metaphor: Metaphoric Aids to Students' Understanding of Science. In A. Ortony (ed.), Metaphor and Thought. (2nd ed., pp. 561-578). Cambridge: University Press.

Merten, K. (1983). Inhaltsanalyse. Opladen: Westdeutscher Verlag.

Mio, J.S. (1996). Metaphor, Politics, and Persuasion. In J.S. Mio & A.N. Katz (eds.), Metaphor. Implications and Applications (pp. 127-146). Mahwah, N.J.: Erlbaum.

Micham, D.L. (1984). Memory for Irony in Prose. Discourse Processes, 7, 89-101.

Mischo, C., Groeben, N. & Christmann, U. (1997). Was ist in Argumentationen überzeugender: rhetorische Ästhetik oder kommunikative Fairneß? Zeitschrift für Experimentelle Psychologie, XLIV (4), 656-685.

Mooij, J.J.A. (1976). A Study of Metaphor. On the Nature of Metaphorical Expressions with Special Reference to their Reference. Amsterdam: North-Holland.

Moore, F.C.T. (1982). On Talking Metaphor Literally. In D.S. Miall (ed.), Metaphor: Problems and Perspectives (pp. 1-13). Atlantic Highlands, N.J.: Humanities Press.

Muecke, D. (1983). Images of Irony. Poetics Today, 4 (3), 399-413.

Müller, W.G. (1989). Ironie, Lüge, Simulation, Dissimulation und verwandte rhetorische Termini. In Ch. Wagenknecht (ed.), Zur Terminologie der Literaturwissenschaft. Akten des IX. Germanistischen Symposions der Deutschen Forschungsgemeinschaft Würzburg 1986 (pp. 189-208). Stuttgart: Metzler.

Nieraad, J. (1977). Bildgesegnet und Bildverflucht. Forschungen zur sprachlichen Metaphorik. Darmstadt: Wiss. Buchgesellschaft.

Noppen, J.P. van & Hols, E. (1990). Metaphor II: A Classified Bibliography of Publications 1985 to 1990. Amsterdam: Benjamins.

Noppen, J.P. van, De Knop, S. & Jogen, R. (1985). Metaphor: A Bibliography of Post-1970 Publications. Amsterdam: Benjamins.

Ortony, A. (1975). Why Metaphors are Necessary and not Just Nice. Educational Theory, 25 (1), 45-53.

Ortony, A. (1979). Beyond Literal Similarity. Psychological Review, 86, 161-180.

Ortony, A. (1980). Some Psycholinguistic Aspects of Metaphor. In R.P. Honeck & R.R. Hoffman (eds.), Cognition and Figurative Language (pp. 69-83). Hillsdale, N.J.: Erlbaum.

Ortony, A., Schallert, D., Reynolds, R. & Antos, S. (1978). Interpreting Metaphors and Idioms: Some Effects of Context on Comprehension. Journal of Verbal Learning and Verbal Behavior, 17, 467-477.

Ortony, A., Vondruska, R.J., Foss, M.A. & Jones, L.E. (1985). Salience, Similes, and the Asymmetry of Similarity. Journal of Memory and Language, 24, 569-594.

Paivio, A. & Clark, J.M. (1986). The Role of Topic and Vehicle Imagery in Metaphor Comprehension. Communication and Cognition, 19, 367-388.

Perrin, S.G. (1987). Metaphorical Revelations: A Description of Metaphor as the Reciprocal Engagement of Abstract Perspectives and Concrete Phenomena in Experience. Metaphor and Symbolic Activity, 2, (4), 251-280.

Petrie, H.G. & Oshlang, R. (1993). Metaphor and Learning. In A. Ortony (ed.), Metaphor and Thought (2nd ed., pp. 579-609). Cambridge: University Press.

Plett, H.F. (1975). Textwissenschaft und Textanalyse. Heidelberg: Quelle & Meyer.

Plett, H.F. (1985). Einführung in die rhetorische Textanalyse. 6. Aufl. Hamburg: Buske.

Polenz, P. v. (1985). Deutsche Satzsemantik. Grundbegriffe des Zwischen-den-Zeilen-Lesens. Berlin: De Gruyter.

Pollio, H., Barlow, J., Fine, H. & Pollio, M. (1977). Psychology and the Poetics of Growth: Figurative Language in Psychology, Psychotherapy, and Education. Hillsdale, N.J.: Erlbaum.

Pollio, H.R., Fabrizi, M.S., Sills, A. & Smith, M.K. (1984). Need Metaphoric Comprehension Take Longer than Literal Comprehension? Journal of Psycholinguistic Research, 13, 195-214.

Reynolds, R.E. & Schwartz, R.M. (1983). Relation of Metaphoric Processing to Comprehension and Memory. Journal of Educational Psychology, 75, 450-459.

Richards, I.A. (1936). The Philosophy of Rhetoric. Oxford: University Press.

Rickheit, G. & Strohner, H. (1993). Grundlagen der kognitiven Sprachverarbeitung. Tübingen: Francke.

Rosengren, I. (1986). Ironie als sprachliche Handlung. In Sprachnormen in der Diskussion (pp. 41-71). Berlin: De Gruyter.

Rustemeyer, R. (1992). Praktisch-methodische Schritte der Inhaltsanalyse. Münster: Aschendorff.

Scheele, B. (1999). Theoriehistorische Kontinuität: Lernen von Aggression oder Möglichkeit von Katharsis?! In In N. Groeben (ed.), Zur Programmatik einer sozialwissenschaftlichen Psychologie. Bd. I: Metatheoretische Perspektiven. 2. Halbbd.: Theoriehistorie, Praxisrelevanz, Interdisziplinarität, Methodenintegration (pp. 1-83). Münster: Aschendorff.

Schiefele, U. (1996). Motivation und Lernen mit Texten. Göttingen: Hogrefe.
Schmidt, S.J. (1971a). Ästhetizität. Philosophische Beiträge zu einer Theorie des Ästhetischen. München: Bayerischer Schulbuch-Verlag.
Schmidt, S.J. (1971b). Ästhetische Prozesse. Beiträge zu einer Theorie der nicht-memetischen Kunst und Literatur. Köln: Kiepenheuer & Witsch.
Schöffel, G. (1989). Denken in Metaphern. Zur Logik sprachlicher Bilder. Opladen: Westdeutscher Verlag.
Searle, J.R. (1969/1971). Speech Acts. Cambridge: University Press; dt. Sprechakte. Frankfurt/M.: Suhrkamp.
Singer, M. (1994). Discourse Inference Processes. In M.A. Gernsbacher (ed.), Handbook of Psycholinguistics (pp. 479-515). San Diego, CA: Academic Press.
Singer, M. (1995). Causal Bridging Inferences in Discourse Understanding. In J.M. Henderson, M. Singer & F. Ferreira (eds.), Reading and Language Processing (pp. 212-231). Mahwah, N.J.: Erlbaum.
Shinjo, M. & Myers, J.L. (1987). The Role of Context in Metaphor Comprehension. Journal of Memory and Language, 26, 226-241.
Sökeland, W. (1980). Indirektheit von Sprechhandlungen. Tübingen: Niemeyer.
Sperber, D. & Wilson, D. (1981). Irony and the Use-Mention Distinction. In P. Cole (ed.), Radical Pragmatics (pp. 295-318). New York: Academic Press.
Sperber, D. (1984). Verbal Irony: Pretense or Echoic Mention? Journal of Experimental Psychology: General, 113 (1), 130-136.
Stählin, W. (1913). Zur Psychologie und Statistik der Metaphern. Leipzig: Engelmann.
Stempel, W.D. (1976). Ironie als Sprechhandlung. In W. Preisendanz & R. Warning (eds.), Das Komische (pp. 205-235). München: Fink.
Sticht, T.G. (1993). Educational Uses of Metaphor. In A. Ortony (ed.), Metaphor and Thought (2nd. ed., pp. 621-632). Cambridge: University Press.
Tourangeau, R. & Rips, L. (1991). Interpreting and Evaluating Metaphors. Journal of Memory and Language, 30, 452-472.
Tourangeau, R. & Sternberg, R.J. (1981). Aptness in Metaphor. Cognitive Psychology, 13, 27-55.
Tourangeau, R. & Sternberg, R.J. (1982). Understanding and Appreciating Metaphor. Cognition, 9, 27-55.

Tversky, A. (1977). Features of Similarity. Psychological Review, 84, 327-352.

Verbrugge, R.R. & McCarrell, N.S. (1977). Metaphoric Comprehension: Studies in Reminding and Resembling. Cognitive Psychology, 9, 494-533.

Warning, R. (1976). Ironiesignale und ironische Solidarisierung. In W. Preisendanz & R. Warning (eds.), Das Komische (pp. 416-423). München: Fink.

Weinert, F.E. & Kluwe, R.H. (1984). Metakognition, Motivation und Lernen. Stuttgart: Kohlhammer.

Weinreich, U. (1970). Erkundungen zur Theorie der Semantik. Tübingen: Niemeyer.

Weinrich, H. (1963/1983). Semantik der kühnen Metapher. In A. Haverkamp (ed.), Theorie der Metapher (pp. 316-339). Darmstadt: Wiss. Buchgesellschaft.

Weinrich, H. (1966). Linguistik der Lüge. Heidelberg: Schneider.

Weinrich, H. (1967/1976). Allgemeine Semantik der Metapher. In H. Weinrich (ed.), Sprache in Texten (pp. 317-327). Stuttgart: Klett.

Wessels, M.G. (1984). Kognitive Psychologie. New York: Harper & Row.

Whitney, P., Budd, D. & Mio, J.S. (1996). Individual Differences in Metaphoric Facilitation of Comprehension. In J.S. Mio & A.N. Katz (eds.), Metaphor. Implications and Applications (pp. 203-214). Mahwah, N.J.: Erlbaum.

Willer, B. & Groeben, N. (1980). Sprachliche Hinweise auf ironische Kooperation: Das Konzept der Ironiesignale unter sprechakttheoretischer Perspektive rekonstruiert. Zeitschrift für germanistische Linguistik, 8 (3), 290-313.

Williams, J.P. (1984). Does Mention (or Pretense) Exhaust the Concept of Irony? Journal of Experimental Psychology: General, 113 (1), 127-129.

Winner, E. & Gardner, H. (1993). Metaphor and Irony: Two Levels of Understanding. In A. Ortony (ed.), Metaphor and Thought (2nd ed., pp. 425-443). Cambridge: University Press.

Wittgenstein, L. (1953). Philosophical Investigations. New York: Macmillan.

Wolff, St. & Müller, H. (1995). Ironie als Instrument der „Wahrheitsfindung". Zeitschrift für Soziologie, 24 (6), 451-464.

Wunderlich, D. (1975). Zur Konventionalität von Sprechakten. In D. Wunderlich (ed.), Linguistische Pragmatik (pp. 11-58). Wiesbaden: Athenaion.